U0719817

西安交通大学 研究生创新教育系列教材

组织行为学

韩 平 编著

西安交通大学出版社
XI'AN JIAOTONG UNIVERSITY PRESS

图书在版编目(CIP)数据

组织行为学/韩平编著. —西安:西安交通大学
出版社,2017.6(2025.7重印)
　ISBN 978-7-5605-9754-6

Ⅰ.①组… Ⅱ.①韩… Ⅲ.①组织行为学－高等
学校－教材 Ⅳ.①C936

中国版本图书馆 CIP 数据核字(2017)第 136104 号

书　　名	组织行为学	
编　　著	韩　平	
责任编辑	赵怀瀛　郭　剑	

出版发行　西安交通大学出版社
　　　　　(西安市兴庆南路 1 号　邮政编码 710048)
网　　址　http://www.xjtupress.com
电　　话　(029)82668357　82667874(市场营销中心)
　　　　　(029)82668315(总编办)
传　　真　(029)82668280
印　　刷　西安日报社印务中心

开　　本　727mm×960mm　1/16　印张　23　字数　424 千字
版次印次　2017 年 6 月第 1 版　2025 年 7 月第 3 次印刷
书　　号　ISBN 978-7-5605-9754-6
定　　价　69.80 元

如发现印装质量问题,请与本社市场营销中心联系。
订购热线:(029)82665248　(029)82667874
投稿热线:(029)82668133
读者信箱:xj_rwjg@126.com

总　序

　　创新是一个民族的灵魂，也是高层次人才水平的集中体现。因此，创新能力的培养应贯穿于研究生培养的各个环节，包括课程学习、文献阅读、课题研究等。文献阅读与课题研究无疑是培养研究生创新能力的重要手段，同样，课程学习也是培养研究生创新能力的重要环节。通过课程学习，使研究生在教师指导下，获取知识并理解知识创新过程与创新方法，对培养研究生创新能力具有极其重要的意义。

　　西安交通大学研究生院围绕研究生创新意识与创新能力改革研究生课程体系的同时，开设了一批研究型课程，支持编写了一批研究型课程的教材，目的是为了推动在课程教学环节加强研究生创新意识与创新能力的培养，进一步提高研究生培养质量。

　　研究型课程是指以激发研究生批判性思维、创新意识为主要目标，由具有高学术水平的教授作为任课教师参与指导，以本学科领域最新研究和前沿知识为内容，以探索式的教学方式为主导，适合于师生互动，使学生有更大的思维空间的课程。研究型教材应使学生在学习过程中可以掌握最新的科学知识，了解最新的前沿动态，激发研究生科学研究的兴趣，掌握基本的科学方法，把以教师为中心的教学模式转变为以学生为中心、教师为主导的教学模式，把学生被动接受知识转变为在探索研究与自主学习中掌握知识和培养能力。

　　出版研究型课程系列教材，是一项探索性的工作，也是一项艰苦的工作。虽然已出版的教材凝聚了作者的大量心血，但毕竟是一项在实践中不断完善的工作。我们深信，通过研究型系列教材的出版与完善，必定能够促进研究生创新能力的培养。

西安交通大学研究生院

前　言

　　当今世界,信息技术飞速发展,互联网触及世界每个角落,经济日益全球化,市场竞争更趋激烈,组织环境更加动态和复杂。技术和环境的诸多变化,对组织及其行为管理提出了许多前所未有的问题和挑战,所以对组织行为学的研究显得尤为重要。组织行为学作为行为科学的一个重要发展分支,也是管理科学的一个重要组成部分,特别是当今社会已经进入知识经济时代,决定一个组织、一个地区,乃至一个国家竞争优势的根本因素就是其知识创造与应用的能力,面对如此复杂多变的环境,任何一个管理者都要比以往任何时候更需要有效地发挥组织的效能,了解个体及群体的心理和行为,融合团队和组织的力量,深刻理解自己手中掌握的各种资源,进而掌握管理的大势,这样才能使得企业基业长青,永续经营。

　　我们注意到,越来越多的学生(包括本科生和 MBA 学生)都曾经拥有过在某类组织中工作的经历,不论是一份兼职工作还是在企业中任职,在工作的体验过程当中,学生们会发现自己的行为,甚至同事、上司的行为并非是绝对理性的。通过对工作的所见所闻,大部分的学生难免会产生这些疑问:如何打造一支高效的团队,并激励团队成员实现组织目标? 如何在组织中和管理者进行有效的沟通? 因此,无论是管理者、职业经理人还是我们的学生,他们都需要有一本适合自己的、适合本土化教与学的教材,来引导他们的思维,帮助他们寻找工作中所存在的疑惑的答案,而这也恰恰是我们推出这本教材的动机与出发点。

　　我们都已认识到,尽管组织、管理心理、行为等都不是陌生的概念,但如果从系统和全局的角度去考虑,还需要通过教科书进行全面严谨的分析和论证。这必然要求我们要深刻学习该学科相应的理论基础和概念。组织行为学具有丰富的理论体系和众多的观点,只有加强对核心问题的把握,才能在实际的管理领域做到对症下药。因此,我们认为,本书所承担的责任即为通过组织行为学的学习,学生可以较为系统地从个体层面、群体层面和组织层面了解人的行为规律以及如何有效地进行组织管理,提升学生将组织行为学理论应用到实

1

践中的能力，掌握组织行为学的前沿热点和难点研究问题，引导同学们运用权变的思想，权变地看待问题、分析问题和解决问题，懂得在管理过程中正确运用用人之道，并具有相应的发现、分析和解决问题的能力。

本教材语言简洁生动，通俗易懂，内容充实新颖，基础理论完整，结构严谨，与其他组织行为学教材相比，其特色主要体现在以下六个方面：

(1)教材内容紧贴时代脉搏，具有前沿性。关注和研究新技术、新经济和新环境下的组织行为，尤其是当前这样一个互联网＋的时代已经对组织行为的管理产生了深刻的影响，我们需要结合整个时代的特点研究组织行为，本教材正好响应了这一时代特点，融入组织行为学领域前沿研究成果，加入一系列现实案例进行深入剖析，使教材内容更加丰满，实现了课程内容的国际化、多元化、现代化，让学生更好地了解与组织行为学相关的知识是如何发展变化的，理解这门学科的科学本质，更能适应学生当前的学习需求。

(2)教材体系更加完整。结构与内容富有创新，凸显动态和多元环境下的组织行为的管理。本书的框架清晰，主要是围绕三个层次的行为，即个体、群体和组织，便于读者构建其组织行为学的知识体系。

(3)教材的写作和布局更加合理。读者易于理解和体会，本教材在每个章节都对组织行为学的相关术语和基本概念做出专门解释，帮助不具备组织行为学基础的读者扎实理论基础。

(4)教材更加强调本土化。由于目前国外教材品种丰富，学术水平高，内容新，实用性、实效性强，所以国内许多高校习惯使用外国翻译教材，但许多此类教材都是针对西方读者，在内容设计、案例选择等方面完全是针对西方读者关心的问题，这些内容有共性的特征，但是有些却是西方国家独有的问题，并不能放之四海而皆准，所以在教材编写上结合我国高等教育的实际情况，编写出具有我国特色、与国际接轨的本土化教材，使教学资源得到最佳配置，更加适合基于中国背景的教学和学习活动，力求做到切合中国国情，并具有代表性，从而提高我国人才培养的质量和国际竞争力。

(5)本教材教辅材料丰富，配套有与《组织行为学》教材相关的 PPT 演示文稿和教学案例。在本教材编写中，为每一小节挑选有与该小节主题相符合的案例。通过案例的引入，加强研究生的实践能力，增强对组织行为学的运用能力，将组织行为学理论与实践案例进行有机的结合，丰富了教学和学习形式，帮助教师引导学生讨论所学内容，激发学生对教学内容的兴趣，同时面向不同层次学员的组织行为学教学模式，设计针对不同章节内容提供相应的组织行为诊断工具，具有更强的实用性。

（6）本教材更具专业性。本书作者具有20年以上从事组织行为领域的教学与研究工作，对相关领域有深入研究，并有多项科研成果公开发表或出版，正是本教材专业性的高度体现。

本书的写作和出版获得了西安交通大学研究生精品教材建设项目和国家自然科学基金项目（项目号：71671137）、教育部人文社科规划基金等项目的支持。本书作者已从事组织行为教学20多年，多年来一直酝酿出版一部本土化的、体例完整的组织行为学教材。西安交通大学研究生精品教材建设项目促成了本教材的出版。所承担的科研项目收集了大量的案例和实证研究资料，为本书撰写提供了丰富的素材。在书稿撰写过程中，研究生陆艳秋、董志成、罗秉清等参与了书稿资料收集的大量工作。西安科技大学的张哲老师为本书友情提供了部分案例，在此表示真诚的感谢！

在本书编写过程中，参阅了不少有关著作和报刊及网站资料，在此对案例的原作者和相关资料的作者深表感谢。

组织行为学是一门正在发展的管理学科，也是一门非常有发展前途、应用性比较强的学科。在本教材的编写过程中，尽量结合我国的管理实践，力求使本书具有完整性、系统性、前沿性和实用性，为推动组织行为学的发展进行一些有益的探索，但是由于学识水平、实践经验及时间的局限性，本书难免有不当不妥之处，敬请同行专家和广大读者批评指正，提出宝贵的意见和建议，以便再版时得以更正和完善。

编　者

2017年于西安交通大学

目　　录

第1篇　导　论

第1章　什么是组织行为学
1.1　组织行为学的概念与内容体系 ……………………………………（2）
1.2　组织行为学的形成与发展 ……………………………………（5）
1.3　组织行为学的研究方法 ……………………………………（11）
1.4　组织行为学面临的挑战与发展趋势 ……………………………（15）

第2篇　个体篇

第2章　知觉、归因与印象管理
2.1　知觉及社会知觉 ……………………………………………（27）
2.2　归　因 ……………………………………………………（33）
2.3　印象管理 …………………………………………………（37）
2.4　知觉与个体决策 ……………………………………………（41）

第3章　价值观、态度及兴趣
3.1　价值观与工作行为 …………………………………………（51）
3.2　工作态度与工作满意度 ……………………………………（53）
3.3　态度改变理论及其应用 ……………………………………（57）
3.4　兴趣与职业生涯开发 ………………………………………（61）

第4章　个性特征与管理
4.1　能力差异与管理 ……………………………………………（73）
4.2　气质差异与管理 ……………………………………………（75）
4.3　性格差异与管理 ……………………………………………（80）

第5章　情绪与压力管理
5.1　情绪理论模型与情绪管理 …………………………………（90）
5.2　压力与压力管理 ……………………………………………（95）

第6章　激励理论及其应用

6.1　激励的概念及其心理机制 ……………………………………… (110)

6.2　需要型激励理论 ………………………………………………… (115)

6.3　过程型激励理论 ………………………………………………… (121)

6.4　结果型激励理论 ………………………………………………… (126)

6.5　综合激励模式 …………………………………………………… (130)

6.6　激励理论的应用实践 …………………………………………… (133)

第3篇　群体篇

第7章　沟通与冲突

7.1　组织内人际关系与人际信任 …………………………………… (143)

7.2　组织沟通 ………………………………………………………… (150)

7.3　冲突管理 ………………………………………………………… (165)

第8章　群体行为与团队管理

8.1　群体特征与发展阶段 …………………………………………… (191)

8.2　影响群体行为和绩效的因素 …………………………………… (197)

8.3　群体决策 ………………………………………………………… (204)

8.4　团队特征与发展阶段 …………………………………………… (213)

8.5　团队建设 ………………………………………………………… (216)

第9章　权力与政治

9.1　权力的概念 ……………………………………………………… (225)

9.2　组织中权力的形式和来源 ……………………………………… (226)

9.3　组织政治行为 …………………………………………………… (230)

9.4　组织政治行为的管理 …………………………………………… (234)

9.5　权力与政治研究的新趋势 ……………………………………… (239)

第10章　领导理论

10.1　领导概述 ……………………………………………………… (246)

10.2　领导特质理论 ………………………………………………… (255)

10.3　领导行为理论 ………………………………………………… (258)

10.4　领导权变理论 ………………………………………………… (267)

10.5　领导理论的新发展 …………………………………………… (273)

第4篇　组织篇

第 11 章　组织结构设计

11.1　组织及组织理论 ·· (287)

11.2　影响组织结构设计的因素 ······························· (294)

11.3　组织结构类型及演变 ····································· (299)

第 12 章　组织变革与发展

12.1　组织变革的内涵和模式 ································· (310)

12.2　组织变革的阻力 ··· (313)

12.3　组织发展 ··· (321)

12.4　学习型组织 ·· (325)

第 13 章　组织文化与跨文化管理

13.1　组织文化的内涵与作用 ································· (332)

13.2　组织文化理论 ··· (338)

13.3　组织文化建设与变革 ···································· (340)

13.4　跨文化管理 ·· (345)

参考文献 ·· (356)

第1篇

导　论》

第1章　什么是组织行为学

学习目标

- 掌握组织行为学的概念与内容体系
- 了解组织行为学的形成与发展
- 掌握组织行为学的研究方法
- 了解组织行为学面临的挑战与发展趋势

开篇案例

某财经媒体正在采访一位知名企业的总裁,记者问:"现阶段,什么才是制约企业发展的根本原因?"总裁思考了一会儿,坚定地回答道:"多年来,人们一直认为,对于处在发展中的行业来说,资本是一个瓶颈,而我认为这种看法已经过时。我认为真正构成瓶颈的是,劳动力及企业在招募及留住优秀劳动力方面的无能。我并未听说过任何一项以完美的思路、旺盛的精力和极大的热忱为基础的重要工程由于资金的缺乏而停止。但我确实知道,有些行业的成长因为没有保持有效的和充满活力的劳动力而陷于部分停滞或被完全遏制。我认为,这种判断在将来会愈发显示出其正确性。"

的确,"人的问题"成了制约企业发展的瓶颈,人的行为是复杂的,有没有某些研究可以用科学的方法预测和控制个体的行为,帮助企业实现优秀员工的选、育、留、用?

1.1　组织行为学的概念与内容体系

现代管理已进入人本管理的阶段。以人为中心的管理要求管理者必须能够有效地描述、理解、预测乃至控制人的行为,这正是组织行为学的目标和功能。

1.组织行为学的概念

组织行为学是关于人,包括个体的人和群体的人,在组织中如何处理事物的问题的研究与应用,它是人类更有效地谋取利益的工具。组织行为是一门基础科学,同时也是一门应用科学。

组织行为学为多方面地分析研究提供了一套有用的方法。例如,它帮助组织的管理者更好地理解组织中个体的行为,当两个人(两个同事或上级与下级)发生联系时,组织行为学可以帮助他们对人际关系中的复杂联系进行理解。另外,组织行为学还有利于检验包括正式群体和非正式群体在内的群体内部的关系的变化,当两个或更多个群体需要合作时(如生产部门与销售部门),组织行为学有助于管理者理解该合作关系的基础。

从这一定义中,我们能了解以下三点:

(1)研究对象:人的心理和行为的规律性。

心理和行为规律性主要考查的是人的个性特征、感知思维模式、需要、动机、人际关系能力等心理因素,以及群体、领导、组织结构等与个体心理发生作用的关系。

(2)研究范围:一定组织中的。

所涉及的组织包括工厂、企业、商店、机关、学校、医院、军队等所有的组织。它不仅是研究组织中单个人的心理和行为,而且还要研究组织中聚集在一起的人的心理和行为规律。因此,从研究层次上讲,组织行为学研究组织中个体、群体以及组织的行为规律。

(3)研究的目的:为了提高预测、引导、控制人的行为的能力,以达到组织既定的目标。

组织行为学不是为了研究规律而研究,而是为了掌握规律,即通过对组织行为的研究,提高管理者对"人的各要素"的认识,从而考虑如何充分调动人的积极性以达到最佳的工作绩效,实现管理目标。

2.组织行为学的目标

组织行为学有四个基本目标:

第一个目标是系统地描述人们在各种不同的条件下如何行动。为了达到这个目标,允许管理者使用通用语言来传递工作中人的行为的信息。

第二个目标是理解人们行为背后的原因。如果管理者仅仅能谈论员工的行为而不理解这些行为后面的原因是不够的。

第三个目标是预测员工未来的行为。管理者应具备预测某一天员工可能会积极工作和提高生产率或可能缺席、低效地工作或破坏工作,这样就能令管理者采取预防措施。

第四个目标是控制(至少是部分控制)和提高工作中人的积极性。管理者十分注重员工行为、技术发展、群体努力程度等对生产率的影响。管理者必须能够通过自身及员工所采取的行为来改善结果。

组织行为学的方法广泛地应用于对各种各样的组织中人的行为的研究,例如商业机构、政府部门、学校,以及服务性行业等组织之中。不管处于何种组织之中,组织行为学的目标都是描述、理解、预测及管理人的行为。

3.组织行为学的关键要素

组织行为学的关键要素是人、结构和技术及组织运行的外部环境。当人们为了实现某个目标而共同加入一个组织中时,就会需要某种结构。人们还使用技术来帮助完成工作。因此,在人、结构和技术之间就存在一种相互联系,如图 1-1 所示。另外,这些要素受到外部环境的影响,同时也影响着外部环境。

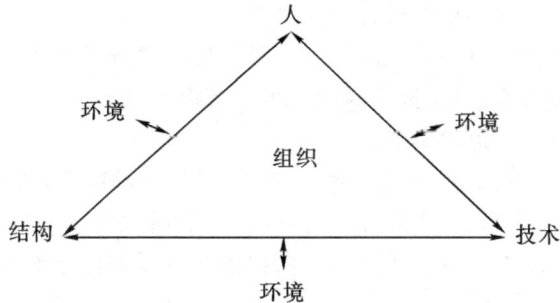

图 1-1　组织行为的关键要素

（1）人。

人构成了组织内部社会系统,由个体的人和群体的人组成,群体可以是大群体也可以是小群体,同时群体有正式的群体和非正式的群体。群体是动态变化的,从形成到变化乃至最后解体。组织是由为达到自己目标而工作的有思想、有感情的人组成,组织的存在是为了服务于人,并不是人的存在是为了服务于组织。

（2）结构。

结构规定了人们在组织中的正式关系。不同的分工是为了实现组织全部目标的需要。比如组织内有管理人员、普通员工、会计、工程师等,这些人必须在一定结构方式中处理相互间的关系以便能有效地合作。这些关系产生了一系列沟通、合作、谈判、决策等复杂问题。

（3）技术。

技术是企业发展的根本动力,它为人们提供了工作和完成任务的资源,使得人们能更快更好地工作。

（4）环境。

所有的组织都在一定的外部环境中运行,同时也有一定的内部环境。组织是不可能孤立存在的,所有组织均在一个左右人们的复杂系统中相互影响。外部环境影响人们的价值观、态度、工作条件等。外部环境为组织提供资源,组织输出产品和服务到外部环境中。

4.组织行为学的学科特征

(1)多学科性。

组织行为学以行为科学(主要指心理学、社会学、人类学等)的概念、模式和方法为主要知识基础,同时吸取借鉴政治学、生理学和伦理学等多学科的概念、理论和方法。

(2)系统性。

用系统的观点考察组织,把组织看成是一个开放的系统。这是指一个组织是由各子系统构成的完整系统,其中包括目标价值系统、组织结构系统、技术系统和管理系统等。在一个组织中,各子系统之间相互联系、相互影响,从而构成一个整合的系统。一个开放的系统,不仅组织内部各子系统会发生相互作用、相互影响,而且组织本身也要不断地与其他组织发生联系,同时组织本身也会受到社会的影响,与社会发生相互作用。

(3)情境性。

人们以及他们的工作环境是复杂的,组织行为学领域认识到了这一点,并认为特定的行为在不同的情况下会产生不同的结果。换句话说,没有一个对所有情形来说都是最佳的解决方案。因此,当面对特定的问题或机会时,需要理解并且分析状况,选择在那些条件下最合适的策略。

(4)多层次性。

组织行为学的研究通常在三个层面进行:第一个层面是组织中的个体行为,包括个体的行为模式、知觉、归因、学习、决策、个性、能力、价值观、态度、情绪情感、激励、动机、情绪与工作压力等;第二个层面是组织中的群体行为,包括群体的形成、类型、动态、特性、团队建设、领导、沟通、冲突、群体决策等;第三个层面是组织行为,站在组织系统的高度来研究行为,包括组织结构、组织文化、组织发展与变革、组织学习等,甚至还包括组织与外部环境的相互关系。

(5)科学性。

组织行为学研究依靠科学方法和系统方法来推动相关研究的进展,通常涉及形成研究问题、系统收集数据以及根据数据来检验假设等步骤。这些科学的方法背后的思想是尽量减少个人的误差以及对组织活动的歪曲。当然,科学的方法不仅仅限于定量,也包括一些系统的定性研究方法,如开放式访谈、行为观察、案例分析等。

1.2 组织行为学的形成与发展

组织行为学是随着组织的演变、管理理论的发展而产生的。尽管组织行为学作为一门学科的时间不长,但是对于组织行为的探索研究贯穿于管理学尤其是组织管理学发展的始终,因此,从广义上讲,组织行为学的发展过程实质上是组织行为的探索研究的过程。但是严格说来,组织行为学的产生和发展是组织管理理论与行为学派、人力资源学派、权变理论学派理论不断融合的结果。

1. 古典管理理论阶段

从 1900—1930 年的这一段时期为古典理论时期。对于古典理论作出突出贡献的人包括弗雷德里克·泰勒、亨利·法约尔、马克斯·韦伯,他们奠定了当代管理实践的基础。

开始于 18 世纪 60 年代的英国工业革命标志着人类从手工业向机器大生产的转变。19 世纪末 20 世纪初,机器大生产日益普及,管理真正成为一门科学,这一时期称为科学管理时期,其主要代表人物是泰勒,被誉为"科学管理之父"。通过长期的管理实践,泰勒总结出了侧重研究车间生产活动的管理原理和方法,先后出版了《计件工资制》《工厂管理》《科学管理原理》等论著。1911 年,《科学管理原理》的面世标志着科学管理从此诞生。泰勒认为,"科学管理不过是一种节约劳动的手段而已,也就是说,科学管理只是能使工人取得比现在高得多的效率的一种适当的、正确的手段,这种手段并不会大量增加比工人现有负担更重的负担"。具体来说,科学管理涉及两个方面的内容,一是怎样提高管理人员的工作效率,二是怎样提高工人的劳动生产率。在生产组织方面强调建立各级责任制,企业的管理者而不是企业主应当负起管理职责。在工资支付方面制定"级差计件工资制",明确规定工作方法,超过标准定额的以高工资率计件,以资奖励,否则一概以低工资率计件。这种管理方法不仅大大激发了工人劳动生产率的提高,而且大大增加了企业主的利润收入。同时,泰勒认为一切管理问题都能够而且应该采用科学方法,主张一切工作方法都应该通过考察并由管理人员决定。泰勒所倡导的科学管理方法用讲究效率、技术和方法的管理来代替凭个人经验办事的管理,其根本目的是谋求最高效率,而最高工作效率是雇主和雇员达到共同富裕的基础。以泰勒为代表的一代管理者成功地运用精确调查研究和科学实验方法创造、发展了一系列提高劳动生产率的技术和方法,使得管理理论研究走上了科学轨道,成为管理学产生的标志。

经典组织理论几乎与泰勒的科学管理理论同时出现,代表人物包括德国学者马克斯·韦伯和法国学者亨利·法约尔等人。

马克斯·韦伯被誉为"组织理论之父",他在 1910 年提出了行政组织理论,将组织活动描述为建立在职权关系基础上的活动,他是从结构化的角度看管理和组织活动的第一人。韦伯的理想管理模型包括以下内容:①工作专门化:将工作分解成各种简单、日常、详细界定的任务。②职权等级:职务和职位都是以等级来组织的,每个低等级的职位都受高一级职位的监督和控制。③正式挑选:所有的组织成员都在技术资格的基础上被挑选,这一技术资格为培训、教育、正规考试所证明。④正式的规章和制度:为了确保一致性和调节雇员的行为,管理者必须主要依靠正式的规章和制度。⑤非人格化:运用规章和制度时必须一视同仁,要避免人格和个人偏好的介入。⑥职业定向:管理者与其说是他们所管理的单位的所有者,不如说是职业官员。他们为固定的薪水而工作,在组织内寻求自己的事业。

法约尔在 1916 年出版《一般管理与工业管理》一书中提出,所有管理者都执行 5 项职能:①计划,即管理人员为制定组织行为方针而进行的全部活动;②组织,即确定工作任务和权力结构的所有活动,它具体表现为对组织的人、财、物的调配;③指挥,即对下属的行动给予指导,包括通过与下属进行双向交流了解下属,对下属作出估计以及在下属不称职时解雇他们;④协调,即调和组织各部门以及全体职工的活动,促使他们走向一个共同的目标;⑤控制,即对计划、制度等的执行情况进行检查,发现错误,及时纠正,以保证实际活动与计划目标的一致性。法约尔根据自己长期的管理经验,提出了著名的 14 项管理原则:劳动分工、权力与责任、纪律、统一指挥、统一领导、个体利益服从集体利益、报酬、集权化、等级制、秩序、公平、人员的稳定、主动性、集体精神。亨利·法约尔是第一个明确提出和阐述"一般管理"理论的人,他在泰勒科学管理原理的基础上进一步明确和充实了管理的概念。他认为,管理职能只是六项经营职能之一。一个企业的经营必须具备技术生产职能、营业购销职能、财务筹划职能、会计统计职能、安全保护职能、经营管理职能。与这些职能相对应的是技术能力、营业能力、管理能力等能力。

以泰勒为代表的科学管理学派,虽然在当时把企业管理提高到一个新的水平,为现代管理理论奠定了基础,但是,他们更侧重劳动管理,也就是对员工劳动效率的管理,把管理工作的重点放在提高生产率、完成生产任务方面,不考虑员工的社会性本质,把工人的价值视同机器一样,完全忽视了工人的主观能动性和工人的理想、感情和尊严,并且把人看成是单纯的"经济人",一切活动均出于经济动机,只强调个人作用,反对集体行为。经典组织理论侧重组织管理,所描述的组织具有"理性组织"的特点,强调稳定、严格、精确、有序,这与"人具有个性与情感"的基本事实是存在严重冲突的。在组织结构上的基本倾向是独裁式的管理,只强调组织形式,而不尊重人格,只强调成文法律的规定,而不允许根据客观情况的变化作任何灵活的处理。两种理论的相同之处在于:它们都假定人是理性和考虑经济的,都没有考虑组织中人的心理、个性与情感。除此之外,由于生产和科技的不断发展,使得资产阶级感到单纯运用科学管理方法不能达到极大地提高生产率和利润的目的,因此管理学家开始积极寻找更为有效的管理方法。此时,管理学家似乎察觉到,人的因素应该受到重视,应强调关心人、爱护人、承认人是提高生产效率和增加利润的一个不可忽视的重要因素,因此组织行为学思想也就呼之欲出了。

2.行为科学阶段

20世纪20年代末至30代初,美国爆发了经济大萧条,国民生产总值从1929年的2030亿美元降为1933年的1400亿美元,失业人口达1300多万,大批企业倒闭,这就使仅凭棍棒、皮鞭和纪律监督的控制式管理失去了效力,科学管理的缺陷日益明显。就在这一时期,梅奥等人的"霍桑实验"在泰勒的科学管理之外开辟了组织管理研究的新领域,促进了人际关系学派的形成,成为行为科学研究的先声。这一系列研究开始于1924年,在芝加哥郊外西屋电气公司庞大的霍桑工厂,梅奥进行了包括照明实验、福利实验、访谈实验和群体实验等一系列实验。霍桑实验的初衷是试图找到改善生产条件和外部环境、提高生产效率的途径,但实验的结果出乎意料,无论工作条件(例如照明、温度、休息时间长短等)是否改善,实验组和非实验组的产量都在不断上升。这个在当时看起来令人费解的结果表明,工作条件的改善不是决定产量的关键因素。因此,梅奥根据霍桑实验的观察结果得出以下结论:行为情感紧密联系,组织的力量显著地影响着个人的行为,个体被团体接受的融洽性和安全感在决定工作效率的因素中发挥着最重要的作用,金钱是决定产出的次要因素。

从此,更多的管理学者关注并致力于对人的行为研究,自然科学和社会科学方面不断取得的成果又促进了这一问题的研究进程,从而导致在一次跨学科的研究讨论上,经过对这一学科问题的讨论,正式把这门综合性极强的学科定名为"行为科学"。行为科学是对员工在组织活动中的行为以及这些行为产生的原因进行分析研究的学科。它涉及员工的需要、动机、个性、情绪、思想等。此时期雨果·芒斯特伯格的贡献不能不提。芒斯特伯格出生于德国,到美国后在哈佛大学工作。他致力于将当时新产生的心理测验用于员工甄选,还因此受到了同事们的不解和轻视。1913年,雨果·芒斯特伯格出版了其专著《心理学与产业效率》,在这本书中,他指出只有对人的行为进行科学的研究才能鉴别一般模式和解释人的个体差异,建议通过运用心理测验来改进雇员的甄选工作。同时他强调了学习理论在培训方法开发中的价值,提倡通过研究人的行为来了解什么是对工人最有效的激励方式。现在,我们通行的多数关于甄选技巧、雇员培训、工作设计及激励方面的理论都是建立在芒斯特伯格的研究工作之上的。当然还有其他学者的著名研究,例如雅各布·莫瑞诺的社会测量法、戴维·麦克莱兰德的成就需要理论,弗雷德里克·赫兹伯格的双因素理论都是行为科学方面的代表。

随着研究深入,人际关系学派的成员提出了一些在当时看来是全新的观念:①人是社会中的人,因此人具有社会性。除了物质利益因素,影响人的积极性的因素还包括社会的、心理的因素,如交往、友谊、归属感和尊严等。人们的行为并不单纯出于追求金钱的动机,社会心理方面的需求更为重要。②除了工作方法和工作条件等物质因素外,生产效率的高低还取决于工人的工作情绪,即员工在工作中感受到的肯定和满足感、员工的态度等。这强调新型的领导者应该注意倾听员工的意见,提高员工满意度。③除了正式组织对个体行为产生影响外,非正式组织对个体行为的影响也不可忽视,因此也应该重视非正式组织对员工行为的影响。人际关系学派提出这些管理的新观念,客观上加深了人们对管理本质的认识。

20 世纪 60 年代后,组织行为学成为行为科学的一个重要发展方向,它主要研究组织内的人和群体的行为,其特征是既注意人的行为,又注意组织的因素。组织行为学研究人的需要、动机、人格、情绪和思想等。由于人的行为表现是多方面的,因此组织行为学涉及心理学、社会学、社会心理学、人类学和生理学等多个学科。

3.人力资源学派

20 世纪 50 年代后期,美国出现了经济衰退,行为学派中片面强调搞好关系的观点,迫切需要修正。这时心理学界对动机、需要、群体动力等研究也趋于深化。这些客观因素促使行为科学家重新探讨激励员工积极性的途径。于是在行为学派的基础上发展出一个新的学派——人力资源学派。其中心思想认为:企业中发生种种问题的根源在于未能发挥职工的潜力。这个学派的重要代表人物包括阿吉雷斯、麦格雷戈和马斯洛等人,他们都强调应该让员工承担更多的责任,发挥他们的潜力,满足员工的成就感,这样才能调动员工的积极性。

阿吉雷斯在 1957 年发表了《个性与组织》一书,主要从组织角度来分析影响职工发挥潜力的原因,认为传统的一套组织设计死扣规章制度,使员工处处听命上级,变得消极被动,依赖成性,这样既束缚了员工的创造性和积极性,又阻碍了个性的成熟发展。管理者在提高福利待遇、增加员工休息时间、放长休假等方面改善与员工的关系,但始终未能让员工承担更多的责任,满足员工的成就感,结果仍不能解决员工的积极性问题。阿吉雷斯呼吁企业管理者要从组织上进行改革,鼓励员工多负责任,让他们有成长和成熟的机会。

1960 年,麦格雷戈在他所著的《企业的人性方面》一书中提出人性假设对立的两种观点,即 X、Y 理论。他认为,传统管理理论来源于教会和军队,没有接触现代化的政治、社会和经济,因此把人看成是厌恶工作、需要严格控制的消极因素,他将这种假设称为 X 理论;而现实生活中许多现象不符合 X 理论的观点,人并不天生厌恶工作,人们在工作中能自我控制,在现代工业社会中,一般人只是没有充分发挥潜力,他将这种观点称为 Y 理论。他认为现代组织的管理者就应让员工负更多的责任,发挥他们的潜力。

对这一学派有重大影响的一位学者是心理学家马斯洛,他提出了"自我实现人"假设。马斯洛在他提出的需要层次理论中将人的需要分为生理需要、安全需要、爱与归属的需要、尊重的需要、自我实现的需要五个层次。"自我实现人"的假设认为,人具有内在的追求,管理者的任务主要是改善组织条件和工作方法,使人们更好地达到自己的目标。

4.权变理论阶段

权变理论是 20 世纪 60 年代末 70 年代初发展起来的一种管理理论。该理论认为,以往的理论有两个方面的缺陷:第一,只侧重于研究加强企业内部的组织管理,忽视了外部环境的影响。第二,以往的理论大都带有普遍真理的色彩,追求理论的普遍适用性、最合理的原则、最优化的模式,但真正解决问题时却往往显得无能为力。因此,在组织管理中,没有一成不变的和普遍适应的管理理论和方法,组织管理"最好"的方法就是根据组织内外环境的变化,随机应变、因地制宜的管理方法。"没有最好的,只有适合的"是权变管理的核心思想和理念。权变理论的出现,在管理理论与实践之间架起了一座桥梁,使管理理论向实用主义迈出了一大步。

权变理论兴起之后,引起了不少管理学学者的重视和研究,不同的学者开始从不同的角度对权变理论进行拓展,形成了形形色色的权变理论,如组织结构的权变理论、管理方式的权变理论、领导方式的权变理论等。

(1)对组织结构的研究。

权变理论对组织结构模式的研究出现了两种不同的思路。第一,把组织的任务和完成任务所需要的技术作为组织结构的重要决定因素。英国女学者琼·伍德沃德在 20 世纪 60 年代曾研究了工艺技术对组织结构的影响。她发现,成功的企业都具有与其技术水平相适应的组织结构。第二,以环境因素为依据对组织结构进行设计。这以劳伦斯和洛希为代表,他们认为,没有一种最好的组织方法,一切随环境因素而定。

(2)对管理方式的研究。

美国的麻省理工学院教授麦格雷戈曾于 1975 年提出了 X 理论和 Y 理论,美国学者约翰·莫尔斯和杰伊·洛希通过实验却发现,两种理论都不是灵丹妙药,因此提出了一种"超 Y 理论"。超 Y 理论在行为科学的基础上带有了权变管理的意味,因而成为权变理论的理论基础。超 Y 理论的观点是:第一,人们是怀着许多不同的需要加入工作组织的,而且人们有着不同的需要类型。有的人需要更正规化的组织结构和条例规章,而不需要参与决策和承担责任;有的人却需要更多的工作责任、发挥个人创造性的机会;每个人最需要的是实现胜任感。第二,不同的人对管理方式的要求也是不同的。需要更正规化的组织结构和条例规章,而不需要参与决策和承担责任的人,欢迎以 X 理论为指导的管理方式;需要更多的工作责任、发挥个人创造性的人,欢迎 Y 理论为指导的管理方式。第三,组织的目标、工作性质、员工的素质等对组织结构和管理方式有很大的影响。凡是组织结构和管理层次的划分、员工的培训和工作的分配、工资报酬和控制程度的安排等,适合于工作性质和员工素质者,其效率就高;反之,效率就低。第四,当一个目标完成以后,可以继续激起员工的胜任感,使之为完成新的更高的目标而努力。

(3)对领导方式的研究。

权变理论认为,不存在一种最好的普遍适用的领导方式,一切以任务、个人和小组的行为特点,以及领导者和职工的关系而定。关于领导理论的权变观点,最为著名的是费德勒的"有效领导权变模式"、罗伯特·豪斯的"途径—目标"理论,以及施米特和坦南鲍姆的"领导方式的连续统一体"理论。

近十余年来对领导行为、激励方式、组织设计、工作再设计等研究,都在权变思想指导下进行。组织行为学在这一思想的基础上逐渐发展,认为遵循权变理论,并不等于没有理论,而是告诉人怎样从错综复杂的情景中寻找关键性变量。然后找出变量与变量之间的因果关系,从而针对一定的情景,使用一定的对策。因此,目前组织行为学的理论和方法虽然倾向于人力资源学派,可是对其他学派也兼收并蓄,形成了一个综合性的知识体系,把关于人的管理思想推进到了一个新的阶段。

1.3 组织行为学的研究方法

1. 实验法

实验法是指在人为控制的环境下精确操纵自变量从而考察因变量如何因其而变化,进而研究变量间相互关系的方法。其做法是:先假设一个或多个自变量对另一个或另几个因变量的影响,然后设计一个实验,系统地改变自变量,然后测量这些自变量的改变对因变量的影响。组织行为学研究中用到的自变量主要有性格、能力、动机、领导风格、组织设计等,因变量主要有工作满意度、工作行为、工作绩效和出勤率等。它的主要优点在于,研究者可以积极干预被试者的活动,而不是被动地等待某种现象的出现。

实验法按实验场地的不同可分为实验室试验方法和现场实验方法两种。

实验室实验方法必须在实验室条件下,按照周密的实验设计创造出一种环境进行实验。实验中,研究人员控制一切预测干扰实验结果的因素,进行观察,以便明确自变量和因变量的相互影响。但由于实验环境脱离了生活实际,有可能增添人为因素,所以对其结论的推广要谨慎,注意实际应用条件。另外实验室实验必须设立对照组,实验结果如何,必须将实验组与对照组加以比较。如果两组的结果发生了差别,就可以归结为实验组接受了特殊的实验影响所致。比如,要查明表扬对人行为的影响,可以设立一表扬组,对受测试工作进行表扬;再设立一个对照组,不对该组的受测试工作进行表扬。一段时间后,比较两组后继工作的成绩,若表扬组优于对照组,则可认定是由于表扬所致。在分析实验方法的结论时必须注意实验结果在同等条件下的可重复性,满足这种要求的实验结论才具有客观规律性,才是科学的结果。虽然其特点是精确,但也因此而失去了一定的真实性和普遍性,因为现实中很少存在实验室那样的环境。

现场实验是在实际工作场地进行的,按照周密的实验设计使现场条件尽量单一化,有意识、有目的地控制某些外界条件,使所获得的结果更有说服力。例如,美国行为科学家埃尔顿·梅奥的霍桑实验中的照明实验采用的是现场实验法。实验者试图通过实验探明照明强度的变化对生产的影响。为了使现场实验法取得良好的效果,实验者要特别注意对三种变量的控制。自变量,即实验者按照实验目的安排的实验情境;因变量,即实验者研究的对象和期待的结果;控制变量,即实验者根据实验需要加以控制或排除的可能影响实验结果的其他变量(因素)。现场实验法的主要优点是:把实验法和观察法的优点结合在一起,将前者的主动性与后者的自然性相结合,排除了实验室实验明显的人为性质与观察法的被动局面;能揭示心理、行为变化的原因,并有数量指标,便于定量分析;将科学研究与日常活动结合起来,研究的结果比较切合实际,具有实践意义。它的缺点是:实验情境不易严格控制,客观指标的拟定和变量的分析与控制比较困难;因为现实工作场地的具体条件错综复杂,所以需要长期观察,成本很大,如霍桑试验费时五年半才取得成功。

2.观察法

组织中人的行为具有很大的差异性,为把握其活动的规律,必须对人的行为进行观察、统计、总结,从而发现其中的共性与差异,发掘其中的规律。观察法是在日常生活条件下,用感官或仪器考察被试者的外部表现,了解其心理现象的方法。观察法是取得直接资料和间接经验的主要途径,是组织行为学研究的基础方法之一。

根据观察时的不同情境,观察法可分为自然观察法和控制观察法。自然观察法根据预定的目的,在完全自然的条件下对人的行为表现进行直接观察、记录并分析、解释,以期获得所需的资料。自然观察法的特点是观察对象并不知道自己处于被观察之中,其行为表现是自然的、客观的。控制观察法根据预定的目的,在限定的条件下观察人的行为表现,以期在特定的条件下获得某种结果。

另外,根据观察者与被观察者之间的关系,观察法又可分为参与观察法和非参与观察法。参与观察法是指观察者直接参与被观察者的活动,在共同的活动中观察,记录被观察者的言语、行为,事后整理所获得的资料。非参与观察法是指观察者以旁观者的身份观察被观察者的言语、行为表现,并直接记录观察的结果。

为使行为观察法达到预期的效果,研究者必须做到以下几点:观察始终要有明确的目的性和周密的计划性,以保证有选择地观察与研究任务有关的活动;不干预被试者活动的正常进行,保持其行为的自然性,以便取得真实可信的事实材料;善于利用各种手段(记忆、文字、录音、录像)捕捉并记录有关的事实,积累充分、全面的材料。

　　观察法的优点在于,对于所研究的群体不施加任何影响,不改变活动进程,因此能够掌握研究对象的许多生动活泼的实际材料,所以有很大的现实意义。资料的可靠性、可信度较高,使用方便,所得材料真实,因此得到广泛的应用。但这种研究方法也有一定的缺点,由于它只能了解到一些表面现象,很难通过这些表面现象去进一步把握其本质特征,研究者对于被研究者的情况即使了解得很清楚,但是任何群体都有其特殊性,很难把研究成果运用于其他的群体中,因此,在实际使用时,还必须与其他方法结合起来,才能取得更好的效果。

　　3. 心理测验法

　　心理测验法是采用标准化的心理测验量表或精密的测验仪器测量被试者有关心理品质和行为反应的研究方法。常用的心理测验法有能力测验、人格测验、机械能力测验、语言能力测验、管理能力测验、心理健康测验等。

　　现在已经开发出来并经过检验具有较高信度的可用于组织行为学相关研究的量表有很多。心理测验使用心理量表的步骤是:由被试者自己或测验者记录刺激个体所引发的反应结果,按照规定好的程序和计分方法,经过统计方法处理得出反应结果,然后进行分析解释,作出结论。

　　在组织行为的研究中,心理测验常常被用来进行人员考核、岗位测量与导引、人员配置等。在运用测验法时,应将测验的信度和效度控制在一个合理的范围内。测验的信度即测量结果的稳定性、一致性、可靠性和准确性,是测量反映被测者特征真实程度的指标,有人称之为测验的准确性,也有人把信度作为测验结果稳定性和一致性的指标;测验的效度是实验结果与预期结果的一致程度,指心理测验的有效性,即测验得到的结果是不是所要测定的心理和行为特征,也就是测验结果是否达到了测验的预期程度。因此,测量时的每个问题都要有典型性、代表性,要进行效度、信度和区分度的检验。同时,被试者必须遵循一定的程序和指导语的要求,主试者要严格按照测验的原理、程序和要求进行操作。

　　心理测验法的优点是能对所要研究的心理现象进行定量分析,具有一定的科学性和应用价值。它的缺点是测验量表、测验仪器的创建及制作过程比较复杂,普及应用时有相对的局限性。

　　4. 调查法

　　调查法是现代科学中重要的研究方法。一般来说,调查研究就是深入实践、摸清情况,通过谈话、座谈、问卷、测验、活动、分析等步骤,先明确调查目的,然后解决调查对象、内容、方法、步骤等,最后综合、提炼、分析、研究并提出解决问题的建议。调查法是为了了解被调查者对某一事物的想法、感情和满意度等内容,因为有些心理现象可以直接观察到,有些则不能直接观察到,对那些不能直接观察到的心理现象则可以通过调查法来搜集有关材料。比如,想了解员工的业余生活内容、对工作的满意程度、对领导风格的评价,就可以采用调查法。

这种方法要求研究对象必须有代表性,同时所运用的统计方法也必须恰当。当群体包含的人数太多时,由于时间及各种资源的限制不可能一一调查,而只能选择其中一部分,即抽样调查。为了使研究的对象具有代表性,样本的选择很重要。一般来讲,取样方法有三种:①随机抽样。随机抽样是最主要的方法,它能够使所要研究的总体的各个部分都有同等被抽选的可能,以保证调查对象的代表性。②有意抽样。有意抽样是研究者根据一定的要求,选择具有代表性的对象进行研究。③分层抽样。分层抽样是按照年龄、性别、地区、单位、等级、行业等或其他因素分别抽样。根据样本的调查结果,运用统计方法就可以合理地估计总体参数,得出有普遍意义的结论。

调查法的优点是能同时进行团体调查,快速收集大量材料,而且简易的问题也方便人们回答。但调查法不大适用针对行为,而且对涉及态度的问题的回答未必完全真实。

常用的调查法包括访谈法和问卷法。

问卷法是通过被试者书面回答一定的问题,研究其心理与行为的方法。问卷法运用内容明确、表达正确的问卷量表来测试被试者的心理。为了达到问卷的预期效果,问卷量表中的问题要明确具体,言简意赅;问卷项目不宜过多,作答时间一般不超过 30 分钟;问卷取样要有足够的数量,并有代表性;采取不记名方式,以求真诚合作。问卷调查法的优点是简单经济,能同时进行大样本的群体调查,快速收集大量资料,数据容易量化。这种方法很有价值,研究者和管理者可以用这种方法来调查职工的工作满意度,以及影响职工积极性的因素等,许多公司还用这种方法来发现顾客对公司产品的青睐度。问卷调查法不大适用于针对具体行为的研究,而且被试者对涉及态度问题的回答未必完全真实,通过调查的形式较易了解被调查者的态度或想法,却不易了解其行为。另外,问卷调查法也存在回收率低的问题。

访谈法是指研究者通过面对面的谈话,以口头信息沟通的途径直接了解他人的心理状态和行为特征的方法。按谈话内容可分为结构性访谈和非结构性访谈。结构性访谈是研究者根据预定的目的,事先拟定好谈话提纲,谈话过程中结构严密、层次分明,具有固定的谈话模式。被试者针对提出的问题进行回答,谈话过程像是口头问卷。非结构性访谈虽然有一定的目的,但谈话过程中结构松散、层次交错、气氛活跃,无固定的模式。谈话中,主试者提出的问题往往涉及较大的范围,被试者可以根据自己的想法,主观地、创造性地回答问题。通过这种谈话,双方不仅交换了意见,而且交流了感情。运用访谈法时,既要根据谈话的目的,保持主要谈话问题的基本内容和方向,也要根据被研究者的回答,对问题进行适当的调整,更要善于发现被研究者的顾虑和思想动向,进行有效的引导,还要注意在整个谈话过程中保持无拘无束和轻松愉快的和谐气氛。访谈法简单易行,便于迅速取得第一手资料,因而使用范围较为广泛。它的缺点是:谈话对象的选择往往受主试者主观因素的影响,谈话内容不一定真实可信。同时,面对面调查往往会给被调查者增加心理负担,使其产生防御心理。

以上各种方法都有一定的应用价值,也都有一定的局限性。因此,在进行组织行为学研究时,需要根据研究课题的实际情况,采用几种方法,以便相互取长补短,使测验结果更加科学。

1.4　组织行为学面临的挑战与发展趋势

随着社会的高速发展,组织面临的内外环境在不断改变,这就对组织成员行为的研究提出了更高的要求。当前的组织行为学面临很多挑战,在抓住机遇和应对挑战的过程中,组织行为学会朝着更广阔、更深入的领域发展。

1.组织环境的变化

（1）全球化。

随着交通和通信成本大大降低,全球市场开始形成。充分利用不同国家和地区在社会资源、生产要素方面的相对比较优势成为增强组织竞争力的重要途径,组织的员工、资金、设备、原材料和中间产品都有可能来源于不同的国家,都可能向其他国家提供自己的产品和服务,都要学习国外组织的管理经验。跨国经营成为组织活动的必然趋势,每个组织必须考虑来自国外的供应商、顾客和竞争者。企业活动的网络遍布全球市场。

全球化意味着整个世界摆脱了国界的限制,地球变成了一个真正无边的世界。在全球化的背景下,企业的经营视野不再局限于本国,取而代之的是全球化的经营视野。全球化为组织带来了无尽的收益,更大的市场、更低的成本以及更便利地获取知识和创新。全球化已是大势所趋,因此组织行为学所关注的真正问题是公司管理者以及员工两者如何可以在这种新兴的环境下有效地领导和工作。例如,在"全球化计划"中,许多专家正对全球范围内的领导者以及组织实务进行研究。其中,文化差异成为每一家在全球市场上竞争的企业面临的关键问题之一。在经济全球化的今天,在组织中如何实现跨文化管理,正是组织行为学面临的一大挑战,要求组织行为学结合相应文化情境实现对个体行为的预测和管理。

（2）技术创新。

快速的技术创新使管理者的技术技能变得比以往更加重要。在一个技术迅速变化的环境中,管理者必须对组织成员的工作压力给予更多的关注,帮助他们应付这种压力,并将自己掌握大量信息的优势用于激励、指导个体的工作上。为了赢得组织成员的尊重,也为了能更好地管理他们,管理者必须懂得更多的技术技能。同时技术变革也对个体的适应性提出了新的要求。为了让组织成员快速适应技术的变化,而不是抵制变革,需要采取相应的措施来帮助个体适应技术变革,如参与变革的全过程、培训、在组织内部成立支持团队等。

组织行为学要求管理者在不断变革的环境下研究个体的行为和方式,并提出改善的方法和措施。信息技术的突飞猛进,特别是计算机技术和互联网技术的广泛应用,使组织管理技术和手段也在发生变化。信息技术正在改变组织的管理技术和活动过程。借助现代信息技术、方法和工具可以建立起组织全面的管理系统,在大量收集与处理信息的基础上引入决策机制,为组织提供预测、控制组织行为的信息,帮助组织实现长远的规划目标。

（3）应对"临时性"。

过去的管理特点是长期的稳定伴随着偶尔的、短期的变革阶段。今天的情形正好反过来了,管理的特点是长期的、不断的变革伴随着短期的稳定。当今的管理者和员工面对的世界是一种永久的"临时性"的世界。员工所从事的实际工作处在永远变化当中。所以,员工需要不断更新自己的知识和技能以满足新的工作要求。工作群体也变得越来越处于变动状态,过去,员工一旦被分配到某个特定的群体当中,这种分配几乎就是永久的,人们终日与同一群人共事,安全感很强。现在不同了,临时性工作群体取代了稳定的工作团体,团队中的成员来自不同部门,而且总在变化。另外,组织越来越多地使用员工轮岗以适应不断变化的工作任务。最后,组织本身也处于不断变迁的状态下。它们不断地重组各个部门,卖掉经营不善的业务,压缩经营规模,把不重要的服务或操作外包给其他组织,用临时工取代长期工。今天的管理者和员工都必须学会应对临时性,他们必须学会在充满灵活性、自发性和不可预测性的环境中生活。

（4）企业伦理与社会责任。

企业的社会责任是一种义务,这种义务要求企业在其运营的社会环境中,以符合道德规范的方式行事。但这些都要以牺牲企业利润为代价,在社会越来越倡导企业伦理与社会责任的环境下,企业是否应该只以经济利润为目的,仅仅为了股东利益,还是要从公众与整个社会的利益来考虑,就成为每个组织需要正视的严峻问题。

人们希望组织采取对社会负责的行动,这些行动包括保护环境、促进劳动者保护、支持社会公益事业、投资社区等。如 IBM 等公司借调管理者给社区学校教授自然科学与数学；南方电网、中国电信通过"村村通"的方式来承担社会责任。越来越多的实例表明，伦理道德已经成为企业成功经营的有力助推器，违背伦理道德的企业最终会自食恶果。美国最大的天然气和电力交易商——安然公司因财务欺诈和债务问题曝光，一夜之间破产倒闭，曾经的能源巨头不复存在。三鹿集团曾是我国拥有 60 多年经营历史的最大的奶粉生产企业之一，但最终因严重食品安全事故宣告破产。如何在不能只关注利益最大化的基础上谋求发展，并保持竞争优势，成为组织发展的一大挑战。

2. 组织结构的变化

信息技术和互联网技术的迅速普及，推动组织从构筑明确刚性的组织边界转变为无边界管理。通过以互联网为基础的网络化运作，企业组织减少了实体空间而更多地依赖电子空间，从而使组织有形的、自然的实体边界变得模糊。同时，一些具有不同资源及优势的企业组织，为了共同的利益目标走到一起，集成了各自的核心能力和资源，联结形成了一个合作性的组织群体。

团队组织、虚拟组织、扁平化组织等各种全新的组织结构形态纷纷涌现，这对组织的管理者们提出了新的挑战。①团队组织。近年来，团队工作在西方工业发达国家的组织中广泛兴起，不断取代传统的基于个人的独立工作方式。在这些组织中，各种不同形式的工作团队不断涌现，形成分工的基本单位，构成整个组织结构的基础。一些组织组建了几百个工作团队，每个团队由 20~30 名员工组成。团队涵盖了产品开发、生产制造和服务等多个领域。日本、瑞典、丹麦、德国、美国、加拿大等国家已广泛采用这种形式。美国《商业周刊》的一项研究表明：北美 1/4 的组织在进行自我指导工作小组的实验。②虚拟组织。虚拟组织是指企业在组织上突破有形的界限，虽有生产、营销、设计、财务等功能，但企业内部没有完整的执行这些功能的组织。也就是说，企业在有限资源条件下，为了取得竞争中的最大优势，保留企业中最关键的功能，而将其他功能虚拟化，通过各种方式借助外力进行整合。因此，要提高企业迅速响应市场变化和满足用户的能力，除了必须充分利用企业内部资源外，更重要的是必须充分利用整个社会其他企业的资源。然而，当前对虚拟企业内各伙伴企业之间的相互关系，合作竞争机制，利益分配和责任分担方法，信息开放与保密（信息不对称），互相信任和学习机制，伙伴选择与评价，各伙伴间价值流、信息流和物流系统的整体集成和优化，政府在虚拟企业形成中的作用和角色等方面的研究还比较少，这将是今后组织行为学研究的重要内容。③扁平化组织。信息技术发展和员工素质的提高使管理跨度的扩大成为可能，管理层次减少，使原来高耸型的组织扁平化。这样既减少了管理人员数目，削减了管理成本，又使得信息传递速度加快，能够对环境和技术变化做出快速灵活反应，中间层次减少,一方面使基层得到更多的授权,决策重心下移以增强企业的适应性,另一方面,使高层也便于集权,决策重心上升以保证政策统一。

组织结构变化所带来的这种边界模糊性和开放性,要求组织行为学重新审视组织面临的经济、文化背景。传统经济中,组织行为学研究人在封闭组织中的行为,而随着知识经济的到来,再加上技术的不断创新,组织结构越来越趋向于开放,组织内的物理、技术、社会和个人等因素持续和外部环境中的各种因素发生联系,尤其是外部的经济、文化环境。这就使得传统的组织行为学研究必须转向对开放型组织的考察。

3.组织成员的变化

(1)劳动力多元化。

随着经济全球化的发展,组织的构成在性别、年龄、种族、国籍等方面正变得越来越多样化。研究显示具有某种形式多元化的团队在复杂的问题上会比那些没有相似背景员工的团队做出更好的决策。一些研究同时表明那些有着多元化美誉的企业也会有更高的经济回报。例如,百事公司估计其 1/8 的收入增长直接来源于受多元化启迪下的新产品。然而越来越多的证据表明大多数的多元化形式既带来好处也带来坏处。拥有多元化员工的团队通常会花更长的时间来有效地运营,还会带来许多交流方面的问题。多元化同样是冲突的源泉,可能导致信息交流欠缺,在极端情况下将造成士气不足和员工流动率的提高。

员工出生年代多元化的现象已经越来越严重地影响到组织管理的各个方面。不同代际的人由于所处的文化背景、受教育程度、社会发展水平均不同,所持的价值观有着很大的差异。例如,伴随社会的发展与转型,加上我国的独生子女政策,"80后""90后"的价值观和行为方式与上几代人有了较大的差别,组织中过去行之有效的管理方法在他们身上应用时效果完全不同。一些管理者认为"80后""90后"是一个很矛盾的群体。他们一方面拥有强烈的学习动机和成就动机,喜欢挑战新事物,富有创造性,自信且强调自我实现,这样的员工使组织更有活力,也能创造出更高的绩效;但另一方面他们工作期望值很高,能够承受的工作压力相对较低,跳槽现象普遍而且频繁,稳定性欠佳。

同样,来自不同国家的员工,由于生活环境不同,也会产生行为上的差异。多元化包括个体的心理特征上的差异,例如,个性、信仰、价值观以及态度。我们无法直接看出这一深层多元化,但是在个人的行为上表现得很明显。不同文化背景的人员如何进行沟通和合作,遵循怎样的管理原则,怎样进行决策,采取怎样的领导体制,如何管理由来自不同文化的员工构成的工作群体等,这些都对管理者提出了更高的要求。一方面,组织管理者必须承认差异,以保证员工稳定和提高生产率的方式对差异做出反应。另一方面,员工背景的多元化是社会发展的结果,反过来又提高了组织的创造性和革新精神。

（2）个体需求的多样化。

随着技术的提高、社会的发展，现今组织中知识型员工所占的比重不断增加，相较于传统的劳动者，他们在个人特质、心理需求、价值观念及工作方式等方面都具有明显的特殊性：①知识型员工具有相应的专业特长和较高的个人素质，如开阔的视野、强烈的求知欲、较强的学习能力、宽泛的知识层面，以及其他方面的能力素养。②知识型员工具有实现自我价值的强烈愿望。为此，他们很难满足于一般事务性工作，而更热衷于具有挑战性、创造性的任务，并尽力追求完美的结果，渴望通过这一过程充分展现个人才智，实现自我价值。③知识型员工高度重视成就激励和精神激励。他们渴望看到工作的成果，愿意发现问题和寻找解决问题的方法，也期待自己的工作更有意义并对企业有所贡献。不仅如此，知识型员工同样格外注重他人、组织及社会的评价，并强烈希望得到社会的认可和尊重。④知识型员工具有很高的创造性和自主性。由于知识型员工从事的大多为创造性劳动，因此，他们更倾向于拥有宽松的、高度自主的工作环境，注重强调工作中的自我引导和自我管理，而不愿受制于物化条件的约束。⑤知识型员工具有强烈的个性及对权势的蔑视。他们尊重知识，崇拜真理，信奉科学，而不愿随波逐流，人云亦云，更不会趋炎附势，惧怕权势或权威。此外，由于知识型员工掌握着特殊专业知识和技能，可以对上级、同级和下属产生影响，因此，传统组织层级中的职位权威对他们往往不具有绝对的控制力和约束力。鉴于知识型员工的特殊性，组织行为学对个体行为的研究需要具有针对性。为了激励、留住这些特殊人才，就需要更全面的管理机制、更优秀的组织文化，对组织来说既是挑战也是机遇。

另外，随着工作与非工作之间的界限变得越来越模糊，导致了很多工作与个人生活的冲突，也给员工带来了更多的压力。首先，全球化组织的产生意味着它们的世界永远不会处于睡眠状态。例如，在任何一天的任何时间里，成千上万全球化企业中的员工在世界的各个角落工作。为了与相距 8～10 个时区的同事或客户保持联系，很多员工每天 24 小时"在线"。其次，电信技术使得很多从事技术与专业工作的员工可以在任何地点.任何时间里完成他们的工作。再次，组织正在让它们的员工工作更长的时间。今天的已婚员工中绝大多数是双职工，这使得已婚员工越来越难有时间履行自己对家庭、配偶、孩子和朋友的承诺。员工们日益感到，工作正在挤压着自己的个人生活，他们对此很不快乐。员工希望在工作中得到灵活的时间安排，以使他们更好地处理工作与生活的冲突。组织在面对平衡员工工作与生活的冲突上显得很无力，但是无法帮助员工实现工作与生活平衡的组织会发现，它们越来越难吸引并留住绝大多数有能力和有积极性的员工，现实迫切需要组织正视一个新议题，就是为了更好地实现工作—生活平衡，最小化工作和非工作需要之间的冲突。

（3）员工忠诚度下降。

过去，员工相信雇主会通过提供工作保障、丰厚的福利和加薪等来报答他们对组织的忠诚。然而，为了适应全球化以及不友好的接管、收购、兼并等，公司开始摒弃传统的工作稳定性、资历和报酬政策。它们通过关闭工厂、把生产转移到劳动力成本低廉的国家、卖掉或关闭不盈利的企业、减少管理层次、用临时工代替长期工等来适应竞争环境。更重要的是，这种现象遍布全球，很多公司都这样做。连相对较稳定的欧洲公司，也频频传出裁员的消息。德国西门子集团公司曾在一年内裁减了3000多个工作岗位；梅赛德斯—奔驰公司也把管理层次从7级减为5级。这些变化导致员工对公司的忠诚度急速下降。另外，对于现在的知识型员工，一旦现有工作没有足够的吸引力，或缺乏充分的个人成长机会和发展空间，他们会很容易地转向其他公司，寻求新的职业机会，毫无对组织的忠诚度可言。因此，组织行为学所面临的一个重要任务就是为管理者设计能够调动忠诚度不高的员工积极性的方法，同时又能维持组织在全球竞争中的实力。

（4）雇佣方式的多样化。

由经济全球化推动的企业管理革命，带来的最直接的结果之一就是雇佣方式的多元化以及非典型雇佣方式的不断发展和演化。非典型雇佣形式一般包括非全日制用工、临时工、合同工和其他非永久性雇佣。区别于一般意义上的典型雇佣，非典型雇佣在工作合同、时间以及性质等方面都有着更加灵活多变的形式。基于这些特征，非典型雇佣逐步被当前日益注重组织柔性和成本控制的大多数企业所接受。有学者指出，同长期正式员工相比，雇主一般较少对非典型雇佣员工进行投资，忽略了他们的组织忠诚和组织承诺。组织的漠视导致非典型员工产生工作压力，从而降低绩效。其次，由于身份差异，非典型雇佣员工较少得到同事的帮助与支持，尤其是需要和同事就工作相关的事情进行交流时，可以获得学习的机会更少，这些因素都会导致非典型雇佣员工的无助感。再有，非典型雇佣员工由于工作期限的不确定，缺乏工作安全感，尤其对于未来的职业发展缺乏可预见性，容易产生焦虑情绪。

雇佣关系的趋势之一就是虚拟工作，即员工运用信息技术来完成他们的工作，而不是在传统的工作场所。最普遍的虚拟工作的形式，被称为远程办公或电子办公，在家可以完成工作而不用到办公室。在虚拟工作的另一种形式中，员工无论是在马路上还是在客户的办公室里都可以与办公室保持联系。一些研究表明虚拟工作，特别是远程办公，通过提供更好的工作—生活平衡潜在地减少员工压力以及显著地减少办公室出勤过程中所浪费的时间，北电网络公司的一份报告显示，其71％的英国员工通过虚拟办公安排而感到自己拥有更多的授权。美国电话电报公司估计其远程办公的员工比起开始家里办公以前,不仅减少了污染并且提高了生产力。IBM 公司的虚拟工作项目每年都会为它节省 4 亿美元的全球开销,其中大部分是不动产成本。与这些潜在利益相对应的是,虚拟工作者面对着一系列现实或是潜在的挑战。如果员工没有足够的空间和资源来建立家庭办公室,那么其家庭关系不仅不会改善,还可能会受到损害。一些虚拟工作者抱怨他们与社会隔离了,并且晋升机会也减少了。虚拟工作明显更适用于那些自我激励并且自律的人,他们可以在当代信息技术的帮助下有效地工作,并且在生活等其他方面的社会需要也得到充分的满足。

因此面对雇佣形态多变且不稳定、员工忠诚度较低、不利于长期计划的执行等困境,组织行为学遇到前所未有的挑战,如何提高员工的满意度和忠诚度、提升组织创新和应对不确定环境能力成为迫切需要解决的问题。

课堂讨论

1.为什么组织行为学知识对管理者及其员工都很重要?

2.一个管理者在南京工作了 10 年,当他被调往法国巴黎负责同样的管理工作时,他该如何运用权变的管理方法?

3.为什么多样化是组织今天面临的重要挑战?

思 考 题

1.什么是组织行为学? 组织行为学的基本特征是什么?

2.总结组织行为学形成与发展的历程。

3.组织行为学的关键要素有哪些?

4.霍桑实验是怎样进行的? 霍桑实验有哪些有益的启示?

5.组织行为学和其他学科(如社会学、心理学等)有何区别与联系?

6.组织行为学面临哪些机遇和挑战? 结合实际谈一谈研究组织行为学的意义。

章末案例

泰勒搬运铁块的实验

1898 年,弗雷德里克·泰勒从伯利恒钢铁厂开始他的实验。这个工厂的原材料是由一组日工搬运的,工人每天挣 15 美元,这在当时是标准工资,每天搬运的铁块重量有 12～13 吨,对工人的奖励和惩罚的方法就是找工人谈话或者开除,有时也可以选拔一些较好的工人到车间里做等级工,并且可得到略高的工资。

后来泰勒观察研究了 75 名工人,从中挑出了四个,又对这四个人进行了研究,调查了他们的背景、习惯和抱负,最后挑了一个叫施密特的人,这个人非常爱财并且很小气。泰勒要求这个人按照新的要求(每天搬运47吨)工作,每天给他85美元的报酬。通过仔细地研究,通过转换各种工作因素,来观察他们对生产效率的影响。例如,有时工人弯腰搬运,有时他们又直腰搬运,后来他又观察了行走的速度、持握的位置和其他的变量。通过长时间的观察试验,并把劳动时间和休息时间很好地搭配起来,工人每天的工作量可以提高到47吨,同时并不会感到太疲劳。他也采用了计件工资制,工人每天搬运量达到47吨后,工资也升到85美元。这样施密特开始工作后,第一天很早就搬完了47吨,拿到了85美元的工资。于是其他工人也渐渐按照这种方法来搬运了,劳动生产率提高了很多。

资料来源:http://baike.so.com/doc/1778776-1880978.html.

思考题

1.在这个实验中用到了哪些研究方法?

2.实验结果有没有局限性? 得出了哪些结论?

3.如何理解泰勒的科学管理实验对组织行为学发展的意义?

测 试

管理者多样性测试

请你使用5级量表来表示你在多大程度上赞成这些论述。5=坚决赞成;4=同意;3=中立;2=不赞成;1=坚决不赞成。

1.我有意识地使自己的问题不带成见。

2.我感兴趣地倾听与自己想法不同的人的想法。

3.我尊重别人的意见,尽管我可能持不同看法。

4.假如我与其他种族的人一起参加社会活动,我会尽最大的努力同他们交谈。

5.我有一些年龄、种族、性别、经济状况或受教育程度与我不相同的朋友。

6.我认识到教养对自己的价值观与信仰的影响,并认识到我的方式并不是唯一的方式。

7.我喜欢在决策前了解问题的两方面。

8.只要有好结果,我不在乎工作以什么方式完成。

9.我不因自己不完全了解周围的事情就紧张不安。

10.我对变化与新的情况适应能力强。

11.我喜欢旅行,游览新景点,品尝不同的食品,体验不同的文化。

12.我喜欢观察人,并努力理解人们相互作用的动力。

13.我从错误中学到了东西。

14.我在陌生的环境里要先观察、倾听,然后再行动。

15.我迷路时,不是自己设法弄清楚,而是问路。

16.在不明白别人对我说的是什么意思时,我会提问。

17.我的确努力不去冒犯或伤害别人。

18.总的来说人们都是好人,我能够接受他们。

19.我和人们交谈时总是观察他们的反应。

20.我努力不设定任何框框。

评分方法:将你的答案的得分相加。如果你的分数是 80 分及以上,你也许很重视多样性,并很容易适应多种文化的工作环境。如果你的得分低于 50 分,你很可能需要了解重视管理多样性的必要性。

第 2 篇

个体篇»

第2章 知觉、归因与印象管理

学习目标

- 掌握知觉的概念和影响因素
- 掌握社会知觉及社会知觉偏差的内容
- 了解归因的含义及相关的理论
- 了解印象管理的含义、过程、策略
- 了解个体决策模型及个体决策中的知觉偏差

开篇案例

在法国,你的名字意味着一切。言外之意,如果你是个地道的法国人,你就会有更多的工作机会。最近由法国政府及国际劳工组织进行了一项调查,研究人员把两份几乎一样的工作申请提交到 2440 个招聘岗位那里,它们的主要区别在于一个申请者有着一个法国名字而另一个有着北非或者撒哈拉以南非洲的名字,几乎80%的雇主偏好有着法国名字的申请者。另外,当申请者亲自拜访人力资源专员时,那些有着外国名字的申请者很少能获得面试的机会,而是常常被告知那个空缺已经招人补上了,或者干脆说公司不会招人了。研究报告总结道:"几乎90%的歧视在雇主屈尊面试两个申请者之前就已经出现了。"

一些雇主特意要求猎头寻找 BBR 的申请者。BBR 的意思代表着法国国旗的三色,是一个众所周知的只招法国白人的招聘符号。在最近一个案例中,控方宣称巴黎欧莱雅的一个高官加尼尔试图在大多数店内的促销职位中招聘白人。加尼尔在一份给猎头公司的传真中明确要求招聘的员工要在特定的年龄范围内(18~22岁)、特定的身材比例以及要是 BBR。一开始,猎头提供的 38%的候选人是非白人。在此传真之后,这个数字降到5%。

法国保险巨头安盛引入了匿名简历,申请者只需提供他们的资格履历而无需姓名、地址、性别和年龄。瑟奇·西蒙,一个 20 多岁的海地后裔法国居民满怀希望:"我认为有了匿名简历,一个人会因为他是什么样的人而被雇佣是基于他的资历,而不是他的肤色。"

资料来源:史蒂文·L·麦克沙恩.组织行为学[M].5 版.北京:机械工业出版社,2012.

思考:安盛公司为什么要引入了匿名简历? 是为了避免什么样的印象误区?

每个人由于受先天遗传和后天社会环境的影响,就会形成完全不同的心理特性和行为方式。任何人的心理过程均包括认知、情感和意志三部分。但是每个人的具体心理活动过程又是各不相同的。个体在心理活动过程中所表现出来的特点,有的是偶然的、暂时的,有些则是经常的、稳定的。

2.1　知觉及社会知觉

2.1.1　知觉与社会知觉的概念

知觉是在感觉的基础上,把所感觉到的客观事物的各种个别属性联系起来,在人脑中产生的对该事物各种属性的综合整体反映。环境中的事物包含着许多属性,如物体的形状、大小、颜色、声音、气味和温度等。由于人的骨骼肌肉和器官活动的不同状态,人首先通过感觉反应作用于感觉器官的客观事物的个别属性和人所处的各种活动状态的信息。当客观事物直接作用于人的感觉器官时,人不仅能够感觉该事物的各种属性,还能够在大脑皮层多个部位形成兴奋中心,扩充后形成暂时联系,从而使人们对事物的关系产生反应,借助于关系反射,形成对事物的整体认识。例如,你在广播中听到的不是声波而是音乐。

社会知觉是指主体对社会环境中有关人的知觉,包括对个人、群体和组织特性的知觉。社会知觉包括:①对他人的知觉,就是对他人的需要、动机、价值观、兴趣、能力、性格等的知觉;②对人际关系的知觉,以各种交际行为为感知对象,包括对自己与他人,及他人与他人关系的知觉;③对角色的知觉,是指对人们所表现的角色行为的知觉,每个人在社会中都充当某些角色,如父母角色、领导者角色、职业角色等;④对自我的知觉,是指主体对自己的心理与行为状态的知觉,通过自我知觉发现和了解自己,从而使自己的行为更好地适应外界环境的要求;⑤对因果关系的知觉,是指在有关的一系列社会知觉中,对两个或两个以上因素相互作用而形成原因和结果的判断。

与对物的知觉相比,社会知觉有一些独特性,包括以下方面:

(1)认知对象的独特性。

人能体验其内部世界,而物不能,所以社会知觉的主体可能还是社会知觉的对象。社会知觉的对象是有意识的人、复杂的社会环境和人际关系,而人们对这些对象的知觉又是通过一些特殊的介质进行的。但是,无论是知觉的主体还是知觉的对象,都会掩饰自己的内在动机,所以,人们的判断常常是不准确的。

(2)对他人行为的期望会影响社会知觉的过程。

社会知觉的主客体能够理解彼此之间的行为对对方的利害关系,于是知觉者和被知觉者都可以有意识地操纵和利用彼此,因此,互相之间的期望会影响彼此的知觉。

(3)社会知觉加工过程的特殊性。

进行社会知觉也需要对社会知觉对象的各种信息加以组织和分类,但社会知觉往往根据他人的外表和行为进行概括和判断,而且在加工过程中,对信息的处理也更容易采用以点概面的策略,所以个人的经验会严重影响社会知觉的过程。因此,获得对人的知觉比获得对物的知觉更困难。

2.1.2 知觉的特征

1.知觉整体性

知觉整体性是指人根据自己的知识经验,把直接作用于感官的客观事物的多种属性整合为统一整体的过程。知觉对象是由不同的属性组成的,当他们对人产生作用的时候是分别作用或先后作用于人的感觉器官,而不是独立地反映这些部分的属性。知觉的整体性会受到一些知觉规律的影响,如接近性规律、相似性规律、连续性规律和封闭性规律等。

2.知觉选择性

知觉选择性是指人根据当前的需要,对客观刺激物有选择地作为知觉对象进行加工的过程。人们从纷繁的刺激物中主观地选择刺激物进行加工时,被选择的刺激物就是知觉的对象,而同时作用于感觉器官的其他刺激物就成为了知觉对象的背景。知觉对象与背景的关系是相对而言的。知觉对象并不是一成不变地固定在某些背景上的,它们之间不断发生着转换以保证有意义的事物内容成为知觉对象。知觉对象的选择会受到知觉主体主观经验、需求和客观因素的影响。

3.知觉理解性

知觉理解性是指人们以知识经验为基础对感知的事物进行加工处理,以便对知觉对象做出最佳的解释和说明的过程。知觉理解性受到知觉主体的知识经验、言语指导、实践活动以及个人兴趣爱好等多种因素的影响。例如,不同的人看天上的云彩,会根据自己的知识经验将千变万化的云朵看成不同的图案,有时别人可以看出来一种图案,但自己看不出来,经过别人的描述和语言诱导之后,也能够慢慢看出一样的图案。

4.知觉恒常性

知觉恒常性是指人的知觉映像在一定范围内不随条件的改变而改变,保持相对稳定特性的过程。知觉的恒常性具有十分重要的意义,知觉的任务就是要从不断变化的知觉模式中揭示客观环境的稳定性和连续性,恒常性是人们认识世界的需要,是长期实践的结果。但是,当知觉条件的变化超出了一定的范围时,知觉便会失去恒常性而受条件变化的影响。

2.1.3　知觉的过程模型

人的知觉活动是一个复杂的过程。人们如何去解释和感知事物或信息是因人而异的,正确地理解知觉过程是避免产生知觉偏差的有效途径。知觉过程一般包括注意、组织、解释、检索和判断等阶段。从个体注意到某个刺激开始,知觉过程的每个阶段都会给上一个阶段提供反馈信息。根据这些反馈信息,这个人可能会调整自己的知觉。知觉的一般过程模型如图 2-1 所示。

图 2-1　知觉的一般过程

(1)注意。这是知觉过程的初始阶段。在这个阶段,人们会关注所有信息中的某一部分,而把其余部分过滤掉。例如,当我们全神贯注地看世界杯足球赛的时候,我们主要关注的是足球以及围绕在其周围的运动员,而会忽视整个场馆中其他各种各样的信息。

(2)组织。当一个人对刺激给予注意的时候,就会开始对刺激中的有关信息进行组织,以在下一阶段更好地解释这个刺激。人们通过使用参考框架来组织筛选信息,并倾向于发现这种刺激中的有关模式。参考框架可以被理解成一种认知结构,形成于生活经验的基础之上。

(3)解释。心理学家认为解释包括两个过程的组合,即投射和归因。投射是指用我们自己的思想和感觉去想象所观察的人,人们经常无意识地这么做。例如,当我们自己认为某部电影特别好看时,也就认为别人也很喜欢。投射可能会使知觉过程产生偏差。归因是指使用观察和推论来解释人们的行为。

(4)检索。当知觉者对某项刺激给予注意并通过组织和解释对它产生认知以后,知觉者会回忆与当时事件有关的过去事件的信息。这个阶段在知觉过程中被称为检索。例如,当上级考核你的行为和工作表现时,你会回忆你过去做得很好的事件,特别希望你的上级能获取这些信息。检索过程提供了知觉过程中最后一个阶段所需要的信息。

(5)判断。知觉过程的最后一个环节是判断。在这个阶段,知觉者使用当前信息检索出来的过去的信息得到一个最终的结论。判断阶段,知觉者对各种信息进行聚合和加权处理。聚合信息是指将各种相关信息收集起来,而加权信息则是对相关信息分配不一样的权重。最后,人们根据自己的价值观、观点和标准对最终信息分配不同的权重,然后进行加权计算,得出最后的判断。

2.1.4　影响知觉的因素

影响知觉的因素可能会引起知觉的偏差和歪曲。有三类主要的因素会影响人们的知觉:知觉者的特征、知觉对象的特征和情境的特征。

1. 知觉者的特征

(1)兴趣和爱好。通常人们感兴趣的或者厌恶的事物容易被察觉,并引起相应知觉,而不感兴趣的事物则往往被排除,出现熟视无睹的情形。

(2)需要和动机。未满足的需要或动机能够对人的知觉产生强烈影响。一项关于饥饿的研究戏剧化地描述了这一点:A 小组的人在试验的 1 个小时前吃了东西,B 小组的人实验之前的 16 个小时都没有进食。给他们呈现一组主题模糊的相片,B 组成员把这些图片的内容知觉为食物的概率比 A 小组高出很多。

(3)知识和经验。个体具有的知识、经验对于知觉的影响也很大。例如观赏同一台戏曲节目,外行人和内行人的知觉差异会很大,所谓"外行看热闹,内行看门道"。

(4)自我概念。自我概念分为两种:实际的自我是指个体如何看待和评价自己;理想的自我是指个体期望自己成为什么样的人的知觉。自我概念是影响我们知觉他人的重要因素,这种影响主要表现在:①如果我们了解自己,能够正确描述自己的个性特征,我们就能更好地知觉他人;②如果我们能积极地接受自己,我们会更容易看到他人的优点;③我们自己的人格特征,会影响我们注意到别人的个性特征。

(5)认知结构。认知结构越全面、越复杂,我们的知觉就越趋于实际。例如,知觉到同一个人时,有人以身体特征去评价,如高或矮、胖或瘦;有人从性格去评价,如活泼或稳重;有人则从多个角度去考察,可能描绘成又瘦又高、诚实的、活泼的和勤奋的。

(6)态度。知觉者的态度可能会影响其知觉。例如,作为人力资源经理在面试一个职位的候选人时,如果该职位与供应商谈判事件较多,你可能会觉得女性在谈判过程中的气势不如男性,这一态度会影响你对女性候选人的知觉。

(7)与知觉对象的熟悉程度。当人们很熟悉知觉对象时,对他的印象就会更多地建立在以往观察资料的基础上,但是,以往的观察资料也许并不全面。尤其当知觉者对目标对象过于熟悉的时候,往往会漏掉一些信息。

(8)情绪。人们在高兴和忧郁的时候想法是不一样的。当我们处在积极情绪时,对知觉对象会形成更加积极的印象,相反则会倾向于给目标对象消极的评价。

2. 知觉对象的特征

知觉对象的外在特征会对知觉产生影响。知觉者倾向于注意那些不合常规的、初次见到的或者不同寻常的物理特征,如一个奇装异服的人、说话大声的人、非常高傲的人等。

对人的知觉会受到以下的因素影响:体貌的吸引力通常会改变我们对一个人的整体印象,但是有外貌吸引力的人也往往会形成刻板印象;语言的表达可以传达许多关于知觉对象的信息,倾听人们谈话的话题、语调、口音等都会影响知觉者的判断;非语言的表达,如面部表情、身体动作、目光等也会被知觉者捕捉从而产生对知觉对象的整体印象,但是在不同的文化背景下,非语言的表达可能会产生完全不同的意义,因此,知觉对象所处的背景也会对知觉产生影响。一般来说知觉对象和背景的差距越大,越容易引起注意,如所谓"白纸黑字,清清楚楚"。

3. 情境的特征

情境或环境通过影响人的感受性而改变知觉效果。所谓感受性,就是人对刺激的感觉灵敏程度。如"入芝兰之室,久而不闻其香;入鲍鱼之肆,久而不闻其臭",就描绘了嗅觉的感受性降低。人的生理因素、心理因素,某些药物的刺激,以及对香烟的不良嗜好等,也可能会引起感受性变化。时间、工作环境、社会环境等情境因素都会影响知觉。例如,一个人穿着晚礼服去参加晚宴就是自然的事情,不会引起特别的关注,但如果穿同样的衣服去参加商务会议就会产生不同的反应。

2.1.5　社会知觉的偏差

由于社会生活是离不开人的,所以社会生活中的知觉是针对人的知觉。针对人的知觉和针对物的知觉有很多相似之处,但不尽相同。原因在于,物的静态特征较多,而人的特征更多的时候是变化不定的;同类物之间的个别差异较小,而人与人之间的差异较大;物没有动机、信仰、态度等内在心理活动,而人却有。因此在日常工作、学习和生活中,为了简化这个过程,自然而然地形成了许多策略,这些策略可以帮助我们在不花费很多精力的情况下就可以对人做出判断。然而,这种简化的策略往往会发生偏差,因此,了解这些"捷径"会帮助我们明辨它们可能带来的失真。

1. 首因效应

首因效应是指第一印象对人的认知具有强烈的影响。在生活中,对陌生人的第一印象决定了对这个人的认知,只有经过以后长时间的相处才能改变。需要注意的是,组织行为学中的首因效应与心理学中的首因效应是存在差异的。组织行为学中的首因效应更强调人际交往过程中第一印象的影响作用。

　　在组织交往过程中,当组织成员第一次见面交往时,往往会受到首因效应的影响。对对方形成的第一印象会影响组织成员之间的人际交往和人际沟通。但是对组织影响较大的首因效应发生在人力资源管理的招聘和面试环节。在面试过程中,面试官往往会受到首因效应的影响而对面试者产生偏见,从而影响对高素质人才的选拔。

　　2.近因效应

　　近因效应是指最后给人留下的印象对个体认知的强烈影响。与首因效应不同的是,近因效应只发生在已经熟识的朋友中。人们对已经相识的同事的评价取决于感知到的该同事最近的行为表现,因为记忆是会遗忘的,只有最近的行为表现才能在记忆中留下印象并形成评价。在组织中,近因效应最可能发生在绩效考核期间。当需要上级对下级、同事之间进行评价时,上级和同事很大程度上会依据其最近的行为表现来进行评价,前提是员工以前的行为表现没有以书面的形式存档。在绩效考评期间,员工都会表现出忙碌、主动加班等行为,期望获得上级和同事的良好评价,这也是利用了近因效应。

　　3.晕轮效应

　　晕轮效应是指对一个人形成整体的印象之后,会依据该评价推论这个人其他方面的特征。美国心理学家阿希曾经做过一个实验:他给被试者一张列有五种品质的表格,这五种品质分别是聪明、灵巧、勤奋、坚定、热情,然后要求被试者想象一个具有这些品质的人。结果被试者普遍把具有这五种品质的人想象为一个十分友善的人。然而,当他把这种表格中的"热情"改为"冷酷"时,再要求被试者根据这五种品质想象具有这五种品质的人该是怎样的一个人,结果被试对这个人的评价与之前的完全相反。

　　晕轮效应会在招聘和面试过程中出现,面试官可能由于欣赏面试者的某一方面的品质而对其他方面的品质都给予较高评价。晕轮效应也可能会在绩效评价过程产生,上级对下级进行绩效评价时,可能由于下属某一方面表现出众而在其他方面都给予了较高的评价。

　　4.刻板效应

　　刻板效应是指对某个群体产生某种固定的看法和评价,并对属于该群体的个人也给予这一看法和评价。这些群体特性可以包括性别、年龄、民族、国籍、职业、所属组织等。例如,我们认为法国人非常浪漫,德国人不苟言笑,英国人非常开放,当我们遇到一个法国人时,无论他是不是真的非常浪漫,我们对他进行评价时还是会觉得他非常浪漫。

　　在跨国组织中,当组织内部存在较强的符合刻板效应的一些典型特征时,如不同的民族、不同的宗教信仰、不同的风俗习惯等,那么组织成员就该改变他们原有的看法,建立公平的看法和评价。组织需要对员工进行培训,提供组织成员之间更多的沟通和交流。因为社会知觉的偏差总是在无形中产生,其改变也是一个潜移默化的过程。

5. 选择性知觉与知觉防御

选择性知觉是指人们选择那种与自己的个性、定型的知觉及心理预期相同或相似的东西,而本能地忽略或歪曲那些使他们觉得不舒服或威胁到他们观点的信息。选择性知觉使我们能快速地解释他人,但这可能是危险的,因为我们看到的是我们想看到的东西。在一些极端的情形中,我们的情绪过滤掉大部分威胁我们信仰和价值观的信息,这一现象被称为知觉防御。知觉防御在保护我们自尊的同时,也可能会形成一种减缓压力的短期机制。

6. 虚假同感效应

虚假同感效应是指我们对他人的信仰和特质与自己的信仰和特质之间的相似程度的高估。例如,想辞职的员工认为,很多其他的同事也想辞职。这种效应的产生是由于我们在日常交往中,倾向于与我们有相似观点的人交往,并且有选择地记住那些与我们观点一致的信息。

2.2　归因

2.2.1　归因与归因理论

归因就是指人们对他人或自己行为原因的推论过程,即寻求行为过程的原因,是研究人们如何解释因果关系的理论,用于评估人们如何感知他们自己和别人行为的方法。

例如,企业发现自己产品的市场份额开始减少、核心员工开始流失等现象,管理者只是及时、准确地了解情况还不够,还必须能正确地归因,即弄清产生这些情况的原因,这样才能找到有效的解决方法。归因的目的在于预测和评价人们的行为,以便对环境和行为加以控制。归因使人们对事物有预见性,并形成一系列从经验中总结出来的有关人的行为与其相联系的观念和理论。

1. 海德的二元归因论

美国心理学家海德在 1958 年最早提出了归因问题,成为归因理论的创始人。他指出,人的外在行为表现背后的原因分为内因和外因两种。内因是指个人的原因,即个人所拥有的、直接导致其外在行为表现的品质或特征,包括个人的个性、情绪、动机、需要、能力、努力程度等,这些特点存在于个体,通过外在行为表现出来。外因是指环境的原因,包括外界条件、情境特征和其他人的影响等,这些特点不属于个人,不是个人可以控制的因素。内因和外因对人的行为表现所起的作用不同,一般而言,内因是行为表现的根本原因,外因是行为表现的条件,外因要通过内因来起作用,内因则受外因影响和制约,两者共同决定人的行为。

这个理论后来被发展成"控制点"假设。控制点是指人们在个性上有一种比较稳定的归因倾向,或是倾向于归因于外部,或是倾向于归因于内部。倾向于外部归因的人属于"外控型",倾向于内部归因的人属与"内控型"。例如,一个员工工作绩效降低,外控型的领导一般会将其归因于该员工身体状况不好、烦心事多;而内控型的领导则会认为这由于该员工骄傲自满、不愿再努力工作等因素造成的。

另外,琼斯和戴维斯的相应推断理论扩充和发展了海德的归因理论。他们系统地探索了人的行为究竟是由情境决定的还是由人的内在属性决定的。作为一种"理性的基本模型"有利于说明人们实际的归因过程。他们认为人们由外显行为推断内在倾向的过程分为两个阶段:

(1)意图归因:确定观察道德行为结果中哪些是活动者有意图做出来的。

(2)倾向和特质归因:琼斯和戴维斯着重分析了在什么条件下知觉者会认为一个人的行为反映了他特有的稳定的内在属性,或者说在什么条件下才能推知某人的行为和他的真实的素质相对应。他们提出了两个基本原则:①不寻常结果原则:当活动者的行为具有一些相对独特的或不寻常的结果时,知觉者作出相应推断,即将这种行为判定与活动者的内在倾向相一致。一个人行为的结果越不寻常,越能够使他与别人区别开来,反映他的内在品质。②低于社会需求性原则:当一种行为与社会上人们所期盼和赞许的行为不一样时,人们就会将这种行为归因于活动者的内在属性。知觉者的归因判断既以先前关于活动者的信息为基础,又以关于活动者所属阶层和社会群体的信息为依据。

2.凯利的三维归因理论

在海德归因理论的基础上,1967 年凯利发表了《社会心理学的归因理论》一书,提出了三维归因理论。凯利将关心的重点放在了研究人们是根据哪些因素做出的归因上。凯利将归因现象区分为两类:一类是能够在多次观察同类行为或事件的情况下的归因,称为多线索归因;另一类则是依据一次观察就做出归因的情况,称为单线索归因。凯利认为,人们对行为的归因总是涉及几个方面的因素:客观刺激物、行动者和所处关系或情境。其中,行动者的因素是属于内部归因,客观刺激物和所处的关系或情境属于外部归因,并提出了这三个因素归因所依据的三个原则。

(1)一致性原则。

将行为主体的行为和他人在相同情境下产生的行为相比较,看他的行为表现是否与众不同。相同,则表示一致性高;不同,则表示一致性低。例如某位员工最近总是工作懈怠,绩效低下,这是本人(内因)造成的还是其他客观原因(外因)造成的呢? 如果部门中其他员工在同样工作中没有出现类似情况,只有该员工一人工作懈怠,则一致性低,作内部归因;如果所有员工都出现绩效下降,则一致性高,作外部归因,可能是部门人际关系紧张或者领导对下属激励不当等原因导致的。

(2)一贯性原则。

将行为主体的行为与其在不同时间、空间中的反应来进行比较,如果行为的发生在时间和空间上具有稳定性,则一贯性高,反之则一贯性低。同样是上述的例子,对比该员工以前的工作表现和绩效水平,如果他以前对待工作也是漫不经心、绩效水平低下,则一贯性高,作为内部归因;如果他只有最近才出现这种状况,则一贯性低,作为外部归因。

(3)区别性原则。

比较行为主体的行为表现是否因行为对象的不同而不同。如果行为主体的某种行为表现因人而异或因事而异,则差异性高,反之则差异性低。对于上述的例子,该员工对待生活中的其他事情是否也总是懈怠? 如果他在生活中也是一个做事拖泥带水、效率低下的人,则区别性低,作为内部归因;如果只是在工作中才表现出这种行为,则区别性高,作为外部归因。

凯利的归因理论的贡献在于他提出了一个归因过程的严密的逻辑分析模式,对人们的归因过程做了比较细致合理的分析和解释。但是三维理论过度强调归因的逻辑性,太过理想化。

3.韦纳的四因素归因理论

美国心理学家韦纳 1974 年提出了四因素的归因模型。他认为,人们对个人成败的解释主要有四个方面的因素:所付出的努力、自身能力、任务难度和机遇。其中能力和努力是个人特征的内在原因,难度和机遇是环境因素的外在原因。这四个因素还可以根据稳定性进行划分,能力和难度是稳定的因素,努力和机遇是不稳定的因素。韦纳的归因模式分类情况如表 2-1 所示。

表 2-1　韦纳的归因模式

	努力	能力	任务难度	机遇
内外因	内因	内因	外因	外因
稳定性	不稳定	稳定	稳定	不稳定
控制点	可控	可控	不可控	不可控

人们对工作成功和失败的归因模式对随后的心理感受和行为反应有很大影响。人们对工作行为的归因模式和相应的心理与行为反应如表2-2所示。

表 2-2　人们的归因模式和相应的心理、行为反应

	成　功	失　败
能力,努力	满意、自豪	挫折、无助
任务难度,机遇	幸运、感激	不满、敌意
能力,任务难度	工作努力	降低努力
努力,机遇	积极性提高/降低	积极性可能提高

韦纳认为,每一维度对动机都有重要的影响。在内外因维度上,如果将成功归因于内部因素,会产生自豪感,从而提高动机水平;归因于外部因素,则会产生侥幸心理。如果将失败归因于内部因素,则会产生羞愧的感觉;归因于外部因素,则会生气。在稳定性维度上,如果将成功归因于稳定因素,会产生自豪感,从而提高动机;归因于不稳定因素,则会产生侥幸心理。如果将失败归因于稳定因素,则会产生绝望的感觉;将失败归因于不稳定因素,则会生气。在控制性维度上,如果将成功归因于可控因素,则会积极地去争取成功;归因于不可控因素,则不会产生很大的动力。如果将失败归因于可控因素,则会继续努力;归因于不可控因素,则会绝望。

韦纳的归因效果论实际上也是一种关于成就的期望和价值的理论,即控制点影响着人们对成败赋予的价值,归因的稳定性则影响着成就期望。价值和期望共同决定人们在以后的成就行为中所付出的追求。韦纳提出的成就归因理论,在很多的实际研究中也得到了证实。

2.2.2　归因偏差

归因理论还发现归因过程常常受到两个普遍的错误影响,从而导致不当归因。为防止因错误归因而给自己和他人造成不利影响,了解形成归因偏差的原因是非常必要的。

1. 自利性偏差

自利性偏差,即把成功归因于自己内在的原因,如能力、努力和品质等,然而把失败归因于外部因素,如坏运气、恶劣环境等。例如,运动员常常会将成功归结于自己的能力天赋,而将失败归结于其他方面——休息不充分、裁判不公平、运动场地不佳或比赛气氛不好等。

产生自利性偏差的主要原因有以下方面：一是人们情感的需要，因为成功和良好的行为总是与愉快自豪的情绪相联系的，而失败和不良行为总是与痛苦悲哀相联系的，出于情感上的需要，人们通常把成功留给自己，而把失败归于他人；二是维护自尊心的需要，当成功时归于自己的能力和努力，能够极大地增强自身的自信心，获得心理上的满足，把失败归结于外部因素可以减少挫折感，保护自尊心。

2. 基本归因偏差

基本归因偏差，即人们在归因时往往忽视情境的影响而高估内在倾向的作用，如能力、动机、态度或人格等的影响，哪怕别人的行为很明显受到了情境的左右。例如，煤矿企业的管理者往往将高工伤率归因于雇员的行为因素，而较少考虑设备陈旧且缺乏维修等外部因素。在社会心理学中，这被称为"旁观者现象"或"旁观者的冷漠"。

旁观者现象是我们大多数人都曾经历的一种行为现象。当一件麻烦事发生在某个公共场合，例如一个人躺倒在喧闹的大街上时，你会发现人们都无动于衷地自顾自走着，甚至从这个人身旁走过也不去救助他。人们此时会很自然地产生不愿助人是因为大家缺少爱心的想法，进而感叹人群的冷漠和疏远。但心理学家则认为这一解释有问题——如果"助人为乐的心理倾向"能成为某种人格特质，那么聚焦的人越多，人群中具有这种特质的人就越多，这时就会有一些具有较高水平的这种特质的人挺身而出。但事实恰恰相反，人群聚集得越多，愿意去助人的人就越少。这说明情境对人的行为产生了很大影响。可用来解释为什么人们对躺倒的人不施以援手的原因是"多数人忽视"，即每个人都认为别人会去帮助，所以并不需要自己的救助行为；也可能认为既然大家都不去救助，也可能这个人是喝醉了才躺在大街上的。此类现象很适用"缺少爱心"进行充分的解释。一旦有人开始行动起来，周围的人马上就会热心响应、提供救援，此时没有爱心的人还会继续熟视无睹。很多此类情境下的实验都证明，出现这一现象的原因是基本归因偏差，我们对情境的作用估计过低。

2.3　印象管理

在社会知觉中，有一种特殊的社会知觉偏差，是用于修饰他人对自己的印象，称为印象管理。如果你要参加一个非常重要的会议，但由于路上堵车而迟到了，那你到达会场的时候，会对迟到行为做出解释吗？你的解释是否能够令人信服呢？你是否会为了让他人留下良好的印象而积极努力呢？这些行为都是印象管理的范畴。

2.3.1　印象管理概念

印象管理是人际互动中的一种普遍的现象,是人们有意识或无意识地对自己的行为进行控制,以管理或控制他人对自己所形成的印象的有目标指向的行为过程。这是一种个体为美化自己、避免自己形象受损的积极行为。印象管理是社会互动的一个根本方面。

印象管理的思想萌生于马基雅维利主义,反映了马基雅维利对如何控制人类行为的理解,这对印象管理研究有重要的影响。而美国著名社会学家戈夫曼则是对这一领域的研究产生真正划时代作用的人,他在《日常生活中的自我呈现》(1959)一书中提出"印象管理就像戏剧",认为人际互动中一方的乐趣在于控制别人的行为,使对方通过对自己行为的理解,做出符合自己计划中的行为反应。但是,戈夫曼的研究也有其显而易见的局限,作为一个社会学家,他忽略了个体内在心理因素的重要性,只重视外部因素的作用,只关心个体在现实社会中扮演的角色。20世纪六七十年代有关印象管理的研究得到了稳定的发展,但是,社会心理学家和人格心理学家一般把印象管理看成一个边缘性概念,或者将其看作研究过程中的污染源和人为因素,或者看作主要与广告、商业或政治等领域相关的课题。到20世纪80年代以后,对印象管理的概念分析出现了明显的变化,引起了更为广泛的研究。利里和科瓦尔斯基(1990)对之前的研究者提出的印象管理定义进行了简化和分析,发现各种不同定义基本上都包含两个成分或过程,即印象管理动机和印象构建,前者指个体试图控制他人的愿望或动机,后者指个体决定给他人产生什么印象及如何产生这种印象的行为。

2.3.2　印象管理过程

印象管理的过程通常包含两个阶段,一是形成印象管理的动机,二是进行印象建构。

1.印象管理的动机

形成印象管理的动机是指人们想操纵和控制自己在他人心目中的印象的意愿程度。个体印象管理的动机水平将取决于以下三方面的因素:

(1)印象与个人目标的相关性。越是与个人目标密切相关的印象,个体进行印象管理的动机就越强烈。在组织中,个体的工作能力与工作方式与个体的目标关系密切。

(2)目标的价值。越是有价值的目标,个体进行印象管理的动机就越强烈。例如,对个体来说,提升是非常有价值的目标,而上级和同事对自己工作能力与工作方式的印象,则直接影响个体的提升,因此,个体会非常在意使上级和同事形成有关自己工作能力和工作方式的好印象。

（3）一个人期望留给他人的印象与他认为自己已经留给他人的印象之间的差异。这种差异越大，个体的印象管理的动机就越强。例如，某人希望上级赏识自己的能力，下级认可自己的工作方式，当认为上级过去已形成有关自己能力的不良印象，或者下级已形成有关自己工作方式的不良印象时，个体改变这种印象，对自我印象进行管理的愿望就会更强烈。

　　2.印象建构

印象建构是指个体有意识地选择要传达的印象类型并决定如何去做的过程。印象建构包含两个过程：①选择要传达的印象类型；②决定如何去做。

要传达的印象类型不仅包括个人的人格特征，也包括态度、兴趣、价值观或物理特征等。研究发现，有五个因素影响到我们选择试图要传达的印象类型：①自我概念；②期望或不期望的同一性形象；③角色限制；④目标价值；⑤现有社会形象。

当人们选择了要传达的印象类型之后，接下来要做的就是决定如何去传达这一印象，但很少有人研究人们是如何选择合适的方式来影响他人形成对自己的印象。不同的人印象构建的能力不一样，有些人可能比他人更善于构建自我形象，研究发现，高度自我监控的管理者对协调其自我表现和印象更加敏感，反应更强。

2.3.3　印象管理策略

在组织中，印象管理是非常普遍的，人们都会使用一些印象管理策略来管理他人对自己的印象。组织中普遍存在两种类型的印象管理策略——获得性印象管理策略和保护性印象管理策略。

　　1.获得性印象管理策略

获得性印象管理策略，即试图使别人积极看待自己的努力。获得性印象管理主要表现是讨好技术，指一整套相关的获得性印象管理行为，它们的共同目的是使自己被人喜欢，在他人眼里更具有魅力。讨好技术主要有以下几种类型。

（1）意见遵从。有研究表明，意见遵从是组织中最普遍也是最有效的讨好形式。人类的本性都是希望得到他人的认同，喜欢那些敬佩自己的人。在组织情境中，上级与下级之间的权力距离差距越大，处在较低职位的个体就越可能模仿高位者的意见和行为。组织中资源的可获得性也会影响人们运用意见遵从技术的频率。资源越有限，意见遵从越可能被应用。为了使意见遵从表现得更加自然，一种方法是人们会在一致意见中夹杂着一些不一致的意见，但是那些不一致的意见通常都是小细节。另一种方法是起初表达不一致意见，而后逐渐转为同意和认可，表现的是被对方说服。

(2)热情相助。通过向他人提供帮助从而获得他人的喜爱。帮助他人,使他人认为应该帮助或回报自己。最有效的帮助是不能立刻给回报的那种类型。例如,如果你给老板买一份20元的午餐,老板一会儿就可以把钱还给你;如果你帮助老板在他的车上装一个导航仪,就可能会得到更有价值的"回报"——老板可能在绩效考核时对你有个好印象。

(3)抬举他人。根据卡耐基的观点,真诚地表扬和赞美他人是成功的关键。研究表明,抬举他人的各种形式是最有效的讨好行为。我们倾向与那些喜欢我们、表扬我们、给我们积极评价的人交往。当然,如果利用不当也会产生相反的效果,有两种方法可以提高其有效性:第一种是利用第三方传递信息可以减少被觉察到的风险,有研究者曾巧妙地称它为通过代理人进行的自我呈现;第二种是使溢美之词令人可信,这要求人们充分考虑各种客观因素,如时机、频率等。

(4)自我抬高。自我抬高即直接运用获得性印象管理以使自己看起来更具有吸引力。通过自我抬高方式,讨好者的最佳个性特征是在目标观众面前展露无遗。这种讨好行为的目的是找出目标对象对哪些特征感兴趣,然后声称自己具备这些特征。当现实情况限制了人们在某一方面进行自我抬高时(如果你没有硕士学历,就不可能声称自己有硕士学历),人们可能会进行补偿性印象管理,夸大自己其他的个性特点等。

2.保护性印象管理策略

保护性印象管理策略,即尽可能弱化自己的不足或避免使别人消极地看待自己的防御性措施。保护性印象管理策略有以下几种类型:

(1)补救技术。补救技术是对危机境地的事后处理,比如给出一个解释或道歉,通过这种方式,把危机情境造成的消极影响降至最低。补救技术有以下几种方式:减低消极印象,否认消极印象,中和消极印象,把消极印象转化为积极印象。比如犯了严重的错误之后可以采取四种方式来避免负面影响:第一,马上表现出一种其他良好的行为;第二,否认这个错误完全是由于自身原因造成的;第三,说明错误产生的不可避免性;第四,继续将原来的事情圆满完成,形成积极的印象。

(2)合理化理由。借口和辩解这两种保护性的印象管理技术都称为合理化理由,指用于解释不利行为和用于弥补行为与期望之间差距的陈述。从当事人的角度来看,借口是一种承认活动本身是错的但是又否认自己应该承担责任的说辞;而辩解是一种愿意承担责任但又否认这项活动错误的说辞。当事人试图使用合理化理由以最大限度地挽救损失。一个有效的合理化理由,不仅能使接受者觉得可信,而且可以通过这个理由原谅提供者,甚至免除对他们的责备。在组织情境中,管理者有时也需要使用合理化理由作为一种维持他们权威的必要手段。尽管管理者比下属拥有更多的权利,但他们的成功依赖于员工对他们的支持和合作的程度。

(3)事先声明。事先声明指的是在危机情境出现之前,根据先期预计的情况而提出的借口。社会学家海威特和斯托克斯对这一概念的界定是:"为了避免预期行为可能带来的麻烦和不便,而事先实施的语言控制机制。"研究发现,当人们面对可能出现的失败情境时,更倾向于采用事先声明技巧。例如,"我真的不想这么做,他是我最好的朋友,但是他没有达到公司的绩效标准,根据公司规定,应该被开除"。

(4)自我设障。自我设障指的是当结果不确定时,个体在自己的工作过程中自行设置障碍,从而为随后的结果提供一个外部的解释理由,即在成功面前设置一些障碍物。这样的方式为人们提供了印象管理中的双重利益:如果他们成功了,则表现出了高能力;如果他们失败了,所带来的消极影响将会减弱。例如,"我是因为外部的这些障碍才失败的,并不是我自己的能力问题"。当个体十分看重事情的成败,但是在感到自己的能力和自信处于临界水平时,自我设障这种方式才更多地被采用。

(5)道歉。在有些情境中,人们无法使用借口、辩解、事先声明或自我设障这些印象管理技术使自己摆脱危境,那么,保护性印象管理的最后一个避风港就是——道歉。道歉,承认自己应负的责任,并对自己的行为表示自责和悔恨,以期望获得目标观众的宽恕。有研究表明,有效领导者的特点之一就是懂得如何明智地使用道歉。

2.4　知觉与个体决策

2.4.1　个体决策

决策,即对需要解决的事情做出决定。对于决策的理解,不同的学者给出了许多不同的定义,归纳起来有三种解释:

一是把决策看做是一个包括提出问题、确立目标、设计和选择方案的过程。

二是把决策看做是从几种备选的行动方案中做出最终抉择,是决策者的拍板定案。

三是认为决策是对不确定条件下发生的偶发事件所做的处理决定。决策带有一定的风险,即风险决策。

决策作为人类最复杂的思维之一,从 20 世纪中后期,受到了数学、经济学、管理学、心理学等各个领域学者的广泛关注。诺贝尔奖得主西蒙认为管理就是决策,而管理学大师彼得·德鲁克为管理者提供了一个有效决策的框架:①对问题进行分类。德鲁克认为决策有 4 种类型:普遍性问题,大多数人都会碰到;虽然曾经发生过但对当事人是独一无二的问题,可以借鉴别人的经验来解决;真正独一无二的问题,需要个别处理;最后是隐藏的新的普遍性问题,这类问题需要建立新的规则来解决。②对问题进行定义,搞清楚究竟发生了什么情况,哪些因素与此问题相关。③明确问题的限定条件,即要明确列出决策所要实现的目标。④判断哪些是"正确"决策,而不是先考虑决策可否被接受。⑤在制定决策时考虑好实施办法,有效地将决策付诸实践,实实在在地将决策转化为行动成果。⑥对照实际执行情况检验决策的正确性和有效性。

德鲁克提出的有效决策步骤是基于理性决策理论,但在现实生活中,人们很少是根据这个步骤来决策的,因为人们不是完全理性的。下面对决策的三个典型理论进行阐释。

2.4.2　理性决策模型

理性决策理论的前提假设是个体为完全理性的。理性决策模型把决策过程简化成预期的形成和最大化问题,具有以下几个特点:①决策者面临的是一个既定的问题。②决策者选择决定的各种目的、价值或目标是明确的,而且可以依据不同目标的重要性进行排序。③决策者有可供选择的两个以上的方案,面对着这些方案,通常在逐一选择的基础上,选取其中一个。④决策者对同一个问题会面临着一种或多种状态,它们是不以人们意志为转移的不可控因素。⑤决策者会将每一个方案,在不同状态下的收益值(程度)或损失值(程度)计(估)算出来,经过比较后,按照决策者的价值偏好,选出其中的最佳方案。

进行完全理性的决策必须具备以下几个条件:①决策过程中必须获得全部有效的信息。②寻找出与实现目标相关的所有决策方案。③能够准确地预测出每一个方案在不同的客观条件下所能产生的结果。④非常清楚那些直接或间接参与决策的人们的社会价值偏向及其所占的相对比重。⑤可以选择出最优化的决策方案。

这在现实生活中几乎是不可能完成的事情。决策者不是绝对的理性人,他掌握的信息和处理信息的能力都是有限的。首先,决策者不能找到全部备选方案,只能尽力寻找到相对满意的解决方案。其次,决策者并不能完全了解备选方案的所有后果。事件发生之前考虑的结果都是对未来的预测,这种预测以过去的经验为主要依据,不可能做到完全准确。最后,决策者并没有一套明确的、完全一贯的偏好体系。实际决策中,由于价值问题的复杂性,决策者有时难以明确表达其价值偏好,甚至出现前后不一致的矛盾现象。

2.4.3　有限理性决策模型

理性人假设的缺陷促使了"有限理性"的出现。1947 年,西蒙最早提出了"有限理性决策模型"。这个模型的内容包括：①决策者在进行决策时对其决策状况的信息掌握不完备。②在得到大量有关信息的前提下，决策者充分处理信息的能力仍然有限。③有关决策的合理性理论必须考虑人的基本生理限制以及由此而引起的认知限制、动机限制及其相互影响。④决策者的主观作用很大程度上影响决策效果。决策者在试图构建一个问题的客观模式时，常常带有一种对问题先入为主的观念行动，致使主观的考虑渗入分析之中。⑤信息搜索行为的有效性受到所得到的信息的实质和先后次序的影响。⑥当一项决定变得复杂，决策者将山穷水尽时，一些超负荷的信息会凝固。一旦发现这种情况，决策者将不得不求助于调节机制。⑦"刻板印象"导致决策者过去的成功和失败影响着他对后一个具体问题的态度。成功的经验能指导决策者在以后面对同一或类似具体问题时，提高信心指数，并且用同样的方法很熟练地解决该问题，而当决策者面对失败的问题，心理难免会存在一定的阴影，从而导致畏首畏尾，有时甚至知难而退。⑧个人的性格、喜好等能强烈地影响过程和选择的结果。决策者的价值观、看法、目的性等个人特征往往在做出决策时左右其判断和结果。此外，决策者的感情因素、人格等有时也会导致其做出非理性的决定。

西蒙的有限决策论放松了对环境的限定，承认环境的复杂性和变动性，承认人的理性是有限的，主要受大脑的生理机制和由此而引起的认知因素（选择性注意）和动机因素（目的性行为）的限制。正是有关理性程度假定的变动，使得关于环境和人的行为模式更接近现实，从而带来了理性概念上的革命。

2.4.4 解释性决策模型

在西蒙的有限理性学说基础上，卡尼曼和特沃斯基又提出，人们在不确定的世界中作判断往往忽视时间的基准率信息，不顾事件的先验概率而依赖于有限的启发式进行判断，即人们往往会走上一些思维的捷径。这些思维的捷径有时会帮助人们迅速地做出判断和决策，但有时也会导致判断的偏差，这种偏差就叫做"启发式偏差"。

最常见的启发式偏差是代表性偏差，即人们总是倾向于根据观察到的某种事物的模式与其经验中该类事物的代表性模式的相似性程度而进行判断，而对于先验概率、样本大小等影响判断的关键因素却很少留意，因此产生虚构的效度、向平均值回归等错误。代表性启发法是通过对同类事件以往所出现的结果进行统计分析，得到结果的概率分布从而找出发生概率最大的结果，这就要求考察的样本要足够大，但人们往往趋向于在很少的数据基础上很快地得出结论。

其次是信息易得性偏差，即人们依靠容易得到的信息而非全部信息进行判断。认知心理学的研究表明，与不熟悉的信息相比，一般是熟悉的信息更容易从记忆中提取出来,被认为是更真实或合适的。

此外还有锚定效应。人们会以最初的信息为参照来调整对事件的估计。例如,对两组被试者分别提出下列两个问题:①$8×7×6×5×4×3×2×1=$? ②$1×2×3×4×5×6×7×8=$? 要求被试者在 5 秒内估计出其乘积。结果发现,对第一道题的估计的中数是 2250,对第二道题的估计的中数是 512。两者的差别很大,并都远远小于正确答案 40320。可以设想,被试者在对问题做了最初的几步运算以后,就以获得的初步结果为参照来调整对整个乘积的估计。由于两道题的乘数数字排列不同,第一道题的最初几步的运算结果大于第二道题,因而其乘积估计也较大。

2.4.5 个体决策中的知觉偏差

不得不承认,由于受到自身能力以及客观条件的限制,我们所做的决策会产生系统性偏差。个体决策中的知觉偏差主要有框架效应、承诺续扩和心理账户三种。

1.框架效应

所谓框架效应,即随着问题呈现方式的不同而做出不同决策的倾向。个体决策过程中框架效应具有三种表现方式。

(1)风险选择的框架效应。

如果问题采用强调利益的方式呈现,人们倾向于规避风险,保住利益(决策者是不愿意冒风险的);如果问题采用强调损失的方式出现,人们更愿意冒点风险,以避免损失。这就是所谓风险决策的框架效应。举例来说,假设面临下面的情景,请认真思考并做出选择。

第一种情境:A.100%的可能获得 240 元;B.25%的可能获得 1000 元,75%的可能一无所得。

第二种情境:C.100%的可能损失 750 元;D.75%的可能损失 1000 元,25%的可能什么也不损失。

研究表明,在情境 1 中,大多数被试选择了 A,在情境 2,大多数被试选择 D。这说明人们的决策受到框架效应的影响。

(2)特性的框架效应。

风险决策的框架效应发生在风险决策中,同理,特性的框架效应发生在决策的特性评价中。比如说,当你漫步于超市的肉类货架前时,你发现有一包贴有"75%瘦肉"标签的碎牛肉,如果同样的情况标签上写着"25%肥肉",结果会是如何呢?市场调查表明:顾客认为标有"75%瘦肉"(正特性)的碎牛肉比标有"25%肥肉"(负特性)的碎牛肉更好,油脂含量更低。

特性的框架效应并不仅仅局限在商品评价这一领域,它广泛地存在于组织行为中。如果从积极方面描述某种特性,人们就会从积极的方面评价这种特性;反之亦然。在绩效评估方面,从积极方面描述绩效(如篮球运动员的投篮命中率)比从消极方面描述绩效(如篮球运动员投篮的失误率)能得到更为积极肯定的评价。

(3)目标的框架效应。

目标的框架效应是框架效应的第三种类型。它提出了这样一个重要问题:当劝说人们做某件事情的时候,告诉他们做这件事的积极结果能起到更好的劝说作用,还是告诉他们不做这件事的消极结果会更有效?我们来看一个实验。

假如你想让妇女确信进行乳房自我检查能及早发现乳腺癌的征兆,你可以用两种不同的方式向她们宣传进行乳房自我检查的效果:

方式 A:调查显示,进行乳房自我检查,会增加早期发现乳腺肿瘤的可能性,从而增加治愈的机会。

方式 B:调查显示,不进行乳房自我检查,会减少早期发现乳腺肿瘤的可能性,有可能延误治疗的时机。

哪一种说法更有效呢?研究表明,方式 B(不进行乳房自我检查的消极结果)比方式 A(进行乳房自我检查的积极结果)更能促进妇女进行乳房自我检查。这就是目标框架效应的作用。从这个实验我们可以了解到,人们看到消极信息时,比看到积极信息时更容易被说服而采取行动。

2. 承诺续扩

想象一个这样的情境:你是某大型公司的财务主管,几个月前,你制订了一项投资计划并获批了 1000 万元投资资金,项目开始时投入了 500 万元,几个月过去了,各方面的迹象显示这项投资计划未能达到盈利的目的,反而造成了公司的亏损。目前是该投入第二阶段资金的时候,你是否会将另外 500 万元继续投入到这个项目中?

斯达(1976)将这种"决策者在面对失败的结果时,却仍然决定向先前的行动持续投入资源"的现象称为"承诺续扩"。之后,斯达又进一步指出,一个典型的续扩情境具有三个界定性特征:①已经投入了大量的资源(如资金、时间或精力等);②初始的行动还未获得预期效果或事实上濒临失败(收到负向反馈);③允许决策者选择要么继续投资以试图挽回已付出的成本,要么从该行动中完全撤出。

关于承诺续扩的成因分析,斯达的自我申辩理论和前景理论较受关注和讨论。前者采用认知失调理论的观点,认为自我申辩是促成续扩行为发生的主要机制;后者则采用信息加工的观点,主张决策框架和确定性效应的作用会引发知觉价值扭曲,这才是导致续扩行为发生的机制。

(1)自我申辩理论对承诺续扩的解释。

自我申辩理论衍生出认知失调理论。该理论认为,人们在做某一决策时,当然会预期该决策将获得成功的结果。而当收到负向反馈时,行为结果就会与先前的信念(自己的决策是正确的或自己不会失败)产生不一致,这会引发决策者的认知失调。此时个体如果选择撤出,无疑是承认自己先前的资源分配决策是错误的,其所带来的痛苦甚于资源损失。因此,为了避免这种痛苦,个体会选择在认知上扭曲这一负向结果,即认为初始决策是正确的,以获得更为正向的情绪感受。而证明初始决策正确的最好方式,就是对之继续做承诺。此"自我申辩"过程,意指个体试图合理化自己先前的行为或在心理上产生防卫来抵御不利的结果。

斯达之后又进一步推衍出一个承诺续扩的过程模型(如图 2-2 所示),并对内在申辩和外在申辩进行了区分。前者是个体为了维持自我概念的统一与一致,而向自己申辩的一种内在驱动力;后者则是个体为了保持在他人面前的形象或使他人对自己的认知保持一致而产生的对外申辩的驱动力。

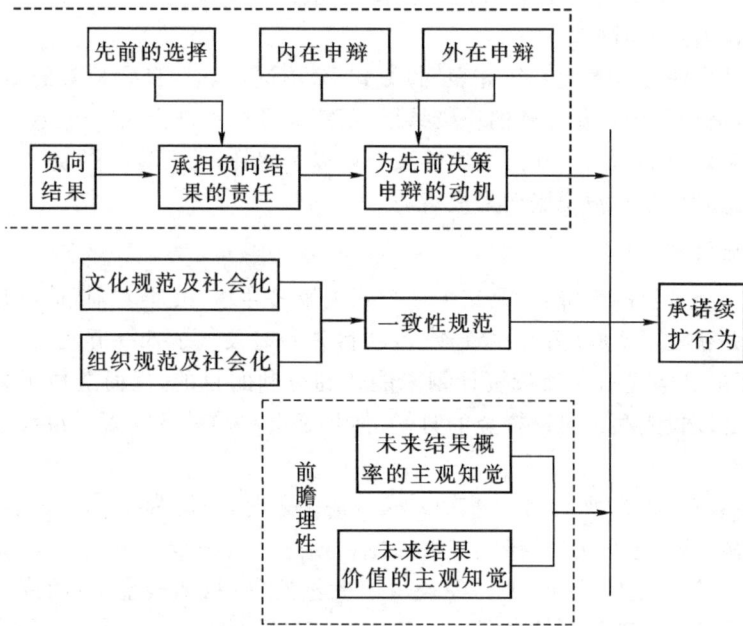

图 2-2　Staw 的承诺续扩过程模型

(2)前景理论对承诺续扩的解释。

前景理论主张决策者在面对决策情境时,会在心理上形成收益与损失两种决策框架,作为评价后续行动或选择的参考依据。即使同一问题,如果呈现方式不同,也可能会形成不同的决策框架,进而产生不同的结果。在面临损失的情况下,决策者将采取损失框架,此时决策者会有追求风险的倾向,即倾向于把外在的挑战看做机遇；而在面临获益的情况下，决策者会采取获益框架，进而产生回避风险的倾向，即倾向于把外在挑战看做威胁。

面对负向反馈容易让决策者处于损失框架中，放慢追求风险的倾向。也就是在自己损失一定金额之后，根据边际递减效应，决策者对于投入资金的主观价值将受到扭曲，降低投入资金的价值，即使再投入相同的金额，在主观上却会认为比之前的花费少，从而产生想以较少的金额来冒险获取较多金额的想法，认为若成功了则可以弥补已经损失的资金，若失败了感觉上也只是多输了一点而已。因而愿意将更多的资源继续投入到已经出现负向反馈的行动或计划中去，从而形成承诺续扩行为。

3. 心理账户

心理账户是理查德·萨勒教授提出的概念，它是指人们在心理上对结果（尤其是经济结果）的编码、分类和估价的过程，它揭示了人们在进行财富（资金）决策时的心理认知过程。

心理账户对于决策的影响，主要表现在心理运算规则上。由于人们对得与失的心理感受不同，因此对于同样大小的得与失，不同的表达方式会使人产生不同的心理感受。例如，同样是 100 元的获益，分为两个 50 元比一次性获益 100 元更能使人快乐；而同样是 100 元的损失，一次性损失所造成的伤害要小于分几次。由此，该理论总结了四条得与失的编码规则：①两笔盈利应分开；②两笔损失应整合；③大得小失应整合；④小得大失应具体分析——在小得大失悬殊时应分开，而悬殊不大时应整合。

我国学者李爱梅的实证研究探讨了中国人心理账户的内隐结构、本质特征和潜在认知机制，以及心理账户对非理性经济决策行为的现实影响。经过因子分析和聚类分析等统计分析发现：中国人的心理账户存在一个"3—4—2"的内隐结构，即收入账户的（工作收入、投资经营收入、非固定的额外收入）3 个账户与开支账户的（生活必需品支出、家庭建设和个人发展、享乐休闲开支、情感支出）4 个账户，以及存储账户的（安全保障型和风险投资型）的 2 个账户。在消费领域的应用研究发现，人们对相对值优惠与绝对值优惠的心理感知不同，表现出明显的相对值优惠与绝对值优惠效应。在薪酬激励领域的应用研究中，发现了预期参照点效应、得失强度效应以及价值形式效应。心理账户在公共政策制定以及消费领域的实证研究方面有广阔的应用前景，有待进一步深入开展。

课堂讨论

1. 在企业中，人们普遍愿意认为男性"充满活力、雄心勃勃，爱出差"，女性则"稳重、没有野心，喜欢稳定的办公环境"，你是否同意这种观点，请说明理由。

2.一名员工在分配给他的工作上完成得不够好。假若你是一名管理者,你会使用什么样的归因过程对员工的工作绩效进行判断。

3.在求职面试时,我们该如何进行印象管理?

思考题

1.知觉的概念和主要特征是什么?

2.社会知觉有哪些独特性?

3.举例说明自利性偏差给你带来哪些影响。

4.简述印象管理的过程和策略。

5.为什么说个体往往只能做出有限理性的决策?

章末案例

苹果电脑公司的史蒂夫·乔布斯

熟悉计算机的人,大概没有人不知道那只被咬了一口的苹果。这只小小的苹果自创立之初仅仅10年时间,就占领了世界市场8%以上的份额,让IBM这样的大牌公司着实吃了一惊。又一个10年之后,当众人都在为这种苹果敲响丧钟时,它却再一次迸发出亮丽绚烂的火花。这不得不说是一个商界奇迹。而总裁史蒂夫·乔布斯先是公司的创建者,后是救世主的形象,更是名扬四海,谱写了创业史上的神话。不管你是他的崇拜者还是厌恶者,都会对乔布斯的领袖魅力不容置疑。

乔布斯成长于美国张扬个性的20世纪60年代,他从小特立独行,刻意塑造一个不同寻常的形象,执意要成为人们心目中的"叛逆"。尽管有父母的悉心照顾,但他却努力使自己看起来像个四处流浪了多年的孤儿。他的很多行为在外人看来十分古怪,离经叛道。例如,上大学没多久却又退学;与同伴一起远赴印度要进入寺庙修行;在进入阿塔利公司时,他每顿饭只吃酸奶和水果,并相信这种饮食习惯可以免去洗澡的麻烦。即使在苹果公司蓬勃发展的时代,乔布斯也总是以一副不修边幅的外表出现在众人面前。人们对他的描述是"瘦削、邋遢、留着长发、满面风尘、穿着破牛仔服、脚上趿着拖鞋。甚至在吃饭时也会把脏脚丫放在桌上,晃来晃去"。这与企业界那种西装革履的正统形象格格不入,也触怒了华尔街的不少名人。

乔布斯的管理方式曾被戏称为"愤怒管理"(anger management),他喜怒无常,经常在公司里上蹿下跑,对自己的手下大喊大叫。甚至在与雇员谈话时,一句话不投机就把人辞掉。他粗暴,常出言不逊,脏话连篇。他独断专行,用他的话说,"要么照着去做,要么滚蛋"(my way or the highway)。正是这种特立独行的风格和排他的绝对主义,使得Mac机得以诞生。但是,这种管理方式也显然是不利于一家公司长期稳定地发展。终于,喜怒无常、骄傲粗鲁的乔布斯在1985年初权力争斗中失败,被 John Sculley 扫地出门。

1998 年 8 月,乔布斯受命于危难之中,回到苹果任职临时 CEO 时,人们看到了多年风风雨雨对乔布斯的改变。他依然带着一贯的自信和坚韧,但同时又多了一份成熟和平和。工作也比以前人性化多了,他在具体的工作中并不过多插手,更多关注于需要进行协调的工作,譬如在财政、市场和交易等方面。20 年前帮助苹果创造奇迹的硅谷公关之王里吉斯·麦肯纳说:"乔布斯成熟了。你知道我是怎么判断的? 因为他一回到苹果,就虚心地向许多人请教,而且认真地听取了意见。他已从失败中学会了许多东西。"在他带领下推出的 iMac 大获成功,使公司迎来自 1995 年后的第一个盈利财年。接着,又推出了全新 iMac DV、iBook,在短短一段时间内竟然推出这么多成功出色的新产品,令人目不暇接。1999 年,美国《洛杉矶时报》评选出了"20 世纪经济领域 50 名最有影响力人物",史蒂夫·乔布斯与另一名苹果公司创办人沃兹尼克并列第 5 名。史蒂夫·乔布斯也是当时跻身《洛杉矶时报》排行榜前 10 名中唯一一位仍然活跃在商业经济第一线的企业家。

二次回归苹果的乔布斯衣冠楚楚,风度翩翩,口若悬河,与 20 多年前创办苹果公司的那个不修边幅的大学生相比,完全判若两人。

资料来源:https://wenku. baidu. com/view/7a4300ec551810a6f5248656. html? from = search.

思考题

1. 之前和之后的乔布斯给大家留下了什么不同的印象?

2. 你认为乔布斯使用了什么样的印象管理策略?

3. 你认为什么样的人更容易使用印象管理策略?

测　试

评估你的人际知觉

1. 拿出一张纸,根据以下维度来描述自己:a. 友爱;b. 自信;c. 幽默感;d. 领袖欲望;e. 人际技能;f. 被他人接受的愿望;g. 独立性。

2. 安排 3~5 个人为一组,根据以上 7 个维度评价小组中的每一名成员。

3. 每个小组的成员坐在一起,确保每名成员都参加活动。所有成员都对成员 A 进行描述,其他人都谈了自己的看法之后,成员 A 公布他的自我知觉。以此类推,使所有成员都得到他人反馈并公布自我知觉。

4. 每个成员分析自己在 7 个维度上的自我知觉与其他人对自己的知觉之间的相似性与差异性。

第3章 价值观、态度及兴趣

学习目标

- 掌握价值观与工作行为的内容
- 了解工作态度与行为的关系
- 了解态度改变理论及其应用
- 了解兴趣与职业生涯开发的内涵

开篇案例

员工第一,顾客第二

韦格曼斯食品超市有一个不同寻常的口号:"员工第一,顾客第二。"这家连锁食品超市明确地将在纽约以及附近四个州的 33000 名员工放在利益相关者的最前列。这里的员工可以享受高于平均水平的薪酬、健康福利以及其他福利,与大多数超市 12% 的劳动成本相比,他们的劳动成本占了营业额的 16%。更重要的是,员工感到受欢迎和被尊重。"你不是公司的一分子,而是家的一分子。"在纽约罗彻斯特市的韦格曼斯食品超市的顾客服务部工作的凯蒂·索瑟德这样说,"在这里你是独一无二的,而不是 350 名员工中的一名无名小卒。"为什么不把顾客放在第一位呢?韦格曼斯食品超市的理念是,如果员工士气低落,就不可能有快乐的顾客。这个理论似乎很成功。在同行业中,韦格曼斯食品超市拥有最高的顾客忠诚度和最低的人员流失率。

资料来源:史蒂文·L·麦克沙恩.组织行为学[M].5 版.北京:机械工业出版社,2012.

思考:有研究表明增加员工的满意度可以改善公司的盈利能力,你同意这种观点吗?

处在社会环境中的人,其行为既要受到生活环境、经验、个人生理素质与个性心理特征的影响,更要受到其价值观与态度的影响。同时,每个人的态度与价值观的形成与改变,还受到他人及整个社会环境的作用。因此,研究价值观与态度的构成、作用及其变化的规律性,有助于管理人员了解每个职工的价值观与态度,有的放矢地提高管理的绩效。

3.1　价值观与工作行为

3.1.1　价值观的概念

价值观是指个人或社会对某种特定的行为方式或存在的终极状态,比起与之对立或相反的行为方式或存在的终极状态而言,所持有的更合意的持久信念。价值观给我们提供了一种对好与坏、对与错的感觉。价值观是理性认识和感性情绪两者的结合物,每一个人的价值观都是一个复杂的令人难以想象的体系,具有明显与众不同的特点。在价值的认识和实践活动中,人们逐渐形成了关于各种价值的看法,并形成一定的价值观。作为一种观念,价值观并不是孤立存在的,它是世界观的重要组成部分。

价值观既有相对的稳定性和持久性,又处在发展变化过程之中。也就是说,在特定的时间、地点、条件下,人的价值观总是相对稳定和持久的。比如,对某种事物的好坏总有一个评价和看法。在条件不变的情况下,这种看法不会改变。但是,随着人们的经济地位的改变,以及人生观和世界观的改变,这种价值观也会随之而改变。当人们处在某种特定的情景,人的行为必须符合新的情景要求时,原有的价值观可能不再合适,就不得不予以修正。

3.1.2　价值观的形成

一个人的价值观是从出生开始,在家庭和社会的影响下而逐步形成的。因此,人的早期经验也有着举足轻重的影响。家庭、教育、同伴、团体、社会舆论和其他社会文化因素等在价值观的形成过程中扮演着重要角色。报纸杂志、电视广播等传媒的宣传,以及父母、教育和英雄人物的观点与行为,对一个人的价值观有着不可忽视的影响作用,尤其是在幼年和青少年时期。

价值观是社会影响的产物。一个人的价值观形成的来源主要包括两个方面:一是来自于人类社会历史文化中沉淀下来的一些被证明合理或有用的信念。公司价值观的形成需要考虑多种影响因素,这对公司发展目标起着至关重要的作用。公司价值观的形成来自于组织的使命和组织任务,以及来自不同的国家、不同的民族、不同的社会经济地位群体等一直为人们所崇尚的共同价值观。这就说明了公司在选人和用人时,应重视对价值观的形成考虑,根据价值观的形成过程以及影响因素,不断使新员工的价值观与公司的价值观相统一,以免造成冲突,对公司发展产生消极的影响。二是来自个体在现实生活中生活的经验。个人的价值观很大一部分是在早期的社会经验中习得的。例如,领导、下属、同事等在公司员工价值观的形成中都扮演着重要的角色。

3.1.3　价值观的文化差异

在世界上,不同的民族往往具有不同的文化和价值观。在一个民族内部,其文化也可能包含着多种风格、多种品味。在不同文化背景下,人的价值观也必然不尽相同。企业正面临着劳动力多样化和市场全球化的挑战。在这种情况下,比较和研究中西方价值观,可以让人们客观综合地了解来自不同背景的多元化员工的不同性格特征、思维方式和处世态度;可以更加客观地评价自己的价值观和他人的价值观,减少企业中因为价值观的不同而带来的矛盾和冲突,使企业的人际环境更加融洽,从而提高员工的工作效率。

在今天的全球经济环境下,一定要了解不同文化之间价值观的差异。我们倾向于评判他人的价值观体系,但是我们需要拒绝这种倾向。包容不同的价值观,可以帮助我们理解其他文化。

3.1.4　价值观对工作行为的影响

工作价值观非常重要,它们影响了个体对正确与错误的判断,并进而影响个体的工作行为。与个体相关的四个工作价值观是成就、关心他人、诚实和公平。成就是对个人事业进步的关心,体现在努力工作,寻找发展新技能的机会等行为上。关心他人反映在富有同情心的行为上,如鼓励其他员工,帮助他人攻克难题等。诚实是指准确地提供信息,并且不肯为了个人的利益而误导他人。公平则强调公正无私,并能够考虑不同的观点。个体可根据这些价值观在自己工作和生活中的重要性,对它们进行排序。这些行为,实际就构成了之前我们讨论过的组织公民行为。

虽然人们的价值观体系各不相同,但当他们在工作中具有相似的价值观时,其结果就是积极的。与领导有着相同价值观的员工,对工作更加满意,对组织也更尽职。价值观对工作的选择也具有深刻影响。传统上对工作选择最具影响力的是报酬和提升的可能性。不过,最近的一项研究发现,另外三个工作价值观,即成就、关心他人、公平,在工作选择的决策中所发挥的影响,比报酬和提升机会更大。

这意味着,组织在招聘新员工时,应该更细致地关注个体的价值观,以及组织所传递的公司价值观。

3.2　工作态度与工作满意度

3.2.1　态度的定义与构成

态度是指一个人对物、对事和对别人的心理倾向。这些心理倾向是经过一段时间才获得的，并且是决定个人行为的一个主要因素。它们反映了个体对于某一对象的内心感受。当一个人说"我喜欢我的工作"，他就是在表明他对工作的态度。值得一提的是，态度是习得的，而不是与生俱来的。它是通过个体经验、推理和与他人交往的经验而获得的。态度具有相对稳定的连续性。理智者对于重要事务的态度，一旦形成就不会轻易改变，成为其人格的一部分。

态度是一种综合性的心理反应倾向，态度由三种成分构成，分别是认知、情感和意向。假如有人说"歧视是错误的"，这种信念就是态度的认知成分，是态度中的关键部分，是情感成分的基础；如果发现有人歧视少数民族，便会觉得很气愤，这便是个人态度的情感成分；于是这个人会鉴于他对某人的感受，可能决定避免和某人进行来往，这就是态度中的意向成分。

（1）认知成分。它是指个人对态度对象的带有肯定或否定意义的评价，这种评价包括个人对态度对象的认识、理解、相信、怀疑以及赞成或反对等。人们在认识自己、社会事物、社会现象和社会活动时，总会本能地凭借自己的直觉来做出种种具有倾向性的评价，如真与假、美与丑、好与坏等。

（2）情感成分。它是指在认知的基础上，个体对态度对象还会产生一定的情感体验。它通常表现出对对象是喜欢还是反感，是爱戴还是憎恨，是愉悦还是悲伤。

（3）意向成分。它是指个体对态度对象的反应倾向，即定式作用，又称为行为的准备状态以及对态度对象准备作出的某种反应等。需要注意的是，意向不是行为本身，而是行为之前的思想倾向。

组织行为学的研究表明，态度主要指的是三种成分中的情感成分。一个人的态度有很多种，组织行为学研究的是与工作相联系的态度，这些与工作相关的态度包括工作满意度、组织承诺、组织公民行为等，对工作的态度非常重要，因为它会直接或间接地影响工作行为。

3.2.2　工作满意度

1. 工作满意度的概念

工作满意度是指个人对自己所从事工作的一般态度。工作满意度是产生于人们的工作之中的，拥有较高的工资、与同事关系好、对工作有兴趣，在这种条件下工作的员工比在不具备这些特征条件下工作的员工更容易产生较高的工作满意度。当人们说公司某位员工有较高的工作满意度时,这意味着该员工总体来说喜欢工作,对其工作有较高的评价并有积极的情感。

2.工作满意度的影响因素

员工对工作有关的各个因素进行评估,产生认知,进而产生愉快或不愉快,在此基础上导致员工的行为倾向,从而影响员工的行为。下面为影响工作满意度的重要因素:

(1)富有挑战性的工作。挑战性工作是一种对员工的技能要求很高,并允许他们自己安排工作任务的节奏。在适度的智力挑战性的条件下,组织中的成员会感到愉快和成就感,会有较高的满意度。

(2)公平的报酬。员工希望分配制度和晋升政策能让他们感到公正、明确,并与他们的期望一致。当报酬分配建立在工作要求、个人技能水平、工作绩效和市场平均工资水平基础之上时,就会导致对工作的满意。但需要提醒的是,并不是每个人都只是为了钱而工作,而报酬与满意度之间的联系也不是一个人的绝对所得,而是对公平的感觉。同样,员工也追求公平的晋升政策与实践。晋升为员工提供的是个人的成长机会、更多的责任和社会地位的提高。因此,如果员工觉得晋升决策是以公平和公正为基础做出的,他们便可以轻而易举地从工作中体验到满意感。

(3)融洽的同事关系。人际关系是决定工作满意度的非常重要的因素。在团队层面上,工作群体内分享工作条件,相互间具有社会和情感的影响。这些不仅影响着个体的工作满意度,同时也作用于群体的工作满意度。

(4)良好的工作环境。工作环境主要指工作中的办公条件,如办公环境、办公设备的配置情况、办公的便利程度等,这些工作条件若能较好地与员工的需要相匹配,就能增加员工的满意度水平。员工对工作环境的关心既是为了个人的舒适,也是为了更好地完成工作。研究表明,员工希望工作的物理环境是安全舒适的,温度、灯光、噪声和其他环境因素不应太强或太弱。此外,有相当一部分员工希望工作场所离家比较近,环境干净,设备比较现代化,有充足的工具和机械装备。

(5)人格要与工作匹配。员工的人格与职业的高度匹配将给个体带来更多的满意度。因为当人们的人格特性与所选择的职业相一致时,他们会发现自己有能力来适应工作的要求,并且在这些工作中更有可能获得成功;同时,由于这些成功,他们更有可能从工作中获得较高的满意度。因此,把人格与工作相匹配这个因素列入工作满意度研究也是非常必要的。

3.工作满意度与工作行为

工作满意度是预测工作行为的重要变量,工作满意度和工作行为的关系主要

体现在以下几个方面:

(1)工作满意度与缺勤率。虽然研究表明,满意的员工比不满意的员工的缺勤率更低,但是,两者之间的关系不是很明显。尽管不满意的员工更可能旷工,这一点从理论上也是说得通的,但是,其他因素也影响着两者之间的关系。例如,组织对病假提供慷慨的福利待遇实际上就是在鼓励所有的员工包括那些满意感很强的员工去休病假。

(2)工作满意度与离职率。研究表明,满意度与离职率之间的相关性更高。满意的雇员离职率水平较低,而不满意的雇员离职率水平较高。工作满意度与流动率存在着稳定的负相关,但其他因素,如劳动力市场条件、对其他工作机会的期望和在组织中任职时间的长短都影响着员工是否离开的决策。当然,工作满意度与员工流动的关系不是直接的,员工流动还受到许多中介变量的影响,如能否找到合适的新工作、跳槽的代价等。

(3)工作满意度与工作绩效。工作满意度和工作绩效之间的关系是积极的,但是通常不紧密,有时还不一致。个体的满意度虽然会导致员工努力工作,但是工作的绩效本身受到员工能力及工作环境等客观因素的影响。尽管工作满意度与工作绩效之间的相关并不高,但这并不意味着工作满意度对于组织而言是无关紧要的。因此,加强员工的工作满意度管理是管理工作的重要内容之一。

3.2.3　组织承诺

在组织之间的人才争夺愈演愈烈以及员工与组织之间的关系发生深刻变化的形势下,对组织承诺进行探讨和研究就显得日趋紧迫和重要。提高组织承诺对组织持续发展有着至关重要的作用。

1.组织承诺的概念

组织承诺是员工对于特定组织及其目标的认同并且希望保持组织成员身份的程度,高水平的组织承诺则意味着对于所在组织的认同。

2.组织承诺与行为

研究表明,组织承诺与员工离职呈负相关,但是组织承诺的不同因素和员工离职的相关程度不同。缺乏组织承诺可能会导致员工离职,但仅仅缺乏组织承诺不一定会导致员工的实际离职行为,决定离职的实际因素是员工的社会文化价值观对离职的理解。此外,组织承诺高的员工忠于组织是组织最宝贵的资源。

3.2.4　组织公民行为

1.组织公民行为的概念

组织公民行为是指未被正常的报酬体系所明确和直接规定的、员工的一种自觉的个体行为,这种行为有助于提高组织功能的有效性。这些行为一般都超出了员工的工作描述,完全出于个人意愿,既与正式奖励制度无任何联系,又非角色内所要求的行为。

2.组织公民行为的维度

目前理论界关于组织公民行为的结构维度,认为一般至少由以下七个方面构成:

(1)助人行为。助人行为被认为是组织公民行为非常重要的一种形式。它包括自愿帮助他人,预防与工作有关的问题的发生。它是组织公民行为中最重要的一个维度。

(2)公民美德。公民美德是作为组织的公民积极参加和自觉关心组织各项活动的行为。例如,对组织将要实施的战略提出自己的观点等。

(3)运动家精神。运动家精神实质是毫无怨言地容忍工作带来的、不可避免的不方便和负担的一种意愿。当别人不采纳意见时不会被激怒,乐于为集体牺牲个人利益,不会主观地拒绝别人的意见。

(4)组织忠诚。对组织忠诚,并维护它的利益。本质上,组织忠诚负担向外界推销和宣传组织,保护和防御组织外的威胁,在不利条件下能保证承诺。

(5)个人主动力。个人主动力是从事与任务相关的行为的水平已经远远超过所要求的水平或一般所期望的水平,而且具有自发特点。例如,自愿承担额外的责任。

(6)组织顺从。遵守并超过组织对员工的最低工作要求,遵守纪律,按时上下班和休息,严肃认真、尽心尽责对待工作的行为等。这个维度表明个人对组织规则、制度和程序的内化和接受,即使在没有人注意和监督的情况下也一丝不苟遵守这些制度。

(7)自我发展。自我发展包括组织成员参与提升知识、技能和能力的自愿行为。自我发展还包括寻求和利用先进的培训课程,使自己在专业领域不落后于最新的发展,甚至为了扩大自己对组织做出贡献的范围去学习新技术。

3.3 态度改变理论及其应用

3.3.1 态度的改变

态度一旦形成之后就比较持久,但并不是一成不变的,也会随着各种环境变化而变化,从而形成新的态度,这就是态度的改变。态度是经过学习过程而形成的,因此要改变态度的强度,或者以新的态度取代原来的态度,这并不是不可能的事。

态度的改变是指个体已有的态度在质或量上的变化。常用的改变态度的方法有信息沟通法、组织规范法和活动参与法。

(1)信息沟通法。

信息沟通法是指通过信息沟通来说服他人改变态度,同时它也是最常用的方法。

(2)组织规范法。

当公司考虑到员工健康和预防火灾,用各种形式宣传吸烟的害处,半年以后收效甚微。后来董事会决定,全公司为禁烟区。半年后火灾事故显著下降,员工的健康水平也有了一定的提高。这个例子说明组织规范法就是利用群体规范的强制力、约束力,或者采用一定的行政手段、经济手段、规章制度,迫使员工了解管理者发出的信息,促使其逐步改变态度的一种方法。

(3)活动参与法。

某些工厂让职工轮流担任质量监督员,对于强化员工的质量管理意识,引导员工关心企业,积极参与企业管理活动起到了很好的作用。这就说明了活动参与法是员工通过参与活动与他人交往并在交往中得到别人的启发和教育,从而改变自己态度的一种方法。

3.3.2 态度改变理论

1. 认知失调理论

认知失调理论是美国心理学家费斯廷格于 1957 年提出的。他认为人的认知因素有许多(如思维、信念的基本单位等)。而这些认知因素有的相互独立、各不相干,有些则互相关联。如"书籍是人类进步的阶梯"与"我喜欢读书"这是两个相互关联的认知因素,但它们均与"今天下雨了"不存在什么关系。费斯廷格指出,在相互关联的认知因素之间存在两种情况,即协调与不协调。当个体发现自己所具有的认知因素之间的不协调,亦即失调时,使产生不愉快感,心理紧张,有压力,于是就引起排除不协调状态的动机。排除或减轻认知失调的方法有三种:

（1）在认知不协调构成的两个因素中，选择改变其中一个，使失调趋于协调。例如，认知因素——"我爱好读书"与另一认知因素——"读书无用"是不协调的。此时，这个人可以改变认知因素——"读书无用"为"读书有益，书籍是人类进步的阶梯"，也可能改变认知因素"我爱好读书"为"我不再喜欢读书"。这样便可使失调转化为协调。

（2）增加新的认知，以加强协调关系的认知系统。仍以前面的读书为例，可以加上"世界上许多的科学家等有成就的人士都是由于勤奋读书而成才的"或"社会上有许多人不读书也能成为富翁"这一认知因素。这些新的认知因素都能使原来不协调的强度得以降低或提高。

（3）强调某一认知因素的重要性。假若不爱看书的学习者强调其价值体系中的经济因素，认为发财致富是人的最高价值体现时，便会坚持"读书无用"的态度。反之，他若坚信读书学习是人类个性得以发展、完善的必然途径的话，他就会使自己的学习态度更加端正、更加坚定。

认知失调对每个人来说是经常发生的事。但失调是否立即引起态度的改变而趋向协调，还得看失调的程度如何而定。而失调的程度却又由以下两个方面所决定：①看认知因素对个人的重要性（主要是价值观）如何。若与本人关系不大，即使认知处于不协调的关系中，也不会产生多大的失调。②认知失调的程度，随着其失调关系中的认知因素的数量增加而增长。

总之，费斯廷格的认知失调理论告诉我们，若要改变某些人的态度，首先要改变和增强其认识中的不协调因素，造成其不协调形态，形成压迫感，促使个体产生解除这种不协调状态的动机，以迅速解决个体认知上的矛盾，达到心情上的舒畅，从而使改变后的态度与自己的行为保持一致。

2.平衡理论

认知一致论中的另一理论是平衡理论。它是心理学家海德提出的解释态度改变和指导态度改变的重要理论。海德认为个体本身和外界环境是处在三角关系之中的，这个三角关系包括三个元素：自己、他人、其他事物或人。这三角关系中的三个元素彼此也许是肯定关系，也许是否定关系。当三者处于肯定关系时，呈现平衡状态；若三者处于否定关系时，则呈现不平衡状态。平衡状态形成的是稳定的态度，而不平衡的状态所形成的态度是不稳定的。因为不稳定，便导致三角关系中的某种变化，使其趋向平衡状态，其主要思想与认知失调理论相似。失去平衡，便引起心理的紧张与压力，于是便产生了恢复平衡的力量，由不平衡转化为平衡。海德根据三个元素构成的三角关系推导出八种模式，见图3-1。

图中P表示对O（一般指另一个人）持肯定或否定态度的人，P对X（一般指某一事物）有某种肯定或否定的倾向性，并且P能觉察O对X的倾向性，三者的平衡关系见图中的(1)～(4)。其中"＋"表示为赞成或肯定的倾向性,"－"表示为不赞成或否定的倾向性。

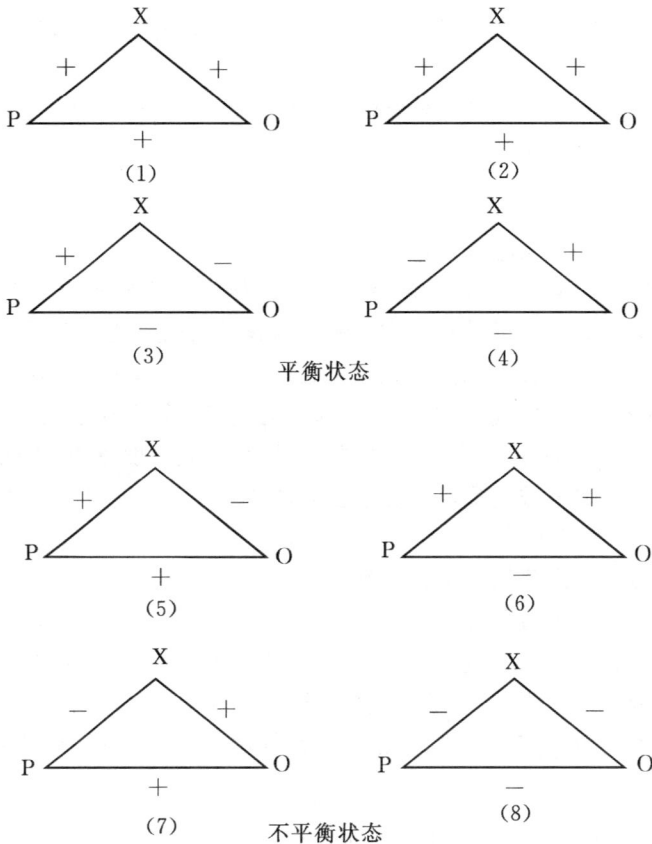

图 3-1　平衡理论

从 P—O—X 模式中,可得出两条规律:

(1)平衡状态必须是三角形三边符号相乘为正;

(2)不平衡状态必须是三角形三边符号相乘为负。

平衡理论告诉我们,在一定条件下,有很多解决认知不一致的途径。平衡理论侧重于人际关系对认知平衡的影响,而认知失调理论则强调个体通过对自身态度的调节达到认知平衡。

3.沟通改变态度理论

心理学家墨菲进行了对黑人态度的研究。被试者为白人。随机分为试验组和控制组。之前,两组人对种族歧视的态度大体相同。试验组通过观看宣传黑人成

熟的电影、电视和画报之后,对黑人的态度发生显著改变。这个实验告诉我们:

(1)沟通者是信息的来源,他本人所具有的能力、风度、可信任和人格魅力等特点可以影响人们对信息的接受程度。

(2)沟通过程中,组织工作的特点、信息表达的方式等因素都会影响沟通的效果。

(3)沟通对象的特点,如独立性、智力水平、自尊心、自信心以及原有的态度等,都会对态度的变化构成影响。

4.参与改变理论

参与改变理论是著名心理学家勒温提出来的。他认为个体在群体中所从事的活动性质,对其态度的形成与改变起着决定性的作用。他把人分为主动型和被动型两大类。主动型的人是主动参与群体活动,如政策、规范的制定,权力的执行等,因此,他们对群体中的制度、规范等就自觉遵守。而被动型的人,参与群体活动是被动的,他们对权威、制度、政策等规范要求也能遵守。勒温通过实验证明,主动型的人由于采取的是主动参与,共同讨论,共同决策,因此态度改变很显著,速度也很快,执行也自觉。相反,被动型的人由于在群体活动中其行为是被动接受他人的告知,因此态度改变就很缓慢。

这一理论可以帮助我们在企业管理中进行民主管理。民主管理过程中,管理者一方面要针对不同的对象做好其思想工作,一方面还要调动劳动者当家做主的主人翁的积极性。群体参与制定的规章制度、任务指标等,要求群体中的每个成员以自觉的态度遵守与完成。这样通过多种途径,促使人的态度得以改变。目前勒温提出的这一参与改变态度的理论,已在现代管理中取得了一定的成效。

5.态度转变三阶段理论

1961年凯尔曼提出了态度转变过程的三阶段说,这三阶段是服从、同化和内化。

(1)服从阶段:个体表面上转变自己的观点和态度的时期,也是态度转变的第一阶段。

(2)同化阶段:这个阶段表现为个体不是被迫,而是自愿接受他人的观点、信念、态度与行为,使自己的态度与他人的态度相接近。

(3)内化阶段:这个阶段是指个体真正从内心深处相信并且接受他人的观点,彻底改变自己的态度,这意味着他把外部的新思想、新观念纳入自己的价值思想体系之中,使之成为自己态度体系的一个有机组成成分。

3.3.3 态度改变理论在组织中的应用

管理者应当关心员工态度的问题,因为它们会对行为有所影响。具有奉献精神和对工作满意的员工的离职率和缺勤率很低。管理者当然希望员工的缺勤率和离职率最低,尤其是那些高生产率的员工。因此,他们必须在激发员工积极的工作态度方面有所作为。

最后,管理者应当认识到,员工都会试图减少不协调。当要求员工去做显然存在认知失调的事情或与他们已有的态度相悖的事情时,管理者应该记住,如果让员工认识到这种失调受外部强加因而自己无法左右,则员工降低失调的压力就会最小化。如果他们得到的奖赏足够大以压过失调,此时降低失调的压力也会减弱。因此,当管理者在解释需要完成某种工作活动时,如果觉得它会使员工产生一定的失调感,则可以指出一些外在力量的压力,如竞争对手或客户的原因以及其他因素,或者提供员工渴望获得的奖赏,以削弱他们减少失调的意向。

3.4　兴趣与职业生涯开发

3.4.1　兴趣与职业生涯开发的概念

兴趣指兴致,对事物喜好或关切的情绪。心理学家认为是人们力求认识某种事物和从事某项活动的意识倾向。它表现为人们对某件事物、某项活动的选择性态度和积极的情绪反应。兴趣在人的实践活动中具有重要的意义,可以使人集中注意,产生愉快紧张的心理状态。

职业是指人们为了谋生和发展而从事的相对稳定、有经济收入、特定类别的社会劳动。职业决定了社会分工,并要求劳动者具备一定的生活素养和专业技能。职业是对人们的生活方式、经济状况、文化水平、行为模式、思想情操的综合反映,也是一个人社会地位的一般性表征。

生涯是指一个人一生的道路或发展路径,是生活中各种事件的演进方向和历程,综合了人一生中的各种职业和生活角色,由此表现出来的人的独特的自我发展形态。

职业生涯是指一个人的职业经历,它是指一个人一生中所有与职业相联系的行为与活动,以及相关的态度、价值观、愿望等连续性经历的过程,也是一个人一生中职业、职位的变迁及工作、理想的实现过程。

职业生涯开发是指为了获得或改进个人与工作有关的知识、技能、动机、态度、行为等因素,以利于提高其工作绩效、实现其职业生涯目标的各种有目标、有计划、有系统的努力。

3.4.2　职业生涯理论

职业生涯的研究者更多地从心理角度进行研究。主要理论有帕森斯的人职匹配理论、霍兰德的职业性向理论、施恩的职业锚理论、职业生涯发展的新理论。

1.帕森斯的人职匹配理论

帕森斯的特质因素理论又称帕森斯的人职匹配理论。特质因素理论是最早的职业辅导理论,1909 年美国波士顿大学教授弗兰克·帕森斯(Frank Parsons)在其《选择一个职业》的著作中提出了人与职业相匹配是职业选择的焦点的观点。他认为,个人都有自己独特的人格模式,每种人格模式的个人都有其相适应的职业类型。所谓"特质",就是指个人的人格特征,包括能力倾向、兴趣、价值观和人格等,这些都可以通过心理测量工具来加以评量。所谓"因素",则是指在工作上要取得成功所必需具备的条件或资格,这可以通过对工作的分析而了解。

其基本思想是个体差异是普遍存在的,每一个个体都有自己的个性特征,而每一种职业由于其工作性质、环境、条件、方式的不同,对工作者的能力、知识、技能、性格、气质、心理素质等有不同的要求。进行职业决策时,就要根据一个人的个性特征来选择与之相对应的职业种类。

如果匹配得好,则个人的特征与职业环境协调一致,工作效率和职业成功的可能性就大为提高。反之则工作效率和职业成功的可能性就很低。因此,对于组织和个体来说,进行恰当的人职匹配具有非常重要的意义。而进行人职匹配的前提之一是必须对人的个体的特性有充分的了解和掌握,而人才测评是了解个体特征的最有效方法。

2.霍兰德的职业性向理论

美国职业指导专家约翰·霍兰德(J. Holland)在研究中发现,不同的人具有不同的人格特征,不同的人格特征适合从事不同的职业。由此他指出人格(包括价值观、动机和需要等)是决定一个人选择何种职业的另外一个重要因素,并提出了著名的职业性向理论,指出决定个人选择职业的六种基本的"人格性向"。

(1)实际性向。

这种类型的人真诚坦率,较稳定,讲求实利,害羞,缺乏洞察力,容易服从。他们一般具有机械方面的能力,乐于从事半技术性的或手工性的职业,如运动员、管道工、装配线工人等。这类职业的特点是有连续性的任务需要却很少有社会性的需求,如谈判和说服他人等。

(2)调研性向。

这一类型的人为了知识的开发与理解而乐于从事现象的观察与分析工作。这些人思维复杂,有创见,有主见,但无纪律性,不切实际,易于冲动。具有这种性向的人会被吸引从事那些包含着较多认知活动的职业,如生物学家、社会学家、数学家和大学教授。在商业性组织中,这类人经常担任的是研究与开发职务及咨询参谋之职。这些职务需要的是复杂的分析,而不必去说服取信于他人。

(3)社会性向。

具有这种性向的人喜欢为他人提供信息,帮助他人,喜欢在秩序井然、制度化的工作环境中发展人际关系和工作。这些人除了爱社交之外,还有机智老练、友好、易了解、乐于助人等特点。其个性中较消极的一面是独断专行,爱操纵别人。社会型的人适于从事护理、教学、市场营销、销售、培训与开发等包含着大量人际交往活动的职业。

(4)常规性向。

具有这种性向的人会被吸引从事那些包含着大量结构性和规则性的职业,如会计和银行职员。这一类人容易组织起来,喜欢和数据型及数字型的事实打交道,喜欢明确的目标,不能接受模棱两可的状态。这些人可以用这一类的词语来表述他们:服从的,有秩序的,有效率的,实际的。如果用不太客气的话说,就是缺乏想象,能自我控制,无灵活性。这种个性类型的人最适于从事事务性的职业,如会计、出纳员、银行职业就是这种类型的典型代表。

(5)企业性向。

这种类型的人与社会性向的人相似之处在于他(她)也喜欢与人合作。其主要的区别是企业性向的人喜欢领导和控制他人(而不是去帮助他人),其目的是为了达到特定的组织目标。这种类型的人自信,有雄心,精力充沛,健谈。其个性特点中较消极的一面是专横,权力欲过强,易于冲动。具有这种性向的人会被吸引从事那些包含着大量以影响他人为目的语言活动的职业,如管理人员、律师。

(6)艺术性向。

这种类型与传统型形成最强烈的反差。他们喜欢选择音乐、艺术、文学、戏剧等方面的职业。他们富有想象力,直觉强,易冲动,好内省,有主见。这一类型的人语言方面的资质强于数学方面。如果用消极一些的语言描述,这类人是感情极丰富的、无组织纪律的。具有这种性向的人会被吸引从事那些包含着大量自我表现、艺术创造、情感表达和个性化的职业,如艺术家、广告创意人员。

实际上,每个人不是只包含有一种职业性向,而是可能为几种职业性向的混合。霍兰德认为,这种性向越相似,则一个人在选择职业时面临的内在冲突和犹豫就越少。

霍兰德的类型理论提供了一个重要的生涯辅导理念:把个人特质和适合这种特质工作联系起来,强调生涯探索,对自我能力、兴趣、价值以及工作世界的探索,霍兰德巧妙地拉近了自我与工作世界的距离。

借助霍兰德代码的协助,当事人能迅速地,有系统地,而且有所依据地在一个特定的职业群里进行探索活动。令人称道的是,它提供了和个人兴趣相近而内容互有关联的一群职业。

此外,霍兰德的职业性向论也可以出其不意地引导当事人走向一个主动、积极的行动方向,进行动态探索。得到自己的代码和有关的职业群名称,当事人得以"起而行"地探查和自己将来有可能选择的职业的各种事务,包括工作内容、资薪收入、工作所需条件等。

3.施恩的职业锚理论

施恩教授领导的专门研究小组,是对该学院毕业生的职业生涯研究中演绎成的。斯隆管理学院的 44 名 MBA 毕业生,自愿形成一个小组接受施恩教授长达 12 年的职业生涯研究,包括面谈、跟踪调查、公司调查、人才测评、问卷等多种方式,最终分析总结出了职业锚(又称职业定位)和职业发展理论。

锚,是使船只停泊定位用的铁制器具。职业锚,实际就是人们选择和发展自己的职业时所围绕的中心,是指当一个人不得不做出选择的时候,他无论如何都不会放弃的职业中的那种至关重要的东西或价值观,是自我意向的一个习得部分。

个人进入早期工作情境后,由习得的实际工作经验所决定,与在经验中自省的动机、价值观、才干相符合,达到自我满足和补偿的一种稳定的职业定位。职业锚强调个人能力、动机和价值观三方面的相互作用与整合。

职业锚是个人同工作环境互动作用的产物,在实际工作中是不断调整的。1978 年施恩教授提出的职业锚理论包括五种类型。随后越来越多的人加入了研究的行列。在 20 世纪 90 年代,又发现了三种类型的职业锚,总共八种类型。

4.职业生涯发展的新理论

进入 21 世纪后,全球市场形成,科学技术飞速发展。组织变革加剧,人们面临着不断变化的组织和工作环境,发现职业生涯发展管理趋向于一种更为灵活、多样化的管理活动。典型的有两种模式:

一是由员工个体承担责任的、以个人胜任力和可雇佣性为核心的职业生涯发展模式。其内涵在于突出个人对职业生涯发展承担主要责任,以不断提升个人胜任力扩大职业领域,从而提高职业发展的可能性。这也成为一种相比较传统职业生涯而言更为灵活的职业生涯管理模式,理念为"无边界职业生涯"。

二是以组织机构和组织战略匹配与职业生涯为核心的多元化职业生涯发展模式。它改变原来人职匹配的职业选择理论,认为个人对职业和组织的选择与其个性特征之间相互影响,个人特点影响对职业和组织的选择,不同的个人会加入不同的组织,个人的特点可以预测其对职业和组织的选择。另一方面,对职业和组织的选择也会影响个人个性发展,组织环境会影响个人的特点。人的个性必然受到生活的特定环境和个人独特生活经历的深刻影响。

3.4.3　职业生涯开发的具体内容

个人职业生涯开发的内容主要包括基础能力开发、通用能力开发、核心能力开发。每部分能力的开发要求和开发方式都会因个人特征差异而有所不同。

1.基础能力

基础能力主要涉及个人生理能力开发和心理能力的开发,主要表现为个人的体能、听力、触觉、嗅觉等生理能力适应职业不断发展的需要,不会出现因为身体原因导致的病休、病退、过劳死等极端现象和经常出现的缺勤、感觉体力透支等一般性现象。个体基础能力的开发的意义在于能够实现工作寿命的延长、体力的增强和耐力的提高。

(1)生理能力开发。

生理能力开发主要是依靠先天的生理发育和后天的锻炼来获得、维持和改善。在社会竞争加剧、生活压力增加的情况下,个人必须拥有健康的身体和良好的体能素质,方能有效工作。生理能力是个人作为健康的“人”胜任所有工作都必须具备的最根本要素。有人做过这样的比喻,说人的健康就是“1”,财富、名声、事业、年轻、美丽都是附着在它后面的“0”。如果“1”没有了,后面多少“0”都是无用的。

从经济学的视角看,生理能力有其存在的经济价值。身体健康不是一种免费的物品,投入决定了它的产出的数量和质量。一方面,健康的外在价值表现在它能够带给人们更多的舒适和快乐。另一方面,身体健康的内在价值体现在人力资本的价值上。人力资本是经济增长和财富创造的源泉。

(2)心理能力开发。

社会高速发展、个人生活节奏加快、竞争日益激烈、人际关系复杂化等现象不断地给个人带来巨大的心理压力,也给个人心理健康带来一定的影响。变化的环境,避免出现心理失衡和心理障碍,保持和促进个人心理健康发展,即时代发展的必然要求,也是个人职业生涯开发的需要。

个人心理能力开发的内容主要涉及三个方面:①情绪和情感。情绪和情感是人的心理活动的重要组成,是人对客观事物是否满足自身需要而产生的态度体验。积极的情绪和情感可以充实人的精力,强化能力,提高工作效率,是个人参与一切活动的巨大动力。个人需要正视自己情绪和情感的问题,加强情绪和情感管理。②意志品质。意志是个人所具有的自觉地确定目标,根据目标支配和调解行动,努力克服困难实现预定目标的心理过程。个人在工作中总会遇到一些困难,克服困难需要坚强的意志力。事实证明,但凡要取得事业成功或其他成就,都需要坚强的意志品质和顽强的斗争精神。只有具备坚强意志的人,才能克服自己的消极情感,始终充满热情,奋不顾身地为确定的目标奋斗。③健全人格。人格亦称个性,是一个人总的心理面貌,是相对稳定、具有独特的心理特征的总和。在很大程度上,人格决定了人如何面对外界的刺激并做出反应。可以说,人格会影响到人的身心健康、活动效率、潜能开发和社会适应情况。个人人格素质的发展和提高对个人综合素质的发展有重要的促进作用。因此,需要重视自身健全人格的塑造。自信、乐观、向上、进取的人格特征,是树立竞争意识、责任意识、效率意识和创新意识发展的必然要求。

应该看到个人在不同职业生涯发展阶段基础能力开发的内容是有差异的。而当个人在工作了3~5年后,虽然体能上并没呈现出严重的下滑,但现实和理想间的落差可能会造成部分人对职业不再有"热情",动力不足的现象开始显现。克服职业疲劳感成为这一时期基础能力开发的重点。

2.通用能力开发

通用能力是不同个体都具备的,虽不直接"捆绑"于特定岗位,但属于与职业相关范畴能力的集合。

从组织的角度分析,组织要取得生存并得以发展,需要员工具备良好的职业能力和道德素质;从个人角度看,个人要在激烈的竞争中立于不败之地并取得职业发展,也需要具备相应的职业技能。

这些能力一般包括职业兴趣、职业价值观、自我效能这三个心理特征因素,以及一个社会资本因素。

(1)职业兴趣。

职业兴趣指个人在职场中力求认识、掌握某种事物并经常参与该种活动的心理倾向,或个人积极探索某种事物的认知倾向。

职业兴趣是个人职业生涯发展的基础,良好的兴趣可以促使个人具有积极从事相关活动的意愿,就会对该种职业活动表现出肯定的态度,积极思考、探索和追求。任何一种职业兴趣都是由于获得职业知识或参与职业活动使人体验到情绪上的满足和快乐而产生,从而使自己的知识和能力结构与职业需要趋同,由此推动职业开发。

处于职业生涯中期的个人往往会出现"职业疲劳"症状,职业兴趣会因阅历的增加产生"疲软"。据此,职业生涯中期的个人需要通过改变生活方式、调整工作习惯、尝试接触新人、到异地旅游等来唤醒自己的工作兴趣。

(2)职业价值观。

职业价值观是指人们对职业活动所带来的利益的社会判断与价值取向,是人们依据自身的需要对待职业、职业行为和工作结果的比较稳定的、具有概括性和动力作用的一套信念系统。它是个体一般价值观在职业生活中的体现。职业价值观划分为内在价值和外在价值两部分,主要包括工作安定性、经济价值、工作成就、工作权利等。

个人职业价值观的形成会经历一个较长的时期,职业中期的人能比较清晰地判断自己的职业价值观取向,出于生活的压力和安家立业的需要,会倾向于选择收入较高、工作环境好的职业。当个人已经有了一定的物质支持,逐渐进入生命中期、后期时,对个人内在需求的重视会因朋友的离开、亲人的病故等变得更为重要,这时个人职业价值观开始关注生活质量、工作时间的灵活性。

(3)自我效能。

"自我效能理论"认为个体在追求目标的过程中,对一项特殊任务的动机强弱,决定于个体对其自我效能的评估。

自我效能感是"人们对自身完成某项任务或工作行为的信念,它涉及的不是技能本身,而是自己能否利用所拥有的技能去完成工作行为的内在自信程度"。自我效能是个体在拥有了相应工作知识、技能和目标后采取行动的决定因素,主要体现在水平、强度和广度三方面。

自我效能的强弱受个人性格的影响比较明显,通常外向型的个人有较高的自我效能感,而内向型的个人有较低的自我效能感。性格的形成受多种因素影响,并呈现出稳定性。

(4)社会资本。

社会资本主要是行为主体通过社会关系网络获得,能够带来直接的价值;是处于一个共同体之内的个人或组织,通过与内部、外部对象的长期交往、合作、互利形成的一系列认同关系,以及由此而积淀下来的历史传统、价值理念、信仰和行为方式。

个人社会资本的结构包括个人社会关系网络的规模、异质度、紧密度和稳定性等。社会资本作为影响个人行动能力及生活质量的重要资源,在个人职业生涯发展中发挥着积极的作用。

处于职业生涯中期的个人通常都有丰富的人脉资源,在社会中都有比较固定的朋友和合作伙伴,此时他们所具有的社会资本优势恰好是处于职业生涯准备期和早期的新人最缺乏的资源。

3.核心能力开发

职业核心能力是支撑个人职业发展的最直接工具。职业核心能力主要涉及个人从事某一具体职业所需的能力。个体胜任特定工作必须具备岗位技能、岗位知识、职业行为、职业规范、职业道德。这五个方面成为个体职业生涯开发中核心能力开发的关键内容。

3.4.4　职业生涯开发的意义

职业生涯开发是个人职业生涯规划的进一步发展和落实。职业生涯开发具有如下意义：

1.有助于提高个人职业生涯规划的适应性

在环境变得越加无序，组织变革速度加快等外因和个人对职业成功的评价标准日趋多变化，个人从事同一职业的时间变短等内因影响下，片面关注计划而忽视跟随环境进行调整造成计划的僵化，可能丧失职业生涯规划的意义。

2.较好体现个人在职业生涯管理中的主体地位

原来的规划设计有条件的关系，有许多非个人的因素。通过重新梳理职业生涯规划的相关脉络，可以看到个人在职业选择上存在的不足。而事实上，个人职业选择决策受到个人、组织内外环境、人力资源政策的影响。重新开发将对自身的职业生涯规划和发展负主要责任。

3.有利于提高个人的创造性

拥有创造性的思维，敢于提出新的设想，勇于接受新的观念，才可能获得个人职业发展的最大空间。由于重新设计是自己的意图，能极大地调动自我的工作热情。

3.4.5　兴趣与职业的匹配的重要性

"兴趣比天才更重要"。兴趣是最好的老师，是职业生涯选择的重要依据，是人发展中最重要的动力之一。一项研究数据表明，一个人如果从事自己感兴趣的职业，则能发挥全部才能的 $80\%\sim90\%$，而且能长时间保持高效率而不感到疲劳；而若对从事的工作不感兴趣，只能发挥全部才能的 $20\%\sim30\%$，而且容易筋疲力尽。

下面分析 12 种兴趣与职业的匹配关系。但我们要知道"兴趣"是可以转移、培养的，"兴趣"的转移、培养，涉及内外部的条件、因素。

按照帕森斯的人职匹配理论，每一个个体都有自己的个性特征，而每一种职业由于其工作性质、环境、条件、方式的不同，对工作者的能力、知识、技能、性格、气质、心理素质等有不同的要求。进行职业决策时，就要根据一个人的个性特征来选择与之相对应的职业种类。

如果匹配得好，则个人的特征与职业环境协调一致，工作效率和职业成功的可能性就大为提高。反之则工作效率和职业成功的可能性就很低。人的兴趣与职业匹配表如表 3-1 所示。

表 3-1 人的兴趣与职业匹配表

	兴趣类型特征	适应的职业
1	愿与事物打交道,喜欢接触工具、器具或数字,而不喜欢与人打交道	制图员、修理工、裁缝、木匠、出纳员、会计、勘测、工程技术、机器制造等
2	愿与人打交道,喜欢与人交往,对销售采访、传递信息一类的活动感兴趣	记者、推销员、营业员、服务员、教师、行政管理员、外交联络等
3	愿与文字符号打交道,喜欢常规的、有规律的,习惯于在预先安排好的程序下工作,愿干有规律的事	邮件分类员、办公室职员、图书馆管理员、档案整理员、打字员、统计员等
4	愿与大自然打交道,喜欢地理地质类的活动	地质勘探人员、钻井工、矿工等
5	愿从事农业、生物、化学类工作,喜欢养殖、化工方面的实验性活动	农业技术员、饲养员、水文员、化验员、制药工等
6	愿从事社会福利类工作,喜欢帮助别人解决困难,喜欢从事社会福利和助人工作	咨询人员、科技推广人员、教师、医生、护士等
7	愿做组织管理工作,喜欢掌管一些事情,以发挥重要作用,希望受到众人尊敬和获得声望	组织管理者,如行政人员、企业管理干部、学校领导和辅导员等
8	愿研究人的行为和心理,喜欢谈论涉及人的话题,对人的行为举止和心理状态感兴趣	心理学、政治学、人类学、人事管理、思想政治教育研究工作者及教育管理工作者、社会科学工作者、作家等
9	愿从事科学技术事业,喜欢通过逻辑推理、理论分析、独立思考或实验发现和解决问题	生物、化学、工程学、自然科学工作者、工程师、工程技术人员等
10	愿从事想象力和创造力的工作,喜欢创造新的式样和概念,喜欢独立工作,对自己的学识和才能颇有信心,而且创造新产品	社会调查、经济分析、化验、新产品开发等各类科学研究工作者,以及演员、画家、创造或设计人员等
11	愿做操作机器的技术工作,喜欢通过一定的技术来进行操作各种机器,创造新产品	飞行员、驾驶员、机器制造师等
12	愿从事具体工作,喜欢制作看得见、摸得着的产品并从中得到乐趣,希望很快看到自己的劳动成果,并得到满足	室内装潢师、园林师、美容师、理发师、手工制作人员、机器维修人员、厨师等

课堂讨论

1. 就我们个人经历谈谈价值观对个人的行为有什么影响?

2. 工作满意度高的员工一定会有高绩效吗? 请说明工作满意度与员工绩效之间的关系。

3. 从个体和工作的角度,谈谈影响工作满意度的因素有哪些?

4. 假若你是一名管理者,试述你应该如何塑造员工的积极态度。

思考题

1. 价值观的分类有哪些?

2. 态度是如何形成的,影响态度的因素有哪些?

3. 什么是认知失调理论? 如何消除认知因素之间的不协调关系?

4. 组织行为学领域关注的态度主要有哪些类型?

5. 什么是组织公民行为,请列举一些组织公民行为的例子。

章末案例

李强为什么辞职

A 企业为一家网络公司,近日正为销售部经理李强辞职一事而烦恼不已。由于李强在工作中为人谦逊、思维敏捷、善于分析,很快就在该分区逐步形成了一套十分有特色的"IT 产品销售网络图",因此而深得总经理的器重。同年总经理力排众议,破格将李强提升为销售部经理。上任伊始,由于其原业绩并非十分突出,引起了公司上下许多销售人员的非议。李强并没有畏缩不前而是根据自己的想法和掌握的市场时间、状况,重新制定了吻合市场需求的策略,并会同人力资源部在工资和奖金制度上采取了与销售业绩直接挂钩的更为灵活的激励模式,从而逐步得到了上级和下属的认同,在一年的时间内将原有的销售业绩猛增了近80%。总经理许诺李强,年底一定包一个大红包给他,甚至还可以拿到公司的股份。年末,李强与其下属均得到了公司的表扬,李强的下属们都得到了"价值不菲"的红包,而李强本人却仅仅得到了一个"不大不小"的红包。李强心里十分不是滋味,在业界来讲如取得这般的成绩,其各方面待遇均应达到本公司的两倍,且可以享有 15 天的带薪假日。于是其随即以"付出与所得不相称"为由向总经理提出异议,而总经理则以"作为部门经理,提高本部门业绩是分内之事"这一见解为之解释,最终不欢而散。七天后李强辞职跳槽至竞争对手的公司任销售部经理,其薪金也随之增长了两倍。

资料来源:http://wenda.so.com/q/1381476784062085.

思考题

1. 在本案例中,李强和 A 企业之间的心理契约是如何被破坏的?

2. 如果你是总经理,应该采取哪些措施留住李强?

测　试

你的价值观是什么

下面有 16 个题目,根据每一个题目对你的重要性程度,按照从 0(不重要)到 100(非常重要)的评分方法给每个题目打分。

1. 一份令人快乐、满意的工作。

2. 高收入的工作。

3. 美满的婚姻。

4. 认识社会事件。

5. 参加社区活动。

6. 有自己的宗教信仰。

7. 积极锻炼,参加体育运动。

8. 进行智力开发。

9. 具有挑战机会的职业。

10. 拥有豪车豪宅等等。

11. 与家人共度时光。

12. 有几个亲密的朋友。

13. 自愿为一些非营利性组织工作,像癌症协会。

14. 能够沉思,安静地思考问题,祈祷等等。

15. 保持健康,平衡饮食。

16. 订阅教育读物,观看电视,拥有自我提高计划等等。

将这 16 道题目的得分按照标明的题号相加后填入适当位置,哪一项得分较高,说明你比较看重这个维度,若 8 个项目得分均比较接近,那么你是一个比较完善的人。

专业_____　1、9　　　　财务_____　2、10

家庭_____　3、11　　　　社会_____　4、12

社区_____　5、13　　　　精神_____　6、14

身体_____　7、15　　　　智力_____　8、16

第4章 个性特征与管理

学习目标

- 掌握能力的含义
- 了解能力与工作匹配的内容
- 掌握气质的含义
- 了解气质如何与管理方式匹配
- 掌握性格的含义
- 了解性格与工作匹配的内容

开篇案例

有一家设计公司，拥有雇员300多人。公司的领导者总是对管理技术的更新和应用给予极大的关注。最近，该公司着手创造一种业绩导向的工作文化，强调团队合作，试图建立一个"无边界"的组织。公司采取了"跨界限团队合作"，即公司的任何人都不能随便说"那不是我的工作"——每个人的责任都扩展到要帮助他人完成任务，无论任务是什么。团队合作概念和责任的扩大对员工的态度和行为产生了极大的影响。

张安和李强是该公司的两个团队领导人，他们经常利用休息时间在公司的咖啡间讨论各自团队成员之间的差异和由此带来的困惑。

张安："今天马丽又大发脾气了，并在本周第四次扬言要辞职。自从我们重新调整工作方法以来，她简直与我们格格不入。"

"我明白你的意思。"李强回答说，"吴峰也一直如此。一点点小事就会让他变得神经兮兮，这使我很困惑。他以前是我最好的成员，但现在他难以与任何人好好相处。"

"真是令人困惑不解。"张安说，"陆凯在我们的最新计划实施之前表现相当一般，但现在已成为一名真正的明星。究竟是什么原因导致了这些变化？是什么驱使某些人的行为朝不同的方向发展呢？"

"是啊，类似的差异也出现在我们团队。黄超和林辉是同学，都是今年的毕业生，同时进入公司，但他们对工作的响应和完成情况却大相径庭。两个新人对于新文化和对他们被赋予的责任也做出了不同反应，黄超似乎如鱼得水，但林辉显然不适应，甚至抵触。"李强接着说，"有时我也很困惑，我们是否真正了解员工，了解他们的个人特质。为什么在处境相同时,人和人在行为上会有如此大的差异呢?"

个性特征是指在生理素质的基础上,一个人稳定的、具有一定意识倾向性的心理特征的总和,包括能力、气质和性格。个性特征是一个不可分割的整体。各个特征相互联系,相互依存,相互制约,同一行为中表现出各自的特征。例如在企业中,员工为完成工作指标,与团队成员积极合作,努力工作,这表明员工具有良好的性格。工作过程中,员工操作熟练,能快速高效地完成工作目标,表明该员工具有很高的能力。员工对工作充满了热情,以积极乐观的心态面对工作中的困难,这主要表明他的气质特征。在这个例子中,员工的气质特征促进了他能力的发展,有助于员工学习生产技术。良好的性格则使员工为团队目标的实现而努力学习技术,也有助于员工能力的发展。因此,气质、能力、性格不是孤立的,而是一个有机的整体共同发展并发挥作用。

4.1　能力差异与管理

4.1.1　能力的含义

个人能力与组织中的行为有密切的关系,尤其是与员工完成工作任务的行为有密切关系。能力反映的是个体的技能,这种技能能够有助于员工完成特定的任务。完成某项工作不是单一的能力就能完成的,一般需要多种能力的结合。例如,学习就需要同时具有观察力、记忆力、逻辑推理能力和抽象概括能力等。飞行员则要具有良好的视觉能力、动作反应协调能力,以及良好的情绪控制能力和注意力等。能力一般分为两大类内容,即体质能力和智力能力。

1. 体质能力

体质能力指的是一个人在肢体上的基本能力。对于知识和技术方面的要求较低,同时操作规范清晰的工作,如搬运工、运动员等,体质能力在很大程度上是决定这些工作成功的重要因素。人的体质能力有差异,有专家通过调查不同工作的要求,归纳出了九种基本体质能力:①动态力量,即在固定的时间内持续使用肌肉力量的能力。②身体力量,即身体达到一定力量强度的能力。③静态力量,即产生阻止外部物体力量的能力。④爆发力,即在一段时间内能够产生的最大力量的能力。⑤伸展弹性,即最大限度地延伸躯干以及背部肌肉的能力。⑥动态弹性,即快速反复活动关节的能力。⑦协调性,即身体不同部位同时协调完成某一项任务的能力。⑧平衡性,即保持身体平衡的能力。⑨精力,即身体长期保持高效的努力的能力。

2.智力能力

智力是指从事脑力方面劳动所需要的能力,在对信息处理要求较高而且复杂的工作类型中具有不可替代的作用。心理学家分析了一百多种智力,目前得到广泛认可的包括以下几种:①语言理解能力,即对读到、听到、看到的内容的理解能力,以及对语言间关系的辨别能力。②知觉速度,即准确、高效地辨别感知到的异同的能力。③归纳推理能力,即归纳一般问题的逻辑结果,并能有效解决该问题的能力。④演绎能力,即运用逻辑分析评估对事物的价值进行评定的能力。⑤空间视觉能力,即对物体空间位置或者形状变化的想象能力。⑥记忆力,即对过去的经历、认知保持以及回忆的能力。⑦数学能力,即正确快速地做出数学运算的能力。

4.1.2　能力差异

由于各种不同因素的制约,人的能力存在显著的差异,有以下几个方面:

(1)能力水平的差异。这是指个人在不同能力的发展程度上的差异,可分为四个等级:①能力低下,一般只能从事简单的活动,甚至没有活动能力。②一般能力,一般人,限于完成普通的任务。③才能,在某方面有较高的专长,具有一定的创新能力,能较好地完成任务。④天才,在某方面具有突出的能力,能够创造性地完成任务。

(2)能力类型差异。这是指个人在能力发展方向上存在的不同。就体质能力而言,可能有的人在爆发力方面具有优势,而有的人则在平衡性方面的发展较为突出。由于能力类型的不同,个人在处理问题的方式上会存在一定的差异。

(3)能力发展时间的差异。这是指个人在能力发展的年龄方面的差异。虽然能力的发展年龄具有一定的普遍性,但也存在个别差异性。例如有些人在儿童时期智力就发展到了较高的水平,也有些人身体素质发展较慢,到了青年时期体力才能达到较高水平。

4.1.3　能力差异与工作匹配

从能力差异的角度出发,企业在管理中应该注意以下问题:

第一,企业对于不同的工作岗位应该有明确能力要求,以便企业在选拔、培训员工时能够有明确的标准,满足岗位的需要。例如,企业的管理层应该具有技术能力、管理能力和人际关系能力,但是对于高层管理者技术能力要求相对较弱,而对于基层管理者技术能力则相对比较重要,人际关系能力的要求就比较弱。对于不同管理者,基于所处的地位,管理的对象以及工作类型的不同要求的能力也存在差距。

第二,在为员工安排工作时,尽量考虑到个人能力的不同,做到人尽其才。员工不可能是全能型人才,鉴于精力时间的有限,员工可能具有某一方面的特长,适合某一项工作。管理层应当善于发现员工的特长,依据员工的能力分配任务,做到用人之长、避人之短。

第三,企业招聘员工时不应仅仅凭借文化考核的成绩或者是技术水平的评价。文化考核只能反映一个人已经掌握的知识的水平,技术评价也仅仅反映了当前操作能力,不能完全反应一个人的各种能力,更不能对一个人的发展潜力做出合理的评估。

4.2　气质差异与管理

4.2.1　气质含义

气质是指一个人心理活动动力特点的总和。所谓心理活动的动力,是指这样一些心理特点:一是心理过程的速度和稳定性,如知觉的速度、思维的灵活程度、注意力集中时间的长短等;二是心理过程的强度,如情绪的强弱、意志努力的程度等;三是心理过程的指向性,包括外倾性和内倾性。有的人心理过程倾向于外部事物和人,从而获得心理需求的满足;有的人心理过程倾向于内心世界,经常体验自己的情绪,分析自己的思想。

气质是个性心理特征之一,在现实生活中人们所说的"脾气"是气质的通俗说法。由于人们心理活动的动力特点不同,因而反映出人的不同个性。例如,一个人的情绪和活动发生的快而强,表现非常明显;另一个人的情绪和活动发生的慢而弱,表现很不明显;第三个人的情绪和活动发生的快而弱,表现非常明显;第四个人的情绪与活动发生的慢而强,表现却不明显。这四个人就各有不同的气质,气质会使一个人的全部心理活动的表现都染上一种独特的色彩,从而体现出这个人的个性。

1.气质具有先天性的特征

气质的生理基础是神经系统类型,它体现了人的高级神经活动类型的特征,气质类型就是高级神经活动类型在人的活动中的表现。因此,气质同遗传因素有关,具有先天性的特点。在现实中,我们在人的身上可以看到与生俱来的秉性。孩子在很小的时候,就可以表现出差别,有的文静安稳,有的生性好动,有的则十分倔强等。儿童的这些特点反映出人的气质天生的一面。

2.气质是典型的稳定的个性特征

每个人的气质总是表现出一定的类型特点,这些特点在人的身上是典型和稳定的。有的人总是那么聪明、伶俐、乐观、活泼,受大家喜欢;有的人总是那么威严、傲慢、厉害、暴躁,令人敬而远之;有的人总是四平八稳、反应缓慢,火烧眉毛不着急;还有的人总是马马虎虎、毛手毛脚,不能稳当办事。而且,人们常在内容很不相同的活动中显示出同样的气质类型特点,这说明人的气质具有相当的典型性和稳定性。

3.气质随人的年龄和环境条件的变化而变化

气质虽然具有先天的稳定的特点,但不是固定不变的。人的年龄、生活环境、文化教育及主观努力都是影响气质变化的因素。在人的一生中,不同的年龄常会有不同的气质表现。青少年时,血气方刚,表现出活泼、好动、敏捷、热情、积极、急躁或轻浮;壮年时,阅历渐深,表现出坚毅、机智、沉着、踏实;老年时,表现出老成持重、安详、沉稳。同时,环境变化也会引起气质的改变,热情活泼的孩子常会因家庭变故而变得冷漠孤僻,这说明人的气质是可以改变的。

4.2.2 气质类型

不同神经活动的组合就产生了高级的神经活动,同样人的心理过程与行为方式的不同组合就产生了不同的气质类型。巴普洛夫的高级神经活动将气质类型划分为以下几种:

1.胆汁质

胆汁质类型的人属于兴奋而热烈的类型。胆汁质的气质特征是外向性、行动性和直觉性,具有强烈的兴奋过程和比较弱的抑郁过程,情绪易激动,反应迅速,行动敏捷,暴躁而有力;在语言上、表情上、姿态上都有一种强烈而迅速的情感表现。这种人的工作特点带有明显的周期性,埋头于事业,也准备去克服通向目标的重重困难和障碍。胆汁质人一旦就业,往往对本职工作不那么专注,喜欢跳槽,经常更换工作单位,渴望成为自由职业者。比如作曲家贝多芬和亨德尔就是此类气质型,这种气质反映在音乐风格中,多有慷慨激昂的激情,有崇高的英雄主义情绪,有突发的强音迸发出强烈的感情。这类型的人不足是缺乏自制性,粗暴急躁,易生气,易激动,因此要注意在耐心、沉着和自制力等方面的心理修养。

胆汁质的人具有以下优点:积极进取,不怕困难,热情高涨,直率豪爽,有魄力。但是也存在明显的缺点,即急躁、暴躁和焦躁,行事鲁莽,易因小事而大发脾气,产生对立情绪,萌生报复心理,办事不考虑后果,事后又后悔,但"虚心接受,坚决不改"。在遇到不如意时,甚至会欺负无辜来发泄不满。这种人长期处于紧张亢奋的状态而容易产生神经衰弱、癔病等心理疾病,以及头痛、失眠、胸闷、消化不良等身体疾病。

在性别差异方面,胆汁质的男生多表现为敏捷、热情、坚毅,情绪反应强烈而难以自制;女生更多地表现为热情肯干、积极主动、思维敏捷、精力充沛,但易感情用事,不善于通过思考来化解各种困难和障碍。

胆汁质人对自己的本职工作不那么专注,所以具有这种气质的人应该先从事踏实而平凡的工作,积累更多的经验。胆汁质应充分利用自身的适应性而获得成功。适合胆汁质的工作有管理工作、外交工作、驾驶员、服装纺织业、餐饮服务业、医生、律师、运动员、冒险家、新闻记者、演员、军人、公安干警、记者、图案设计师、实业家、企业中外勤工作、业务员、营销员等外向型的职业。

2.多血质

多血质的人的神经类型是活泼型,神经过程具有强烈、平衡而且灵活的特点。多血质的人容易动感情,但感情体验不深刻、不稳定,情感产生之后既容易消失,也容易转变。

多血质的人一般都有很高的灵活性,容易适应变化的生活条件,在新的环境中不感到拘束,他们善于交际,能很快同别人接近并产生感情。多血质的人大多机智、聪敏、开朗、兴趣广泛,能迅速把握新事物。在行动方面多血质的人反应迅速而灵活,在从事复杂多变和多样化的工作中往往成绩显著。但是他们的兴趣不够稳定,注意力容易转移,一旦没有足够的刺激的吸引,常常会变得厌倦而懒惰,开始所具有的热情会很快冰消瓦解。在日常生活和工作中,多血质的人给予人们的印象是聪明热情、活泼好动。

从一定意义上说,多血质人对所有的职业都具有适应性。他们是充满自信的人,他们有活动能力,而且会越来越强。种种体验和锻炼,都会成为有益的东西。重大局、不贪小利、不感情用事等,这都是多血质人在气质方面的长处,他们具有较突出的外向性格,适应于社交性的工作,如政治家、外交家、商人、律师等。商业活动中,市场调查、商品规划和扩大销售是三大支柱。这三大支柱互相紧密相依,支撑着商业活动的进行,而多血质人在这三大领域中,都能够有很好的发挥。如果从成果上对其工作进行评价,那就可以看出,多血质人比其他气质类型的人能钻研得更深入,贡献也相当可观。他们能使工作向前推进,因而他们可以出色地胜任管理工作。要是再有一个好助手,那多血质人就完全可以成为一个成功的管理者。多血质人,对于新的环境适应能力较强。多血质人对谁都能坦诚。对待多血质人能适应社会的进步,以发展的眼光进行谋划、设计。因此,他们对经商、计划、广告一类的职业的适应性很强。他们会选择兴趣和适应性全都没有的职业,也是一种探索求新的适应性的心理学方法。因为这种可能性太少了,实在难得。话虽这么说,可并不是所有的职业都是和自己的兴趣有关的,也不是和自己的适应性有关的。在这样的情况下,应该对自己的适应性进行检验,一旦确认在某一领域不具有适应性,那就要马上转向。不过,精力充沛意志坚强、不达目的不罢休的多血质人,却往往能在那些缺乏适应性就无法立足的领域内大显身手。对过于简单、细致和琐碎的工作,对缺乏竞争和刺激、只要求细致的工作,多血质人是产生不了兴趣和愿望的,也做不出引人注目的成绩。重要的是,不要去模仿其他气质者,多血质人要选择更能发挥自己长处的领域,一步一步攀登,不急躁、不慌张,以最高水平向着目标奋斗下去。

3. 粘液质

粘液质类型的人又称为安静型,在生活中是一个坚持而稳健的辛勤工作者。由于这些人具有与兴奋过程向均衡的强的抑制,所以行动缓慢而沉着,严格恪守既定的生活秩序和工作制度,不为无所谓的原因而分心。粘液质的人态度持重,交际适度,不作空泛的清谈,情感上不易激动,不易发脾气,也不易流露情感,能自治,也不常常显露自己的才能。这种人长时间坚持不懈、有条不紊地从事自己的工作。其不足是有些事情不够灵活,不善于转移自己的注意力。惰性使他因循守旧,表现出固定性有余,而灵活性不足。这种人具有从容不迫和严肃认真的品德,以及性格的一贯性和确定性。

粘液质的人在面临压力时,不但不会主动应对,反而容易采取回避。压力越大,他们越容易通过各种消极形式来放松自己,比如玩游戏聊天等等。粘液质的人喜欢把事情拖到最后去做。当然不能把粘液质作为不主动争取的借口。比如如果两门课 AB 要考,B 在 A 后面一天考,粘液质的人有时候会在 A 考前一天一直复习 A,而到了迫不得已的时候,才急匆匆去复习 B。

粘液质的人适合职业有外科医生、法官、管理人员、出纳员、会计、播音员、话务员、调解员、教师、人力人事管理主管等。

4. 抑郁质

抑郁质的人感情细腻,做事小心谨慎,善于观察不到的微小细节,在团体中表现积极认真、努力向上、毫不懈怠,无论置身于何种岗位,只要担负了责任,就以所从事的工作为荣,努力解决困难,这是抑郁质型人的长处。抑郁质型的人适应能力差,易于疲劳,行动迟缓、羞涩、孤僻且不大合群,遇事不是单凭聪明去处理,而喜欢把自己所掌握的有关情况在头脑中组合、计算,确定方针,然后在这个范围内一个一个地去做,把问题处理好。

对于以人际交往为主的职业,如外交官、政治家、商人等外向性职业,抑郁质人都没有适应性和兴趣。而在只需要一个人刻苦奋斗的学术、教育、研究、技术开发和医学等内在要求慎重、细致、周密思考的职业领域,抑郁质人就感到适合。但是,也不能说抑郁质人对所有的职业都不能适应。据调查,抑郁质人在有关诊断为完全没有职业适应性的职业中干得很成功的例证也不少。无论置身于怎么样的立场,只要肩负了责任,就以所从事的工作为荣,努力解决因不太适应而造成的困难,努力把它做好,这正是抑郁质人的长处。抑郁质人中的许多人,不是单凭聪明去处理事情,而是把自己所掌握的工作内容在头脑中组合、计算、确定方针,然后在这个范围内一个一个地去实行,把问题处理好。在这样的情况下,可以说是抑郁质人选择了与适应性相反的职业,也从中发现了新的适应方法。这其中重要的不是模仿其他血型的人。抑郁质人应当发挥自己的优点,积极地向着正确的方向满怀信心地前进,这样就能够开拓自己的道路。一般的看法是,抑郁质人在学者、教育家、研究人员、技术人员、医师等比较内向的职业领域里,有较强的适应性。但是,我们前面已经说到过,几乎所有的领域里,都有抑郁质人在活动。

4.2.3　气质差异与企业管理方式匹配

1.气质无好坏之分

性格有好坏之分,但气质类型并无好坏之分。任何气质类型都有积极和消极两个方面,任何气质类型的人都有长处和短处。胆汁质的人,积极、充满活力、生气勃勃,也有一些浮躁、任性和感情用事。多血质的人,灵活、亲切又不乏机敏,但也轻浮和情绪多变。粘液质的人,沉着、冷静、坚毅,但又冷淡和缺欠活力。抑郁质的人,长处是情感深刻稳定,短处是孤僻、羞怯。认识到气质类型并无好坏之分,任何气质类型的人都有长处和短处,就不要因为对自己的气质类型不满而自暴自弃,不求进取,就不要因为对员工的气质类型不满而贬低、压抑其劳动工作积极性,就要认真分析自己及员工气质类型中的积极、消极之处,发扬光大积极的一面,控制、克服消极的一面,自觉培养和锻炼,逐渐改进自己及员工的气质。

2.气质差异与工作安排

气质虽不在人们的实践活动中起决定的作用,但它可以影响人们活动的效率。某些工作、某种气质类型的人干起来效率更高;另一些工作、另一种气质类型的人干起来更有效。例如,像自动化系统操作、营销这类要求作出灵活反应的工作,多血质、胆汁质的人比较合适,因为这两种气质类型的人有灵活、机敏、积极、生气勃勃的特点,而像微电子技术、钟表修理这类要求持久、细致的工作,粘液质、抑郁质的人更适宜,因为他们的气质类型中有沉着、冷静、坚毅或稳定、深刻的一面。正因为气质会影响人们活动的效率,管理者在安排工作时,一定要考虑员工的气质特点及员工的气质差异,尽量把他们安排到最有利于发挥其个体气质特长的工作岗位上,为他们更有效地工作创造条件和机会,也为更有效地实现整个管理系统的管理目标创造条件。

3.气质差异与思想政治工作

思想政治工作方法是现代管理工作的四大基本方法之一,思想政治工作要启发人们的思想觉悟,使人们自觉地倾向于组织的共同目标并付出行动。但思想政治工作要起到应有的作用,它必须具备科学性和启发性。也就是说,思想政治工作的有效性是以科学性、启发性为前提和基础的。由于气质对于形成和改造人们的某种情感与行为特点或个性特征都具有很大影响。因此,管理者也必须根据员工的气质差异来做好思想政治工作,才能使思想政治工作起到应有的作用。

根据气质差异来做好思想工作,不仅要求对不同气质类型的员工教育的侧重点不同,而且教育的方式也应当有所不同。对有暴躁、任性、感情用事的缺点的胆汁质的员工,应侧重培养其自制能力和持之以恒的精神,因为这种人易冲动。因为他们吃软不吃硬,所以批评他们的缺点和错误时,应避免顶牛,严厉中有说理,批评中有鼓励,循循善诱、灵活、亲切而又不乏浮躁。情绪多变的多血质的员工,应着重培养其专心、扎实和勇于克服困难的精神,加强自制力、注意力的稳定性及细致、耐心品质方面的训练,在教育方式上可以对其缺点进行严肃的批评,以有助于其快速改正错误。对缺乏活力、冷淡的粘液质的员工,重在培养热情爽朗和生气勃勃的精神风貌,批评、教育时,要有耐心,给予足够的时间以自省和作出反应,点到为止。对孤僻、羞怯的抑郁质的员工,要着重培养其大方、善交、自信的品质,对其缺点及错误,一般不宜严厉批评,更不宜在大庭广众之下公开指责,而宜更多地予以关心、体贴和爱护,对他们的微小进步都应给以充分肯定以增强他们的自信心。

4.气质差异与管理层结构

管理层在整个企业管理系统中居于主导和支配地位。因此,有一个合理的领导班子,对企业管理系统的正常、有效运行尤为重要。而有一个合理的管理层,应当有合理的专业结构、能力结构、气质结构和年龄结构。从我国的实际情况来看,无论是上级委派还是群众选举,我们对企业管理层成员的专业结构、能力结构、年龄结构的合理化都比较关注,而对其气质结构合理化则较为忽视。实际上,管理层气质结构合理化就是指管理层应当由有不同气质类型的人构成,既要有积极主动、敢冲敢闯的多血质、胆汁质的人,又要有脚踏实地、持之以恒的粘液质和抑郁质的人。这样,既可以避免鲁莽行事造成失误,又不至于因犹豫徘徊而错失良机。

4.3　性格差异与管理

4.3.1　性格含义

性格是指由人对客观现实的稳定态度和行为方式中经常表现出来的稳定倾

向。它是个性中最重要和显著的心理特征。

性格可以标志事物的特性,也可标志人的特性。性格是一个人对现实的态度以及与之相适应的习惯化的行为。性格是个性心理特征中最重要的方面,它通过人对事物的倾向性态度、意志、活动、言语、外貌等方面表现出来,是人的主要个性特点,即心理风格的集中体现。人们在现实生活中显现出的某些一贯的态度倾向和行为方式,如大公无私、勤劳、勇敢、自私、懒惰、沉默、懦弱等,都反映了自身的性格特点。

4.3.2　性格的类型

1.机能类型论

英国心理学家培因和法国心理学家李波特按照理智、情绪、意志三种心理机能所占优势的不同来确定性格类型。

(1)理智型:以理智来衡量一切,并以理智来支配自己的行动。

(2)情绪型:情绪体验深刻,言谈举止受情绪所左右,处理问题喜欢感情用事。

(3)意志型:有较明确的活动目的,行动坚定,具有主动性、积极性和持续性。

除了上述标准的类型外,还有介于三种类型之间的中间型,如情绪—理智型、意志—理智型。

2.荣格的向性说

1913 年,瑞士著名心理学家荣格首先提出了内向—外向的概念。他说在与周围世界发生联系时,人的心理一般有两种指向,称为定势。一种定势指向个体内部世界,为内向;另一种定势指向外部环境,为外向。同时,他认为,纯粹内向或外向性格的人是很少的,大多数人是介于内向和外向之间的中间型,见表 4-1。

表 4-1　内向型和外向型的特点

内向型		外向型	
孤独型	沉默寡言、谨慎、消极孤独	社交型	爽朗积极、能言善辩、顺应
思考型	善于思考、深入钻研、提纲挈领	行动型	现实、说干就干、易变化、好动
丧失自信型	自卑感、自责、负罪感	过于自信型	瞧不起别人、过高估计自己
不安型	规矩、清高、小心	乐天型	胆大、大方、不拘小节
冷静型	谨慎、沉着、稳重	感情型	敏感、喜怒哀乐变化无常

3.独立—依赖说

奥地利心理学家阿德勒主张按个体独立性的程度不同,性格可分为:

(1)独立型——善于独立发现和解决问题,能抓住主要矛盾,有主见,自信,果断,喜欢强加于人。

(2)依赖型——独立性差,轻信,易受暗示,盲从,缺乏主见,屈从权威,紧急时刻张皇失措。

这些方法虽然比较简单,只能反映性格的某个侧面,不能说明性格的复杂性,但是,对于组织行为的预测很有效。

4.3.3 性格与工作匹配

个人性格互不相同,因此工作应当尽量与性格相匹配。美国著名的职业生涯指导专家霍兰德将职业选择看作一个人性格的延伸。他认为,职业选择也是性格的表现。个人的性格与职业之间的适配和对应是职业满意度、职业稳定性与职业成就的基础。职业发展的过程中,职业技能和相关资质固然重要,但是充分挖掘自身的个性,找到性格特点、能力素质与职业需求之间的匹配度,才是最大限度地发挥自身潜能,并尽快达到成功彼岸的关键,是确保职业可持续发展的决定性因素。

1.六种类型

霍兰德认为人格可分为现实型、研究型、艺术型、社会型、企业型和常规型六种类型。

(1)社会型(S)。

共同特征:喜欢与人交往,不断结交新的朋友,善言谈,愿意教导别人,关心社会问题,渴望发挥自己的社会作用,寻求广泛的人际关系,比较看重社会义务和社会道德。

典型职业:喜欢要求与人打交道的工作,能够不断结交新的朋友,从事提供信息、启迪、帮助、培训、开发或治疗等事务,并具备相应能力。如教育工作者(教师、教育行政人员)、社会工作者(咨询人员、公关人员)。

(2)企业型(E)。

共同特征:追求权力、权威和物质财富,具有领导才能。喜欢竞争,敢冒风险,有野心、抱负。为人务实,习惯以利益得失、权利、地位、金钱等来衡量做事的价值,做事有较强的目的性。

典型职业:喜欢要求具备经营、管理、劝服、监督和领导才能,以实现机构、政治、社会及经济目标的工作,并具备相应的能力。如项目经理、销售人员、营销管理人员、政府官员、企业领导、法官、律师。

(3)常规型(C)。

共同特点:尊重权威和规章制度,喜欢按计划办事,细心、有条理,习惯接受他人的指挥和领导,自己不谋求领导职务。喜欢关注实际和细节情况,通常较为谨慎和保守,缺乏创造性,不喜欢冒险和竞争,富有自我牺牲精神。

典型职业:喜欢要求注意细节、精确度、有系统、有条理,具有记录、归档、根据特定要求或程序组织数据和文字信息的职业,并具备相应能力。如秘书、办公室人员、记事员、会计、行政助理、图书馆管理员、出纳员、打字员、投资分析员。

(4)实际型(R)。

共同特点:愿意使用工具从事操作性工作,动手能力强,做事手脚灵活,动作协调。偏好于具体任务,不善言辞,做事保守,较为谦虚。缺乏社交能力,通常喜欢独立做事。

典型职业:喜欢使用工具、机器,需要基本操作技能的工作。对要求具备机械方面才能、体力或从事与物件、机器、工具、运动器材、植物、动物相关的职业有兴趣,并具备相应能力,如技术性职业(计算机硬件人员、摄影师、制图员、机械装配工)、技能性职业(木匠、厨师、技工、修理工、农民、一般劳动)。

(5)调研型(I)。

共同特点:思想家而非实干家,抽象思维能力强,求知欲强,肯动脑,善思考,不愿动手。喜欢独立的和富有创造性的工作。知识渊博,有学识才能,不善于领导他人。考虑问题理性,做事喜欢精确,喜欢逻辑分析和推理,不断探讨未知的领域。

典型职业:喜欢智力的、抽象的、分析的、独立的定向任务,要求具备智力或分析才能,并将其用于观察、估测、衡量,形成理论,最终解决问题的工作,并具备相应的能力,如科学研究人员、教师、工程师、电脑编程人员、医生、系统分析员。

(6)艺术型(A)。

共同特点:有创造力,乐于创造新颖、与众不同的成果,渴望表现自己的个性,实现自身的价值。做事理想化,追求完美,不重实际。具有一定的艺术才能和个性。善于表达,怀旧,心态较为复杂。

典型职业:喜欢的工作要求具备艺术修养、创造力、表达能力和直觉,并将其用于语言、行为、声音、颜色和形式的审美、思索和感受,具备相应的能力。不善于事务性工作。如艺术方面(演员、导演、艺术设计师、雕刻家、建筑师、摄影家、广告制作人)、音乐方面(歌唱家、作曲家、乐队指挥)、文学方面(小说家、诗人、剧作家)。

2.六种类型的内在关系

霍兰德所划分的六大类型,并非是并列且有着明晰的边界的。他以六边形标示出六大类型的关系,如图4-1所示。

(1)相邻关系。

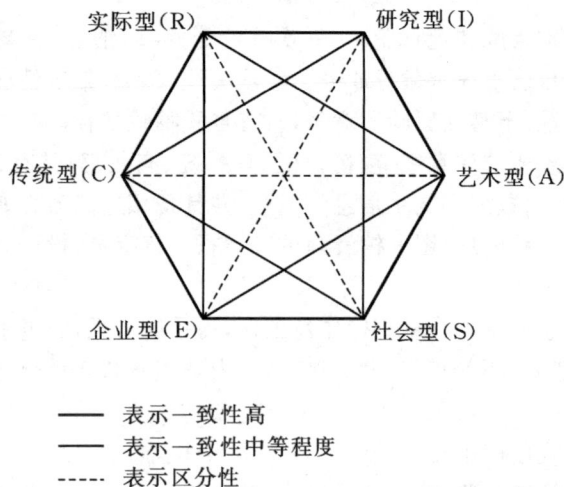

图 4-1　霍兰德人格划分的六种类型

如 RI、IR、IA、AI、AS、SA、SE、ES、EC、CE、RC 及 CR,属于这种关系的两种类型的个体之间共同点较多,现实型 R、研究型 I 的人就都不太偏好人际交往,这两种职业环境中也都较少机会与人接触。

(2)相隔关系。

如 RA、RE、IC、IS、AR、AE、SI、SC、EA、ER、CI 及 CS,属于这种关系的两种类型个体之间共同点较相邻关系少。

(3)相对关系。

在六边形上处于对角位置的类型之间即为相对关系,如 RS、IE、AC、SR、EI 及 CA 即是,相对关系的人格类型共同点少,因此,一个共同人同时对处于相对关系的两种职业环境都兴趣很浓的情况较为少见。

课堂讨论

1.试讨论影响个人成功的人格特征有哪些?

2.结合个人情况和同学评价,分析一下自己属于哪种性格类型,预测一下何种工作适合自己。

思考题

1.试分析能力的差异受哪些因素的制约?

2.管理者如何将能力的差异与工作进行匹配?

3.管理者如何按照员工气质进行管理?

4.试述霍兰德的六种人格类型,以及六种类型的内在关系。

5.试分析气质、能力和性格之间的关系。

章末案例

上不去,下不来的尴尬

张铁在一家跨国公司工作快十年了,带领的团队成员都是公司的精兵悍将,最近他遇到了棘手的事情。

两年前,市场总监张铁把小于从山东分公司的市场部调到上海总部。小于当时在山东分公司工作快三年了,人脾气很好,跟客户的关系也很熟,业绩也非常不错。总部这里正好有市场部主管的职位,把小于调过来可以带一批新员工。

小于过来之后的确带了一批新人,但也存在一些明显问题。他在执行层面的经验和能力很好,但作为主管的管理能力一般,有时员工做得有偏差,他还是免不了返工。张铁把他送去参加了两三次主管技能培训,但改善效果还是不明显。

两年下来,小于的专业能力人人认可,但是员工总觉得和他学不到东西,大家普遍觉得小于适合干事,而不适合管事。

小于也和张铁长谈了一次,他承认自己不是一个好主管,但是他说:"张总,我现在面对的矛盾是,我要是再回到一般的员工吧,面子上过不去;在管理的职位上吧,管人真的很累,我也管不好;回山东老家吧,职位起码不能比主管低;在上海吧,这样下去又不甘心,虽有猎头公司找我去做经理,但我真的不愿意离开公司,您看有什么其他的方法能安排我吗?"看着小于期待的眼神,张铁答应试试看。

但是一周过去了,张铁想了好多办法,对小于和公司能够达成双赢的方案还真没有。

资料来源:http://www.doc88.com/p-2184716013222.html.

思考题

1.如果你是张铁,你能不能想出对小于和公司而言双赢的方案?

2.张铁在任命小于时出现了什么问题?

3.为了避免此类尴尬的人事任免事件再次发生,管理者应该怎么做?

测 试

气质类型小测试

下面 60 道题,可以帮助你大致确定自己的气质类型,请根据自己的情况在"很符合、比较符合、介于符合与不符合之间、比较不符、完全不符合"五个答案中选择一个适合自己的,并记录得分。

评分标准为:很符合 2 分,比较符合 1 分,介于符合与不符合之间 0 分,比较不符合-1 分,完全不符合-2 分。

1. 做事力求稳妥，一般不做无把握的事。

2. 遇到可气的事就怒不可遏，想把心里话全说出来才痛快。

3. 宁可一个人做事，不愿很多人在一起。

4. 到一个新环境很快就能适应。

5. 厌恶那些强烈的刺激，如尖叫、噪声、危险镜头。

6. 人争吵时总是先发制人，喜欢挑衅。

7. 喜欢安静的环境。

8. 善于和人交往。

9. 羡慕那种善于克制自己感情的人。

10. 生活有规律，很少违反作息制度。

11. 在多数情况下情绪是乐观的。

12. 碰到陌生人觉得很拘束。

13. 遇到令人气愤的事，能很好地克制自我。

14. 做事总是有旺盛的精力。

15. 遇到问题总是举棋不定，优柔寡断。

16. 在人群中从不觉得过分拘束。

17. 情绪高昂时，觉得干什么都有趣；情绪低落时，又觉得什么都没意思。

18. 当注意力集中于一事物时，别的事很难使我分心。

19. 理解问题总比别人快。

20. 碰到危险情境，常有一种极度恐怖感。

21. 对学习、工作、事业怀有很高的热情。

22. 能够长时间做枯燥、单调的工作。

23. 符合兴趣的事情，干起来劲头十足，否则就不想干。

24. 一点小事就能引起情绪波动。

25. 讨厌做那种需要耐心、细致的工作。

26. 与人交往不卑不亢。

27. 喜欢参加热烈的活动。

28. 爱看感情细腻、描写人物内心活动的文学作品。

29. 工作、学习时间长了，常感到厌倦。

30. 不喜欢长时间谈论一个问题，愿意实际动手做。

31. 宁愿侃侃而谈，不愿窃窃私语。

32. 别人总是说我闷闷不乐。

33. 理解问题常比别人慢些。

34. 疲倦时只要短暂的休息就能精神抖擞，重新投入工作。

35. 心理有话宁愿自己想，不愿说出来。

36. 认准一个目标就希望尽快实现，不达目的，誓不罢休。

37. 学习、工作一段时间后，常比别人更疲倦。

38. 做事有些莽撞，常常不考虑后果。

39. 老师讲授新知识时，总希望他讲得慢些，多重复几遍。

40. 能够很快地忘记那些不愉快的事情。

41. 做作业或完成一件工作总比别人花的时间多。

42. 喜欢运动量大的剧烈体育运动或参加各种文艺活动。

43. 不能很快地把注意力从一件事转移到另一件事上去。

44. 接受一个任务后，就希望能把它迅速解决。

45. 认为墨守成规比冒风险强些。

46. 能够同时注意几件事物。

47. 当我烦闷的时候，别人很难使我高兴起来。

48. 爱看情节起伏跌宕、激动人心的小说。

49. 对工作抱认真严谨、始终一贯的态度。

50. 和周围人的关系总相处不好。

51. 喜欢复习学过的知识，重复做能熟练做的工作。

52. 希望做变化大、花样多的工作。

53. 小时候会背的诗歌，我似乎比别人记得清楚。

54. 别人说我"出语伤人"，可我并不觉得这样。

55. 在体育活动中，常因反应慢而落后。

56. 反应敏捷、头脑机智。

57. 喜欢有条理而不甚麻烦的工作。

58. 兴奋的事情常使我失眠。

59. 老师讲新概念，常常听不懂，但是明白以后很难忘记。

60. 假如工作枯燥无味，马上就会情绪低落。

(1)记分。

胆汁质　题号　2、6、9、14、17、21、27、31、36、38、42、48、50、54、58
　　　　总分

多血质　题号　4、8、11、16、19、23、25、29、34、40、44、46、52、56、60
　　　　总分

粘液质　题号　1、7、10、13、18、22、26、30、33、39、43、45、49、55、57
　　　　总分

抑郁质　题号　3、5、12、15、20、24、28、32、35、37、41、47、51、53、59
　　　　总分

(2)确定气质类型的标准。

①如果某类气质得分明显高出其他三种，均高出 4 分以上，则可确定为该类气质；如果该类气质得分超过 20 分，则为典型；如果该类得分在 10～20 分之间，则为一般型。

②两种气质类型得分接近，其差异低于 3 分，而且又明显高于其他两种，高出 4 分以上，则可确定为这两种气质的混合型。

③三种气质得分均高于第四种，而且接近，则为三种气质的混合型，如多血—胆汁—粘液质混合型或粘液—多血—抑郁质混合型。

第 5 章　情绪与压力管理

学习目标

- 掌握情绪的含义及相关理论模型
- 了解情绪管理的内容
- 掌握压力的含义
- 了解压力管理的内容

开篇案例

2007 年 7 月 18 日下午,年仅 26 岁的华为员工张锐,在深圳某小区的楼道内自缢身亡。进入华为只有 60 多天的他表示工作压力太大,并两度想辞职,为此父亲两度去深圳看望并劝说。

据张锐父母提供的材料显示,张锐出生的那一年,父亲已经 37 岁,母亲 29 岁。张锐今年 26 岁,2000 年考上武汉大学电子科学与技术系,2004 年毕业,这对这个贫困的家庭来说是非常艰难的事情。在武汉一家工厂工作的父亲早已下岗,每月只有几百元的下岗费,而母亲没有工作。4 年大学下来,家中债务高达近 5 万元。毕业后,张锐在湖北当地一家企业工作了一年多,随后来到了深圳,在两家企业工作了一段时间。今年 4 月份,张锐应聘华为并被录取。5 月 14 日,张锐与华为签订了为期一年的劳动合同。对此,他很高兴,还打电话告诉了父母。

张锐的兴奋并没有持续多长时间,和他住在一起的表弟首先感觉到了这种变化。表弟告诉记者,几天之后张锐就有些不高兴,情绪低落,晚上经常失眠。他问张锐是否工作压力比较大,张锐说表现不好就会被主管批评,还要经常加班。1 个多月后,父母接到了儿子的电话,张锐表示,因为工作压力比较大,他不想干了,并征求父母的意见。对此母亲明确表示不同意。由于惦记儿子,母亲催促父亲去深圳劝说孩子不要放弃这份工作。7 月 1 日,张锐父亲买了张站票,带了个小板凳坐车到了深圳。在父亲的劝说下,张锐逐渐恢复平静,同意继续工作。3 天之后,父亲回到了武汉老家,但几天之后,张锐再次打电话回家表示准备辞职,老父只好第二次来到了深圳。7 月 17 日,进入公司 60 多天从没请过假的张锐向主管请了一天假。晚上他与父亲一起到小区附近散步。7 月 18 日,张锐又请了一天假。下午 2 时,他告诉父亲要出去,从此再也没有回来。当晚 11 时左右,正在武汉的张锐母亲突然听到敲门声,当地民警告诉她,下午深圳警方在梅林地区某小区的楼道内发现一个自缢身亡的人,其身份证显示是她的儿子张锐。母亲一时无法相信这个事实,因为孩子父亲还在深圳,而此时张锐父亲也正在深圳四处寻找儿子。他去网吧找了几次没找到,手机也关了。随后他打电话回家,才得知孩子已经出事。对于父母,张锐没有留下一句遗言。当父亲赶到小区时,尸体已经被运走。事后他得知,这里是儿子刚来深圳时与同学一起住过的地方,距离他在华为坂田基地旁边的出租屋约有4公里路程。

对于家属认为的压力过大问题,相关负责人表示,华为公司的员工的确都有压力,但对于张锐来说,压力实际上远没到把他击垮的程度。张锐进入华为只有60多天,没有转正,也不能独立承担项目,而且对于新进员工,公司都会配备思想导师,从各方面给予指导。此外,张锐性格比较内向,外人很难进入他的内心世界。张锐选择了这条路,将痛苦留给父母,也给公司造成了负面影响,这是一种不负责任的行为。

资料来源:徐维强,米燕.华为新员工因压力大自缢身亡,公司1万安抚费冷淡回应[N].南方都市报,2007-07-24.

5.1 情绪理论模型与情绪管理

5.1.1 情绪的概念

情绪(motion)是一种心理和生理经历,它直接指向人或物,是对客体的反应,包括生理唤醒、感觉、认知、态度和行为。情绪的定义包含着两个特征:一是情绪的产生总与外部客观事物的刺激联系在一起;二是情绪总与个体的主观反应联系在一起。情绪影响着人的心理生活的各个方面,并且贯穿于整个人生的一切社会交往行为中。

情绪可以驱使人们去行动,实现目标,是行为的动机,包含个人的认知、决策、感情和动机的整合。认知和情绪的相互作用促使人们为目标的实现而坚韧不拔和克服困难。因此管理者有时是通过唤起人们的情绪来达到管理的目的。此外,情绪有助于决策和判断,情绪能影响人们对信息的处理,影响认知的灵敏度。研究表明,积极的正面的情绪能促进问题的解决,消极的负面的情绪会阻碍问题的解决。最后情绪有助于人际沟通,组织中情绪智力高的员工能够管理好自己的情绪,表现出他人和组织所期望的情绪,体验到他人的情绪感受。研究表明,员工表现出组织期望的情绪,即情绪劳动能提高顾客的满意度。

情绪的特征主要包含以下几个方面:

(1)情绪是一种主观的感受体验。

　　人们一般在心理和生理上经历情绪,这种经历是一种主观的自我感受过程。例如,当我们的工作成果不被别人认可时,我们会感受到愤怒,同时心跳频率增加,肾上腺素上升。因此他人只能通过个人外在的行为表现来感受个体的情绪状态。

　　(2)情绪一般是针对客体的一种自然反应,但是短暂的,不能称为特质。

　　人们在社会中时时刻刻都会受到来自外界环境的信息和刺激。这种刺激会产生短暂的情绪体验,但这种情绪的体现一般是短暂的,如你悲伤的感觉不可能长久地保持,新的刺激之后会有新的感受。值得一提的是,不同的人对不同的刺激体验不一定会产生同样的情绪反应,这可能与个人的特质、经历等有关。

　　(3)情绪一般通过特定的行为表现出来。

　　这种行为可以是面部的、身体的和语言的。其中面部的表情一般是情绪表达的主要渠道,如瞪眼、撇嘴等。身体的动作也会表达情绪,如手势、坐相和一些小动作等,身体的姿态与行为可以是局部微小的,也可以是明显剧烈的,如愤怒时可能会身体颤抖,也可能大打出手。语言的表现可以体现为语调、语速等。如激动时语调会高,语速会快。情绪就蕴含在其中,因此往往同一句话也许会表现出不同的情绪。

　　在此值得一提的是要将情绪和情感界定清楚。情绪和情感是不可分割的两个整体,西方的心理学著作通常把情绪(emotion)和情感(feeling)统称为感情(affection)。但是情绪与情感并不是完全等同的。情感通常被用来描述社会性的高级感情,具有稳定而深刻的社会含义的感情性反应叫做情感。比如,对祖国的热爱、对美的欣赏、对人的羡慕和妒忌等。而情绪是一种不同于认知或意志的精神上情感或感情。情绪代表某情感反应的过程,是一种心理活动的过程。

5.1.2　情绪的分类

　　如上所述,情绪是一种心理状态,个体情绪的表现是复杂多变的,使用不同角度和研究方法,分类的结果也是不尽相同的。比较主流的情绪分类法将情绪分为积极情绪和消极情绪。

　　情绪的种类有很多种,包括悲伤、愤怒、害怕、轻蔑、嫉妒、挫败、憎恨、骄傲、惊奇、热情、快乐、希望、热爱等。中国古代有“七情六欲”之说。七情主要指喜、怒、哀、乐、爱、恶、欲;六欲主要指色、声、香、味、触、法。现在有很多人习惯将情绪分为积极的情绪和消极的情绪两类。

　　积极的情绪往往与需求的满足联系在一起,如快乐、感激、自信等,这种情绪可以提高我们在生活工作中的积极性和能动性。而消极情绪一般源自于某种未满足的需求,如紧张、悲伤、委屈等。这些情绪会降低人们在生活、工作中的积极性和能动性。

在已有的研究中,对消极情绪的研究占主导地位,他们认为消极情绪有特定的目标意向和行为趋向,而积极情绪的趋向一般太过笼统,不能称为特定的。同时在心理学研究中,如何克服心理障碍一般是研究者们感兴趣的问题,消极情绪的种类也一般比积极情绪多些。

5.1.3　情绪理论模型

关于情绪的研究理论有很多,在此介绍几种典型的与组织行为有关的理论。

1. 沙赫特的情绪唤醒模型

20 世纪 60 年代初,美国心理学家斯坦利·沙赫特提出情绪是胜利唤醒和认知评价相结合的一种状态,二者对于情绪的发生同样重要。沙赫特和辛格通过实验证明了身体状态变化的认知性解释是构成情绪体验的主要原因。情绪唤醒模型如图 5-1 所示。

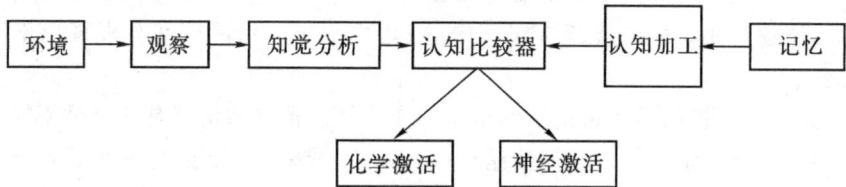

图 5-1　情绪唤醒模型

情境刺激引起生理唤醒,但是情绪体验并不是由生理唤醒所引起的,其核心环节是认知,以及对生理唤醒赋予标签。在知觉分析和认知加工不协调时,认知比较器就产生信息,个体运用经验与当前情境相结合对生理唤醒进行解释和评价,使身体适应当前的情境需求,这时情境就被唤醒了。

2. 阿诺德的评价—兴奋理论模型

美国心理学家阿诺德于 20 世纪 50 年代提出了情绪的"评价—兴奋"学说,于 20 世纪 60 年代初发表了《情绪与人格》一书,首次提出了"情绪评价"理论,认为情绪的来源是对情境的评估,及刺激情境不能直接决定情绪的性质,要通过对刺激的评估。其评价基本过程是:刺激情境→评估→情绪,具体模型如图 5-2 所示。

阿诺德认为当情境刺激感官时,激活丘脑系统,丘脑通过改变自主神经系统来激起感官的变化,自主神经系统通过丘脑传到大脑皮层,产生了对刺激的评价,评价补充着知觉并产生过去做某件事的倾向,带有感情体验成分。对于同样的刺激情境,人们会有不同的评估,因而会产生不同的情绪。她举例说,人们在动物园看到狮子不会产生恐惧,但是在森林里看到狮子却会产生恐惧。

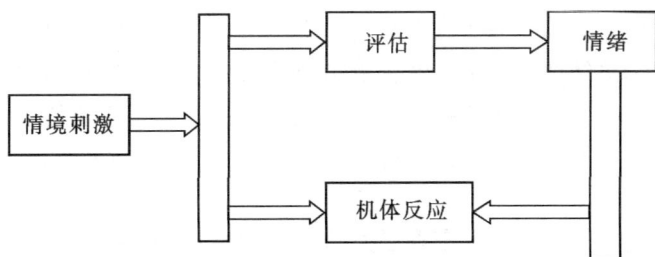

图 5-2　评价—兴奋理论模型

3.情绪智力胜任特征模型

情绪智力的思想可以追溯到古希腊时期,直到 1990 年,美国心理学家沙洛维(P. Salovey)和梅耶(J. D. Mayer)将其作为一种学科理论正式提出。情绪智力指的是感受和表现情绪、促进情绪思考、理解和分析情绪以及调节个人和他人情绪的能力。

目前流传最广的情绪智力模型,是心理学家丹尼尔·戈尔曼于 1998 年提出的情绪智力胜任特征模型。戈尔曼将情绪智力研究内容划分为五个方面,也称为五因素理论,包括自我意识、自我管理、自我激励、移情和处理人际关系。这个模型由于其外延范围过大而受到很多的批判。在之后的研究中,戈尔曼进一步提出了情绪智力胜任特征模型,将五要素改变为自我意识、自我调节、自我激励、移情和社交能力。

5.1.4　组织中的情绪管理

1.情绪劳动和情绪失调

(1)情绪劳动。

霍夫柴尔德于 1983 年提出了情绪劳动概念,指出员工在工作中往往必须根据情感规则努力表达情绪,使顾客快乐,即"情绪劳动"。情绪劳动是员工表达出组织期望的情绪。情绪劳动的表现一般会分为深层行为和表层行为。深层行为是当个体的情绪体验与要求的情绪表达一致时,通过思考和努力来改变自己的内部情绪体验,从而激发起与情境相符的情绪体验。表层行为是指当个体的情绪体验与要求的情绪表达不一致时,只改变外部可见的情绪表达行为,使之与要求的情绪表达相一致。

情绪劳动的特点主要有四个,分别是:①工作环境的直接性。情绪劳动是面对面地接触,声音对声音地进行交流,也是情绪劳动的条件之一。②目的的间接性。

情绪劳动的基础假设是只有在适宜的情绪状态下,个体才更有可能接受所提供的服务和购买的商品,因此,需要员工恰当的表达情绪,使公众在心理上实现组织所需要的变化。③情绪调节的主动性。情绪劳动通常由员工和顾客构成,因此员工必须积极主动地根据顾客的情绪来表达相应的情绪行为。④情绪表达的差异性。组织一般会以岗位职责、职业道德、行为规范和企业文化等形式提出对情绪表达的不同要求。

影响情绪劳动的因素包括个人层面的因素、组织层面的因素和情景层面的因素。研究表明,性别、年龄、个性和情绪智力是影响情绪劳动的因素。如女性比男性对情绪更为敏感。组织期望情绪表达的难度和程度制约着员工的情绪劳动,当组织要求员工展示多种情绪时,情绪劳动会增加,有可能会带来消极的影响。情绪劳动是在人际交往中实现的,人际关系会影响情绪劳动,例如当你的服务对象是你熟悉的朋友时,你可能会表现得相对随意一些。顾客表现出来的情绪也会直接影响到员工的情绪体验及情绪表达。此外,文化因素也对情绪劳动的要求有一定影响,在不同地区不同文化背景下,情绪表现的规范性也有所差异。

(2)情绪失调。

当员工真实的情绪和被要求的情绪之间冲突时,就产生了情绪失调。当冲突越大时,员工越容易感受到压力和倦怠,导致员工自身的心理疏离感和对工作的厌恶。在员工必须表现出与他们真实情感不同的场所,或是必须高度遵守情绪表现规则的场所,情绪失调最容易发生。

在日常生活中,大部分人在很多时候都很难隐藏自己真实的情绪,愤怒的情绪尤其难以控制,这就需要采取相应的策略。个体通常会采取三种策略:表层行为、深层行为和失调行为。

表层行为是个体通过调节情绪的外部表现,如面部表情、肢体语言等以符合组织的要求,是一种假装的情绪表现,真实情绪被压抑下去。如在高级酒店中,服务生被要求即使被客人惹怒也要对他微笑,这就是典型的表层行为。

深层行为可以看作是针对认知评价过程进行的。个体通过内部的心理过程,改变自己的真实情绪和需要表现的情绪相一致。如在与客人发生冲突时,员工客体通过改变自己的想法,理解顾客的需求,避免真实情绪和需求情绪之间的冲突。

失调行为要求员工既要表现出适度的情绪,又要保持内心的感受,因为在不同的情景中存在不同的情绪表达规则。

表层行动使员工产生更大的压力,感到非常疲劳,因为它要求员工伪装自己的情绪感受,展示自己并没有感觉到的情绪。这是目前服务业普遍存在的问题。因此,组织应该给予员工更多的支持,努力改变员工的情绪体验,使其更多地采取深层行为和失调行为。

2.组织情绪管理的措施

情绪管理不能简单地压制员工的负面情绪,要通过控制和调节等使员工满足组织的情绪需要。具体的措施可以有:

(1)提高员工对情绪的认知。

情绪是由于事件刺激产生的,但一个刺激事件是否会引起情绪或是引起何种情绪是需要个体的认知评价过程才能决定的。组织可以通过引导员工认识导致自身情绪困扰的不合理的观念,并取而代之合理的认知方式。如可以通过提高员工的劳动技能和认知水平,使员工了解工作和生活中的不确定性因素。当员工表现出负面情绪时,要引导员工正视面临的困境,认识到真正的问题所在,改变自己的心理和行为。

(2)了解员工的情绪表达,合理调配。

员工的情绪是会通过自己的外在行为表现出来的,组织需要通过观察,了解员工的情绪再采取相应的措施。当员工表现出正向的情绪或组织期望的情绪时,组织可以给予相应的精神或物质上的奖励。当员工表现出负面情绪时,可以通过忽视、淡化等防止其情绪扩大,并对其微小的情绪改变予以热烈的表扬。同时组织要根据员工的情绪特征安排不同的工作和岗位,不同情绪的员工之间有时有相容性和互补性,这样的安排会促进组织和员工自身的发展。

(3)创造公平的组织环境,提供积极的环境支持。

环境会刺激员工情绪的产生。健康、良好的工作环境可以帮助员工形成积极、正向的情绪体验。不公平的环境是员工产生不良情绪的重要原因,因此组织要营造出公平的环境,使员工更有工作的激情和动力。

5.2　压力与压力管理

随着中国经济的高速发展,中国企业面临越来越激烈的竞争环境,人们的生活、工作节奏也明显加快,高压工作带来的问题已经引起了广泛的关注。近些年的研究发现,我国企业员工由压力引起的心理状况问题非常突出。一些威胁慢性疾病如慢性胃炎、高脂血症、神经衰弱等在企业员工中有较高的发病率。中国香港Cubic 公司 2003 年的一份调查报告显示在中国的大城市中,有两成以上的人患有不同程度的抑郁症,其主要原因便是工作压力。因此,深入地了解压力的存在以及对压力管理的研究是现在人们的话题。

5.2.1　压力的概念和影响

1.工作压力

坎农于 1925 年最早提出压力的概念。压力是个体对来自生活、工作和其他方面紧张性刺激的适应性反应。压力本身是一个复杂的现象。对压力的定义基本上可以归纳为刺激论和反映论。刺激论认为压力是一种外部刺激,类似于物理学中所说的作用于物体的外力。反映论认为压力是个人对压力事件的反应,是环境中刺激条件和个体做出反应的倾向相互作用的独特结果。许多学者对压力下过不同的定义,结合刺激论和反映论,大部分的定义指出,压力是由刺激引起的,包括心理刺激和生理刺激,在刺激的作用下,个体会做出应对刺激的反应,这是一个动态过程。

工作压力是指压力来源于工作过程的压力,可定义为员工的能力、资源或需求不能满足工作需要,或与工作需要不匹配时出现的身体和情绪上的有害反应。研究表明,工作压力会造成组织在员工残障索赔、缺勤与生产力降低方面带来很高的成本。

压力的复杂性和多样性使得我们可以采取多种方式对压力进行分类,下面介绍几种主要的分类结果:

(1)心理压力和生理压力。

心理压力也可称为情绪压力,是指当人们认为情形较难应付或无法应付时所感受到的压力,如员工对现有工作的抱怨就属于心理压力。生理压力是人体对某些生理压力源的反应,是对眼下威胁做出的短期反应,如睡眠不足后产生的压力。心理压力和生理压力并不是互相矛盾的,二者有时是相辅相成的,心理压力会导致生理反应,同样长期的生理压力会造成心理压力。

(2)短期压力、长期压力和急性压力。

短期压力是指当前威胁出现时人们的短期反应,如受到上司责骂,或未按时完成工作时员工会感受压力反应。长期压力是基于某种一直持续的情况下所感受到的压力,如员工和领导之间的沟通不顺会使得员工一直处于压力之中。急性压力是一种持续时间更短的显著反应。

(3)急性压力、间歇性压力和慢性压力。

急性压力是由近期的事件引发,持续的时间很短。但是如果这种压力不断地积累就会产生消极的影响。间歇性压力与经常出现的压力源有关,所造成的后果比急性压力要更加严重。慢性压力与急性压力有关,长期慢性压力会使个体逐渐适应这种承受压力的生活方式。

2.压力产生的影响

压力产生的影响是多方面的,有积极的一面也有消极的一面,取决于个体是否能成功地应对。

一些压力能给我们带来健康的、肯定的和建设性的结果。积极压力是适度的压力感受,既能够刺激并激发人达到目标,改变现状,赢得挑战。最有名的研究是耶克斯—多德森定律。该定律认为压力存在一个适宜的程度。低压力水平会导致工作绩效的提高。

压力的消极方面可以从生理后果、心理后果、行为后果和工作方面进行讨论。

(1)生理后果。

压力带来的影响最早关注的就是生理方面,尤其在医学领域。研究发现,压力感能使个体出现新陈代谢紊乱、心率加快、呼吸频率加快、血压升高等症状。这些生理上的疾病都是由于肌肉在人们面对压力时紧缩所致。很多生理疾病(如心脏病、中风、胃溃疡等)产生的原因有一部分是因为压力过大。

当人们处在适度的压力下时,人体的生理机能会对压力产生的影响进行自我调整,但若受到长期的压力影响,就需要有一个发泄口,否则会使身体处于亚健康状态,最终引发严重的疾病。

如何才能判断压力是否达到负面程度,研究表明有五种迹象表明个体受到的压力超负荷:①感到不耐烦;②整天昏昏欲睡,入睡困难或很难睡踏实;③从生活中得不到任何乐趣;④胃口失调,没有胃口或是吃个不停;⑤与周围人很难相处,和他们的关系有问题。

(2)心理后果。

压力对人的心理健康也有很大影响,长期处在压力下会使人们生成悲观、沮丧等情绪。焦虑、失望、冷淡、缺乏自尊、攻击性和沮丧等是常见的压力引起的心理后果。另一种情况是压力导致了生理上的失调,进而间接影响人们的心理,从而出现了各种心理问题。

(3)行为后果。

压力也会使个体的行为发生改变,如过度抽烟、对某些东西上瘾(酒、药物)、易冲动行事,甚至出现暴力倾向。其中最为严重的就是药物滥用和暴力。

在美国最近几年来人们对某些东西,特别是酒和药物上瘾的现象正变得越来越普遍。酒精和毒品在一定程度上可以帮助人们缓解对外界压力的感知,降低紧张、焦虑、恐惧等负面情绪,但是当酒精或毒品的作用消失时,心理反应又会重现,甚至会更强烈,从而导致人们继续转向酒精或毒品以求解脱,形成恶性循环。研究发现,这些上瘾者工作效率比一般员工低,判断力和执行能力下降,工作事故发生频率高。

职场暴力可以是生理的也可以是心理的,如嘲弄或骚扰。工作时发生的许多悲惨暴力事件,其起因就与大的压力有关。除了暴力之外,有些员工会选择自残,甚至自杀等手段来进行逃避。

(4)工作方面。

有很多研究关注了压力和工作绩效之间的关系,与工作相关的压力很容易引起与工作相关的不满意感,进而会影响工作绩效。最广泛的压力和工作绩效之间的关系是倒 U 形关系,如图 5-3 所示。

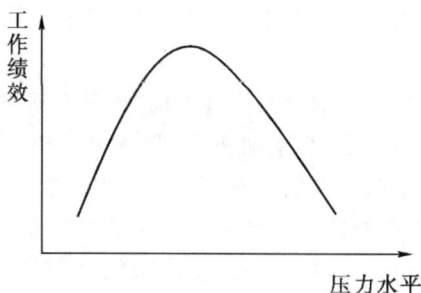

图 5-3　压力与工作绩效的倒 U 关系

从图 5-3 中可以看出,当压力处于中低水平时,它会对机体产生激活作用,使机体的反应能力增强,进而提高个体的效率和绩效,这时对员工产生的是积极正面的效应。随着压力的增加,在到达一个极点时,工作绩效会达到最高点,可以看作是员工的承受能力。在超出了员工的承受能力后,过大的压力水平会对员工产生负面影响,使机体的绩效降低。由此可见,适中的压力更能让个体创造出高绩效。但是,如果让个体长期承受较大的压力,即使个体的压力处于中等水平,也会让个体的能量消耗殆尽,给个体的工作绩效带来负面的影响。

压力对工作的影响除了绩效方面,还会产生工作倦怠。工作倦怠也可看成是一种针对工作的重要的心理问题,是当前组织行为学和人力资源管理研究的热点。工作倦怠是个体的一种情感耗竭、人格解体和个人成就感降低的症状。如果员工感到心力交瘁,那么对工作上几乎没有热情,并且在一般情况下会感到疲惫不堪。

影响工作倦怠的因素有四个方面:①工作方面,主要包括工作负荷、角色冲突、角色模糊和工作中的人际情绪压力等。工作超负荷是指工作量超出了个体正常能力的范围。角色模糊是角色不清晰所导致的压力。工作中同事之间、上级和下级之间的人际情绪压力也会对工作倦怠产生影响。②组织方面,主要包括组织文化、组织公平及组织变革等。组织文化是指组织成员共同的价值观念和行为规范。组织公平是员工工作中所感知到的公平感,缺乏公平会导致员工工作倦怠。③社会方面,主要指社会支持。研究发现缺乏社会支持、信息反馈和控制感等都可能导致工作倦怠。④个人特征,主要包括个体特征和人格特征。个体特征包括性别、年龄、婚姻状况、受教育程度、工作年限等都会使员工工作倦怠。研究发现人格坚韧性越高,工作倦怠的水平越低。

5.2.2　压力源和压力反应

1. 压力源

导致压力反应的情景、刺激、活动等叫做压力源。压力源可以分为个体压力源、环境压力源、生活压力源和工作压力源。

(1) 个体压力源。

人格特质与生活中体验到的压力程度相关。不同的人面对相同的外界刺激对压力的感知不同。如内控型与外控型的人面对同一情景时对压力的感知程度不同,高内控型的人比高外控型的人对工作感知的压力程度低,自我效能感高的人对超负荷和长时间的工作反应没有一般员工强烈。研究者指出,具有高做工参与度和高工作内驱度的人可以成为工作狂。他们高度享受工作,有更高的抗压力能力。

个体的认知模式也会影响其对压力的感知,是个体压力感知的调节变量。例如在公司变革时,有的员工会担心自己失去工作,而有的员工则会觉得这是展现自己的好机会,这主要取决于员工对面临情景的理解差异。

(2) 环境压力源。

环境的不确定性会影响员工的压力水平。如在经济大萧条时期,伴随着劳动力需求的减少、薪酬的降低和工作时间的缩短,会对员工产生恐慌等压力感受。此外政治动荡也会增强个人的压力感,如阿富汗、伊拉克等国家动荡的政治局势会给工人带来很大的压力。新技术的创造也会对掌握传统技能的员工产生压力。

除了宏观环境,环境中的噪音也会导致员工工作压力的提高和工作效率的下降。研究表明,办公室噪声会引起员工的不适和产生压力,背景噪声也会干扰复杂的认知活动。与那些在安静的工作环境中工作的员工相比,在高强度噪声的开放式环境中工作的员工压力更大,受噪声干扰的员工会出现生理压力和心理压力的迹象。

(3) 生活压力源。

个体的家庭生活、经济问题、职业发展等来自生活方面的因素可能成为压力的来源,成为生活压力源。一个人对压力的感知会受到过去经验的影响,过去压力的处理会对现在的压力处理产生借鉴和影响作用。

研究表明,生活中人们把家庭地位看得很重要。婚姻问题、子女教育、父母养老等生活中的麻烦会给员工带来压力感,影响其做工效能。住房贷款、医疗保险等过大的开支也会对员工造成困扰。

霍姆斯和拉赫提出了生活中压力的具体测量工具,见表 5-1,并针对该表提出了具体的测量标准。如果一个人一年中经历的总压力得分如果超过 200 分,那么在第二年他会有 50%的可能出现严重的健康问题;如果超过 300 分,那就又75%的生病可能性。

表 5-1 社会再适应量

生活变故事件	压力值(LCU)	生活变故事件	压力值(ICU)
配偶亡故	100	子女成年离家	29
离婚	73	诉讼	29
夫妻分居	65	个人有杰出成就	28
牢狱之灾	63	妻子新就业或刚离职	26
家族亲人亡故	63	学业开始或毕业	26
个人患病或受伤	53	改变生活条件	25
新婚	50	个人改变习惯	24
失业	45	与上司不和睦	23
夫妻复婚	45	改变上班时间或环境	20
退休	45	搬家	20
家庭成员患病	44	转学	20
怀孕	40	改变休闲方式	19
性关系适应困难	39	改变宗教活动	19
子女出世	39	改变社交活动	18
事业重新调整	39	借债少于万元	17
经济状况改变	38	改变睡眠习惯	16
好友亡故	37	家庭成员团聚	15
改变行业	36	改变饮食习惯	15
夫妻争吵加剧	35	外出度假	13
借债超过万元	31	过圣诞节	12
负债未还,抵押被罚没	30	轻微违法、违规事件	11
改变工作岗位	29		

资料来源:周菲.管理心理学[M].北京:清华大学出版社,北京交通大学出版社,2005.

(4)工作压力源。

工作压力源可以表现为不同的形式。

①在组织中的角色。

组织中的角色包括角色要求、角色冲突和角色模糊三个方面。角色要求是指员工在组织中被期望扮演的角色,有正式的要求(工作的和外存的),也有非正式的要求(社会的和隐含的)。当一个员工的工作存在两个或更多期望时,就发生了角色冲突,角色冲突会使员工感到无所适从,或是无法获得所有方面的满意,从而导致压力的产生。当员工的角色预期不清楚时,就产生了角色模糊。角色模糊描述了难以明确划分工作任务与职责的情形,会使员工感到不安或困惑。在很多情况下,角色模糊比角色冲突带来的影响更大。如当员工按照规章制度工作时,老板却说不必如此麻烦。角色冲突和角色模糊是大多数组织压力的主要来源。

②工作内容。

工作性质会为员工带来压力。有着高需求和高付出的工作更可能会引起压力。研究统计表明,在很多的职业压力案例中,白领职业所占的比例比蓝领职业比率总和要高,尤其是涉及技术、销售及行政辅助工作。

工作负载的多少会影响员工的压力感知。当工作负载过大,即员工在规定时间内需要完成的任务量过多时会产生消极的行为和心理结果。同样,在工作负载过少时,有的员工感到过于无聊,也会产生压力,如害怕企业倒闭等。

轮班也会带来压力。轮班指的是员工在正常工作时间之外的工作。可能会由于日夜颠倒的工作而产生一些健康问题。在轮班的员工中,生理节奏被频繁破坏是造成慢性(持续)压力的来源之一。

出差会影响员工出现住宿、睡眠质量、饮食、旅行疾病等问题。一项研究关注了 600 名每月至少出差一次的员工的身体状况,发现 40% 人会头疼、背疼、失眠等,60% 的人会感觉特别疲劳。有 50% 和 70% 的未婚、已婚人士表示很难长期离家在外。

工作也会和生活发生冲突,会显著地提高工作压力,影响生产率、工作满意度等。高的工作需求和不断增长的家庭经济需求已经产生出诸多的社会问题,如家庭冲突和离婚率的增加。

工作中人际关系的需求也会给员工带来压力。组织中的关系是员工组织生活的一大组成部分,良好的同事之间和上下级之间关系可以促进个人和组织目标的实现,而不好的人际关系会带来很强的压力感,尤其是对社会需求较高的员工。

职业发展也是员工最为关心的问题,失业是员工压力来源的很大一部分。职业晋升不足或是过度都会给员工带来压力。当职业晋升不足时,员工可能会产生自我怀疑或是对组织、工作的不满等。当职业晋升过度时,会引起其他员工的不满,导致恶劣的人际关系,同时自身能力的不足也会带来很大的压力。

③组织环境。

领导者的管理风格会对员工带来不同的压力感知。严厉的领导者会使员工感到恐惧、焦虑和紧张。善于沟通的领导者则会降低员工的负面情绪。

工作条件会给员工带来不同的感受,温馨、明亮、舒适的环境会降低员工的压力感知,同时会促进人际之间的沟通交流。照明不足、温度不适等环境因素则会对员工的心理和生理带来负面影响,增强了压力感知。

组织环境的安全问题和压力的程度息息相关,危险度高的工作往往伴随着高的压力。随着技术的完善和工作场所变得日趋安全,公司文化对安全的定义成为压力新的来源。如果高层管理者们对工作安全承诺和参与度低,安全管理过程就会产生很大的压力,员工的工作积极性和效率就会降低。组织可以通过建立一系列的规章制度,营造出关注安全的企业文化来降低员工对安全的压力。

2. 压力反应

压力反应是指身体对压力源的反应。压力反应是十分复杂的,长期以来,人们对压力的反应被描述成面对或逃避。应对压力,一般假设人类要么逃避要么反击,压力对我们的身体反应使我们采取这些措施。例如,不断增加的肾上腺素让我们跑得更快。

当感受到压力时,大脑会激活三种反应系统:①肌肉,特别是上颚、肩、背部面临威胁时都会绷紧;②脑皮层向下丘脑发出信号,最终刺激交感与副交感神经系统,血压、心率、血容量会上升;③通过脑下垂体的三种额外激素,皮质醇、肾下腺皮质脂醇和醛固酮,将得到释放。这会适度有助于增强免疫系统,但不断地释放就会损害免疫系统。长期不断的压力会降低人们的免疫系统,从而导致生病。

5.2.3　压力模型

1. 工作压力的理论模型

(1)罗宾斯的工作压力模型。

罗宾斯认为压力是一种动态情景,其所产生的结果是不确定的,但又被个体认为是重要的。该模型认为压力源是由环境、组织和个人三个方面因素构成,如图5-4所示。

(2)纽斯特罗姆等工作压力的理论模型。

该模型认为造成工作压力的压力源可以分为工作因素和非工作因素,对于全面认识压力的作用具有很重要的意义,如图5-5所示。

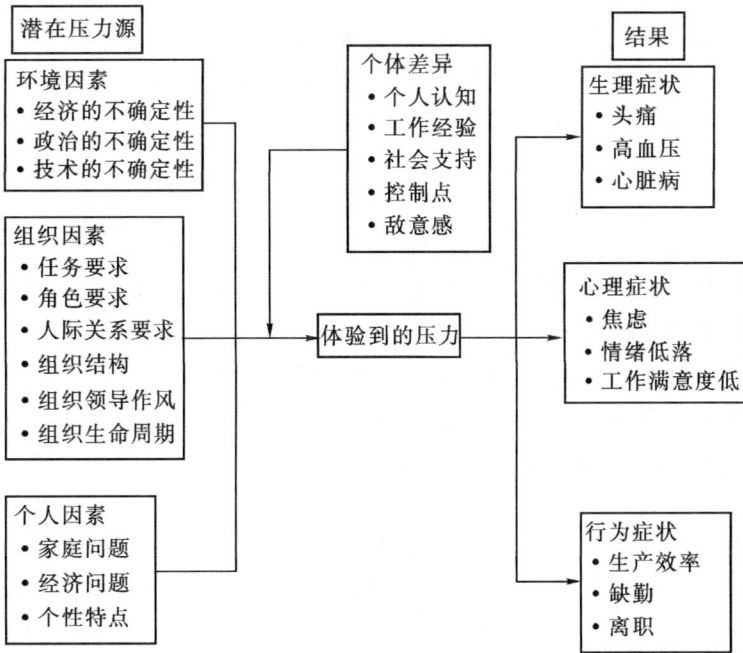

图 5-4　罗宾斯的工作压力模型

资料来源:许小东,孟晓斌.工作压力应对与管理[M].北京:航空工业出版社,2004.

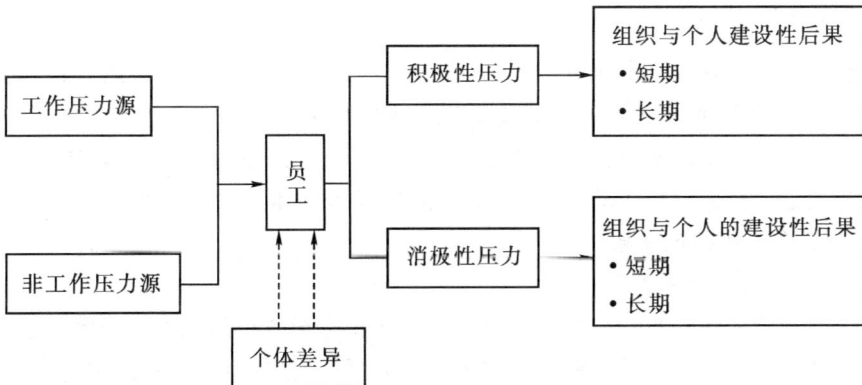

图 5-5　纽斯特罗姆等的压力理论模型

资料来源:许小东,孟晓斌.工作压力应对与管理[M].北京:航空工业出版社,2004.

2.职场压力模型

上述两个模型是关注职场压力的理论模型,现在我们来关注职场压力的两个最常见的模型:需求—控制模型和付出—回报失衡模型。职场压力指的是职场要求超过员工所能应付范围产生的压力。

(1)需求—控制模型。

该模型是经受过的压力具有工作需求和工作控制作用的模型。当需求很高时,压力最大,而员工对此也最难以控制。该模型包括两个维度:①员工或管理者所面对的职场要求;②达到那些要求员工所拥有的控制力。最关注的研究问题是:员工对于工作多长时间缺少控制力。

对需求—控制模型的研究得出了不同的结果。有些研究发现,在处于高压时,人们更可能会出现与压力相关的健康问题,如冠心病和高血压。而其他研究认为在说明压力时,要求和控制都是重要因素。

(2)付出—回报失衡模型。

该模型认为压力是付出与回报共同作用的结果,当付出较大、回报较小时,压力最大。模型主要讨论两个因素:①员工与管理者应做出的努力;②个人付出所得到的回报。该模型关注的是工作本身而非总体工作环境。模型表明当要求员工有高付出而给予他们的回报很低时,就违背了付出与回报平衡原则,进而导致人们出现消极情绪。

5.2.4　压力管理

1.个人压力管理

个人压力管理要充分发挥个体的主观能动性,首先要准确地认识自我和提高自己的压力承受度,在面对压力时需要先发现影响个人工作和生活的压力源,其次根据个人需要确定应对压力的方式。虽然不存在适用于所有情景的方法,但是积极地应对是公认的最佳策略,可以有效地降低典型的压力源所带来的压力。个人压力管理可采取以下措施:

(1)思想和情绪的调整。

要有准确的认知自我。过高或过低的认知都会导致个体压力的产生。过高的认知往往会导致人际关系交往过程中的不良心理,过低的认知容易产生自卑心理,从而会放大压力现象。但是要想实现准确的认知是很难的,一般可以采取以下途径帮助自己认清自己:①和他人进行比较,通过对比发展自己的优势和不足;②参照他人的评价,当局者迷旁观者清,他人的评价可以帮助自己更好地了解自己;③深入内省分析,古人云"吾日三省吾身"说的就是这个道理,深入地反省自己的能力和不足,将推动自我认知的深化。

在面对外界的刺激时,如何提高自己的心理素质,提高自己的承受压力的能力是很重要的。因为许多压力往往是自身心理素质低所夸大的产物。增强自我的心理素质可以有效地缓解压力的影响。

(2)改善身体和行为。

改善身体,增强身体素质可以提高个体生理和心理上的压力感知程度,获得充足的睡眠是一种有效的减压方式。在一项针对健康大学生的研究中,学生被要求在醒来后就一个选定问题进行 15 分钟的演讲。结果发现,这些学生的心率模式变化与失眠者相反。充足、高质量的睡眠可以帮助自己保持良好的精神风貌。

要学会放松,尤其是在外界压力过大的情况下。当放松时,新陈代谢、心率、心压、呼吸率与肌肉紧张等会下降。同时,经常锻炼也会减缓你对压力的敏感度。例如,研究表明,经常进行放松反应训练的人虽然和他人分泌相同的压力激素,但是他们对压力的反应不太强烈。放松有多种方式,如深呼吸和冥想。深呼吸是坐在或躺在一个舒适的地方,然后长长地缓慢地呼吸。冥想是坐在一个安静舒适的地方,通过漫长地、深慢地呼吸放松身体,全神贯注于某些事情,每天冥想一段时间能够有效地缓解压力。

加强体育锻炼可以让人保持良性、平和的心态。运动过程中会产生腓肽,即"快乐因子",能够愉悦神经,甚至赶走压力和不愉快。此外,有氧运动也可以提高一个人对压力事件的迅速反应能力,柔韧性训练可以帮助人们伸展和放松这些肌肉组织,预防不必要的肌肉紧张。

在增强自身素质的同时还要加强与他人的合作,营造良好的人际关系。良好的关系不仅可以减少压力产生的来源,同时也可以在受到压力时获得他人的帮助。

寻求社会支持也是应对压力的一种重要应对方式,可以选择向他人倾诉,将压力深埋在心中的人更容易出现相关的心理和生理症状。如果能得到家人和朋友的支持,个体就不容易产生孤独感和恐惧感,同时不容易感受到一些潜在压力源所带来的压力。专业的机构和咨询也是很好的社会力量。压力影响严重时,专业的心理咨询和物理治疗可以进行有效的预防和针对性的治疗。

(3)管理好时间。

快节奏的生活带来的是庞大的事物处理和多种角色的承担。人们总是感觉有很多事情要做,但是总觉得做不完,因此产生很大的压力。主要表现为工作与工作之间、工作与生活之间、工作与休息之间的时间分配不合理。这就需要我们合理、有效地分配和利用时间,减少不必要的时间浪费,提高工作效率。

具体的做法可以是将所要做的事情分出轻重缓急。按照事情重要性的高低和紧急性的高低,可以将事情分成四类:紧急且重要的、紧急但不重要的、不紧急但重要的、不紧急且不重要的。把时间优先分配给最重要和最紧急的事,放弃一些不重要的事,学会说"不",为自己减轻负担。

2.组织压力管理

组织压力管理关注的是员工的工作需求和减少工作忧虑的方法。据统计,压力及其所带来的相关疾病会对组织的生产率和利润方面带来高昂的成本。因此,企业需要根据其的实际情况进行压力管理策略设计。主要的管理策略包括以下几方面:

(1)改善工作环境。

温馨适宜的工作环境,如适宜的温度和照明、合理的空间布局等可以帮助员工减轻疲劳,更加高效地尽心工作。同时也有助于员工保持良好的情绪体验,可增强人际之间的交流和沟通。具体的做法可以是增加绿化带、消除工作噪音、提供良好的工作设备等。

处理物质上的改善,组织还应该从企业文化入手,创造出合作互惠、温暖有爱的文化氛围。乐于沟通,并对他人的痛苦予以关心和帮助。增强员工之间和上下级之间的彼此支持与合作,这样可以提高组织凝聚力和认同感,降低和削弱个体压力及工作压力带来的影响。

(2)改善工作设计。

工作设计是管理者用来确定工作内容的方法以及构建和修改工作内容的过程。目的是最大限度地提高组织效率和工作效率。工作设计可以改变员工和工作之间的基本关系,提高员工的工作乐趣,同时有利于改善人际关系。改善工作设计的关注点在于提高员工的控制力,以降低忧虑和紧张,是一种对压力的预防策略。

组织中的管理者要善于发现和解决组织结构和工作设计中的问题。在工作设计时需要考虑的因素包括环境因素(人力供应和社会期望)、组织因素(专业化技术水平、工作流程和工作习惯)和行为因素(组织行为多样性、整体性、重要性、自主性和反馈度),应充分考虑产生不当压力的可能性。同时还要考虑到个体的差异性,只有人和工作匹配时工作压力才能得到真正缓解。

工作设计的改善可以从三方面入手:①进行工作轮换,减轻对单一工种的厌烦,激发员工的兴趣,扩大其所掌握的技能范围,但同时可能也会产生工作效率的下降和培训费用的上升;②扩大工作,对工作进行横向扩展,增加工作类型,丰富工作内容,可以增加员工工作的多样性和挑战性,使其觉得工作更有意义,但也有可能会降低工作的完成速度和效率,增加员工的工作负担;③丰富工作,对工作进行纵向发展,增强员工对工作计划、执行、控制和评估的参与程度,使员工承担更多的义务和责任,增加和强调了员工的贡献度,但反面也会增加员工的工作量和工作压力。

处理针对工作本身的设计之外,还可以对员工进行知识、技术技能的培训,提高其工作能力,有利于帮助其克服工作中的困难,降低压力来源。

此外,还要努力减少角色冲突和角色模糊。组织应为员工设置明确的工作目标,并且为目标完成的程度提供及时的信息反馈,使他们清楚地了解组织的期望,消除角色冲突,从而降低工作压力。同样,组织提供及时的反馈信息,会使员工更清楚地了解自己的工作表现,而且也有助于减少角色冲突,减轻工作压力。

(3)提供职业发展规划和安全保障。

员工在工作过程中经常会面临成长困惑和压力,这就需要为其制定员工职业发展规划,帮助员工抛弃不切实际的目标,不会因为定位过高或过低而产生相应的压力。同时,良好的职业发展规划可以消除员工不必要的失业和发展恐慌。

在高危行业,提供工作的安全保障必不可少,除了提供安全的工作环境和工作设备外,还需要制定规范的作业流程,进行详尽的工作指导,尽量减轻员工在工作过程中的安全忧虑,降低压力所带来的危险的行为和结果。

(4)构建人性化的管理机制。

构建人性化的管理机制可以保证员工的身心健康,满足员工的个人利益,可以采取的做法有:

①完善福利制度。福利项目是组织对压力及其影响进行管理的常见的重要工具,包括健康提示、健康风险管理、戒烟、体重控制、锻炼身体。制度旨在培养和维持一支健康高效的劳动力队伍。有依据表明,福利制度会使个人和组织都受益。

②开设讲座宣传等,普及员工心理健康知识。

③免费提供心理教育方面的资料、视频等。

④鼓励员工保持健康的生活方式,提供保健项目,如建立保健室,提供锻炼方式和设备。

⑤聘请专业的心理咨询员,向员工提供精神支持和专业的心理辅导,缓解压力带来的不利影响。

⑥提供健康的工作时间表,留有灵活的调整余地。

⑦设定健康的组织目标,如较低的患病率、较低的损伤率、较低的伤残率等,可以进行直接的压力干预。

综上所述,组织压力的改善需要让管理者意识到工作所涉及是在整个组织环境中进行的,任何一种方法都有其优缺点,需要合理地规划和使用,以期达到最佳效果。

课堂讨论

1.生活中总有人抱怨工作压力和生活压力大,压力对我们而言一定是坏事吗?

请结合自身经历加以说明。

2.讨论一下学业压力给你带来了哪些生理上、心理上和行为上的变化?

3.在生活和学习当中,你面对压力时的反应是什么,请举例说明。

4.曹操的情感非常丰富,时而大笑,时而大哭,时而大喜,时而大怒,有时很淡定,有时又惊慌,好像经历过各种极端情绪的考验。我们如果把他的所有情感经历拿来综合研究,就会发现一个规律:"每当他情绪运用得好的时候就顺利发展,每当他情绪管理不当的时候就遭遇危机。"试问情绪在你的学习或工作中是否发挥过如此大的作用? 请举例说明。

思考题

1.简述情绪的分类。

2.什么是情绪智力?

3.简述情绪管理与工作压力的关系。

4.什么是压力管理? 如何进行压力管理?

章末案例

恒通软件公司是一家专门从事软件开发的中日合资企业。公司自成立以来发展迅速,销售额每年增长30%,然而,在公司内部存在着不少的压力与冲突,制约着公司绩效的继续提高。

因为是合资企业,尽管日方管理人员带来了很多先进的管理方法,但是日本式的管理模式未必完全适合中国组织成员,例如,恒通软件公司经常让中国组织成员长时间加班,使得大部分组织成员感到压力很大,产生了很多的不满,一些优秀的组织成员因此还离开了公司。

恒通软件公司的组织结构是直线职能制,部门之间的协调非常困难。例如,销售部经常抱怨研发部开发的产品偏离顾客的需求,生产部的效率太低,使自己错过了销售时机;生产部则抱怨研发部开发的产品不符合生产标准,销售部的订单无法达到成本要求。研发部门的经理虽然技术水平很高,但是心胸狭窄,害怕别人超越自己,因此,常常压制其他的工程师。这使得研发部人心涣散,士气低落,离职率居高不下。

资料来源:徐全忠.组织行为学——理论、工具、测评、案例[M].北京:化学工业出版社,2014:146-147.

思考题

1.恒通软件公司存在着哪些压力? 压力源来自哪里?

2.如果你是恒通软件公司的管理者,应该采取何种措施减少压力?

测　试

下面这些题目用来评估你所感受到的工作压力,请根据自己的实际情况作出判断,从 1～4 中选择分值对每道题进行评判。其中,1＝从不,2＝偶尔,3＝经常,4＝不断或几乎总是。

1.我目前的学习工作多到无法愉快地完成。

2.我目前的学习工作困难到无法顺利完成。

3.干扰太多。

4.我无法确定何时该做何事。

5.我在同一时间被不同的人指派做不同的事。

6.我对周围的人感到恼怒。

7.我担心我的工作无法达到标准。

8.危机总是不断地出现。

9.我的工作量总是不可预测地出现变化。

10.我在白天结束时总是感到筋疲力尽。

11.我对生活感到厌倦。

12.我的工作内容过于简单。

13.我对物理条件、噪声感到厌烦。

14.我的学业任务几乎无关紧要且要求不高。

15.流言蜚语或暗箭伤人的情况太多了。

16.我周围的人太缺乏幽默感了。

17.我的工作量不足以使我保持忙碌。

18.我期望发生一些令人兴奋的事情。

19.我周围的人全都令人厌烦。

20.我的工作不断重复并且单调乏味。

评分方法:把前面 10 道题的分数相加得到的分数记为 P,后面 10 道题的分数相加得到的分数记为 T,两者共同反映出你的工作压力情况。P 和 T 均不高于 23 分:你的工作可能很愉快,不会受到压力的困扰;P 高于 23 分:你目前的工作有压力;T 高于 23 分:你的工作倾向于枯燥乏味,你可能感到不满;P 或 T 均高于 29 分:你可能感到由于工作压力而喘不过气来。

第6章 激励理论及其应用

学习目标

- 掌握激励的概念、作用及相关心理机制
- 了解需要型、过程型、结果型激励理论及综合激励模式
- 理解激励理论的应用实践

开篇案例

小王和小李同一年进入了一家国有企业工作。该企业效益不错,小王、小李刚毕业,工作都很努力,什么棘手的难题基本都难不倒他们。他们每月的收入也都很可观。

但小王每天总是闷闷不乐。参加工作两年多,可他却仍然只是一名普通的员工,平常所做的都是一些大专生就足以胜任的琐碎的工作。小王认为虽然自己收入不低,但从事的工作太缺乏挑战性,不能很好地体现自身的价值,最后辞职去了一家外企。

小王走后,企业人力资源部经理注意到了对新进员工的晋升激励,于是决定提拔小李。小李和小王不同,是一个安静、内向的人,只求工作和生活稳定,能拿到那么高的工资便心满意足了。但小李却偏偏被提拔到了领导岗位。他从具体执行任务变为管理、监督下属,要肩负更大的责任。这让小李整天吃不下、睡不好,巨大的压力如影相随不知该如何应对,没过多久,小李的头上就出现了许多白发,身心疲惫不堪。

一个组织的管理者到底该怎样对员工进行激励呢?

资料来源:李爱梅,凌文辁.组织行为学[M].北京:机械工业出版社,2011.

6.1 激励的概念及其心理机制

6.1.1 激励的定义及特点

学者们对"激励"一词并没有统一的定义,学术界关于"激励"定义的描述达200多种,比较有代表性的定义有:

琼斯(1955)认为激励涉及"行为是怎样发端,怎样被赋予活力而激发,怎样延

续,怎样导向,怎样终止,以及在所有一切进行过程中,该有机体是呈现出何种主观反应的"。

阿特金森(1964)认为激励就是"此时此刻对行动的方向、强度与持续性的(直接)影响"。

弗鲁姆(1964)认为激励是"一个过程,这个过程主宰着人们……在多种自愿活动的备选形式中所做出的选择"。

坎波尔和普利特查德(1976)认为"激励必须研究一组自变量与因变量之间的关系,这种关系在(人的)智力、技能和对任务的理解以及环境中的各种制约条件都持恒相等的条件下,能说明一个人行为的方向、幅度与持续性"。

虽然对激励的定义不尽相同,但是总体而言,学者们都同意激励是激发人的动机,诱导人的行为的过程。通过激励,人会有一股内在的动力,始终保持在兴奋状态之中,朝着可期望的目标奋进。

(1)激励的出发点是为了满足需要。罗宾斯认为激励是去做某事的意愿,并以行为能力满足个人的某些需要的条件。所谓需要引起动机,动机导致行为。

(2)激励的对象是产生某种行为的个体或群体,目的在于引导该类行为的重复与强化,以期实现组织的目标。

(3)动机激发的过程涉及三个要素:第一,需要来自个体生理或心理上的缺乏;第二,内驱力——力求实现需要的满足,消除这种缺乏或不足状况的内在驱动力;第三,目标——满足需要和减弱内驱力的事物。

总而言之,激励是在个人需要和组织目标整合的基础上,形成强烈实现目标的意愿,并促使其付出努力行为的整个过程。因此,激励具有三个特点:要有激励对象,就是被激励的人;被激励者要有从事这项活动的动机;人被激励后产生了怎样的效果只能从他的工作绩效和言论行为中探知。

6.1.2　激励的作用

管理职能的重要方面是对于人、财、物的充分利用和有效组织,其中对于人的管理最为重要。而在人的管理中又以如何激励人为最困难、最关键的一件事。管理学家早已能精确地预测、计划和控制财力、物力;而对于人,特别是人的内在潜力,至今仍无法精确地预测、调动和控制。激励之所以愈来愈受到重视,是由于当今世界的竞争加剧和激励对象的差异性及要求的多样化所决定的,表现在以下三个方面:

(1)在竞争加剧的情况下,企业为了生存和发展,就要不断地提高自己的竞争力。因此,就必须最大限度地激励全体职工,充分挖掘内在的潜力。

(2)根据客观实际需求对职工分别采取不同的激励,以使每个职工在自己原有的工作基础上更进一步,都表现出积极性,为组织作出贡献。

(3)激励对象的要求是多方面的,如果能满足每个职工的要求,就能达到激励的目的。员工的要求包括增加工资、多发奖金、友谊和关心、尊重和信任、住房、良好的工作条件、有意义的工作内容等。

激励的作用主要表现在以下几个方面:

①通过激励可以吸引组织所需要的人才,并使之安心为组织服务;

②激励能保证管理职能的有效实施;

③通过激励,职工可以最充分地发挥他们的技术和才能;

④通过激励可以更加激发职工的创造性和革新精神;

⑤管理理论指出,人的工作绩效取决于他的能力和激励水平。即:

$$工作绩效＝F(能力 \times 激励水平)$$

因此提高员工的激励水平就可以提高他们工作的绩效,从而增加他们对工作的自信心和兴趣。对组织来讲,提高每个员工的工作绩效就是达成组织目标的基石,激励是创造组织士气高涨的重要因素。

6.1.3 激励的心理机制

激励是一种心理活动过程。怎样才能使人处于激励状态,也就是说怎样才能调动人的积极性,这是激励理论的核心问题。积极性是人对活动任务产生的一种能动而自觉的心理活动状态。这种状态是在需要→动机→行为→目标的推动下产生的。

1. 需要

需要是个体对其生活和发展的某些条件感到缺乏而力求获得满足时的一种心理现象,简言之,就是人对某种目标的渴求和欲望。需要是人们的主观体验和个体活动积极性的源泉。人为了维持社会发展,就产生了劳动、交往的需要;为了维持自身存在与种族延续,就产生了对衣、食、住、行及婚育的需要。

人的需要有三个主要来源:①生理状态的变化引起的需要,如饥饿时对食物的需要等;②外部影响诱发的需要,如新款式的物品引起的购物需要等;③心理活动引起的需要,如为了了解人的心理活动,产生学习心理学的需要。

根据需要的起源来划分,可分为自然需要和社会需要。自然需要包括衣、食、住、行、性等需要,它是人类生活的基本需要,只有自然需要得到满足后,才能进行正常的工作和学习。社会需要是维持与推动社会发展所必需的,如对劳动、友谊、社交、社会赞许、成就等的需要。作为社会和组织中的人,这两种需要是不可分割的,仅有自然需要而无社会需要的人,社会和组织是不会接受的。如果某人不愿意为社会工作和劳动,社会也就不会满足其自然需要。

根据需要的对象来划分,可分为物质需要和精神需要。物质需要指向社会物质产品,并因占有这些产品而获得满足;精神需要则指向社会的各种精神产品,如道德、理想、知识、文化等。在现实生活中,人的物质需要和精神需要是紧密交织在一起的。追求美好的物质产品,同样可以表现为某种精神上的需要,组织中的成员通过工作获得物质利益的同时,也满足了他们某种精神上的需要。

2. 动机

个体有未满足的需要便是产生动机的内在原因。人的需要是多种多样的,有物质需要,也有精神需要。不同人的各种不同的需要就是激励的起点。那些还未满足的需要在外部诱因的激发下,便会产生心理的紧张,从而促使人去寻求所需要的东西,这种导致行为的心理过程就是动机。

动机是个体为达到目标而付出的努力的方向、强度和持续性。因此有效激励必须能够影响员工选择的行为,员工付出的努力,员工为实现组织目标所做的努力的持续性。动机是直接推动一个人进行活动的内部动因,人的一切行为都可被动机驱使。

动机分为内部动机和外部动机两类。内部动机是由于对工作的兴趣、对成功的满足和对创造性成果的快感而引发的;外部动机是由人体外部刺激而诱发产生的,例如表扬、晋升或批评等。动机引发行为。人的一种行为可能是由多种动机推动的,从人所表现出来的行为判断动机是什么和是否正确时,就要看行为中起主导作用的动机的性质如何。同样,人的同一种动机,也可能产生多种行为,称为行为的多向性。总之,对某项活动或某一目标的达成有强烈的欲望和动机,那么,在活动中或实现目标的过程中,行为就是积极的;反之,如果一个人对要求他去做的事不感兴趣,或是认为做这样的事不会有什么结果,失去了信心等,他的行为必然是消极的。同时,行为是需要与社会规范和工作需要等方面相适应的,所以应该是有控制的。在自身的需要和动机激发下的行为称为自发行为,如果不仅是自发的而且是在社会规范指导下产生的行为就是自觉行为(理智行为)。自觉的行为要比外在强制、命令和压力下的行为更富有成效。

3. 激励过程

(1)激励过程的三个变量。

如何使激励变得有效呢?就是要使从需要到目标的这一阶段内的种种因素协调、匹配和一致。这些因素可以归为三种,即三种变量:刺激变量、机体变量和反应变量。刺激变量是那些对个体产生刺激引发动机的因素,如个体自身的生理需求和不断变化着的环境等;机体变量是对个体反应有影响的个性和性格、能力、兴趣等;反应变量是个体受刺激因素作用在行为上的变化。目标属于刺激变量;为达到目标而引发的行为属于反应变量;对于目标和动机的选择、行为方式的确定以及遇到阻碍后的态度等都属于机体变量。

人受刺激的过程实质上是使个体在刺激变量(目标、工作任务)的作用下引起机体变量(需要、动机)的增强而产生持续不断的兴奋。引发积极行为的反应达到目标后,经反馈又强化刺激,如此循环不止,如图 6-1 所示。

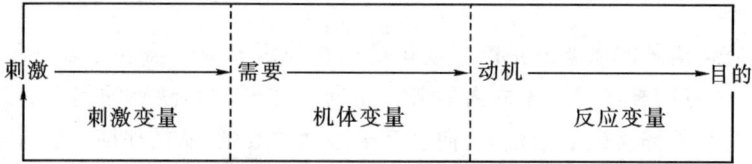

图 6-1　激励过程的基本模式

(2)激励过程的挫折型模式。

这种模式是由需要、动机、行为和目标的达到与未达到等部分组成的,如图 6-2所示。

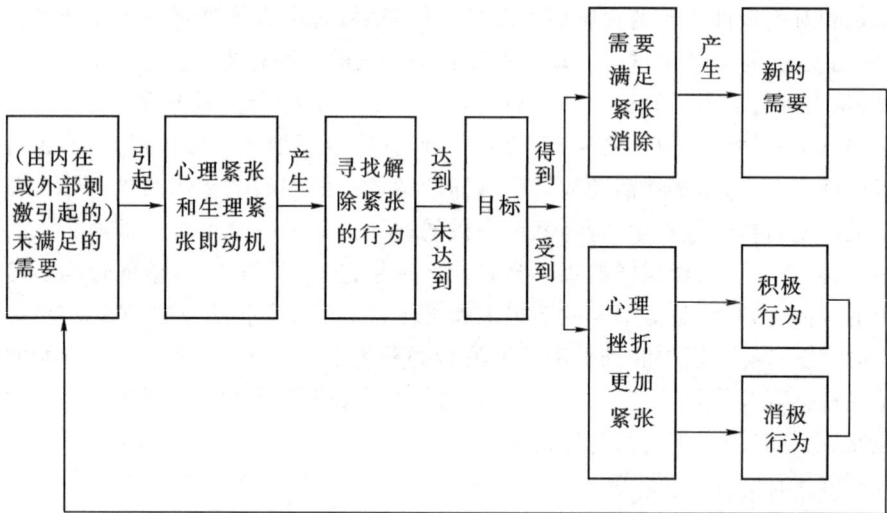

图 6-2　挫折型激励模式

当个体在动机的推动下向目标奋进的行为达到目标时,满足了需求,解除了紧张感,从而受到激励。如果目标未达到,个体遭受挫折,心理更紧张。个体解除这种紧张的办法有两种:一是采取消极行为,向冷漠、固执和退化的方向发展;另一种是采取奋进的积极行为,在挫折中认识发生变迁,重新树立目标。在该模式中将遭遇挫折后消极的情绪信息输入刺激变量。将挫折行为纳入激励过程的模式是挫折型激励模式最主要的特点。

从上述可以看出,激励过程都是从人的需要开始,到实现目标和满足需要而告终。但在现实中,激励过程的模式并不是如此清晰,而是复杂多变的。

6.2 需要型激励理论

6.2.1 马斯洛需要层次理论

美国心理学家马斯洛在 1943 年出版的《人类动机理论》一书中,首次提出了"需要层次理论",并于 1954 年在其名著《动机与人格》中作了进一步阐述。马斯洛的理论最初只在心理学界具有一定的影响,直到 1960 年著名管理学家麦格雷戈出版了《企业的人性面》一书,介绍了需要层次理论,之后引起了管理学界的广泛关注,并在管理实践中产生了重大的影响。需要层次理论是提出最早,影响最大的一种激励理论。

1. 马斯洛需要层次理论的内容

马斯洛认为,人类需要可以大致分为五个层次:生理需要、安全需要、交往需要、尊重需要和自我实现需要,它们由低级到高级逐级形成和发展,如图 6-3 所示。

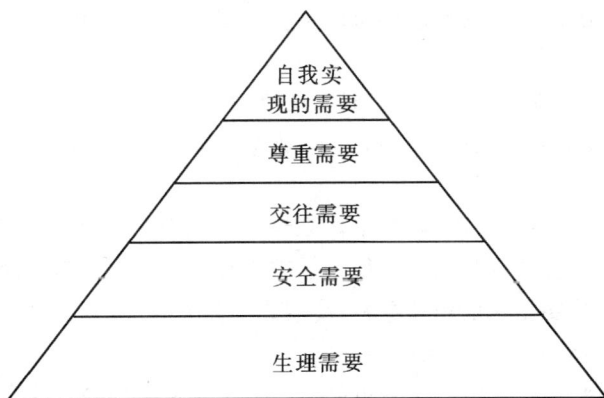

图 6-3 马斯洛需要层次埋论

(1)生理需要,是人类满足自身生存最原始、最基本的需要,主要指人们需要获得衣、食、住、行、性、休息、健康等方面的基本满足。只有当生理需要得到基本满足时,其他的需要才能成为激励的因素,人们才会把需要的目标指向更高一级。

(2)安全需要,当一个人的生理需要得到满足后,就对自身安全,如劳动安全、职业安全、环境安全、生命安全、财产安全和心理安全等方面有了需要。而当这种需要一旦满足后,就不再成为激励因素了。

(3)交往需要,也称为归属与爱的需要,或社会需要。当基本生理需要和安全需要有了一定的保障之后,人们便产生更高一层的社会心理需求,即要进行社会交往,与朋友保持友谊,与家人享受天伦之乐,并被一些团体所接纳和认可。

(4)尊重需要,当一个人的前述各种需要获得满足之后,就会进一步产生尊重的需要。尊重需要是个人获得他人的承认、信赖、尊敬而产生的一种自信、自立、自重、自爱的思想感情。一般表现为尊重自己,不向别人卑躬屈膝,也不允许别人歧视、侮辱自己,并且希望得到领导和社会的重视,同事的信赖和高度评价。尊重需要得到满足,能使人对自己充满信心,对社会充满热情,体会到自己生活的价值。

(5)自我实现的需要,是人们最高的需求。人们会在上述需求满足的情况下产生出发展的潜能,实现自己的理想,成就一番事业的要求。这种需求与人的价值观和文化素养有非常大的关系。自我实现需要的产生有赖于前四种需要的满足,只有在基本需要得到满足的基础上,人们才会产生人生的最高追求,才能最大限度地发挥自身的潜能和创造力,实现自己的抱负和理想,使人的价值最终得以完美的实现。

2.马斯洛需要层次理论的基本观点

马斯洛认为,人类行为由上述五大类需要所驱动,而这些需要分层次由低级到高级发展并依次提高。但这种次序也不是完全固定的,是可以变化的,也有种种例外情况。

马斯洛认为,已满足的需要不再具有激励作用,只有未满足的需要才具有激励作用。而且,若优势需要长期得不到满足,则会引起人的一系列无理行为甚至个性的缺陷。

一般情况下,在一定时期内,对个体来说有些需要较重要或较强烈,而另一些需要则可能较不重要或较微弱。任何一种需要都不会因为更高层次需要的发展而消失。各层次的需要相互依赖和重叠,高层次的需要发展后,低层次的需要仍然存在,只是对行为影响的程度大大减小。

在马斯洛需要层次论中的最后也是最高一层的需要就是自我实现的需要。马斯洛认为,所谓自我实现的需要,就是人们力求充分发挥潜能,实现志向或抱负的愿望或趋势。完整的"自我"或完整的"人格"是以他的潜能获得淋漓尽致地发挥为基础的。他说:"一位作曲家必须作曲,一位画家必须绘画,一位诗人必须写诗,否则他始终都无法安静,一个人能够成为什么,他就必须成为什么,他必须忠实于自己的本性。"这一需要称为自我实现的需要。马斯洛认为自我实现需要的产生,有赖于前四类需要即生理、安全、交往和尊重需要的适度满足。但是由于现实世界的不完善,真正充分达到自我实现境界的人屈指可数。

3.马斯洛需要层次理论的评价

马斯洛的需要层次理论第一次从理论上系统地阐述了人的需要与行为之间的关系,把人的需要看作是多层次的动态系统,反映了人的需要由低级向高级发展的趋向等。这些观点在激励理论乃至整个管理理论的发展过程中产生了重大的影响。另外由于该理论本身简单明了和易于理解,使它在各实践领域中都得到了广泛的应用。当然,该理论也存在很多不足之处。例如,关于需要的层次性问题,马斯洛本人既未提供足够的科学证据,也不能解释现实生活中的许多现象,如绝食、舍己救人行为等。再如,关于需要的分类问题,需要究竟是先天产生还是后天形成的? 个人的一切需要是否都是合理的,都是应该满足的并且能够完全满足的? 这些问题在理论界至今仍在争论之中。但不管如何,马斯洛的理论为更好地激励人们去工作提供了一个方向,明确了优势需要对行为的支配作用。

6.2.2 奥德弗 ERG 理论

美国耶鲁大学心理学教授奥德弗于 1969 年提出了马斯洛需求层次理论的修正理论,称为"生存、关系、成长论",即 ERG 理论。他是在大量实证研究的基础上,对马斯洛的需要层次理论加以修改而形成的。

1.ERG 理论的主要内容

奥德弗认为人有三种基本的需要,分别是生存的需要(existence)、相互关系的需要(relatedness)和成长发展的需要(growth)。

(1)生存的需要。生存的需要是最基本的需要,即对个人基本物质生存条件的需要,如对衣、食、住、行等的需要。生存需要大体上相当于马斯洛的生理需要和安全需要。

(2)相互关系的需要。相互关系的需要即维持人与人之间关系的需要。相互关系的需要大体上相当于马斯洛的人际关系方面的安全需要和交往需要。

(3)成长发展的需要。成长发展的需要即个人要求发展的内在愿望。成长发展的需要大体相当于马斯洛的尊重需要和自我实现的需要。

2.ERG 理论的基本观点

(1)各个层次的需要得到的满足越少,则这种需要就越为人们所渴望。

(2)较低层的需要越是能够得到较多的满足,对较高层次的需要就越渴望得到满足。

（3）如果较高层的需要一再遭受挫折，得不到满足，人们就会重新追求较低层需要的满足。ERG 理论不仅提出了需要层次的"满足上升"趋势，而且也指出了"挫折倒退"的趋势，这一规律在管理实践中很有意义。

　　3.ERG 理论与马斯洛需要层次理论的不同

　　马斯洛的需要层次是一种刚性的阶梯式上升结构，即认为较低层次的需要必须在较高层次的需要满足之前得到充分的满足，两者具有不可逆性。而相反的是，ERG 理论并不认为各类需要层次是刚性结构，比如说，即使一个人的生存和相互关系的需要尚未得到完全满足，他仍然可以为成长发展的需要而工作，而且这几种需要可以同时起作用。

　　此外，ERG 理论还提出了一种叫做"受挫—回归"的思想。马斯洛认为当一个人的某一层次需要尚未得到满足时，他可能会停留在这一需要层次上，直到获得满足为止。相反，ERG 理论则认为，当一个人在某一更高等级的需要层次受挫时，那么作为替代，他的某一较低层次的需要可能会有所增加。ERG 理论认为较低层次的需要得到满足之后，会引发出对更高层次需要的愿望，并且认为多种需要可以同时作为激励因素而起作用，并且当满足较高层次需要的企图受挫时，会导致人们向较低层次需要的回归。因此，管理措施应该随着人的需要结构的变化而相应改变，并根据每个人不同的需要制定出相应的管理策略。

6.2.3　赫兹伯格双因素理论

　　美国心理学家赫兹伯格于 1959 年提出"激励—保健因素"理论，简称为"双因素"理论。20 世纪 50 年代后期，赫兹伯格及其同事通过对匹兹堡地区对一些工商业机构中的 200 多位工程师和会计关于工作满意感的调查，提出了双因素理论。

　　1.双因素理论的主要内容

　　赫兹伯格认为企业中影响人的积极性的因素可按其激励功能的不同，分为激励因素和保健因素两大类。

　　激励因素是指那些可以使人得到满意和激励的因素，保健因素指那些能预防职工产生不满和消极情绪的因素。他通过调查发现，人们感到满意的因素往往与工作本身的特点和工作内容有关，如成就、赏识、工作本身的特点、责任感、提升和发展等因素。人们感到不满意的因素则往往与工作环境或外部因素有关，如公司政策与行政管理、监督、与主管领导的关系、工作的物质条件、薪金、与同事的关系、个人或家庭因素、工作安全保障等。这一类因素如果缺少就会引起不满和消极情绪，如果改进则能预防和消除职工的不满，不能直接起激励作用，这就像卫生保健对身体健康所起的作用一样，因而称这类因素为保健因素。

2.双因素理论的基本观点

由于激励因素和保健因素在激励功能上的差异,赫兹伯格认为,调动人的积极性主要应从激励因素,即从内部,从工作本身来调动人的内在积极性,使人们对工作产生感情。改善保健因素不能直接对人产生激励,即使有作用也只会暂时提高工作满意和激励水平,其效果是十分有限的。例如,提高工资可能会提高职工的满意感和积极性,但这种效果只能维持在一个短时期内。相反,改进工作本身的特征,使人能从中体验到成就感、责任感并因此得到别人的赏识等内在激励因素,则能产生更大、更持久的激励效果。

以泰勒为代表的管理学家,大多认为激励人的积极性主要靠外部条件,如金钱和管理者的严格监督。双因素理论却提出与之相反的新观点,强调内在激励。这是双因素理论的一个重要贡献。

赫兹伯格还提出,传统的"满意—不满意"观念(即认为满意的对立面是不满意)是不确切的。满意的对立面应该是没有满意,而不是不满意;不满意的对立面应该是没有不满意,而不是满意。

双因素理论在管理实践中表现为:①管理者若想持久而有效地激励职工,必须改进职工的工作内容,进行工作任务再设计,从而使职工能从中感到成就、责任和成长。②不应忽视保健因素,如果保健性的管理措施做得很差,职工就会抵制生产。但也没有必要过分地改善保健因素,因为这样做并不能直接提高工作积极性和工作效率。③激励因素和保健因素是可以互相转化的,高效的管理就在于努力使保健因素转化为激励因素。

3.双因素理论的评价

尽管用赫兹伯格的双因素理论来解释工作动机仍然非常流行,而且对于实践者来说它也是非常有意义的,但是从学术角度来说,双因素理论仍然存在一定的局限性。首先,赫兹伯格所采用的研究方法缺乏一定的有效性。因为从精神分析的观点来看,人们在回答问题时往往存在"心理防御反应",易把满意的原因归之于工作努力和成就等,而把不满意的原因归于他人和环境等外在客观因素。其次,其调查对象主要是工程师、会计师等专业人员,不能代表其他类型的职工,尤其是普通工人。另外,该理论调查研究缺乏可重复性。有些西方行为科学家试图重复此实验,但实验结果都未能得出与该理论同样的结论。

尽管如此,双因素理论在现代激励理论中仍占有重要地位。该研究加强了人们对工作本身所具有的激励意义的认识。20 世纪六七十年代在西方工业管理中出现的"工作丰富化"和"弹性工时制"等新的劳动组织形式,便是双因素理论具体应用的结果。

6.2.4　成就需要理论

20 世纪 50 年代,美国哈佛大学的心理学家戴维·麦克利兰提出了成就激励理论,与马斯洛的需要层次理论不同,麦克利兰不讨论人的基本生理需要,他主要研究在人的生理需要基本得到满足的前提下,人还有哪些需要。

1. 成就需要理论的主要内容

麦克利兰通过研究提出,除生理需求外,在组织生活中非常重要的三种需要——权力需要、归属需要和成就需要。

(1)权力需要。具有较高权力欲的人,常常企求更高的权力,他们对施加影响和控制他人往往表现出很大的兴趣,这样的人希望担任领导者,也有一定的才干和水平,他们能言善辩,头脑冷静,还善于提出问题和要求,乐于讲演,喜欢教训别人,希望自己能够做出更大的成就,得到更高的职位。

(2)归属需要。具有较高归属需要的人,通常从友爱、情谊和人际之间的社会交往中得到欢乐和满足,并总是设法避免因被某个组织或群体拒之门外而带来的痛苦。高归属需要的管理者关注提高自己的个人声望。

(3)成就需要。有成就需要的人,对胜任和成功有强烈的要求。高成就需要者具有以下几个特点:①喜欢设置自己的目标,他们不满足于随波逐流和随遇而安,他们总是渴望有所作为,总是精心选择自己所要从事的目标,并完全承担达到目标的责任。②他们乐于接受有一定难度却切实可行的目标。③对所从事的工作希望得到明确而又迅速的反馈。④把个人成就看得比金钱更为重要,把报酬看成是衡量成就大小的工具。

2. 成就需要理论的基本观点

权力需要是主宰和控制社会的愿望,高权力需要的管理者通过影响他人建立权力。归属需要是建立和深化社会体系的愿望,高归属需要的管理者关注提高自己的个人声望。成就需要是人们通过设置和实现目标取得成功的愿望,高成就需要的管理者关注自身的成就。

麦克利兰认为,不同的人对上述三种需要的排列层次和所占比重是不同的。具有高成就需要的人,对企业、组织和国家有重要的作用。一个组织拥有这样的人越多,它的发展就越快,获利就越多,成果就越大。应该通过教育和培训,培养和造成较多的具有高成就需要的人。在组织中可以采用投射技术测定人的成就需要。

麦克利兰还提出了增进成就激励的四个方法:①要对被激励者经常安排一些成就的反馈,使他们了解自己的成功所在,进一步加强对成就的愿望;②提供取得成就的楷模,如果一个人周围的人取得成功,会刺激他取得成功的愿望和行为;

③不限制员工的创新;④经常对员工的行为给予肯定。

6.3　过程型激励理论

6.3.1　期望理论

人的行为是由动机支配的,动机则由未满足的需要引起,因此,未满足的需要对行为具有目标导向的作用。但在实际中,决定行为动机的因素除了需要的强弱外,还有目标达成或需要满足的可能性的问题。美国心理学家佛罗姆在 1964 年出版的《工作与激发》一书中首先提出了"期望理论"。

1. 期望理论的主要内容

期望理论认为,只有当人们认为存在实现预期目标的可能性,并且实现这种目标又是非常重要的时候,他们的激励程度或动机水平才会最大,即决定行为动机的因素有两个:期望与效价。用公式表示为:

$$激励力量(M) = 效价(V) \times 期望值(E)$$

激励力量即激励程度 M,是指产生行为动机的强度,也就是调动人的积极性,激发个体潜力的强度,反映了一个人工作积极性的高低和持久程度,它决定着人们在工作中会付出多大的努力。期望值 E 是指人们对某一行为导致的预期目标或结果之可能性大小的判断,即主观概率,其数值变化范围是 0 到 1 之间。效价 V 是指个体对某种结果的效用价值的判断,即某种目标、结果对个体所具有的价值和重要程度的评价。效价越大,吸引力越强,个体的积极性也就越高。

在此基础上,弗罗姆根据人的行为目标的层次性,将期望分为两类:①通过努力达到一定工作成绩(第一层目标)的可能性,称为第一类期望 E。②达到一定工作成绩后获取适当报偿(第二层目标)的可能性,称为第二类期望 E,也称为工具性或关联性 I)。在多数情况下,人们在达到一定工作成绩后所获得的报偿不会只有一种,而会有多种报偿,如表扬、提升、发奖金等,也就是说人们会有多种效价 V。而且,效价可以是正值,也可以是负值,因为人们的报偿既可能是奖赏,也可能是惩罚。

2. 期望理论的应用

弗鲁姆的期望理论辩证地提出了在进行激励时要处理好三方面的关系,这些也是调动人们工作积极性的三个条件。

(1)努力与绩效的关系。

在此,管理者的作用有两方面:一是保证职工有能力完成某项工作任务;二是制定工作目标必须切实可行,并尽量排除可能会干扰职工完成工作任务的不利因素。

(2)绩效与奖酬的关系。

在此,管理者的作用有两方面:一是制定出按劳分配的工资和奖励制度;二是严格贯彻执行该制度。

(3)奖酬与满足个人需要的关系。

在此,管理者应做到奖惩要因人而异,奖人所需。

期望理论认为,一个人存在最佳动机的条件是:他认为他的努力极可能导致很好的表现;很好的表现极可能导致一定的成果;这个成果带来的奖励对他有积极的吸引力。

3.期望理论的评价

期望理论是所有激励理论在实践中应用最广泛的一个理论,但它也存在局限性。

(1)关于"理性人"的假设不符合实际;

(2)关于 E、I、V 三者的乘积关系,缺乏必要的科学证明;

(3)关于期望值或关联性,期望理论认为期望值越大,则激励水平越高,这与事实有矛盾;

(4)期望理论忽视了负效价的作用。

尽管期望理论的有效性存在一定的争议,该理论对管理者是非常有用的,因为它提出了一系列非常值得关注的重要问题:①员工对他们的努力导致绩效改善是如何认知的;②员工对他们的行为导致特定结果是如何认知的;③了解员工喜欢什么结果,确保满足所有这些条件后,管理者能激励员工。假设管理者安排一名高绩效员工到一个较弱团队,希望此人提高团队绩效,管理者必须想办法说服那个人他的努力确实能提高团队的绩效,并且他会因此得到奖励。管理者也必须事先确定,这个员工喜欢这类挑战。

6.3.2 目标理论

目标理论是由英国马里兰大学心理学教授洛克提出的。1968 年,他与同事在对 8 个国家、88 个企业的 4000 多位工作者进行调查研究发现大多数激励因素都是通过目标来影响工作动机的,因此认为设置合适的目标是关键。

1.目标理论的主要内容

目标理论认为,目标是引起行为的最直接的动机,设置合适的目标会使人产生想达到该目标的成就需求,因而对人具有强烈的激励作用。洛克认为要使目标能

够影响组织员工的行为,必须具有三个重要标准:

(1)目标的具体性,要求目标必须能精确观察和测量,要规定实现目标的时间。

(2)目标的难度,即实现目标的难易程度,目标难度与激励之间有着清楚的关系,目标难度越大,激励和绩效水平越高。

(3)目标的可接受性,即人们接受和承诺目标的程度。设置的目标必须为个人所接受,被个人内在化。要使个人感到参与了目标制定的过程,感到目标是个人的投资和占有,鼓励下属自己设置目标,把管理者的目标变成下属自己的目标,让下属认同和关心。

从激励的效果来看,有目标的任务比没有目标的任务好;有具体目标的任务比有空泛的抽象的目标的任务好,难度较高但又能被执行者接受的目标比没有困难的目标好。目标设置模式可以理解为由三部分组成,即"努力""绩效"和"满意度",如图 6-4 所示。

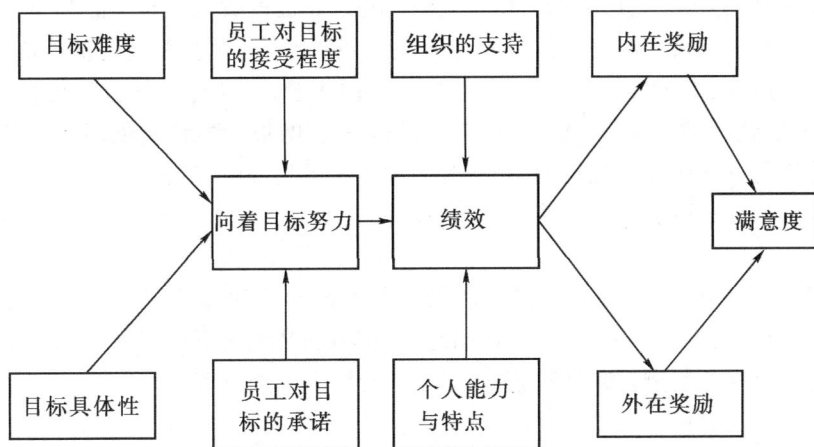

图 6-4　目标理论

指向目标的努力,除了前面所说的难度与具体性外,还有目标的接受与目标的责任心。如果目标轻而易举,就不会激发人的奋发精神;目标高不可攀,力不能及,也会使人望而生畏。绩效由指向目标的努力、组织支持和个人能力、特点组成。当人们的指向目标的努力较多时,绩效必然高于平常。满意度,即完成预期目标后,必须通过一定的内在奖励和外在奖励才能让人满意。

2.目标理论的应用

(1)让员工了解组织的目标和个人的具体目标;

(2)尽可能给职工提供参与制定目标的机会;

(3)经常给予职工目标进程的反馈;

(4)根据目标实现的程度给予奖励。

6.3.3 公平理论

公平理论又称社会比较理论,它是美国行为科学家亚当斯在《工人关于工资不公平的内心冲突同其生产率的关系》(1962)、《工资不公平对工作质量的影响》(1964)、《社会交换中的不公平》(1965)等著作中提出来的一种激励理论。该理论侧重于研究工资报酬分配的合理性、公平性及其对职工工作积极性的影响。公平理论用于预测个体将投入的努力(和其他工作的投入,如经验和能力)与得到的奖励的比率与他人的这一比率进行比较,如果发现不对等,将对组织产生消极后果。

1.公平理论的主要内容

亚当斯认为,员工的工作态度和生产积极性不仅受其可得的绝对报酬(自己的实际收入)的影响,而且还受其可得的相对报酬(自己的收入与自己的劳动之比值)的影响。员工不仅会将自己付出的劳动(或贡献)和可得的报酬之比值与他人付出的劳动(或贡献)和可得的报酬之比值进行横向比较,而且还会把自己现在付出的劳动(或贡献)和可得的报酬之比值与自己过去付出的劳动(或贡献)和可得的报酬之比值进行纵向比较。比较的结果,若两种比值是相等的,就认为公平合理而感到满意,从而心情舒畅,努力工作;若比值不相等,就会感到不公平,因而影响工作情绪。

亚当斯把贡献与报酬看成是一种投入与产出的关联关系,个人对工作的贡献包括教育程度、所作努力、用于工作的时间、精力和其他无形损耗等,所得的报酬包括物质和精神的奖酬,如工资、薪金、津贴、晋升、名誉地位等。

(1)横向比较。

横向比较,即将自己获得的报酬与贡献的比值与组织内其他人作社会比较,只有在相等时,他才认为公平,即 $OP/IP = OC/IC$。

其中,OP——自己对所得报酬的感觉;

IP——自己对所作投入的感觉;

OC——对他人所获报酬的感觉;

IC——对他人所作投入的感觉。

当上式为不等式时,若 $OP/IP < OC/IC$,他就会认为自己的努力没有得到应有的回报,感觉心里不平衡。员工可能要求增加自己的收入或减小自己今后的努力程度;第二种办法是他可能要求组织减少比较对象的收入或者让其今后增大努力程度。此外,还可能另外找人作为比较对象,以便达到心理的平衡。

若 $OP/IP > OC/IC$,员工可能要求减少自己的报酬或在开始时自动多做工作,但久而久之,他会重新估计自己的技术和工作情况,终于觉得他确实应当得到那么高的待遇,于是等式会回到过去的水平。

(2)纵向比较。

纵向比较,即把目前投入的努力与目前所获报酬的比值,同自己过去投入的努力与过去所获报酬的比值进行比较,只有在相等时,他才认为公平,即

$$OP_P/IP_P=OP_L/IP_L$$

其中,OP_P、OP_L——自己对现在和过去所获报酬的感觉;

IP_P、IP_L——自己对现在和过去投入的感觉。

当上式为不等式时,若 $OP_P/IP_P<OP_L/IP_L$,员工会有不公平的感觉,这可能导致工作积极性下降。

若 $OP_P/IP_P>OP_L/IP_L$,员工不会产生不公平的感觉,但会觉得自己多拿了报酬,从而主动多做些工作。

2.公平理论的应用

在一个组织当中,人们对工资报酬和奖金等的收入,不仅仅看作是一种单纯的经济分配,而往往是透过这种实在的经济报酬来估价自己的工作成绩,来分析同事和领导对自己的评价和看法。可见,每个人在获取报酬时,不去把眼睛只盯住自己可获得的绝对值上,而且同时关注别人所得的多少。当人们经过综合衡量后,感到自己的付出比别人多,而所得的反比别人少时,就会感到不公平,内心就会产生不平衡,自尊心也会因此受到伤害,不满情绪的产生就是显而易见的事情了。在实际管理工作中,如何消除这些不公平感呢? 首先我们必须搞清不公平所产生的原因。

(1)不公平感产生的原因。

根据亚当斯的公平理论,人的不公平感(或公平感)是由客观刺激作用于主体而在主体心理上产生的一种主观判断。也就是说,不公平感是受两方面因素制约的,即客观分配的公平与否和个人客观认知的正确与否。

客观分配,包括奖励分配制度的不完善、领导者的管理素质差。比如,有的企业领导通过的奖酬来培植私人感情和权威,人事管理制度的不合理以及社会不正之风等。

主观认知,包括感知的片面性、情感的偏向、思想品德以及传统的公平观念等。比如,人们往往在心理上有这样一种倾向:对别人的绩效估价过低,报酬估价过高,对自己又正好相反。比如,我国传统的公平观念就是平均主义,"一人得奖,大家喝汤",在皆大欢喜中掩盖不公平的因素。

对于不同原因的产生的不公平感,组织的领导者应该采取不同的方法和措施,才能有效地消除或减少这种不公平感,保证员工劳动积极性的充分发挥。

(2)消除的方法。

①领导者应该尽可能公正无私地对待每一位员工,要一视同仁,尤其在工资、薪金、职称、住房等敏感问题上公平合理,在实际工作中,这涉及领导者自身的素质、行为和作风问题。

②改革不合理的奖励分配制度,通过调查研究,找出本单位、本部门职工对各种奖酬分配的公平标准,根据这种为大多数人所接受的标准就可以进行比较合理,并且易为全体职工接受的奖酬分配计划。

③提高组织各级管理者的管理水平,加强和完善基础管理工作。比如,在许多企业中常出现这个问题:定额不科学导致超产难易不一致。定额容易完成的工作大家抢着干,不易完成的推着干。责、权、利不统一,造成有的人干得越多罚得越多,有的人无所事事反而不受罚款。

④改革不合理的人事制度,努力做到人适其事,事得其人,各尽所能。目前社会上对收入分配不合理的抱怨或不满,很大程度上是针对产生这种不合理分配的一个重要手段——机会不均等。

⑤要进行必要的思想教育工作。引导职工进行全面、客观的比较,人们普遍存在"看人挑担轻松"的认知偏向。

⑥加强沟通。在现实中难免存在各种不公现象,通过沟通职工会正确理解,减轻心理不平衡压力。

6.4 结果型激励理论

6.4.1 挫折理论

挫折理论或许可追溯到 20 世纪极负盛名的奥地利心理学家弗洛伊德创立的精神分析学说。

1.挫折与挫折感

挫折,心理学和组织行为学认为,挫折是当个体从事有目的的活动时,在环境中遇到阻碍或干扰,致使其动机或预示不能获得满足时的情绪状态。挫折是人们的一种内在的心理状态。挫折理论所注重的不是挫折而是挫折感,后者是行为主体对挫折的心理感受(或称知觉)。

挫折容忍力是指一个人遭受挫折时,能够摆脱其困扰而避免心理与行为失常的能力。影响挫折容忍力的因素很多,有主观条件,如过去的经验学习以及个体对挫折的主观判断力。

2.挫折后的反应

挫折作为一种普遍存在的社会心理现象,在每个人身上都随时可能产生,产生挫折的原因是多种多样的,个人在受挫后的行为表现也不相同。

(1)情绪方面。

①焦虑:焦虑是一种紧张的反应,会有不安和忧虑的成分。研究表明适度的焦虑可以增进工作效率,但焦虑过大,不仅会降低工作效率,还会使人产生心理疾病。

②沮怨(沮丧):含有忧郁、失望甚至悲伤的成分,往往是人在遭受到强烈挫折或多次挫折以后产生的。这种情绪对人伤害很大,会显著地降低工作效率。

(2)行为方面。

①攻击行为:这是挫折后最常见的行为反应。直接攻击,把攻击行为直接指向阻碍达到目标的人或物,比如,一个员工受到领导批评后直接跟领导吵架,甚至动手打人。转向攻击,是指当不能直接攻击阻碍自己达到目标的人或物时,把攻击行为转向某种代替的人或物,例如有些人在单位受到领导批评,回家向老婆孩子发火,或者毁坏机器设备等。

②防卫性行为:主要是用来减轻挫折后的反应,防卫自己。防卫性行为的效果可能是积极的、建设性的,也可能是消极的、对抗性的,甚至破坏性的。管理人员只有懂得心理防卫机制,懂得这种防卫行为的实质,才能分析出个体行为的真实原因。

产生防卫性行为的原因是多方面,如:

a.合理化作用:当个人无法达到其追求的目标时,给自己找一个好的借口来解释。当然,这个借口听来似乎合理,但未必是真实的,而且在第三者看来往往不合逻辑,但防卫者本人却能以此说服自己,感到心安理得。

b.压抑作用:是将可能引挫折的欲望以及与此有关的感情、思想等抑制下去,而不承认它的存在,将它排除在意识之外。压抑的结果虽能减轻焦虑而获得暂时的安全感,但被压抑的痛苦并不因此消失,而是深入到个体的潜意识中去。而当潜意识中蕴藏的痛苦经验与被压抑的冲动过多,超过了意识管理能力时,个体的人格就会变态,并会出现心理失常或心理疾病。

c.逃避作用:个体不敢面对自己预感的挫折情形,逃避到自认为安全或幻想的世界中去。

d.代替作用:个体对某一对象所持的动机感情与态度,若不被接收,便将这种感情与态度转向其他对象取代它,如果这一取代对象是高境界的对象,就会升华。升华是防卫机制中最具有建设性的一种。

e.投射作用:这是指个体将自己所不喜欢或不能接受的但又属于自己人格品质的东西排除在外,并强加到别人身上。

f.表同作用:是当个体受挫折后,便模仿甚至将自己比拟为某成功者,以消除他因挫折而产生焦虑的痛苦。就是把别人好的品质而自己没有的,移植到自己身上。

　　g.反向作用：是指一个的外表行为、情感与其内心完全相反，常以虚假的外表掩盖内心的真实动机。

　　③退化：是指个体遇到挫折时，会表现出与自己年龄不相称的幼稚行为。

　　④固执：当个体遭受到严重的或一再重复的挫折后，就可能形成一种一成不变的行为反应方式，即使以后情况变化，这种方式仍在作用。可见，管理者在使用惩罚方式时要特别注意，避免因组织成员的固执而造成不良的后果。

　　⑤冷淡：是个体受挫折后可表现出的对于挫折情绪漠不关心、无动于衷的反应，这是一种很复杂的反应，同个体过去的经验有关。如果一个人过去每遇到挫折都采取攻击方式，能战胜的话，那么以后可能会继续采用攻击方式；反之，如果因采用攻击行为而招来了更大的挫折的话，则会采取相反的行为如逃避或冷漠。

　　可见，在大多数情况下，挫折总是导致消极的反应，这对个体是不幸的，对组织和企业也同样是损失。研究表明，挫折的结果常常使生产率降低，事故频繁，缺勤增加，纪律松弛，士气低落等。

　　3.挫折理论的应用

　　行为科学把挫折理论归入激励的范围，他们意识到成功与挫折是个体行为的可能结果。目标达成仍要积极引导与保持激励效果；遭受挫折就应该保护职工的积极性，不要使他们产生消极情绪和对抗行为。

　　(1)防患于未然。由于挫折会造成不良后果，可见管理人员应在设置目标、激励职工时预先考虑到防范措施。

　　(2)治患于之后。挫折给职工带来的紧张和不安，其严重程度是难以想象的，可见当职工产生挫折后，管理人员应积极帮助他们消除挫折。消除挫折的方法有：

　　①帮助受挫折者进行客观而冷静的分析(分析原因、后果，减轻负担)。

　　②改变环境和气氛。一种是调整原来工作和生活的环境，到新的环境里去；另一种是改变环境气氛，给受挫折者同情和温暖。

　　③领导者采取宽容的态度。比如，"攻击型"的人大都属于胆汁质，对他们宜采用排泄法，提供机会让他们把心中的痛苦、烦恼都说出来。"退缩型"的人，大都属于抑郁质，对他们宜用补偿法，从各个方面关心、帮助、鼓励他们，让他们感到生活的温暖，培养战胜挫折的信心。

　　当然，领导者采取宽容态度并不等于不分是非，故意放纵。员工的需要有合理与不合理之分。对于不合理的需要以及合理的一时又无法满足的需要，给予解释说明，并提出解决方向；而对于合理且现实的需要，则要尽快满足。

6.4.2　强化理论

强化理论是美国哈佛大学心理学教授斯金纳提出的。斯金纳在巴甫洛夫的条件反射理论的基础上，提出了"操作条件反射理论"，也叫强化理论。他认为人类（或动物）为了达到某种目标，本身就会采取行为作用于环境。当行为的结果有利时，这种行为重复出现；不利时，这种行为就减弱或消失。人们可以运用正强化或负强化的办法，来影响行为的效果，从而引导和控制、改造其行为，更好地为组织目标服务。

1.强化理论的主要内容

强化理论是操作条件反射论的核心。在组织行为学上，强化是指行为与影响行为的环境之间的关系，即通过不断改变环境的刺激因素来达到增强、减弱或消失某种行为的过程。强化包括四种类型：

（1）正强化。

正强化是利用刺激因素，使人的某种行为获得巩固和加强，使之再发生的可能性增大的一种行为修正方式，如表扬、增加工资、发奖金、提升等。但应注意，正强化不等同于奖励。奖励是个体希望得到令自己快乐的结果。而对于个体来说，奖励是否为强化物是主观感受。因此，判断奖励是否为正强化物，取决于它能否增加先于它的行为频率。

（2）负强化。

负强化是指预先告知某种不符合要求的行为或不良绩效可能引起的后果，允许人们通过所要求的方式来修正工作方法或避免不符合要求的行为来回避某种令人不愉快的处境。

（3）消退。

消退有两种方式：一是对某种行为不予理睬，以表示对该行为的轻视或某种程度的否定，使其自然消退；二是对原来用正强化建立起来的，认为是好的行为，由于疏忽或情况改变，不再给予正强化，使其出现的可能性下降，最终完全消失。

（4）惩罚。

惩罚是用某种带有强制性或威胁性的手段来修正人们的行为。比如批评、处分、降职、降薪等。惩罚产生于一些行为之后而出现的一个令人不愉快或不如意的事件，并使这种行为在以后尽可能少发生的时刻。

2.强化的原则

（1）要设立目标体系。

（2）要及时反馈和及时强化。

（3）要使奖酬成为真正的强化因素。

（4）多利用不定期奖酬,少用定期奖酬。

（5）因人而异采取不同的强化因素。

（6）奖惩结合,以奖为主。

6.5　综合激励模式

以上所述几种现代激励理论,都只涉及了激励问题的某一侧面。综合激励理论试图将各种激励理论归纳起来,来探讨激励的全过程。

6.5.1　波特—劳勒综合激励模型

这一模式是以期望理论为基础的,它表明:先有激励,激励导致努力,努力导致绩效,绩效导致满足(见图 6-5)。波特—劳勒综合激励模型包括以下主要变量:

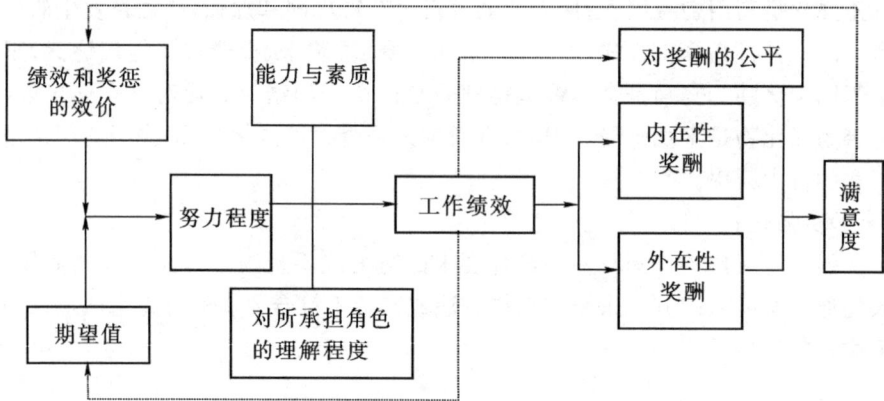

图 6-5　波特—劳勒综合激励模型

（1）努力程度。不同的激励决定一个人的努力程度、努力方向以及坚持努力的持续时间。而一个人每次行为最终结果又会以反馈的形式影响个人对这种奖酬的估价。同时,第一次的工作绩效也会以反馈的形式影响个人对成功的可能性的估计

（2）工作绩效。工作绩效不仅取决于个人的努力程度,而且有赖于一个人的能力与素质,以及对自己所承担的角色应起作用的理解程度、客观条件。

（3）奖酬。奖酬包括内在性奖酬和外在性奖酬,它们和主观上感受的公平感一起影响个人的满意感。内在性奖酬更能带来真正的满足,并与工作绩效密切相关。

此外,公平感也受到个人对工作绩效自我评价的影响。

(4)满足。满足是个人在实现某项预期目标时所体验到的满意感受。满足依赖于所获得奖酬同所期望获得结果的一致性。期望大于结果,产生失望;期望等于结果,获得满足。

综合激励模式把激励过程看成是外部刺激、个体内部条件、行为表现、行为结果的相互作用的统一过程。这就把行为主义激励理论的外在激励和认知派激励理论的内在激励综合在一起。这一模式说明了个人工作定势与行为结果之间的相互关系,也明确说明了满足与绩效的关系。

在图 6-5 中,工作绩效和员工对奖酬的公平感之间用虚线链接,表示个人所得的奖酬可能会比自己认为应得的奖酬高,也可能认为比自己应得的奖酬低,员工会根据自己的工作绩效做出判断。如果员工所得奖酬比其认为的应得奖酬高,则会提高满意度,反之则会降低满意度。工作绩效与期望值之间的虚线表示,工作绩效会反馈并影响员工今后从事该工作的期望值,如果工作绩效好则会提高今后工作的期望值,反之则会降低期望值。满意度与绩效和奖惩的效价之间的虚线表示,满意度会影响今后绩效的效价。个人满意度高,则今后绩效的效价也高,反之则会降低今后绩效的效价。

波特和劳勒认为,绩效、奖酬、满意度三者之间的关系,由绩效导致奖酬,再由奖酬导致满意度。他们认为,先有绩效才能获得满足,奖酬很重要,它是绩效导致满意度的中介环节;奖酬高低必须与个人认为应该获得的奖酬程度相符。

波特—劳勒综合激励模型是对弗洛姆的理论的改进和扩展,尽管与弗洛姆的理论相比,波特—劳勒的理论更加具有应用价值,但是这个理论依然相当复杂,很难与人力资源管理的实践联系起来。但是该模型仍旧能够帮助管理者更好地理解员工的努力和绩效之间的关系。波特和劳勒认为应该将注意力放在绩效的结果上,并建议组织重新评估现有的薪酬政策。他们强调管理者应该将注意力集中在测量"满意度程度与绩效水平"之间的关系上。

6.5.2　罗宾斯的综合激励理论

罗宾斯在整合了各种关于激励的理论后,提出了一个综合激励模型,如图 6-6所示。

该理论指出,应明确认识到,机会可以帮助也可以妨碍个人的努力。"个人目标"方框中有一个从"个人努力"延伸而来的箭头,这与目标设置理论一致,目标—努力链接提醒我们注意目标对行为的导向作用。

期望理论认为,如果一个员工感到努力和绩效之间、绩效和奖励之间、奖励和个人目标的满足之间存在密切联系,那么他就会非常努力地工作以实现自己的目

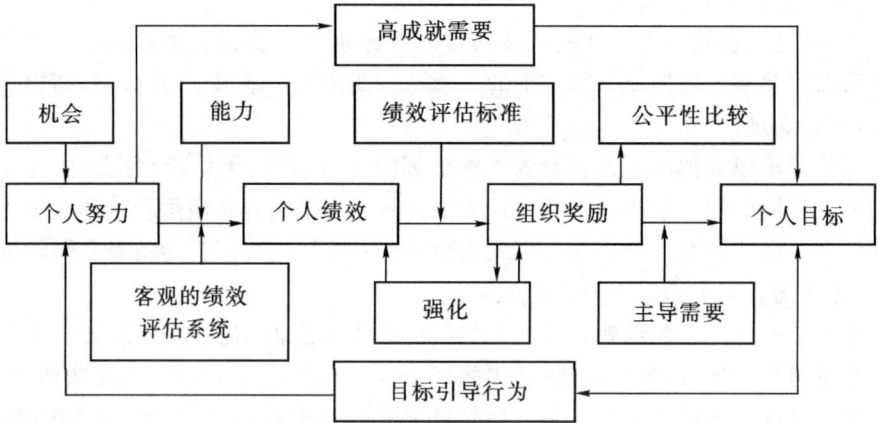

图 6-6　罗宾斯的综合激励模型

标。个体的绩效水平不仅取决于他的努力程度,还取决于他在完成工作时具备的能力水平,以及组织在衡量员工绩效方面有没有一个被人们认为公认、客观的绩效评估系统。如果一个人感到自己根据绩效因素(而不是其他因素,如资历、个人爱好等)而受到奖励,那么绩效与奖励之间的关系就会更强。如果认知评价理论在实际工作中是有效的,那么我们可以预期,工作绩效的奖励会降低个体的内部动机水平。基于公平理论,组织对个人绩效的奖励会影响到个人的公平感比较,从而强化或减弱个人在组织中的目标。在期望理论中,最后一个联系是奖励与目标的关系。当个体由于工作绩效而获得的奖励满足了指向个人目标的主导需要时,他就会表现出极高的动机水平和工作积极性。

此外,该模型还考虑了成就动机理论、强化理论和公平理论。高成就动机者不会因为组织对他的绩效评估或组织提供的奖励而受到激励,对他们来说,努力与个人目标之间有着最直接的关系。对于高成就动机者,只要他所从事的工作能提供个人责任感、信息反馈和中等程度的冒险性,他们就会产生完成工作的内部驱动力。模型也包括了强化理论。如果管理层设计的奖励体系在员工看来致力于奖励高工作绩效,那么这种奖励就会进一步强化持续的高绩效水平。与此同时,个人会通过与他人所得的比较来判断对自己的产出(如工资)是否满意,但是也会参照他们被对待的方式,当人们对薪酬不满的时候,他们对程序公平的感知和对主管的关怀更加敏感。

6.6　激励理论的应用实践

6.6.1　激励的应用原则

1.物质激励与精神激励相结合原则

对于调动人的积极性来说,物质、精神激励都是不可缺少的,单独使用,效果往往不好。物质激励是基础,精神激励是必不可少的,物质激励必须与精神激励相结合。

2.正激励与负激励相结合原则

正激励指的是用某种正向的措施,譬如认可、赞赏、提升或创造一种令人满意的环境等,以表示对员工行为的肯定。而负激励指的是对员工不良的行为或业绩,采用某种负面的措施,譬如批评、扣发或少发工资、降级、处分等,来表示对员工行为的否定。

3.内在激励与外在激励相结合原则

内在激励,是从工作本身得到的某种满足,如对工作的爱好、兴趣、责任感、成长感等。这种满足能促使职工努力工作,积极进取。外在激励,是指外部的奖酬或在工作以外获得的间接满足,如劳保、工资等。

4.组织目标与个人目标相结合原则

激励的目的是双重的,既要满足组织目标,也要满足个人目标即满足员工的需要,而企业和员工都在追求自己的利益。在这个过程中,两者之间往往会有矛盾,要激励员工,就必须重视培养引导员工的个人目标,使其与组织目标保持一致性与相容性。

6.6.2　工作再设计

工作再设计是指企业为了有效达到组织目标,提高工作绩效,对工作内容、工作职责、工作关系等方面进行的变革和设计,它是通过满足员工与工作有关的需要来提高绩效的一种管理方法。工作再设计主要有工作丰富化、工作扩大化和工作轮换。

1.工作丰富化

工作丰富化是指工作内容水平拓展,它增强了员工对自己工作的计划、执行、评估的控制程度。工作丰富化最初是根据赫兹伯格的双因素理论提出的,它扩大了对任职者能力和技能的要求,提高了任职者的自主性和责任心。因此,个体能够评估并修正其自身的工作绩效。管理者可以通过以下方法使员工工作丰富化:

(1)组合工作。管理者可以将零散的工作组合起来形成一个较复杂的工作,这种措施能增加技能的多样性和任务的同一性。

(2)建构自然工作单位。即把员工正在完成的任务组合成一个统一而又充满意义的整体,这种措施有利于提高员工的主人翁意识和工作整体感,增强员工对自己工作重要性的认识,而不是把工作视为无关紧要的、枯燥乏味的应付。

(3)纵向拓展工作。让员工有机会参与工作的计划与设计,扩大工作的垂直负荷,赋予员工责任感和以前由上级持有的控制权,要求员工完成更复杂的任务,从而增强员工的自主性。

2.工作扩大化

工作扩大化是指在横向上扩大员工的工作范围,使其从事的工作种类更为多样化。通常每个员工除了担负原来自己所做的工作之外,还扩大到担负部分上道、下道工序的工作,以增加对工作的兴趣。工作扩大化的方法主要有:第一,增加工作。当工种数目增加时,工作就变得更富有挑战性,需要更多的能力和训练。这就会使人们受到激励去取得更好的结果。第二,操作反馈。假如工作太小而无关紧要,工人能得到的反馈少,会使个人没有成就感。第三,劳动者进度控制。机械化生产要求劳动者按机器要求去工作,剥夺了它们的控制感。所以,允许劳动者对进度进行控制能够提高士气和生产率。

3.工作轮换

工作轮换是指增加员工工作的任务数目(例如从一个岗位换到另一个岗位)而不增加责任和复杂的程度。一项工作重复太久对员工而言就不再具有挑战性,员工应该轮换到同一个层次、具有相类似技能要求的其他工作岗位上。工作轮换通过员工在不同的工作岗位进行轮换操作,给员工一个较全面观察和参与整个生产过程的机会,有助于降低员工不满情绪。但另一方面,工作轮换也有其缺点,例如它会造成企业培训费用的增加、生产率的降低等。

6.6.3 员工激励

1.目标激励

目标管理的理论基础是目标理论,员工的绩效目标是工作行为最直接的推动力。员工参与目标的制定,可以看到自己的价值和责任,感到工作的乐趣,并从实现目标中获得满足感。目标制定还有利于上下左右之间沟通意见,减少完成目标的阻力,保证目标的完成,并使个人利益与企业目标得到统一。

要使目标发挥最大的激励作用,就必须使目标本身具有重要的意义和实现的可能性。组织成员对于目标的制定一般有三种需要:需要知道他们该干什么(对目标的理解清晰);需要感到参与了工作标准的制定(对目标价值的认识);需要对他们实际所做的工作进行经常性的信息反馈(对目标实施的了解)。目标管理包括三个基本的特征:

(1)目标清楚明了,可以传达。

(2)实施目标的组织成员要参与目标制定。

(3)根据结果对履行职责的情况进行评估。

目标管理的过程如下:首先,制定总目标和行动计划。公司高层领导或董事会根据公司所处的外部环境和企业愿景、公司的发展阶段、行业背景和相关政策等制定企业的整体战略目标以及本企业的各项策略计划。其次,为推行目标管理做组织准备,包括组织结构扁平化、工作丰富化、精简管理层等,以确保目标管理的顺利实施。再次,制定个人目标和行动计划。根据组织的总目标,上级与下属要一起确定个人的工作目标。制定目标的过程包括识别工作职责和范围、提出每一范围的绩效标准以及实现目标的工作计划。所制定的目标必须明确、可衡量、员工可接受、现实可行、有时间限制。在员工参与目标制定的过程中,赋予员工一定的自主权,使员工对"做什么"以及"怎么做"进行规划和控制,从而提高员工的使命感和工作积极性。然后是目标的实施与控制。在目标实施过程中,上级应停止对下属活动的日常监督,而给予他们较大的自由和选择权,让其充分发挥主观能动性。但上级应在需要的时候对下属进行指导,帮助他们实现目标。同时,上级应定期对下属的目标完成情况进行检查,讨论任何需要的协助及对目标作必要的修改。最后是绩效的评估和反馈。对照个人目标及个人实际完成情况进行考核,并将绩效考核情况告诉员工,与员工一起审视绩效,找出提高未来绩效的途径。

2.行政激励

行政激励是指组织为了激励组织成员的工作积极性、创造性,增强其责任心和荣誉感,提高工作效率和质量,依据有关规章制度,运用行政手段,对表现突出或有突出贡献者给予的物质或精神奖励。

在实施行政激励之前,必须对组织成员进行绩效考核,包括工作态度、工作能力、工作成绩的考查、审核和评价。绩效考核要求严格、全面、公平、公开。

实施行政激励必须坚持以下原则:

第一,奖惩分明、恰当、公正、及时。要做到有功必奖,有过必罚,功大大奖,功小小奖。奖惩轻重要适度,掌握分寸,恰如其分。要把握时机,及时奖励,以发挥行政激励的效能。

第二,激励要有依据。奖惩要以考核结果为重要依据,不能搞平均主义,做到奖之有理,惩之有据,使人心悦诚服,达到奖一励百、惩一儆百的效果。

实施行政激励的方式主要有:①行政奖励,包括记功、记大功、授予奖品或奖金、升级、升职、通令嘉奖等。这几种奖励可以单独使用,也可以同时并用。②行政惩罚,包括警告、记过、记大过、降级、降职、撤职、开除察看、开除等。

3.典型激励

先进典型人物反映了企业精神,代表了组织发展的方向,把抽象的道理转化为具体的典型,使对象仿效,从仿效中得到激励,通过典型示范激发人们的行为。典型激励具有可感性、可知性、可见性、可行性的特点,说服力强,号召力大,能够激励斗志,鼓舞士气,起到潜移默化的作用。实施典型激励要做到以下几点:

(1)要善于发现、把握典型,尤其是身边的典型,于细微处见精神,从平凡的人中发现不平凡的事迹。对先进典型不能求全责备,要找具有普遍性、针对性,在某方面表现突出、有重要贡献的先进典型,要引导组织的其他成员学其所长,避其所短,防止机械地模仿或吹毛求疵。

(2)先进典型的事迹要真实、可行,既不能人为拔高,也不能普通平淡,典型要具有普遍指导意义。典型树立起来以后,要大力宣传,造成声势,以弘扬正气。

(3)榜样要在群众总结评比的基础上产生,要有广泛的群众基础,经得起检查和考验。

(4)要关心爱护先进典型,给予培养和扶持,对于挖苦、讽刺、打击先进典型的错误行为,要严肃处理,以正祛邪。

4.荣誉激励

荣誉是精神奖励的基本形式,它属于人的社会需要方面,是人贡献社会并获得社会承认的标志。荣誉可以分为个人荣誉和集体荣誉两类。荣誉激励可以调动人们的积极性,形成一种内在的精神力量。

个人荣誉激励法是指通过对做出一定成绩和贡献的个人授予相当的荣誉称号,并在一定的范围内加以表彰和奖励,以表示组织对个人成就的认可和褒奖,鼓励组织成员为取得相应的荣誉而努力工作,并使个人产生一种成就感和自我实现的心理状态。实施个人荣誉激励法要注意以下几点:

(1)要引导人们树立正确的荣辱观,把个人荣誉建立在组织发展、集体进步、对企业的归属感的基础上。

(2)要引导人们用正当手段去争取荣誉。要通过敬业爱岗、诚实劳动和创新活动去赢得荣誉,而不是靠吹牛、浮夸去哗众取宠。

(3)要做好典型的宣传工作,实事求是,一分为二。

(4)荣誉的评比标准要具体明确,看得见,摸得着,可操作性强。

（5）要把精神鼓励与物质奖励结合起来，同时配套进行，增强荣誉吸引力。

集体荣誉激励法是指通过表扬、奖励集体，来激发人们的集体意识，使集体成员产生强烈的荣誉感、责任感和归属感，从而形成维护集体荣誉的向心力量。运用这一方法时应注意：①集体目标的设立要同集体成员的利益、荣誉结合起来。②各种管理和奖励制度要注意打造集体意识。③在集体中要造成一种友爱、互助、互教的融洽气氛，以加强集体荣誉感。

5. 持股激励

持股激励是指企业管理者、员工持有本企业的股票，其具体方式有购股、赠股、转股、期股等。持股激励能够把企业员工的长期利益同企业的长期利益、长远发展结合起来，把个人利益同企业利益联系在一起，使员工关心企业的生产经营状况，把企业的事当作自己的事，与企业形成利益共同体。

6. 组织文化激励

组织文化是组织成员统一意志的体现，这种意志可以形成自身的发展机制，并产生效用，使组织成员从内心产生一种情绪高昂、发奋进取的动力。组织文化把尊重人作为它的中心内容，在这种尊重人的价值观指导下，人们所受到的激励是传统的激励方法所不能比拟的。组织文化所起的激励作用不是被动消极地满足人们对自身价值实现的心理需求，而是通过组织文化的塑造，成员从内心深处自觉产生为企业拼搏的献身精神。企业的价值观被企业成员认同，就会成为一种黏合剂，从各方面把员工团结起来，产生一种极大的向心力和凝聚力。同时，它使个体对外部异质体增强敏感性和竞争性，促使个体凝聚在群体之中，形成命运共同体，从而增强企业群体内部的统一，使企业在竞争中形成一股强大的力量。

课堂讨论

1. 试分别比较对于基层管理者、中层管理者和高层管理者而言，物质激励更重要还是精神激励更重要？

2. 试分析对于激励员工而言，股票期权奖励与直接发放股票的利弊。

3. 设想你是一个部门主管，你认为"多赞扬、少责备"的激励方式有什么弊端？

4. 假设你是一家公司的总经理，请你运用马斯洛的需要层次理论划分员工所处的需要层次以更好地激励员工？

5. 列出你最喜欢的三项活动（比如打篮球、跑步等）和最不喜欢的三项活动（比如做家务、逛街等），应用期望理论分析你的回答，以评价为什么一些活动能激发你的能力而其他的却不能？

思考题

1. 比较马斯洛的需要层次理论、奥德弗的 ERG 理论以及赫茨伯格双因素理论的相似性和差异性。

2. 结果型的激励理论主要包括哪几种理论?

3. 公平理论的基本观点是什么? 对管理工作有什么启示?

4. 根据成就需要理论,管理者应该如何激励员工。

5. 简述激励的过程。

6. 结合自身感受谈谈你对综合激励理论的理解。

7. 挫折理论对管理者在实际工作中的管理启示是什么?

章末案例

某煤矿是一个年产 120 万吨原煤的中型矿井。该矿现有职工 5136 人,其中,管理干部 458 人,占全矿职工的 8.9%。某年全矿职工在矿井领导的带领下,团结一心,努力奋斗,取得了生产和安全的大丰收。特别是在安全方面,100 万吨原煤生产死亡率降到了 2 人以下,一跃跻身于同行业的先进行列。至此,上级主管部门特拨下 15 万元奖金,奖励该矿在安全与生产中做出贡献的广大干部和职工。

在这 15 万元奖金的分配过程中,该矿袁军矿长代表矿行政召集下属五位副矿长和工资科长、财务科长、人事科长和相关科室的领导开了一个"分配安全奖金"会议。袁矿长首先在会上发言,他说:"我矿受到上级的表彰是与全矿上下广大干部和职工群众的齐心协力、团结奋斗分不开的。奖金分配上嘛,应该大家都有份,但是不能搞平均主义,因为每个人的贡献有大小,我看工人和干部就该拉开距离,如工人只是保证自身安全,他们的安全工作面不大。而干部不但要保证自身安全,还要负责一个班组、区、队,或一个矿的安全工作,特别是我们这些人还在局里压了风险抵押金,立了军令状,不但要负经济责任,同时,又要负法律责任。为此在奖金分配上不能搞平均,应该按责任大小、贡献多少拉开档次。如果奖金分配不公,就会打击干部和工人的工作积极性。为了防止干好干坏一个样,干多干少一个样的现象,我认为这次分奖金应该拉开几个档次,我和财务科长初步商量了一个分配方案,算做抛砖引玉吧! 请大家讨论一下,下面就请王科长向大家介绍一下具体方案。"

王科长说:"奖金总额是 15 万元,要想各方面都照顾到是不可能的,只能定出个大致的档次,主要分五个档次,矿长 550 元,副矿长 500 元,科长 400 元,一般管理人员 200 元,工人一律 5 元。这样分下来,全矿初级干部 13 人,科技干部 130 人及各类管理人员 307 人,职工 4678 人,刚好分均。"袁矿长接着说:"就这五个档次,大家发表一下意见。"

过了一会，主管生产的冯副矿长说："我原则上同意这个分配方案，这样虽能鼓励大家努力工作，只是工人这个档次5元太少了，并且不论什么工种都是5元，这不太平均了吗？我们既然反对平均主义，就要工人与干部都不能搞平均主义，最好把工人的奖金也来开档次，否则工人的积极性怕是要受到影响，不利于今后工作任务的完成。"

安检科陈科长心里想，我具体主管安全，责任不比你矿长小，奖金倒要少150元，与其他科长拿同档次奖金，这不是太不公平了吗？于是便开了腔："要说安全工作，全矿大大小小几百条巷道我都熟悉，天天都在和安全打交道，处理安全事故每次都到现场，但有些人一年没下几天井，安全工作不沾边，奖金反倒不少，我建议多来一个档次，六个档次。"

陈科长的发言马上引起了人事科长、财务科长等科长的不满，于是大家你一言我一句地说开了。最后袁矿长做了总结性的发言，他说："今天这个会大家讨论得很热烈，意见各不一致，为了统一思想，我把大家的意见归纳为两条：第一是怕工人闹意见影响生产；第二是多拉开些档次，要说闹意见，不论怎样分都会有人闹意见，比如有些与安全工作无关的人，我们一视同仁地给点，按理说照顾到了全矿职工，就会使意见相对小一些，要说影响生产，我们现在实行的岗位责任制，多劳多得，不劳就不该得，至于多拉档次，我看就不必了，多拉一个档次，就会多一层意见，像安检科陈科长这样的个别特殊情况，我们可以在其他方面进行弥补，这个方案我看今天就这么定了，请财务科尽快把奖金发下去，散会。"

奖金发下后全矿显得风平浪静，但几天后矿里的安全事故就接连不断地发生，先是运输区运转队的人车跳轨，接着三采区割煤机电机被烧，随后就是开拓区冒顶两人受伤。袁矿长坐不住了，亲自组织带领工作组到各工队追查事故起因，首先追查人车跳轨事故，机车司机说钉道工钉的道钉松动，巡检维修不细心。而钉道工说是司机开得太快，造成了跳道，追来查去大家最终说出了心里话，他们说："我们拿的安全奖少，没那份安全责任，干部拿的奖金多，让他们干吧。"还有一些工人说："老子受伤，就是为了不让当官的拿安全奖。"一段时间矿里的安全事故仍然在不断地发生，最终矿行政虽然采取了一些措施，进行了多方面的调整工作，总算把安全事故处理了，山花矿区从前那种人人讲安全、个个守规程的景象不见了。

资料来源：http://www.vsharing.com/k/HR/2012 - 7/662595.html.

思考题

1. 你认为造成本案例中奖金分配非良性结果的原因是什么？

2. 你认为该煤矿奖金分配方案合适吗？如果合适，请说明理由；如果不合适，请提出你的奖金分配方案。

测　试

什么能够激励你

对下面的 15 句话用程度 1～5 打分,1 表示非常不同意,5 表示非常同意,结合你现在的工作或学习经历思考一下你的答案,选择最符合你答案的程度数值,并记录。

1. 我非常努力改善我以前的工作以提高工作绩效。

2. 我喜欢竞争和获胜。

3. 我常常发现自己和周围的人谈论与工作(学习)无关的事情。

4. 我喜欢有难度的挑战。

5. 我喜欢承担责任。

6. 我想让其他人喜欢我。

7. 我想知道在我完成任务时是如何进步的。

8. 我能够面对与我意见不一致的人。

9. 我乐意和同事(同学)建立亲密的关系。

10. 我喜欢设置并实现比较现实的目标。

11. 我喜欢影响其他人以形成我自己的方式。

12. 我喜欢隶属于一个群体或组织。

13. 我喜欢完成一项困难任务后的满足感。

14. 我经常为了获得更多的对周围事情的控制权而工作。

15. 我更喜欢和其他人一起工作而不是一个人。

评分方法:为了确定你的主导需要——即什么能激励你——将你的答案的得分分别填入对应的横线上。把第 1、4、7、10、13 题的分数加起来,总分填到这里[成就＝＿＿＿＿];把第 2、5、8、11、14 题的分数加起来,总分填到这里[权力＝＿＿＿＿];把第 3、6、9、12、15 题的分数加起来,总分填到这里[关系＝＿＿＿＿]。每一项最终得分会落在 5～25 分之间,得分最高的那项便是你的主导需要。

资料来源:斯蒂芬·P·罗宾斯.组织行为学[M].7 版.北京:中国人民大学出版社,2002.

第 3 篇

群体篇 »

第7章 沟通与冲突

学习目标

- 掌握人际关系及其类型
- 了解改善人际关系的途径
- 掌握信息沟通的过程和类型
- 掌握沟通障碍,了解其改善途径
- 掌握冲突的特征和类型
- 了解冲突产生的原因
- 理解冲突的管理策略

开篇案例

明娟不再和阿苏说话了。自从明娟第一天到爱通公司上班,她就注意到了阿苏,阿苏总是表现得冷漠疏远。开始,她认为阿苏是憎恨她的工商管理硕士学位,她在公司的快速提升,或者是她的雄心壮志。但是,明娟决心同办公室里的每一位同事都处好关系,因此她邀请他出去吃午饭,一有可能就表扬他的工作,甚至还同他的儿子保持联络,他们相处得越来越融洽。

但随着中西部地区营销主管的任命,所有这一切都结束了。明娟一直盯着这个职位,并认为自己有可能是候选人。与她同一级别的另三位管理人员竞争这个职位。阿苏不在竞争者之列,因为他没有研究生文凭,但是阿苏的意见被认为在高层有很大的影响力。明娟的资历比其他的竞争者要浅,但是她的部门现在已成为公司的核心部门,而且高层管理人员多次对她进行褒奖。她相信,若阿苏好好推荐的话,她能得到这个职位。

但马德最后得到提升去了中西部,明娟十分失望。她未能得到提升就够糟了,使她无法忍受的是选中的竟然是马德。她和阿苏曾戏称马德为"讨厌先生",因为他们都受不了马德的狂妄自大。明娟觉得马德的中选对自己来说是一个侮辱,这使她对自己的整个职业生涯进行了反思。当传言证实了她的猜测:阿苏对决策施加了重大影响之后,她决定把她同阿苏的接触降低到最低限度。

办公室里的关系冷了下来,持续了一个多月,阿苏也很快就放弃了试图同明娟修复关系的行动,他们之间开始互不交流,仅用不署名的小便条进行交流。最后,他们的顶头上司威恩无法再忍受这种冷战气氛,把他们两人召集到一起开了一个会:"我们要呆在这里,直到你们重新成为朋友为止。"威恩说道,"至少我要知道你们究竟有什么别扭。"

明娟开始不承认,她否认她同阿苏之间的关系有任何变化。后来她看到威恩严肃认真的表情,只得说道:"阿苏似乎更喜欢和马德打交道。"阿苏惊讶地张大了嘴,吭哧了半天,却什么也说不出来。

威恩告诉明娟:"一部分是由于阿苏的功劳,马德被踢走了,而且以后你们谁也不用再想办法对付他了。但如果你是对那个提升感到不满的话,你应该知道阿苏说了许多你的好话,并指出如果我们把你埋没到中西部去,这个部门会变得有多糟。加上分红的话,你的收入仍然与马德一样多。如果你在这儿的工作继续很出色的话,你就可以去负责一个比中西部地区好得多的地方。"

明娟感到十分尴尬,她抬头向阿苏看去,阿苏耸了耸肩,说道:"你想不想来点咖啡?"在喝咖啡的时候,明娟向阿苏说了在过去这个月里她是怎么想的,并为自己的不公正态度向阿苏道歉。阿苏向明娟解释了她所认为的疏远冷漠实际上是某种敬畏:他看到她的优秀和效率,结果他非常小心翼翼,唯恐哪里阻碍到她了。

第二天,办公室又恢复了正常。但是一项新的惯例建立起来了:明娟和阿苏在每天的十点钟一起去喝杯咖啡休息一下。他们的友好状态使在他们周围工作的同事们终于从高度紧张中松弛下来了。

资料来源:黄忠东.组织行为学[M].北京:化学工业出版社,2011.

思考:沟通是否重要? 如何达到良好的沟通效果?

7.1 组织内人际关系与人际信任

7.1.1 人际关系及其重要性

每一个生活在社会中的人都会和其他人发生各种各样的交互,并在此基础上形成某种特定的相互关系,这种相互关系就是人际关系。人际关系经常会对人的行为产生积极的作用或消极的作用。人际关系不仅会对关系网中所涉及的人的心理状态产生影响,也会对社会群体的社会实践发生重大影响作用。这种作用的主要表现在如下:

1. 人际关系影响群体的内聚力和工作效率

内聚力是群体的工作能力得以发挥和施展的前提,而良好的人际关系则是群体内聚力的基础。一个单位的人际关系的好坏,直接影响组织成员工作的积极性和工作的效率。如果群体人际关系良好、组织成员之间的感情融洽,那么群体士气就能提高,内聚力就能增强,组织成员就能焕发出工作积极性和工作热情,工作效率就会提高。反之,如果一个群体内部的人际关系较差,群体成员之间紧张的关系就会削弱群体的内聚力,降低群体成员、整个群体的工作效率和工作绩效。

前苏联心理学家克尔涅夫的实验提供了有说服力的例证。他在一家精密电子仪器厂选择了四个装配工作组,其中两个是先进班组,两个是最差的班组。他发现生产效率高的先进班组和生产效率差的落后班组在人际关系上大不一样。

2.人际关系影响职工的身心健康

人际关系紧张可能导致身心疾病。人类很多疾病特别是心理疾病,如神经衰弱、高血压、偏头痛和溃疡病等都与人际关系失调有密切的关系。我国著名医学心理学家丁瓒教授曾经指出:人类的适应,最主要的就是对人际关系的适应。所以人类的心理病态,主要是由人际关系的失调而来。在和自然搏斗的原始人中,人际关系是非常单纯的,他们的生存能力,主要在于身体的适应,所以在原始人中发现精神病的事是很少的。随着社会的发展,人际关系的复杂性越来越强,人类的心理适应便不再像以前那样单纯了。一个人只有在心情舒畅和身体健康的情况下,工作效率才会提高。所以,作为现代管理人员,必须给予职工的心理健康充分关注。

3.人际关系影响组织成员的自我发展和自我完善

人是社会化的动物,个体在自我发展的过程中,既受外部自然环境的影响,又受人与人之间相互交往关系的影响。马克思的名言"人的发展取决于直接和间接进行交往的其他人的发展"是关于个体在自我发展特点和现实的深刻描述。组织行为学的研究表明,良好的人际关系常常会形成一种社会助长作用。一个人单独工作,不如一群人聚在一起工作效率高。如果群体内建立了良好的人际关系,那么,便可以鼓励职工互帮互学,增强职工之间的行为模仿和相互竞争的动机,加速职工的自我发展和自我完善。

人际关系不仅是人与人之间的心理关系的重要表现,它还会影响和约束人与人之间的心理关系的形成与发展。如果组织的员工之间建立起了良好的人际关系,员工自然会在工作中感到心情舒畅。这对员工、组织绩效和组织发展而言都十分重要。与之相反,人际间的不协调会给组织成员带来严重的干扰,这不论是对员工的工作还是生活都有害,进一步又会阻碍组织目标的实现。

综上,不难看出不论是对组织成员还是对组织而言,人际关系都发挥着重要的作用。但人际关系有哪些类型,人际需求及反应特点又是怎么样的呢?我们将通过下面的学习获得这些问题的答案。

7.1.2　人际关系的类型与人际需求及反应特点

1. 人际关系的类型

(1)公务关系。

公务关系即工作关系,它由文件、决议规定的组织内部的正式关系组成,包括领导与被领导的关系、成员之间的分工协作关系等。在公务或工作关系中,领导者与被领导者的关系显得尤为重要。领导者在群体中处于核心地位,他负责提出和制定群体的目标,进行决策,执行上级指令,并对群体活动进行组织、管理和控制。领导者能否有效地影响群体成员,使他们辅助自己实现组织期望的目标,在很大程度上取决于领导者与被领导者之间的关系。研究表明,许多成员把对工作的满意度和工作积极性归因于和领导关系的好坏。如果领导者与被领导者之间的关系和睦、融洽,员工的工作满意度和工作积极性就会提高。关于这一点,海德的态度平衡理论已做了很好的解释,中国古代名言"士为知己者死"亦表明了这个道理。

(2)私人关系。

在群体内,除了正式的工作关系,人与人之间还存在一种由于自发的心理需要而产生的私人关系,这种私人关系不仅存在于组织的成员与成员之间,也存在于组织的成员与组织的领导者之间。

依据个体与他人关系的不同可将人际关系划分为下列三种类型:

①顺从型,其特征为"朝向他人"。无论遇到何人,这种人必先想到"他喜欢我吗?",他们非常看重他人对自己的看法,有时候为了迎合他人,不惜牺牲自己内心的真实感受。这类人以从事社会、医学、教育工作的为多。

②进取型,其特征为"对抗他人"。这种类型的人想知道别人力量的大小,或别人对他有无用处,以从事商业、金融、法律方面工作的为多。

③疏离型,其特征为"疏离他人"。这种类型的人常想别人是否会干扰他或影响他,他们多对其他个体或群体持有戒心和怀疑态度,以从事艺术、科学研究方面的工作者为多。

2. 人际需求及反应特点

在人与人的相互关系中,每个人对待别人的方法不尽相同,正如每个人都有着不尽相同的动机、思想和态度等。人们在人际关系中也有自己独特的反应倾向,或称人际反应特点。每一个人都需要别人,因而每个人都具有人际关系的需求,这些需求可以分为三类,而每种类型的人在其所处的独特的人生旅程中又会发展出形式各异的人际反应特点。

(1)包容的需求,即主体有希望与别人来往、结交,想跟别人建立并维持和谐关系的欲望。基于此动机而产生的个体的行为的特征是参与、出席、交往、沟通、融洽、相属等。与此动机相反的人际反应特征为排斥、忽视、疏远、孤立和退缩等。

（2）控制的需求，即在权力上有与别人建立并维持良好关系的欲望。其行为特征为运用权力或权威去影响、控制、支配、领导他人等。与此动机相反的人际反应特点为抗拒权威、忽视秩序或受人支配、追随他人等。

（3）感情的需求，即在感情上有与他人建立并维持良好关系的欲望。其行为特征是友善、同情、热心、热爱、亲密等。与此动机相反的人际反应特征为冷淡、厌恶、憎恨等。

舒茨将行为的表现分为主动的表现型和被动的期待他人的行动型，由此划分出六种基本人际关系倾向，如表 7-1 所示。

表 7-1　基本人际关系反应倾向

	主动型	被动型
包容	主动与他人来往	期待别人接纳自己
支配	支配他人	期待别人引导自己
感情	对他人表示亲密	期待别人对自己表示亲密

举例而言，如果一个人的包容动机很强，而又是行为主动者，那他一定是一个外向、喜欢与人交往、积极参与各种社会活动的人。如果他的感情动机也很强，则他不但喜欢与别人相处，同时也关心别人、爱护别人，因而在人际关系上容易因自己的性格和付出左右逢源，受人爱戴。

了解人际反应的特质，有助于我们预测人与人之间可能发生的交互反应，而采取适当的配合行为，这是建立良好的人际关系的基础。人际反应特质因人而异，但每一个人的反应特质又有相对的稳定性和一贯性，即在一段时期中持续不变，在多种相似的情况下保持同样反应。我们要想了解某个具体的个体的人际反应的特征，可以从其实际的行为反应加以观察，也可以借助人格测量的方法加以测试。

心理学家鲁希将个体对别人反应的各种形式称之为社会技术，并将它分为长期社会技术与短期社会技术。前者有关照、抚育、顺从、支配、竞争、合作等，后者有试探、惊讶、取笑、讽刺、威胁、怜悯等。人际反应的形式与个体的需求有密切的关系。不同的人际反应形式，实际上就是个体用以达成不同动机、满足自身的相关需求的一种手段。

7.1.3　影响人际关系的因素

1.人际关系的 A—B—X 模式

人与人之间的关系并不是仅由彼此之间的交往决定的，它往往还要牵涉到第三者。著名社会心理学家纽科姆于1953年提出的A—B—X模式可以很好地说明这种关系。A—B—X模式是一组关于认知过程中人际互动与认知系统的变化及态度变化之间的相互关系的假说。由A、B分别代表两个进行交互的活动主体,X代表第三者(X既可以是某一具体的事物或工作,也可以是另一活动主体)。纽科姆认为,A与B能否形成密切的人际关系与他们对X的态度是否具有一致性及一致性的程度密切相关。如果A和B对X的态度或认识一致性很强,则他们之间的关系可能是协调密切的;但如果A和B对X的态度或认识不一致,则他们之间的关系就会出现紧张、不协调,甚至出现冲突。

(1)影响因素。当A、B对X的态度或认识不一致时,由此产生的人际关系的紧张状态的程度受到下列因素的影响:

①A对B的喜爱程度;

②X对A的重要程度;

③B因X而与A发生相互作用的频率;

④A、B两人关于X所持态度之间的差异程度;

⑤A对自己所持态度的自信程度;

⑥B对自己所持态度的自信程度。

(2)改善人际关系的方式。当A、B对X的态度或认识不一致,并由此而产生紧张状态或冲突时,为消除这种紧张状态、不协调和冲突,A和B就必须进行有效的沟通,改变态度,以恢复双方之间均衡协调的关系。但这种紧张的关系通过A、B之间的沟通又是如何改变的呢?

①当A、B对X的态度或认识不一致时,A、B之间的紧张状态由此产生,如果A采取行动,改变自己对X的态度,使自己的态度变得与B一致,那么A、B之间的紧张状态由此消失,双方之间的关系恢复平衡。

②同样道理,当A、B对X的态度或认识不一致时,A、B之间的紧张状态便产生了,如果B采取行动,改变自己对X的态度,使自己的态度变得与A一致,那么A、B之间的紧张状态也会由此消失,双方之间的关系也能恢复平衡。

③此外,当A、B对X的态度或认识不一致时,A、B之间出现紧张状态时,A(或者B)改变对B(或者A)的态度,双方之间也能渐渐地趋于一致,紧张状态也会逐渐消失,A、B之间也会达到一种特殊的平衡状态。

总而言之,只有在双方对X的态度趋于一致时,双方之间的紧张状态才会消失,A与B的关系才能实现平衡。

纽科姆通过沟通改变人际关系的模式在人际关系研究领域有着广泛的影响,它不仅适用于对人际关系现状的解释,还适用于改善人与人之间的人际关系。在企业中,领导者和管理者的一个非常重要的任务便是使企业内的人际关系处在平衡状态,否则企业内部就会产生不和谐气氛。这不仅会影响员工的组织生活的质量,也会阻碍企业目标的实现和企业自身的发展。但应当注意的是,A—B—X模式只是表明当人际关系出现紧张时,人们可以通过一系列行动改变这种紧张状态,A—B—X模式没有规定也不能确定地预测改变的方向和方式。

2.影响人际关系的因素

在社会交往中,人们习惯以肯定或否定这种二分的方式去评判对方的倾向与行为动机,心理学家们将这种情况称之为人际吸引。但行动主体怎样才能有效地吸引他人,与之建立良好的人际关系,构建和积累自己的社会资本呢?研究发现,影响人际吸引的因素大体上可分为主观因素和客观因素两个方面,行动主体也可以从这两个方面努力提升自身的人际吸引力。

(1)主观因素。

影响个体人际吸引力的主观因素主要包括个人的特质、仪表、交互双方的相似性以及互补性等。

①个人特质。一般而言,一个人的气质、性格、思想品德等个性特点都会对一个人的人际交往的数量与质量产生重大影响。一个诚实正直、待人友好、忠厚温和、富有同情心、能处处体谅他人并善于交际、活泼热情的人,往往比其他人更容易受到与他有接触的组织中的其他成员的欢迎,也比较容易和他们建立、维持、发展良好的人际关系。反之,一个性格孤僻、刻板固执、多疑多愁的人则很容易让人感受到难以接近、难以相处,这种人很难与他人形成良好的人际关系。此外,为人谦和、虚心诚实的人也更容易获得别人的好感;而刚愎自用、自命不凡的人则让人嫌恶。我们每个人都希望和有道德、严于律己、宽以待人、乐于助人的人交往和发展良好的人际关系,我们也都不愿意和满腹私心、只为自己考虑、不顾他人感受的人进行交流和沟通,这些都说明个人特质在人际交往,不论是私人交往还是组织活动中发挥着巨大的作用。

②仪表。尽管我们都不反对,更不否认“人不可貌相,海水不可斗量”,即我们在与人交往的过程中不能以貌取人。但是事实上,一个人的仪表是影响他与别人之间的人际关系的一个重要因素。现实生活中的人总是向往着美好的事物,而对丑陋的事物兴致缺乏,这就是人们在人际交往中,自觉或不自觉地偏向于与那些有魅力的人进行交往,以满足自己对美的向往和热爱。正因为人们对仪表优美的人更容易产生好感,所以我们在与人交往的过程中也要注意自身的仪表,在朴素大方的仪表下更好地走进人们的内心,建立良好的人际关系。

③相似性。研究表明,交往的双方的态度之间的相似性越高,彼此之间的吸引力也越高。当处在交往之中的两个人拥有相同的或相似的态度时,尤其是二者在价值观、人生信念或理想方面具有高度的一致性的时候,交互的双方很容易合拍共

鸣,进而形成和建立友好、密切的关系,这也是"物以类聚,人以群分"的一个具体表现。拥有相同的或相似的态度的双方在交往的过程中,更能感到满意和愉快,也更容易把持有与自己相同或相似态度的人视为自己的支持者或是知己。

④互补性。人与人之间的交往归根到底是为了满足交往双方的需要。这种满足彼此需要就是一种相互补偿,在人际交往中,对方越能满足自己的需要,弥补自己的不足,双方之间的吸引力就增强,反之就减弱。可见,互补性已成为人际交往的重要目的之一。

(2)客观因素。

影响人际间的吸引力的客观因素主要包括交互双方之间的接近性、双方交往的频率、所在群体的地位与影响力以及环境因素等。

①接近性。在日常生活和工作中,相互之间经常接触的人更容易产生吸引力,接近性强使得双方有更多的机会了解对方的性格、优点、缺点等,这十分有利于双方人际关系的发生和培养,在这种条件下建立起来的关系一般都比较稳定。在同一所学校上学的同学,在同一个办公室办公的同事及住在同一个小区的邻里,都属于接近性吸引。

②交往的频率。人们接触、交往的次数称为交往频率。双方交往的次数越多,便越容易拥有共同的经验、相同的话题和共同的感受,从而也更容易建立起密切的人际关系。对素昧平生的人而言,空间距离和交往频率在交往的初期起着重要的作用。当然,双方交往的内容和双方在交往中表达出的诚意亦非常重要,如双方都没有诚意,那么他们之间的交往只能止步于一般的应酬,纵使双方进行交往频率再高,那也改变不了双方貌合神离的本质,他们之间的人际关系的强度并不能得到实质性的提高。尽管古语有言,"远亲不如近邻",但如果住处相近的双方在见面时只是敷衍性地打个招呼,那么,他们之间的关系远比不上那些曾经共患难的人之间的关系。

③所在群体的地位与影响力。一个群体的成就越大,在社会上的知名度越高、影响越广,该群体中的各成员在交往时更容易有感情共鸣和心灵相通,也更容易形成良好的人际关系。反之,同处一个社会,名誉狼藉、屡遭失败的群体中的群体成员之间则难以建立良好的人际关系。

④环境因素。环境因素(包括自然环境和社会环境)的改变也会对人们之间的人际关系产生影响。在正常环境下,生活在不同社交圈的人可能会因为相互之间的交往较少而无法形成密切的关系,但也不会轻易发生重大冲突。若将人们放置到恶劣的环境中或某种突发的威胁人们生存的灾害面前,人们可能会为了共同抵御、共同战胜灾害,重新过上正常的生活而同舟共济,加强相互之间的交往,使人际关系密切。在社会历史进程中也存在这样的现象。例如,当中华民族因日本帝国

主义的侵略而面临亡国灭种的危机时,以共产党和国民党为代表的中华儿女在民族大义的感召下,搁置争议,一致对外,誓与中华共存亡,以大无畏和大英勇谱写了中华民族近代史上最震撼人心、最恢宏壮阔的一部篇章。

7.1.4　改善人际关系的途径

良好的人际关系对组织成员的发展和组织的发展都有积极的促进作用,为了在组织中建立起良好的人际关系,可以从以下两方面着手。

1. 发挥领导者的模范作用

领导者、管理者其在组织中拥有的较高的影响力和地位,故而其言行举止对组织成员有着很强的引导作用和塑造作用,领导者、管理者应"严于律己,宽以待人",充分发挥自身的模范带头作用,通过"上行下效"的方式和过程,引导组织内的人际关系朝着积极的方向发展,具体的途径如下:

(1)建立合理的组织机构,制定必要的组织措施,提倡和鼓励员工之间建立良好的人际关系。

(2)领导者和管理者本身在与员工进行交流、沟通的过程中,充分尊重员工、鼓励员工,适时地赞美员工,通过自己的行动与员工建立良好的人际关系。

(3)提倡职工参与管理,运用行为科学的理论和方法培养、训练组织成员正确处理人际关系的能力。

2. 鼓励组织成员加强自我修养

组织成员应自觉加强修养,努力与组织其他成员和领导发展于已于人都有利的良好关系。具体方法如下:

(1)树立正确的世界观。

(2)重视性格锻炼。

(3)加强自我意识。

(4)提高人际交往的技巧。技巧有很多,但一个主要的原则是给予和取得大致相等。

7.2　组织沟通

7.2.1　信息沟通及其过程

1. 信息沟通

"信息沟通"也称"意见交流"或"意见沟通",亦可简称之为"沟通"。所谓信息沟通是人与人之间传达思想和交流情报、信息的过程。信息沟通必须包含两个方面,即意义的传递和理解。优质的沟通是发讯者的想法或思想经过沟通媒介的传递到达受讯者那里的时候,受讯者所感知到的内容和意义与发讯者想让受讯者感知到的非常贴近,信息的损失非常小。

传达信息的工具或媒介不仅仅限于语言、文字、符号,它也包括体态、姿势和行为等。

2.信息沟通的过程

最简单的信息沟通是将信息从一个人传向另一个人。在传递信息的过程中,发出信息的人被称为发讯者,他将信息通过某一通道传达给另一个人,后者被称为受讯者,受讯者根据它所接收到的信息,又会给予发讯者相应的反馈,以验证信息的真实性和可靠性,如图 7-1 所示。此外,在沟通过程中还存在着噪音这个重要的要素。

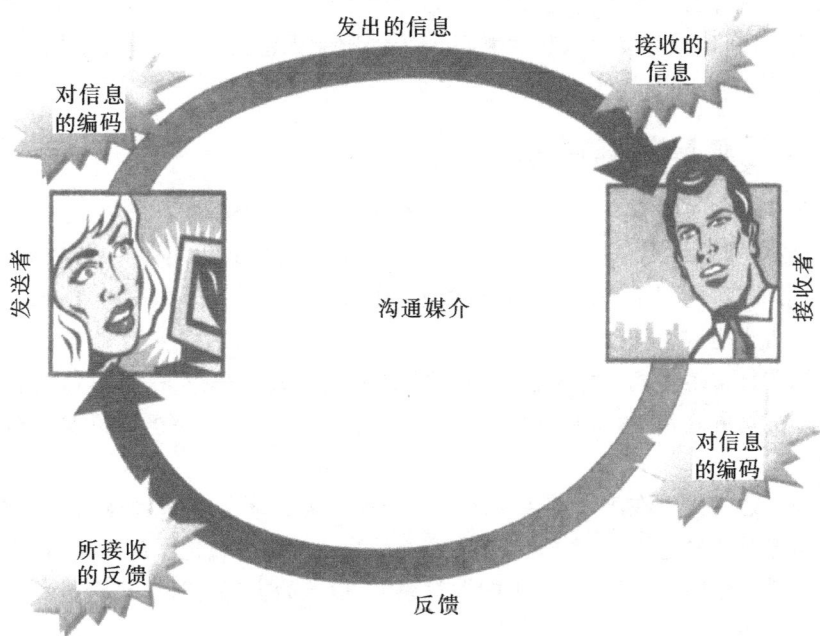

图 7-1　沟通过程图

第一步,信息的发讯者产生了传递信息的需要,并发出信息。他可能需要指示别人干什么,或向别人请教问题等。发讯者首先确定信息的内容,然后确定怎样把信息翻译成词语、手势或信号等(这些都称为"编码"),编码涉及传递媒介的选择。这些媒介有文字、面谈和电话交谈等形式。

第二步,发讯者发出的信息进入联结发讯者和受讯者的通道。实质上,这个通道就是信息的载体或媒介。例如,两人对面交谈时,通道就是气流。在其他情况下,也可以是电话线、信件或便条等。通道也可能包括人,例如,局长要向办事员下达命令可能要通过处长、科长等环节,而处长和科长就成了通道的组成部分。

第三步,信息到达受讯者。受讯者对其从沟通媒介中获得的信息进行翻译、解释,即"解码",并根据自身对该信息的理解做出相应的反应。

第四步是反馈。一般而言,反馈是对信息的传递成功与否以及受讯者对该信息的理解是否符合发讯者的原本意图做出回应,以供发讯者确定信息是否被受讯者正确理解。

在沟通过程中,有一个值得注意的因素,即"噪音"。噪音不仅可以在沟通过程的任何一点上存在,噪音还会妨碍信息的顺利传递。噪音可以是物理性质的,如工厂里机器的嘈杂声;也可以是心理因素,如受讯者可能在听时心不在焉等;还可以是发讯者或受讯者技能的不足和缺失,如发讯者可能词不达意,未能将自身的意思很好地表达出来,或者受讯者因为自身能力的限制无法准确地解码发讯者所传递来的信息等。

7.2.2　信息沟通的类型

信息沟通可以按媒介、方向和渠道等不同标准进行分类。

(1)按沟通的媒介分类,信息沟通可以分为:口头沟通,即用口头交流的形式进行沟通;书面沟通,即用书面形式进行沟通;非语言沟通,用非语言信号进行沟通。

①口头沟通。

人们在日常生活和工作中使用最频繁的沟通方式便是口头沟通,口头沟通也有许多不同的方式,较为常见的口头沟通包括演讲、作报告、小组讨论及小道消息传播等。

口头沟通的优点在于信息传递的速度快而且发讯者能够得到及时的反馈,但是如果信息需要经过多人传送时,口头沟通的缺点就会明显地暴露出来,口头沟通的信息传递者越多,信息失真的可能性就越大,信息的损耗的程度也会越大。

②书面沟通。

书面沟通也是人们日常生活中应用较多的沟通方式之一,它主要包括信件、备忘录、期刊、各种官方文件等形式,其特征在于适用书面的文字或符号进行信息的传递。

书面沟通的主要优点是,它可以被人们较长时间地保存,可以用来核实信息。如果对信息的内容有质疑或不确定的地方,可以在书面文件形成之后进行查询与核对,对于长期和复杂的沟通而言,书面沟通的这个优点尤显重要。而且,书面沟通一般比口头沟通更为严谨,具有更强的逻辑性。

当然,书面沟通和口头沟通一样,也有一定的缺陷,比较而言,书面沟通耗费的时间的精力更多,而且它在及时反馈方面也存在一定的劣势。在书面沟通的过程中,发讯者通常不能够及时得到受讯者的反馈,因而很难确定受讯者是否已经准确地理解了自己想要传递给他的信息。

③非语言沟通。

非语言沟通方式包括身体语言沟通、辅助语言沟通。身体语言既包括动态身体语言(如表情、手势等),也包括静态语言(如姿势、衣着打扮等)。辅助语言包括声调、停顿等方式,正是从这些辅助语言之中,我们探寻说话者的"弦外之音",以便更精确地理解发讯者的意思。事实上,非正式沟通存在于所有的语言沟通,尤其是口头沟通之中。对受讯者而言,留意、发现、解读发讯者在沟通过程中表达出来的非语言信息非常重要,因为有时候从非语言信息出发去理解发讯者的意图可能与从发讯者所说的文字出发得到的解释完全相反。举例而言,中国人在见面的时候经常会以"你吃了吗?"进行问候,没吃饭的外国人在不了解中国人的招呼方式的情况下,可能会回答"我没吃"。这样就容易让中国人处在一种尴尬的境地,他请你吃饭,这并不是他的本意,他不请你吃饭,他又可能担心有人说他小气,面子上挂不住,所以"我没吃"的回答不仅没能理解中国人的本意,还可能会造成中国人心理上的不适。

(2)按沟通的方向分类,信息沟通可以分为:纵向沟通,即上下级之间的沟通,这种沟通方式中又可分出上行沟通和下行沟通;横向沟通,即同级之间的沟通;斜向沟通,即组织内处在不同部门、不同层级的人之间的沟通。

①上行沟通。

上行沟通指的是组织或群体中从下属向上级的信息沟通。这种类型的沟通在组织中十分常见,也具有非常重要的意义。它能够使得上级了解到员工的需求,同时了解下级是否对组织中的管理政策、指示命令等有充分的理解。此外,自下而上的上行沟通为组织中的员工提供一个提出自己的建议、表达意见、释放情绪的机会和窗口。然而,上行沟通在组织架构较大、层级较多的组织中实现起来是很不容易的,在缺乏良好的上行沟通的大型组织中,上级可能会因为来自下级的不准确的信息而做出不恰当的决策,采取错误的行动。这就需要管理者对上行沟通进行"调准",提高管理者对不同渠道的员工信息的适应能力,以及对来自员工的微弱信号的敏锐感知力,加强下情上达的重要性。另外,上行沟通中容易产生信息过滤的问题,即处于上行通道上的中间管理者对信息进行选择性的过滤,而不是把所有信息向上级传递。

②下行沟通。

下行沟通是指组织中的信息从高层流向组织的底层,下行沟通中常见的信息包括发布任务、提供绩效反馈等,这也是我国企业中最普遍的沟通方式。此外,下行沟通的形式可以是口头沟通、书面沟通,也可以是电子邮件、即时信息等。

③平行沟通。

平行沟通是指组织中处在同一层级的成员之间进行的沟通,人们需要而且必须能够在同级之间进行交流。西克斯的研究团队认为,在企业组织中,组织结构的机械化程度会影响组织所采取的沟通方式,通常情况下,中等程度的机械化组织会更注重平行沟通。

④斜向沟通。

斜向沟通是指组织内处在不同部门、不同层级的人之间的沟通,这种沟通多受到沟通双方之间的特殊关系的影响。比如,A 公司生产部的某车间的车间主任是该公司市场部部长的弟弟,那么该车间主任与其哥哥在家里就公司的生产能力、生产状况进行的交流就属于斜向沟通。

3.从组织系统来看,信息沟通可分为正式沟通与非正式沟通

①正式沟通。

组织一般都会鼓励员工通过正式的沟通渠道进行沟通。组织内的正式的沟通渠道指信息在组织层级间传递,它包括组织内定期或不定期的会议,上级做出的只是逐级向下传达,下级就自身的情况逐级向上汇报等。然而,并非所有的正式沟通渠道都基于组织现有的层级展开。正式沟通按其网络类型又可分为链式、轮式和全通道式,其中,链式沟通遵循严格的命令链,轮式沟通严重依赖于作为信息中转中心的核心人物,而全通道式沟通则是信息在各成员之间自由流动。每种类型的正式沟通方式都有其优势,亦有其不足,没有哪一种能在所有情况下永远表现最佳。下面是从信息传递速度、信息的精确性、领导者出现的可能性和沟通参与成员的满意度等几个角度得出的简单的比较结果(见表 7-2)。

表 7-2　各种类型的正式沟通有效性比较表

评价指标	正式沟通的方式		
	链式	轮式	全通道式
传递速度	中	快	快
精确性	高	高	中
领导者出现的可能性	中	高	低
沟通参与成员的满意度	中	低	高

②非正式沟通。

非正式沟通是组织成员在正式沟通的渠道外进行的信息传递。它们通常通过组织中的非正式网络,它也可能进行跨层级传播。非正式沟通有时也称小道消息,它是传递组织中的信息的一个重要途径。小道消息通常通过组织中自发形成的非正式领导进行传播。当然,小道消息的信息质量无法得到保障,有时它非常完整,也非常准确,它可能是了解真相的唯一途径,但有时它也只是不真实的传闻。

(4)根据沟通信息是否含有反馈这一环节,可以把沟通分为单向沟通和双向沟通。

①单向沟通。

单向沟通是指沟通时,只有发讯者一方发出信息,作为受讯者的另一方则只接收信息,而不发给发讯者反馈,发送者与接收者两者之间的地位没有变动。

②双向沟通。

双向沟通是指发讯者在发出信息后,还要听取对方传递回来的反馈意见,直到受讯者一方对信息的理解达到了发讯者的预期为止。在双向沟通中发送信息者和接收信息者的地位不断交换。

(5)沟通媒介。

人际沟通可以使用许多不同的媒介,不同的媒介在丰富程度上也有所不同。一种媒介能够传送的信息量的大小取决于以下方面:①回馈的可获得性;②多种线索的使用;③有效语言的使用;④沟通所获得的个体关注程度。有研究表明,根据这些评价标准对各种沟通渠道进行衡量,按渠道的丰富程度从高到低排列依次为:①面对面的交流;②电话沟通;③电子邮件;④个人书面文件(信件、记录、备忘录);⑤正式的书面文件(报告、公文、通知);⑥正式的数据文件(统计报告、图表)。

在沟通过程中,选择使用某种媒介需要对媒介的丰富性和使用成本进行平衡。比如,给想要联系的人发电子邮件比给他打电话更能将沟通的内容保存起来。此外,对媒介丰富度的研究表明,当信息变得模棱两可的时候,管理者倾向于使用丰富程度更高的媒介。

随着沟通技术的迅速发展,万维网、手机、电子邮件、音频、视频、网络会议、即时信息、移动通信、在线聊天室、社交网站技术及博客等,是这几十年来才出现和飞速发展起来的沟通媒介。这些新兴的技术使组织及其成员能够更快、更便捷地沟通,通过这些技术,人们甚至可以在一定程度上打破空间的限制,穿越任何距离与其目标对象进行更有效的沟通与合作。

7.2.3　沟通的障碍

在竞争异常激烈的全球化中时代,即时、准确和信息量大的沟通对于组织整体绩效的提高、组织竞争力的体现和提高至关重要。但是,现实中组织中存在着不少的沟通问题。在一部分中,我们将介绍有效沟通的障碍。

1. 组织性障碍

(1)信息过载。

当需要处理的信息量严重超出个体的加工能力时,所谓的信息过载就出现了。在现代企业中,管理者和员工经常要承受超过他们处理能力的海量信息。这种现象发生的主要原因如下:第一,组织面临巨大的风险或不确定性。为了更好地应对外部环境中逐步增多的变化和动荡,他们需要获得和加工更多的信息以减少组织和个体面对的风险或不确定性。第二,个性化的任务和复杂的组织结构也需要更多的信息。第三,技术的不断发展(便携式电脑、因特网、局域网等)提高了管理人员和员工获取信息的可能性。

最近几年,随着手机的发展和电子邮件、即时消息的广泛使用,大大增加了员工面临的信息负担——你可以在任何时间被任何知道你的联系方式的人联系。在大多数组织中,人们在工作中定期发送和接收电子信息。因此,即使是低层员工都能快速地和高级管理者进行沟通。但伴随着这些先进技术而来的是信息过载的问题,垃圾邮件和疯狂转发就是其中的典型。

(2)沟通噪声。

信息过量能够导致沟通噪声,因为过多的信息会分散受讯者注意力的集中,降低其正确理解信息的可能。沟通噪声是那些破坏沟通或歪曲信息的干扰因素。在信息过载时,员工们因为他们收到如此多的信息而无法辨别出什么信息是准确的或重要的。噪声可能存在于组织层面的障碍,也可以是存在于个人层面的障碍。它可以发生在沟通过程中的任何一个环节,它也可以和任何其他要素混杂在一起并且以任何形式出现。当同一组织中的两个组对同一个信息拥有不同的观点和认识的时候,噪声极可能是在无意中发生的,也有可能是人为的。有研究显示,当下属和他的上级进行沟通时,他们经常截留或篡改他们认为可能对他们产生潜在威胁的信息。此外,语言障碍、情绪和态度也可能影响沟通的质量。

2. 时间压力

在绝大多数组织中,员工需要在规定时间内完成相应的工作,这就产生了时间压力,这种时间压力会在某种程度上限制组织成员的沟通能力。当他们处在时间压力下时,他们可能不会在发送消息之前,对消息进行仔细的改进。此外,最终期限的压力通常不允许员工在发出信息之后接受反馈和对反馈做出回应,所以发讯者可能不知道受讯者是否准确地接收到并较好地理解他所发出的消息。

3. 网络崩溃

沟通网络崩溃在大型组织中经常发生,因为这个网络中流动着如此之多的信息。许多事情都会涉及这些庞大的信息——发讯者发出的消息未被收到,某些员工忘记了传递某些信息等。在大型的组织中,信息在众多的人之中产生,在众多的人员之间流动,并且被他们以其相对独特的方式进行理解、阐释和加工,这些都增加了错误传送的概率,也增加了信息失真的概率和信息的损耗。工作环境中的建筑结构是另一个能够导致沟通网络瘫痪的原因。有研究发现,身体靠近其他人的人能够接收到并传播很多信息,与此相反,身体与其他人相隔较远的人(如他们的办公室与团队其他成员的办公室处在不同的楼层)则无法接收到那么多的信息。因此,在沟通网络中,身体距离或空间距离较远的两个人沟通经常会发生断裂。

4. 专业术语

大型、复杂的组织中专家的增加可能为其带来沟通上的一些问题和困难。在专业化分工越来越精细的今天,组织中的专家可能熟知自己的领域,但对其他的领域的了解可能非常之少。另外,他们在相互沟通中通常适用自己圈内的语言或专业术语,这也就使得圈外人可能很难理解他们的意图,即这些专家在与圈外人进行沟通的过程中很有可能面临较大的沟通困难。更有甚者,两个不同领域的专家相互之间进行有效沟通是一件非常困难的事,因为他们有着各自的术语,而且这些术语的通用性一般不会很好。比如,一位财务专家可能会使用诸如 NPV、加速折旧等财务术语,而一位计算机专家可能会使用如汇编语言、二进制、比特、奔腾、酷睿等计算机科学方面的专用词语。如果他们想要实现良好的沟通,他们每一个人必须了解另一个人可能使用的术语及其含义,然而,这个实现目标所要付出的成本或代价有时可能会是令人无法承受的。

5. 信息扭曲

在组织中总存在着无意或是有意的信息扭曲。无意的信息扭曲出现的原因主要在于上文介绍的时间压力,或者是选择性知觉。然而,有意的信息扭曲产生的原因主要在于组织成员或组织各工作单元为其自身利益而展开的竞争。组织的不同部门和不同成员常为了获得和使用组织的稀缺资源,实现本部门或个人的发展而竞争。有研究表明,某些部门相信通过扭曲经过它的信息,他们便有更大的可能获得更有利的竞争地位。

6. 文化障碍

当今的商业界全球化的程度正变得越来越高,商业活动中的跨文化交流也越来越频繁。有效的跨文化交流、沟通对于跨国公司的发展和成功至关重要。沟通不畅及其引起的问题使许多跨国公司的管理者在跨国经营中遭受挫折,甚至面临失败,这又导致他们的离职或者跨国公司国际投资的失败。这些人才资源的流失和商业投资的失败可能会给跨国公司带来数亿美元的损失。

尽管英语正逐步变成国际商务语言,但潜在的语言障碍、文化障碍仍将继续存在于跨文化的沟通之中。形式各样的跨文化沟通失误在当前的国际商业环境中每时每刻都在发生,较为常见的跨文化沟通问题发生的主要原因如下:

(1)开始谈话与结束谈话方式有别。在不同的文化中,开始谈话、打招呼的方式是不尽相同的。例如,美国人握手,日本人鞠躬,英国人谈天气,中国人问"你吃了么?"。

(2)交谈中说话的节奏不一。某些文化背景下的人更喜欢互动式对话,而另一些文化背景下的人则偏好每个人独立地发表自己的意见。

(3)表示同意方式不一样。在不同的文化中人们表示同意的方式存在很大的不同。传统的中国人不喜欢、不愿意直接说"不",因为很可能会使对方没面子,进而伤害到双方之间的关系;欧美文化熏陶出来的人则不在乎直截了当、清晰明了地说"不"。

(4)合适的话题。不同的文化,人们在交谈中谈论的话题可以有很大的区别,正像前面说到的,英国人喜欢谈论天气,中国人则习惯以"你吃了没"开启谈话,然后拉拉家常等。

(5)幽默的方式和使用。在不同的国家,人们擅长和习惯于不同的幽默方式。在美国,人们惯用幽默缓解工作压力,润滑人际关系,但某些文化则认为美国式的幽默有失庄重。

7.选择性知觉

在沟通过程中,受讯者会习惯性地根据自己的思考方式、工作经验、生活阅历等有选择地接受对方传递的信息,有时受讯者还会把自己的兴趣、喜好等带入到解码发讯者发出的信息的过程中去。事实上,我们看到的、听到的都不是纯粹的客观事实,我们是将自己按某种独特的方式对所看到的、所听到的东西进行解释后的东西称为事实。

8.个体情绪

在接收、解码信息的过程中,受讯者当时的情绪也会影响他对接收到的信息做出的解释。当我们心情愉悦时,正在窗外鸣叫的小鸟似乎也正在唱着欢快的曲调;但当我们心情不佳时,会感到那叽叽喳喳的小鸟为什么总是在窗外吵个不停。极端的情绪更有可能影响沟通的效果,所以,在沟通时我们要通过察言观色了解对方的情绪,选择合适的方式在恰当的时机展开对话与沟通。

9.缺乏倾听

此外,沟通问题的发生在很大程度上不在于谈话者的表达是否清晰而在于受讯者是否能够进行有效的倾听。倾听与单纯的听不同,它是对对方谈话含义的积极主动地搜寻,倾听者需要倾听并理解谈话者传来的信息,并及时地给予谈话者相应的反馈。普通情况下,人们说话的语速为每分钟 150 个英文单词,而倾听者则每分钟可接受、理解 400 个以上的单词,二者的巨大的差别,便使得受讯者容易走神。

7.2.4 沟通的改善

既然存在上述种种阻碍有效沟通的障碍,管理者应该采取哪些措施克服上述障碍呢? 下面我们将提供一些改善沟通的建议。

1.了解沟通对象

在与人进行沟通的过程中,人们常陷入维基·斯库德所说的"我对我"的沟通怪圈当中。维基·斯库德用"我对我"这个词汇描述人们在同他人交流表现得像自己与自己沟通一样的情况。在没有得到反馈之前,发讯者希望受讯者像自己一样去理解信息,发讯者可能认为受讯者会以和自己相似的思维方式去理解问题,得出与自己相近的观点。举例而言,一个软件专家教钢琴老师如何使用 Office 软件,在教的过程中他可能一开始便使用很多快捷键和计算机术语,而没能简单清晰地解释应用 Office 软件的操作步骤,并将钢琴老师的沉默解释为他学会了如何操作。经过一段时间后,这个专家可能以为他已经完成了他的任务,教会了老师如何熟练地应用 Office 软件。但实际上,因为这位专家的沟通方式的原因,钢琴老师不但没学会如何应用 Office 软件,反而失去了学习如何应用 Office 软件的兴趣和信心。由此不难看出,有效的沟通是建立在发讯者对其沟通对象具备一定的理解的基础上。

2.运用反馈

许多沟通问题是由受讯者未能准确理解或误解了发讯者的意思而产生的。但沟通是双方的行为,为了确保受讯者对信息的理解是正确的,在沟通中使用反馈是十分必要的。以下是寻求有效反馈的一些指导方针:

(1)要求沟通对象用他们自己的方式复述一遍他们刚才听到的内容。如果受讯者复述的意思与发讯者的本意一致或大体一致,可以认为受讯者基本上理解了发讯者的意思。

(2)鼓励和培养反馈,但不要强迫,发讯者可以给提供反馈和吸收反馈的人一定的奖励,比如,感谢他们或表扬他们。

(3)观察受讯者的行动,反馈的方式并不仅是语言复述,发讯者的任何意图或意向最终还是要体现到行动上来，而且，行动胜于语言，发讯者可以从观察受讯者的具体行动判断他是否准确理解了自己的意思。

（4）对受讯者的反馈做出反应，既分析它的正确性，也给予受讯者相应的反馈，在相互尊重的互动中实现良好的沟通。

3.选择合适的媒介

不同的媒体沟通媒介具有各自的特点，在有效的沟通中，合适的沟通媒介发挥着巨大的作用。当信息很复杂时，面对面交流是较为高效的，在强调信息的可得性的沟通中使用备忘录、信件、告示板等方式更佳。此外，在必要时还可以使用各种不同的媒介的组合。例如，在面对面的交谈之后，可以通过备忘录来进行记录和总结。

4.简化用语

因为语言可能是有效沟通的障碍，发讯者有必要理顺自己的表达逻辑，适当地措辞，发给受讯者清楚明确的信息。简化用语不单是化繁为简，缩短沟通所用语言的长度，还应该根据沟通对象的特点，采用平易、以为受讯者接受和理解的语言而不是发讯者习惯的专业术语等进行交流。

5.注意和控制情绪

前面我们曾提到，情绪可能会严重损害信息的真实性。当受讯者情绪不佳时，他可能从悲观的角度看待他所接受到的信息并由此做出相应的反应，这可能对双方造成巨大的误会和损失。此时，最好的办法便是暂时中止沟通，待到受讯者的情绪趋于稳定、平和后再回复沟通。

6.有效的倾听

在上文中我们指出，倾听的缺失是有效沟通的重要障碍之一。事实上，受讯者通常只能理解他们接收到的信息的25％左右。倾听并不是自然发生的活动，它是受讯者对含义的积极搜寻。受讯者必须积极、自觉地倾听对方的谈话，才能成为一个有效的沟通者。提升受讯者积极倾听的效果的措施如下：

（1）不要多说话。

通常，我们容易说得太多，而抢走了对方开口或谈话的机会。如果我们少说话，把时间用来分析、考虑对方刚才所说的话的意思而不是我们一会儿要说什么，我们便能更好地集中注意力倾听别人所说的内容，也能更好地理解对方的意图。

（2）产生共情。

如果我们在与他人交谈的过程中，与对方产生更多的共情，我们不但不会轻易对对方提供的信息做出自己的判断，更能集中注意力，将自己放置到对方的立场上去理解对方，这样我们获得的真实信息会更多。

(3)适当地提问。

适当地提问不仅给予了对方一定的反馈,促使他判断自己的理解是否符合他的本意,以便他针对前面的沟通开展后续的谈话,适当地提问还可以不断地提醒我们自己要专注地听对方的谈话,减少自己分心的可能。

此外,受讯者还可以通过不定期的目光接触、适当地给予对方赞评性的点头、避免中途打断谈话者等多种方式提高自己积极倾听的程度,更好地理解对方的意思,实现良好的沟通。

7.2.5 沟通中的相互作用分析

沟通中的相互作用分析理论,即 PAC 理论,是由加拿大心理学家贝尔尼在其1964 年出版的《大众的游戏》一书中提出的著名理论。它通过对参与沟通的双方的行为进行分析来提高人际交往能力和促进信息沟通。PAC 理论认为,某个个体的个性由"父母""成人""儿童"这三种心理状态按不同的比例和结构组合而成,PAC 则由每种状态英文单词的第一个字母组合而来。其中,P 源自 parent,译为父母;A 源自 adult 译为成人;而 C 在来源于 child,译为儿童。故而,沟通中的相互作用分析理论的简称为人格结构的 PAC 理论。

1. 相互作用分析的理论基础

相互作用分析的理论是建立在心理学的"自我状态"这一概念的基础上的。每个人在心理上有三种自我状态:父母自我状态、成人自我状态和儿童自我状态,分别以 P、A、C 代表。这三种状态是一个人在其成长过程中逐步发展、形成的心理结构的组成基质。当两个个体或多个个体在交往对话时,每个个体都处在某种特定的自我状态之中,并在此基础上与他人进行对话和沟通。

"父母自我状态"是指一个人个性中包含的类似于父母对其子女的态度及行为方式的特点而言。一个人如果在与他人进行交往的过程中,像父母对待孩子一样对待他人,我们就说此人此时处在一种"父母自我状态"之中。一般而言,"父母自我状态"常以权威与优越感为标志,通常表现为统治、责骂、训斥和其他专制作风。当某特定个体的人格结构中 P 的成分占主导地位时,他的行为常表现为独断独行、滥用权威、凭主观想象办事,他讲话时总是"你不能那么干""你必须这样去做,没有什么可争论的"等。

"成人自我状态"的基本特征是注意事实根据和遇事习惯于进行理智的分析。一个人能站在客观的立场上面对实际,能冷静地脚踏实地、合乎逻辑地分析情况,他就处于这种心理状态。这种心理状态使他习惯从过去的经验出发,估计当前事物的各种可能性及其对应的利害,在权衡利弊后冷静地做出决策。当某特定个体的人格结构中 A 成分占主导地位时,他的行为常表现为沉着、冷静,慎思明断,尊重别人。一般该类型的人讲起话来总是"我个人的想法是……""从我的角度来看……"

"儿童自我状态"是泛指一切像孩子似的态度和行为。当一个人处于这种状态时,他往往是好奇、冲动、由情绪左右、不加考虑,表现为逗人喜爱,一时乱发脾气,也表现为服从与任人摆布。例如球员获胜时在球场上互相拥抱,大叫大喊,他们一点也不考虑什么,只是高兴冲动。当某特定个体的人格结构中 C 成分占主导地位时,他的行为常表现为感情用事、喜怒无常等。一般该类型的人讲起话来总是"我不知道"或"我猜想"。

上述三种自我状态可以分别用简单的形容词来描述:父母自我状态是"权威"的、"教诲"的;成人自我状态是"埋智"的、"逻辑"的;儿童自我状态是"情感"的、"感觉"的。根据相互作用分析理论,"父母"状态和"儿童"状态对客观世界的感受和反应往往缺乏一贯性,而"成人"状态的思想与反应则具有统一性和一贯性。因此,理想的互相作用是"成人刺激"和"成人反应"。但事实上,每个人的性格都不是纯粹的某种状态,恰与之相反,人的性格是"父母自我状态""成人自我状态"及"儿童自我状态"这三种心理状态的综合体。它们都蕴藏在人的潜意识中,在一定情境下,不同的状态便被触发,人也就会不自觉地表现出某些行为。在每一个人身上,三种心理状态的比重并不完全相同,表7-3列举了不同 P、A、C 结构的管理人员的行为特征。

表7-3 不同 P、A、C 结构管理人员的行为特征

P A C	行为特征
高 低 高	喜怒无常,难以共事。个人支配欲强,有决断力,喜欢被人歌颂捧扬和照顾。
高 低 低	墨守成规,照常办事,家长作风,养成下属的依赖性,是早期工业革命时代的经理人物,现在不合潮流。
低 低 高	稚气,又具有吸引力,喜欢寻求友谊,用幼稚的幻想进行决策,讨人喜欢但不是称职的经理。
低 高 低	客观,重视现实,工作刻板,待人比较冷漠,难以共处,只谈公事,不谈私事,别人不愿与他谈心。
高 高 低	容易把"父母"的心理状态过渡到"成人"状态。若经过一定的学习和经验积累,可成为成功的企业家。
低 高 高	最理想的管理人员,"成人"和"儿童"的良好性格结合在一起,对人对事都能搞好。

2.相互作用的类型

相互作用分析理论可用来研究信息沟通过程中不同人表现出的不同行为,因为通常人们在进行信息沟通时往往处在某一种自我状态之中,而且常可由一种自我状态转变为另一种自我状态,所以管理人员必须了解其下属在沟通时处于何种自我状态,以便做出适当的反应和引导,增强沟通的有效性。

根据 PAC 理论对人与人之间的交流与沟通进行分析,人与人在沟通过程中,相互作用时的心理状态有时是平行的交流和沟通,如父母—父母、成人—成人或儿童—儿童。在这一类情境下,双方之间的对话会无限制地继续下去。但沟通也有可能是在相互交叉的情境下进行的,如父母—成人、父母—儿童或成人—儿童等状态,人际交流就会受到影响,信息沟通可能会出现中断。事实上,最理想的人际相互作用是成人刺激—成人反应这种交流、沟通的类型。

根据 PAC 分析理论,人与人之间的交流与沟通的类型可组合出六种不同的类型,下面我们将对每种交互类型进行详细的介绍:

(1)P—P 型。在这种情况下,进行交流、沟通的双方都表现出某种程度的专制、颐指气使的武断,如甲方对乙方说:"你必须加班加点地完成这项任务。"乙方同样对甲方说:"你看不出来我很忙吗? 你自己干。"在沟通的过程中,甲乙双方都表现为从自己的角度出发,各自强调自己的理由和利益,对别人的意见或事实视而不见,这样的沟通不仅很难实现沟通的目的,还很容易引起双方的冲突。

(2)A—A 型。在这种情况下,沟通中的双方均以"成人"状态对待同样处于"成人"状态的对方,这种情况下的甲乙对话可能是这样的,有一项任务需要完成,甲方问乙方:"我手头有个项目正处在关键期,你能完成这项任务吗?"乙方说:"如果不出现特殊情况,我想我可以完成这项任务。"甲乙双方都能以比较理性、比较现实的态度看待自己所处的情境,这样双方沟通的气氛就会比较缓和,也有利于提高沟通的有效性和工作的完成度。

(3)C—C 型。在这种情况下,甲乙双方都比较容易情绪化和感情用事,都比较容易冲动,交流中较为缺乏理性,是一种容易发生冲突的交际类型。例如,甲乙双方是夫妻,但最近二人因一些事情闹了点矛盾,在某种火气较大的情境下,甲方可能会说:"我跟你实在是过不下去了,与其这样,还不如干脆点,离婚。"乙方说:"离就离,马上就离!"事实上,此时甲乙双方均已失去应有的理智和妥善解决问题的态度,他们之间冲突已经十分激烈了,而且这种冲突的后果常是灾难性的。

(4)P—C 型。在这种交流类型中,甲乙双方分别表现出权威和服从的行为,现假设甲方为 P 型,乙方为 C 型。在沟通过程中,甲方很容易以长者自居,居高临下地对待乙方,乙方亦能服服帖帖或者是根本不以为然。例如,甲作为上级对乙说:"你必须在明天中午之前做好这件事,否则的话,我将给予你严厉的批评。"乙作为下级可能会说："好的，如果没完成，我愿意接受您的批评。"这种交流在组织中较为常见，在上下级之间的沟通过程中，上级多以权威者的姿态对下级发布命令或进行训话，下级要么表现出诚惶诚恐的服从，要么表现为暂时的违心的服从，背后发牢骚，要么直接顶撞上级，甚至情绪化地辞职走人。在第一种情况下，这种不对等的沟通能起到它的效果，但在后两种情况下，这种交流方式容易使下级产生抵触心理和逆反心理，乃至于暗中对抗或辞职，在这种情况下，沟通的目的不仅没有实现，反而引发了强烈的冲突，甚至导致了组织人才资源的流失。

（5）A—C型。在这种交流类型中，一方以"成人"状态下表现为行为理智，并希望解决实际问题，而另一方则以"儿童"状态出现，表现为思维的幼稚和行为不一致。例如，老师对学生甲说："你这样自暴自弃，不好好学习，将来考不上大学，你能干什么呢？你要振作起来，我帮你一块想办法。"学生甲说："我不用你管，都已经这样了，你帮忙也没有用。"很明显，学生的心理状态与老师的心理状态存在极大的不同，双方的交流可能既不愉快又不理想。

（6）P—A型。在这种情况下，一方以权威者的姿态出现，另一方则以成人的姿态出现。例如，领导对他的某个下属说："这件事你做得太令人失望了！"下属可能回答道："部长，您别急，事情是这样的……"在沟通过程中，双方都具有一定的防范性。这种交流方式不利于下属表达自己的观点，无法做到彻底的交流，制约了沟通的有效性。

沟通过程中，双方的交互作用可以是互补式的也可能是非互补式的。在公开交互作用中，如果发讯者和受讯者的心态在回答中仅是方向相反，则交互作用是互补式的。如果用图表示发讯者和受讯者的心态交互作用的交互模式，连接双方的线是平行的。而当刺激和反应不平行时，此时的交互作用就是非互补式的交互作用，又可称为交叉式的交互作用。当沟通中出现交叉式的交互作用时，沟通往往被堵塞，进行沟通的双方往往都不能得到满意的结果，事实上，这种情况下的沟通常引发进行沟通的双方之间的冲突。

学习、了解 PAC 分析理论能较好地帮助我们在与人交往、与人进行沟通时，自觉地观察反思自己的心理状态和确定对方的心理状态，做出相应的、适当的反应，使沟通能够顺利进行，最大化双方的利益。如果我们在交往中能把自己的情感、举止控制在成人状态，以成人的姿态、方式对待他人，给对方以成人式的刺激，引导对方进入成人式的心理状态，做出成人式的回应，那么，交流的双方之间很有可能实现高效的沟通，乃至于在组织内部建立起互信、互助人际关系。

7.3　冲突管理

7.3.1　冲突的特征

1.冲突的概念

冲突是任何组织在其运行过程中都无法避免的现象,只要组织内部的两个或两个以上的个体在目标上互不相容或互相排斥,进而产生心理上的或行为上的矛盾,组织内的冲突便发生了。组织中甚至组织外的冲突每时每刻都会对组织产生影响,其中,某些冲突对组织而言是积极的、具有建设性意义的,但有些冲突对组织的影响则是消极的、破坏性的。组织成员,尤其是受冲突影响的组织成员如何看待和处理冲突是决定组织中冲突的性质和作用的关键。是否能够深刻地理解和有效地管理冲突,已成为管理者提高组织绩效、实现组织目标的重要内容。故而,冲突也越来越为众多的管理者和管理学者所重视。

冲突的内涵表现为以下几个方面:

第一,冲突是一种相关各方都感知到的对立紧张的状态,它可以是心理上的紧张状态或物质上的紧张状态,也可以是上述两个方面同时存在、混合而成的紧张状态。

第二,冲突的主体、客体既可以是单一的,也可以是多元化的。一般而言,后一种冲突即多元化的冲突在组织中更为常见。冲突的主体既可以是组织或群体,也可以是个人;冲突的客体则既可以是组织成员的价值观、信仰、关系,也可以是现实中的权力、资源、利益、目标等。

第三,从动态、变化、发展的角度看,冲突并不是一成不变的。恰与之相反,冲突是一个动态变化的过程,从产生到结束,它总是处在不停的变化之中。

第四,冲突的各方之间的关系也不一定是固定不变的相互对立的关系,冲突的各方在某些方面的对立之外,可能在其他方面还存在着重要的相互依赖的关系,任何冲突都是这两种关系的辩证呈现,即冲突的各方既相互斗争又相互依赖。

7.3.2　冲突的类型

根据冲突发生的主体,冲突可分为个人冲突和团体冲突。

1.个人冲突

美国心理学家勒温提出了按接近和回避这两种倾向的不同结合划分出个人心理冲突的四种类型。

（1）接近—接近型的冲突。在这种情况下，一个人要同时达成两个完全相反的目标，因为两个目标不仅是互斥而且是完全相反的，行动主体无法同时实现这两个目标，这时行动主体必须在这两个目标中进行抉择，选择为一个目标努力而放弃另外一个目标，抉择的难度在一定程度上也反映了行动主体所面临的冲突的强度。例如，一个大学毕业生同时接到两个甚至多个他心仪已久的公司或单位寄来的聘书，但公司或组织提供的工作又是互斥的，也就是说他不能同时都接受而只能选择其中之一时，在这种情况下，他便陷入到了接近—接近型的冲突之中，他必须从中挑选一项并放弃另一项以解决他所面临的冲突。

（2）回避—回避型的冲突。此时行动主体必须同时回避他所面临的两个目标，这种冲突产生于行动主体面临两个或多个会给他带来消极后果的目标而不得不做出选择时。例如，组织中的员工可能会被告知，如果他们不干某件他们不愿意干的事情（如为了服务顾客，酒店的服务员被酒店经理要求必须在除夕之夜上班乃至加班），他们就要受处分（降薪或被辞退）。此时，员工便面临着回避—回避型的冲突。

（3）接近—回避型的冲突。这是指一个人一方面要接近这个目标，另一方面又要回避这一目标，正如孔夫子所言："爱之欲其生，恶之欲其死，既欲其生，又欲其死，是惑也"。在我们的现实生活中不乏这样的例子，比如，某人嗜酒成性，但在最近一次体检后医生告诉他，他被确诊为酒精肝，必须减少饮酒量，戒酒最好。若该行动主体想保持身体健康，尽管他嗜酒成性，他也必须不断减少饮酒量，甚至戒酒。此时，他在生活中便陷入了困境，即他面临着严重的心理冲突。勒温通过研究发现，一个人越是接近希望达到的目标，想要达到这一目标的愿望就会越强烈，但同时回避这一目标的愿望也会增长，而且随着他与目标的逐步接近，其回避倾向的增长速率会大于其接近倾向的增长速率。

（4）双重接近—回避型的冲突。这是指一个人对两个目标都是同时既想接近又想回避，这是前面介绍的类型一和类型二的复合。此时，两个目标或情境对个体而言都是既有利又有弊。面对这种情况，当事人往往陷入左右为难的痛苦之中。正如钱钟书先生在其作品《围城》中表达的，"城外的人想冲进去，城里的人想逃出来"，单身贵族享有自由之乐，但有时也难免寂寞之苦，结婚者可能拥有家庭、人伦之乐，但也可能为家中那本难念的经所累。

2.团体冲突

冲突不仅会在个人的内心产生，而且也会由于目标和利益上的矛盾而在群体内部、群体与群体之间经常发生。冲突发生于社会交往的一切层面上，包括群体间冲突及人与人之间的冲突。常见的冲突来源于组织目标的冲突、资源的相对稀缺、层次结构关系的差异以及信息沟通上的失真等。组织中的非正式群体和正式群体之间、直线管理人员与参谋人员之间以及委员会成员之间的冲突是最典型的团体冲突。

(1)正式群体与非正式群体之间的冲突。由于正式群体与非正式群体的成员是交叉的,因此,非正式群体的存在必然会对正式群体的活动产生影响。这种影响可分为正面的和负面的两种。正面的影响可以满足员工在友谊、兴趣、归属、自我表现等方面的心理需要,使员工之间的关系更加和谐融洽,易于产生和加强成员之间的合作精神,使员工自觉地帮助维持正常的工作和生活秩序。但是,一旦非正式群体的目标与正式群体的目标相冲突,则可能对正式群体的工作产生负面影响,特别是在强调竞争的情况下,非正式群体可能会认为这种竞争会导致成员间的不和,从而抵制这些竞争,非正式群体还要求成员行动保持一致,这往往会束缚成员的个人发展,使个人才智受到压抑,从而影响组织工作的效率。由于非正式群体的大多数成员害怕变革会改变非正式群体,因此这种群体极有可能会演化成为组织变革的一种反对势力。

(2)直线管理人员与参谋人员之间的冲突。组织中的管理人员是以直线主管或参谋两类不同身份出现的,现实中这两类人员之间的矛盾往往是导致组织缺乏效率的重要原因。直线关系是一种指挥和命令的关系,直线管理人员拥有决策和行动的权力,参谋关系则是一种服务和协调的关系,参谋人员拥有思考、筹划和建议的权力。实践中,保证命令的统一性往往会忽视参谋作用的发挥,参谋作用发挥失当,又会破坏统一指挥的原则。这可能导致直线管理人员和参谋人员相互指责,相互推诿责任。

(3)委员会成员之间的冲突。委员会是集体工作的一种形式,它起到了汇集各种信息、加强人员交流、协调部门关系等重要作用。委员会是一个讲坛,每个成员都有发言权,而这些成员既代表了不同的利益集团、利益部门,也有自己个人的行为目标。在资源一定的条件下,成员之间的利益很难取得一致。而一旦某个利益未能得到支持,他们将会被动执行或拒绝执行委员会的统一行动,导致组织效率的下降。委员会必须充分考虑各方利益,其协调的结果必然是各方势力妥协、折中的结果,这势必会影响决策的质量和效率。

7.3.3　群体冲突观念的演变

1.传统的冲突观:否定态度

在 20 世纪 40 年代中期之前,大多数社会学家和管理学家都对组织中的冲突持否定态度,他们大多认为组织中的冲突,无论何种类型,都会对组织的生产率造成不利的影响,会导致组织功能失调。因为冲突会使群体间产生对立和紧张状态,进而使得员工在完成某项需要组织内部的各相关部门和人员进行合作的任务时，相互之间因存在的对立和紧张状态而消极，甚至抵制沟通与合作。他们认为，组织内过多的冲突还会分散管理人员的时间、精力和注意力，使他们不能集中精力从事形成组织绩效的关键工作，这样便阻止了组织整体目标的实现和组织绩效的提高。另外，他们还认为冲突会影响员工的士气，长时间的冲突会导致员工感到压抑、挫折和焦虑，会使得组织氛围乃至组织文化逐步变得紧张和缺乏信任，这些不仅不利于员工的身心健康，不利于组织目标的实现，更不利于组织的长远发展。总而言之，他们大体上认为冲突只有消极意义，组织中的冲突不利于组织中日常活动的进行，只能制约和妨碍组织的发展，因此要采取各种可能的办法减少，最好是消除组织中的冲突。

2.现代冲突观：辩证态度

近年来，随着管理实践的不断深入和相关领域的管理学者们对冲突及其对组织的影响研究的深入和发展，管理者和管理学界对冲突及其作用的认识有了进一步的发展，对组织中冲突的看法和态度也有所改变。具体表现为，他们在看到组织中的冲突可能带来的消极作用之外，还看到了冲突可能为组织带来的积极影响。研究发现，尽管冲突潜在的消极后果相当严重，但冲突同时也可以具有建设性，关键在于组织中发生的冲突的性质，即冲突到底是破坏性的还是建设性的，它到底是可控的还是已经超出了组织的控制范围等。比如，在竞争日益激烈、组织内外部环境变化迅速的市场条件下，冲突可能会成为组织变革的催化剂，它会促使组织重新评价组织目标或对各目标之间的优先顺序进行重新排列，它可以提醒或迫使管理者发现那些过去一直被忽视的重要问题，并针对这些问题做出高质量的决策以提高组织的绩效等等。另外，人们还认识到，当多个群体，尤其是异质性很强的多个群体，共同完成一项任务时，冲突实际上是不可避免的。因此，管理者不再不惜一切代价地去压制冲突，在必要的时候他们甚至还会适当地为组织增加一些冲突以激发组织、组织中的个体和群体的创造力，以更好地实现组织目标。

研究表明，冲突是保证一个群体高绩效的必不可少因素。但是，要保证一个群体高的工作绩效，冲突必须处在一个适当的水平。冲突水平过高，不但不利于激发组织中的个体和群体的创造性，反而可能会导致群体混乱和组织混乱，影响员工工作绩效和组织目标的实现。此外，冲突水平过低则会导致组织缺乏创新和群体停滞，使得组织的人力资本被闲置或者浪费，在这种情形下，员工的工作绩效和组织的绩效也都不容易被实现。具体见图7-2、表7-4。

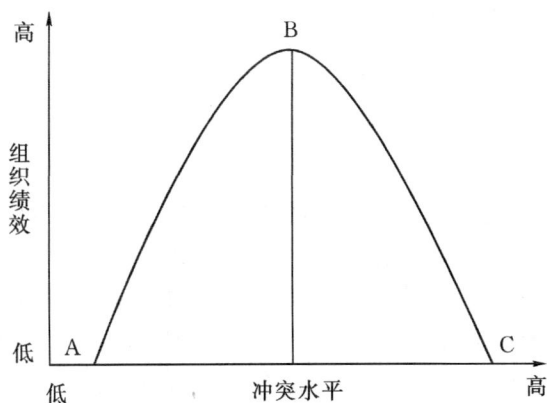

图 7 - 2 冲突水平和组织绩效之间的关系

表 7 - 4 冲突水平和组织绩效关系表

情境	A	B	C
冲突水平	低	中	高
冲突类型	功能失调	功能正常	功能失调
组织绩效	低	高	低

　　此外,在群体之中,冲突又可以分为关系冲突、任务冲突和过程冲突这三种类型。这三种类型的冲突会对组织绩效产生不同的影响。

　　关系冲突是指由于人与人之间的差异而引起的冲突——不同的价值观、个性、行为方式等造成的冲突。任务冲突针对工作的内容和目标而言,过程冲突则是个体之间关于如何完成任务所引起的冲突。研究表明,绝大多数的关系冲突是功能失调的冲突,因为关系冲突表现为组织中的人与人之间的对立、不和。它放大了组织中个体之间的差异,降低了成员之间的相互理解,进而阻碍了组织任务的进行,阻碍了组织绩效的实现。此外,中低水平的任务冲突和低水平的过程冲突对组织而言是具有建设性意义的,为什么呢?因为如果组织中的任务角色比较模糊,人们就会在谁应该做什么的问题上展开过多的争论,这会产生功能失调的冲突,在这种情况下,任务会被拖延,组织成员也会按照各自理解的目标进行工作;中低水平的任务冲突可以增加组织成员对不同观点的讨论,激发组织成员的创造活力,使组织的绩效水平不断提升。

7.3.4　冲突产生的原因

组织内的群体冲突主要是由以下几个因素引起的：

1.沟通因素

人类信息沟通的基本过程是发讯者→通道→受讯者。在信息沟通的这一基本过程中，每一个渠道都有可能发生障碍，信息传递的过程中所出现的任何障碍都可能引起沟通发讯者和受讯者之间的沟通不良。在现代组织中，由于沟通不良所引起的冲突非常普遍。比如，营销部门和生产部门都是企业中极为重要的部门，生产部门负责产品的加工和制造，营销部门负责产品的销售。尽管它们的信息交流常常要通过上层管理集团，但两个部门仍然会因产品质量、交货期等问题而发生冲突。此外，随着全球化的不断深入，跨国公司在国际经济中发挥的作用越来越深刻，跨文化团队和跨文化组织出现并迅速发展。跨文化团队和跨文化组织成员间的冲突也越来越凸显、越来越为管理者和管理学者所重视。在长期的实践和研究后，有学者发现沟通不善是引起跨文化团队和跨文化组织成员间冲突的重要因素，这也为我们今后减少两者成员间的冲突提供了有益的提示。

2.结构和制度因素

（1）规模。研究发现组织的规模越大，组织内部的冲突也就越多、越大。出现这种情况的主要原因可能是，随着组织变得越来越庞大、越来越多元化，它需要更多的专门化的部门相互配合才能够实现有效的运营。相反，在一个规模较小的组织中，人力资源经理一个人就能够完成大多数甚至全部的人力资源管理职能，但是规模较大的组织则必须在招聘、培训、职业生涯发展、薪酬、福利等多方面聘请相应的专家。这就表明了组织的规模越大，那么组织中对任务的分工也会更为精细，组织的管理层级也会随之增加，不同部门员工的利益、思维等之间也更加富有差异性，不同部门的员工进行沟通的信息也更容易产生损耗和歪曲。以上这些差异再经由利益不完全一致甚至利益相互对立这个放大镜加以扩大，组织内部的冲突自然更容易发生，冲突的影响自然也就越大。

（2）参与。尽管在管理的实践中让下级更多地参与到组织的管理当中来，对于激发员工的归属感和成就感、调动职工积极性很有好处，但也有研究表明，随着下级参与组织的管理程度的提高，组织内的冲突水平也不断上升。这主要是因为参与者越多，参与组织管理的群体间的个体差异也就越大、越明显，这不仅加大了管理人员和决策人员的数量，增加了沟通的复杂性和难度。而且，仅仅让员工参与管理或决策并不等于参与管理或决策的员工和下级所提的建议必然被管理层采纳。如果员工在参与过程中提出的合理建议未被管理层以适当的方式对待，就极有可能引起组织内部的冲突。当然,这种冲突不一定全是破坏性的,有时也可以增加个人和组织的绩效。

(3)工作评价与奖酬制度。如果组织的奖酬制度运行得出的结果并非多赢,而是组织内部各部门之间的零和博弈,也就是说组织内部的奖酬既定,某部门多得报酬,那么其他部门必然只能少得报酬,这样就很容易引起组织内部各部门之间的冲突。同理,若这样的组织奖酬制度应用于部门内部的各个成员,容易想见,该部门内的冲突也很容易发生。当然,在实行同样的零和博弈式的奖酬制度的组织内,缺乏过程公平的组织的冲突多于过程公平相对较好的组织,而且,该组织内冲突的破坏性也更大。

(4)资源的相互依赖性。冲突还经常发生在组织对其有限的人力、财力、物力等各项资源进行配置的过程当中,这容易使得组织的各部门、成员间的协作不顺畅。在绝大多数组织中,工作必须在部门之间或个体之间协调配合的基础上才能被完成,两个部门或个体间的相互依赖越多,潜在的冲突就越大。例如,美国许多州的公务员在一种试图使用工制度能够以个体的价值为中心的绩效考核制度下工作,基于这种绩效考核制度的人力资源管理中介机构从众多申请者当中筛选出符合美国公务员要求的人,并将他们的资料按不同的部门分类、整理和保存。当有一项公开职位需要招聘人员时,中介机构必须从该绩效考核的系统中选出一批合格的申请者。人力资源管理中介机构要根据绩效考核制度工作,而绩效考核制度又服务于该中介机构,假如绩效考核系统相对于需求的反应速度慢了,冲突就会发生。

(5)工作布局。工作环境的布局也可能引发冲突。分散的虚拟工作团队,由于沟通不畅,很可能导致冲突,但当合作者之间的交往过于密切时,他们之间也容易发生冲突。在大多数现代企业中,员工通常被安排在一个小而且拥挤的房间里进行工作,在工作期间,他们没有私人空间,这容易引起一种叫做"呆伯特效应"的现象。员工在这样的环境中经历着一种有压力的相互依赖,每个人都处在露天当中,即便是员工的私人谈话也很容易被窃听或被无心地听到,这样冲突发生的可能性就增加了。如果有人没有意识到自己的行为会对周围人产生影响,员工之间的冲突就很可能发生。比如,某员工经常在多人共用的工作室内大声地打电话肯定会引起其他的同事的不满。可以说,这样的环境不利于人们对私人敏感事务的处理,也容易引发员工之间的冲突。

(6)集权和分权。组织中的集权和分权都可能导致冲突,但是他们引起冲突的原因和表现形式不尽相同。

集权指组织决策的权力主要集中在该组织的高层。集权的组织中各部门之间的冲突可能会较少,因为所有部门都在集权体系下,拥有共同的目标。但是,如果个体和部门对其自身的工作缺乏有效的控制,那么相关人员和部门便容易与决策部门发生冲突。举例而言,现在大多数的组织都采取集中化的招聘,即人力资源部门在汇总组织中各部门用人需求的基础上形成人力资源规划,并据此为各部门招聘新员工。集中招聘对组织而言有很多好处,比如它可以避免重复劳动、节省招聘费用等。但是,其他部门可能会厌烦人力资源部对人员招聘和雇用的控制,因为人力资源部门行为和决策可能与该部门的目标存在差异,这些部门与人力资源部门之间的冲突便很容易发生。

分权指每个部门在制定重要决策时都具有一定的权力或话语权。在分权的情况下,下属对其工作状况有了更多的主动权和控制权,这样有利于减少组织内高层与下一级部门、部门内主管与下属间的冲突,但部门与部门之间的冲突可能会增加,因为每个部门的利益和目标可能存在不一致甚至冲突之处,一个部门制定的决策可能与另一个部门的决策发生冲突。

(7)组织内部的竞争。管理者常常利用竞争作为激励人的一种手段。这种策略的理论根据是人在有压力时工作绩效将会提高。但把竞争作为激励手段时,一定要注意使用得当。否则,激烈的竞争常常会导致冲突的出现,尤其是如果互相竞争的群体在工作上高度依赖的话,竞争将使生产率降低很多。因为由于双方冲突的缘故,使得它们彼此可能也不愿采取相互合作的态度。相反,他们却花费大量的时间和精力去阻挠其他群体的活动,这种阻挠行为在降低自身工作效率的同时也会降低其他群体的效率。

3.工作协调因素

群体冲突最常见的原因是出自几个不同部门之间的工作协调问题:

(1)工作间的相互依赖。在一个组织中,每一个群体的产出都会成为另外一个群体的投入。比如生产部门和质检部门,生产部门生产出来的产品由质检部门检验,而质检部门则把那些不合标准的产品返回到生产部门。

(2)工作模糊。工作模糊就是对工作的职责缺乏明确的规定。如果组织不明确规定哪个群体应该对生产流程中的哪项工作负责,那么工作模糊常会引起工作群体间的扯皮、推诿和相互敌视。

(3)工作方向的差异。比如,一个企业的新产品开发部和生产部,这两个部门在工作方向的各个方面存在着很大差异:①开发部注重长期目标,生产部注重近期目标;②开发部适应松散的结构,生产部需要正规严谨的结构;③对生产部绩效的评定很快就能确定,而对开发部绩效的确定则要等很长一段时间的产品开发和试验之后才能确定等等。所以,当这两个部门合作开发一种新产品时,往往容易发生冲突。

4. 个人心理和行为因素

个体之间的差异也是冲突产生的主要原因,一些人的价值观或知觉方式可能导致人际冲突。一些信条和态度可能引起冲突,容易导致冲突的两种认知因素是各个行动主体有不同的期望和一方对另一方的知觉,而容易引起冲突的个体特征则包括个性因素、价值观差异以及目标差异三个方面的内容。

(1)不同的期望。

不同的员工在对工作的期望、对组织管理的期望上可能存在较大差异。举例而言,组织中研发部门的工作人员常常认为自己应该而且是忠诚于自己的专业,自己的事业已经超出了某个特定的组织。他们于是更加关注那些在专业上对他们很有价值和帮助的活动,但从组织的管理者的角度来看,这可能不利于组织的目标的实现,因为这会导致较低的组织忠诚度,故而员工与管理者之间潜存着冲突。

(2)对另一方的知觉。

甲方对乙方的看法可能会导致双方的冲突,甲方可能认为乙方拥有过于极端的高目标,而这些目标恰恰妨碍了甲方目标的达成。这样,在甲的心目中,他和乙之间便存在着心理上的不一致甚至对立,这种不一致或对立易于引发心理状态的紧张,也就是说甲和乙之间容易发生冲突。

(3)个性差异。

每个人都有其独特的个性,有的人的个性中包含缺乏耐心、喜欢竞争、偏好与人争斗等特点,不论事实如何,他们都更倾向于认为别人和自己一样,也拥有着相同或相似的竞争性的目标,具备这种性格的人比其他人更有可能创造或面临冲突。

不同的个体对冲突的体验和处理方式也与他的个性特征密切相关。心理学研究表明,自我防卫意识太强的人,常常会主动与别人发生冲突。比如,独断专行的人,喜欢扩大事态来攻击别人;过于自卑的人容易感到别人的威胁而先发制人。有些人则会因其对他人的动机持有的积极预期而比别人更容易变得脆弱。信任度低的人则不容易与他人合作,当面临冲突时,他们很少主动寻找实现双赢的解决方案;与此相反,一个信任度高的人面对冲突时,更容易向冲突的另一方妥协,尤其是在另一方表现出很生气或失望的时候。

此外,个性的差异也会加速不同个体之间的冲突的发生。责任感强的人事先一般都会做好计划,他们希望事情或工作进展得有组织、有条理,他们还希望能够得到自身行为结果的反馈。故而,在实施项目时,责任感强的人希望早些开始,先把相关的计划设计出来,确定明确的目标,并且始终关注和寻求反馈。然而,责任感较弱的人则认为这些可有可无。当这两种人处在同一个项目团队中时,过程冲突便成了可以预期的事情。

（4）价值观差异。

在现代社会，人们的价值观也越来越多元化，有时不同的人之间会存在价值观上的差异，甚至冲突。正如前面提到的，一些人认为冲突对于高效、有活力的组织而言不仅是必要的而且是有益的；但另一些人则坚持认为应尽一切努力避免组织中的冲突，最好的方法就是将冲突扼杀在摇篮里。这两种观点就暗含了重要的文化差异，也表明了人们思考问题的方法的不一致性和多样性。受西方文化影响较深的人们视由不同的个体组成的组织中的冲突为必然现象，他们认为冲突有时可以在工作和生活中发挥积极的作用。但亚洲文化影响下的人们则坚信，冲突是不好的，存在冲突的组织肯定不是最佳的组织，优秀的组织应该尽全力避免冲突。当团队由受不同文化浸濡的个体构成的时候，价值观的差异和分歧会使得解决冲突变得极为困难。

（5）目标差异。

当团队或组织中的个体间存在竞争性较强或相背离程度较高的目标的时候，目标不一致的双方或多方之间往往会发生冲突。目标差异可能是由组织结构的特点引起的，如高度的专业化和相互依赖性。在上文提到的美国州政府绩效考核制度的例子中，绩效考核制度的目标确保了唯有符合要求的候选人才能拥有被政府单位雇用的机会，而且所有的申请者都面临同等的机会。中介机构希望有足够多的合格的应聘者有工作机会，它也需要有合适的人把空缺的职位立刻填补上，以保证各项工作能够顺利进行。事实上，要想实现让所有的申请者都拥有同等的机会的目标非常困难，但谨慎评估、选择和确定谁在合格者的名单里很可能又会延误时机。而且，中介机构在延误期内可能获得大量的新的空缺职位的信息和新的求职者的信息。这样，目标不一致就引发了冲突，随着两个部门的目标差异的扩大，冲突发生的可能性也不断增加，而在那些能够将组织成员的目标与组织目标相结合并形成良好的互动的组织中，冲突相对而言会少一些，其冲突的类型也多是建设性的冲突。

7.3.5　群体间冲突的动态结果

群体间的冲突，不管是对群体内部，还是对群体之间的关系都会产生动态的影响。

1.对群体内部的影响

（1）在不同的群体中快速形成"我们"和"他们"的概念。"我们"这一群体的内部团结性增强，成员们对该群体的忠诚度迅速上升，内部分歧逐步减少，群体内部的凝聚力增强。

（2）群体成员希望通过群体行为满足自身的个人需要的要求逐步减弱，而对群体任务的关心随着群体认同感的提升而逐步增强。

（3）群体内的领导方式逐渐从民主型向专制型转变，而且群体成员逐渐变得能心甘情愿地忍受专制的领导。

（4）群体内的组织性、纪律性逐步增强，每一群体都由最开始的相对松散的形态逐渐向组织严密、纪律严明的群体过渡。

（5）新形态下的群体会要求其成员更加效忠群体和服从群体领导分配的任务，形成坚强的、统一的对外阵线。

2. 对群体与群体之间关系的影响

（1）对本群体和其他群体的知觉均偏离事实。对于本群体即"我们"，群体成员和群体本身只看到本群体的优点，而很难看到自己的缺点和弱点，这在一定的程度上也阻碍了该群体自身的进一步发展；对于其他群体，尤其是敌对群体即"他们"，则只能看到"他们"的缺点，而较难发现"他们"身上存在的优点和相对于"我们"的竞争优势，与"他们"之间的关系也逐步变得紧张起来，且有可能形成尖锐的对立。

（2）该群体与其他群体之间的沟通和交往相对以前而言会有所减少，这也使得本群体和群体内部成员对其他群体及其成员的偏见很难有被纠正的机会，群体成员对竞争对手的敌意加深。在这时，即使强迫它们进行沟通和交流，被交流的信息也是经过仔细的斟酌甚至故意被歪曲的，所以双方很难实现真正意义上的沟通。

（3）对待其他群体的方针由"为解决问题"转变成"争输赢"或"争面子"等。此时群体的目标成为"我们与他们"如何、"我们怎么比他们更好"，甚至变成"我们怎样制约或打压他们的发展"等，而不是符合组织或群体的真正利益所在的"我们与问题"如何。另外，此情境下的双方都只偏向于在短期战胜对方、赢得冲突的好处而不考虑冲突给对方造成的危害和损失、冲突对群体间关系造成的长期阴影，更无暇顾及双方进行合作的可能性及合作可能给双方带来的利益等。

（4）不同于上述三种影响，若群体间的冲突并非功能失调的，冲突也可能为组织带来功能正常的结果。在这种情况下，冲突建设性地提高了群体和组织的绩效和有效性，它能在推动决策者更加深入地对各备选方案进行分析和论证的过程中提高决策的质量，它能激励组织成员更积极地思考和寻求新的解决问题方法，为组织的变革和发展提供一个开放的内部环境。此外，组织内较小的建设性的冲突的增多，还有利于增强组织的公开度和透明度，有利于减少和避免大的摩擦。

在这部分内容中，我们介绍和分析了群体间的冲突对群体内部关系的影响和对群体之间关系的影响。不难看出，冲突可能带来具有极大破坏性的消极后果，也可能带来具有建设性意义的积极结果，问题的关键在于冲突本身的性质和管理者对冲突的掌控，下面我们将进入对群体冲突的控制的学习。

7.3.6　冲突的管理策略

1.增加冲突的策略

如前所述,对于任何情境,都存在最适宜的冲突水平,只有适当的冲突存在时,组织运行的效率才会较高(在有的情境下,冲突的最佳水平是零)。但现实中,许多组织因为其内部的冲突太少而缺乏创造性和活力,那么这些组织的管理者应该做些什么,又能做些什么工作来激发组织中具有建设性意义的冲突呢?

管理者可以试着回答下列问题:

①管理者周围都是唯唯诺诺的人吗?

②下属人员是否害怕对他们的上级承认自己的无知?

③决策者是否过于注重要在组织内达成某种妥协,而忽视组织的长期目标和利益?

④管理者是否认为在他们单位内不惜代价维护平衡和合作的印象非常重要?

⑤决策者是否因为过分顾及伤害他人的感情而畏手畏尾呢?

⑥管理者是否认为受人欢迎比为获得组织奖赏而进行竞争和创造好成绩更为重要?

⑦管理者是否过多地注重大家对决策的一致同意?

⑧员工是否对变革异乎寻常地抵制?

⑨组织内部是否缺乏创造性的思想?

⑩组织的员工流动率是否极低?

如果对以上问题的回答都是肯定的或大部分都是肯定的,那么该组织中的冲突水平太低,组织处于一种较为僵化的状态,管理者需要适当地增加建设性的冲突以激发组织的活力和创造性。

增加冲突的具体方法有:

(1)委任态度开明的管理者。

在某些组织中,反对意见往往被高度专制的管理者所压制。因此委派开明的管理者可以在一定程度上克服这种现象。

(2)鼓励竞争。

适当的竞争可以激发积极意义的冲突。对于这种措施一定要把握得当,竞争结果要使双方都能获益,否则竞争会很容易失控而演变成强烈的冲突,并引起不良的后果。

(3)重新编组。

交换群体成员,调动人事,改变沟通路线都可以引起冲突。重新编组后,新成员的价值观和思维方式可能对群体原来的陈规陋习形成挑战。

（4）引进外人。

斯金纳认为环境对人的行为具有很强的塑造力量，组织可以通过积极强化、消极强化、惩罚和忽视等方式对员工进行塑造。故而，组织成员之间会具有较强的同质性，但引进外人可以在一定程度上增加组织内的新观点、新想法和新的思考方式，新旧思考方式之间的不一致和差异可以在一定程度上增加组织内部的矛盾和冲突。

（5）安排批评家。

此外，组织还可以聘请专门对组织各项活动和决策的批评专家，以挑战性的言论适当地增加组织内部的冲突。

2. 减少冲突的策略

（1）设置超级目标。

把大家的注意力和活动从眼前的相互之间的冲突引向需要双方合作才能完成的共同的层次更高的目标。设置超级目标可以使在当前的冲突中对立的双方的关系缓和下来，而且他们必须共同把精力从与对方的争斗中转移到共同的新目标上，这样就可以缓解互相之间的对立情绪，增加其沟通、交流的可能性，利用他们在合作过程中形成的感情或友谊化解先前的冲突和对立，实现和解。

美国心理学家谢里夫进行了一项实验，这个实验结果对这一点进行了生动的阐释。他召集了一些 12 岁的男孩举办夏令营，开始他把这些孩子分成相互独立的两个小组，彼此没有交往，这些男孩尽情玩耍并形成了群体规范。后来谢里夫故意挑起争端（分别告诉两个小组，对方拥有特殊装备，所以有些活动只能对方参加）。同时让他们竞赛，结果两个队产生了强烈的对立情绪。当冲突明朗化之后，谢里夫又试图使他们和睦起来，比如他分别向每组说对方的好话，但结果都失败，因为对方的成见使他们拒绝接受这些信息。谢里夫又让两组的孩子一起吃饭、看电影，但仍无效。当两组孩子接近时，互相的敌意立即就显现出来了。谢里夫又让两组的领袖坐下来讲和，但也不奏效，因为领袖们不敢背叛自己的成员，以免被罢官。最后，谢里夫给孩子们设置了一些更高水平的目标，孩子们为了使自己的群体获益，就必须消除敌意，共同参与实现这些目标。例如，谢里夫故意弄坏营地的食品运输车，使得双方孩子必须一起来推车才能把食品运回营地。由于需要一起克服困难，两个小组的孩子最终采取了友好和合作的行为。在活动结束时，其中一组还有剩余资金，他们用它为两个小组买了点心，而不是单独供自己享用。

尽管谢里夫在实验中成功地使参加实验的两组孩子在自欺策略的影响下形成了对立和冲突，也通过超级目标设置促进了两组小孩之间的合作、交流与和解，但是，在现实组织中，设置超级目标这种策略实施起来是非常困难的。

（2）采取组织措施。

①重新设计组织。组织中的一部分冲突是由于组织的设计不合理而产生的，故而，在处理组织中的冲突的时候，对组织重新进行设计是一种很有效的群体冲突的解决策略，尤其是当冲突来源于不同部门的工作协调问题方面时，组织设计会显得更有效。

②设置综合领导。如果两个部门，比如生产部和销售部之间存在冲突，可以让它们都接受同一个既懂生产又懂销售的经理人员的领导，这个经理就可以在这两个部门之间发挥协调的作用。此外，也可以把这两个部门的领导或部分员工进行岗位的对调，使双方都能了解对方的实际、立场和理由，增强他们对另一部门的理解程度和认可程度，减少冲突。

③向上级申诉，由上级仲裁。在这种情况下，处在冲突之中的一方或双方提出向上级有关部门进行申诉，请求上级对二者之间的是非进行仲裁。申诉将上级引入冲突之中以使冲突得到解决，但申诉也有一些缺点和不足，其主要缺点是被上级裁定为败诉的一方未必轻易接受仲裁，所以上级在处理下级之间的冲突时，不但要公平、公正地进行裁定，还要留意安抚败诉的一方，努力引导使双方在冲突解决后携手合作。

④建立和加强群体间的信息沟通。缺乏沟通可能是冲突产生的原因之一，从沟通过程模型出发，增强发讯者的编码能力和受讯者的解码能力、选择优质的信息传递媒介、缩短信息沟通的中间渠道、尽量降低沟通过程中的噪声、加强信息反馈等都有利于减少沟通过程中的各种障碍，进而达到减少因信息沟通故障引起的冲突。

3.处理冲突的二维模式

处理冲突的二维模式如图 7-3 所示。

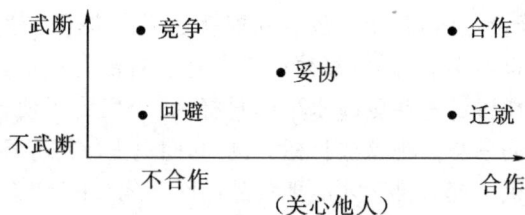

图 7-3 处理冲突的二维模式

美国行为科学家托马斯及其同事以两个维度对冲突的解决方式进行了分析：一个是合作性（一方愿意满足另一方愿望的程度），另一个则是自我肯定性（一方明确自己的利益并试图满足自己愿望的程度），在此基础上确定了五种处理冲突的策略,即竞争、合作、折中、回避和迁就。

(1)竞争。竞争策略又叫强制策略,是一种"我赢你输",不愿与对方合作的应对冲突的方式。在这种策略的指导下,行动主体看中的只是要在冲突之中实现自身的目标和利益,而不关注也不大重视别人的目标和利益。有时,为了实现自身的利益,他们常常通过权力、信息等方面的优势向对方施加压力,以各种各样的方式迫使对方放弃、屈服以解决二者之间的冲突。这种解决竞争的方式并不一定是不可取的,当知道自己是正确的,而且双方之间的冲突也有必要被快速解决,又恰好拥有使用强制的方法处理冲突的优势时,强制是可以的,有时甚至是必需的。

(2)合作。在这种策略的指导下,行动主体不但希望自己的利益能够得到满足,也考虑在不严重损害自身利益的情况下尽可能多地满足他人的利益需求,并希望通过尽可能多地扩大双方合作带来的利益,追求"双赢"。在合作当中,双方认为彼此平等,愿意进行充分的沟通,以便能找到能够较好的解决问题的方法,而不是相互迁就对方的不同观点,双方可以坦率地澄清差异和分歧,解决共同面对的问题。合作在很多情境下是一种较优的解决冲突的博弈方式,因为它代表的是非零和博弈,只有它在尝试着以积极的方式实现双方的共赢。但是,只有在冲突双方的根本利益不是完全对立,双方之间又存在着足够的信任,双方都能较为开放地共享各自拥有的信息的情况下,这种策略的效果才会比较好。

(3)折中。当冲突双方势力均等,而且竞争与合作这两种策略的效果被认为不佳,或一方愿意在这种情况下考虑对方的需求并愿意放弃一部分自己的非核心利益时,冲突中的双方可能会采取折中的策略。这种策略表现为冲突各方求同存异,暂时性地抛开分歧,寻求双方都可接受的解决方法。但在这种策略下,冲突的双方之间并没有明显的赢家或输家,而且双方的愿望和利益也都未能得到彻底的满足,故而,冲突中的双方可能内心都并不是太满意。

(4)回避。尽管冲突可能被意识到了,但奉行回避这一策略的行动主体往往试图逃避各冲突方之间存在的差异和对立,希望自己能够置身事外,不考虑冲突事态的变化和发展,以避开紧张的局面或可能要面对的挫折。当冲突存在的时候,若有一方或冲突双方选择回避策略,冲突问题在一定程度上不容易被激化,甚至有可能会被逐渐淡化。但是,在冲突经常发生的地方,回避不应该被用作长期的解决方法,事实上,它会增加冲突一方的挫折感。当冲突主体之间的相互依赖性较弱时,回避这一策略有利于避免或减少冲突可能带来的消极后果。当冲突主体之间的相互依赖性较强时,回避则会影响双方的工作,降低他们的工作绩效和组织的整体绩效,因为它可能会使双方都忽略了某种重要的看法、意见和机会。

(5)迁就。迁就策略又叫迎合策略,采用这一策略的行动主体为了安抚对方,通常会考虑对方的利益、要求,或屈从于对方的优势,而压抑或部分牺牲自己的利益。有时候,一方迁就另一方可能是从长远角度出发,希望通过自己的牺牲维持建立或维持双方之间的相互关系或换取对方的合作。但是,迁就策略也可能会使另一方产生不切实际的期望,促使他们索取更多,在这种情况下,长期对外实行迁就策略可能会引起更多的冲突,而非解决双方之间的冲突。

实际上,上述五种处理冲突的策略各有其优点和缺点,它们都各有其适合的情境。管理学是一门实践的学科,它的目的和使命并不是发现或为管理者们提供放之四海而皆准的管理模式,而是改善组织对各种资源的配置,提高组织对其所拥有的资源的利用率,使个人的价值观念和抱负转化为组织的动力和绩效。故而,管理者在处理组织中的冲突时,应根据冲突的情境及其性质和内容,选择恰当的处理策略,下面我们为你提供了一些参考和建议。

竞争,当某一问题对组织的发展来说极为重要,你又恰好通过你的渠道知道你自己的方案或判断是正确的时候,你可以采取竞争策略;此外,当组织处在危急情况下,你需要立即做出决断的时候,竞争策略较为合适。

合作,当你的目标是进行学习时,当你需要把不同的人的不同意见汇总并获得承诺时,或者当你发现冲突的两面都很重要但又不能妥协或折中时,合作这一策略的效果可能较好。

折中,当与你发生冲突的对方拥有和你同等的权利,且能为你们共同的目标做出承诺时,当处理冲突的时限非常紧迫且需要你拿出一个解决方案或权宜方案时,折中的策略能较好地解决问题。

回避,当你觉得问题微不足道,不足以挂怀,或你面临更重要且更加紧迫的问题时,当这一问题可能引发其他的问题,尤其是重大问题时,回避较之其他策略更为适宜。

迁就,当你为了对以后的交往与合作建立信任时,当你认为稳定与和谐的环境或氛围十分重要时,当你觉得你应该给予别人欢乐且愿意自己承担损失时,迁就这一策略最合适。

4.应对破坏性的冲突——直接接触

破坏性的冲突会严重地阻碍组织成员之间的交流和沟通,降低他们之间的信任,增加员工之间的紧张、对立,甚至导致组织中人心涣散,这些都会阻碍组织目标的实现和组织及其成员的进一步发展,既然破坏性的冲突可能会使组织面临如此严峻的挑战,我们应该怎样应对组织内部的破坏性冲突呢?

一般而言,直接接触可以促使冲突双方进行交流和沟通,减少对立和敌意,进而降低他们之间的冲突水平,乃至最后消灭该冲突。直接接触有以下三种形式:协商、谈判和 GRIT 技术。

(1)协商。协商是解决冲突最普遍的方法之一,它指处在冲突状态的双方暂时撇开冲突和矛盾,面对面地讨论他们之间存在的分歧,通过谅解、互让寻求积极的解决冲突的方式。多数冲突发生之后,冲突各方最普遍的反应就是面对面地进行商谈,讨论如何协调彼此之间的利益和关系,以解决双方的分歧和冲突,增加双方的得益。

(2)谈判。谈判是指处在冲突之中的双方为了达成具有可操作性的、可行性的协议就具体条件进行讨论的过程。谈判属于广义范围的协商,但它是一种更正式、更直接、更公开化的解决冲突的方式。鉴于谈判在当今组织中所发挥的重要作用,本章的最后部分将对其进行专门论述。

(3)GRIT 技术。在不少情况下,冲突双方的紧张状态和怀疑程度都非常高,切莫谈解决问题,就连简单的交流和沟通都几乎不可能。社会心理学家查尔斯·奥斯古德提出了一种解决这种冲突的方法,即 GRIT 技术。GRIT 全称是 graduated and reciprocated initiatives tension - reduction,它是鼓励冲突的一方主动做出有效解决双方之间的冲突的努力,通过自己的努力在双方之间建立信任,打开双方之间的僵局,进而进行交流、沟通,甚至展开相应的合作以解决冲突的方法。奥斯古德将它称之为"逐步、互惠、主动地减少紧张"。GRIT 的实施步骤如下:首先,冲突中的某一方要降低冲突言论,以适当的方式表达希望调和双方之间的冲突的愿望,进而做出一些有利于降低双方冲突的行为和动作。然后,即使未能接到对方的回应,该方也应该执行自身宣称的推动和解的行动。一旦对方表达出和解的意向,做出合作举动,则很快予以回应。最后,为了防止对方可能的侵犯,该方也应该保持一定的报复的能力。

7.3.7　谈判

1.谈判的内涵与策略

谈判几乎渗透到了每一个组织中的个体的交互之中。谈判是指一方为实现自己的目标和利益而与相关的对方进行协商和讨论,以达成协议的过程。谈判是行动主体努力影响或说服他人的过程。从广义的角度来看,所有的人际互动都是谈判。

在组织中,谈判可能发生在个人与个人之间(如主管与其下属)、群体之中(如集体讨论某一问题或制定决策时),谈判也可能发生在群体与群体之间(如某公司的采购部与其供应商商定货物规格和价格)等。

常见的谈判策略有以下两种:其一,分配谈判;其二,综合谈判。分配谈判又称竞争型谈判,它是在零和条件下(你输我赢或者你赢我输)的谈判,一方通过谈判的所得就是另一方在谈判中的损失。谈判双方对于某种固定的利益和固定的资源就分配这个问题进行协商,双方关注的焦点都是如何在有限的资源分配中最大化自己的收益及最大程度上抑制对方。综合谈判又称为合作型谈判,指谈判双方并不局限于就某个固定利益讨价还价,而是坦诚地分享自己拥有的信息,尽自己最大的努力去理解对方的需求与目标,强调通过共同努力,寻找或创造更多的利益,实现双方目标与利益最大化的解决方法。在这两种不同的谈判形式下,谈判有着不同的策略和技巧。

(1)分配谈判中的谈判策略。

在分配谈判中,首先要评估和确定(或大体确定)自己的接受范围,接着还要分析谈判对手的理想目标和可以接受的底线,即确定其接受范围。双方的接受范围重合的部分,就是谈判中可以讨论和争取的范围。在分配谈判中,对手基本上都不会轻易暴露他的谈判目标的信息,所以,必须使用各种战术、利用多种渠道搜集对方的信息,对信息进行仔细评估,以确定对手的接受范围。可以查找获取到的各种与谈判内容相关的文件和资料,以此了解对手的私人信息等,进而,在谈判过程中使对手同意本方的目标或尽可能多地同意本方的目标。以下是一些具体的谈判技巧,可供参考和借鉴。

①控制自己给对方留下的印象。

在分配谈判中,谈判双方都试图通过一些直接或间接的渠道获取对方的相关信息,所以当作为谈判者参与谈判时,既要让对方对本方的信息有个初步的了解,还要防止对方探究关于本方更多的信息,尤其是本方的接受范围和谈判底牌的信息。需要尽可能地隐藏一些关键的真实信息,透露给对方那些想让他们知道的信息。可以通过以下方式隐藏相关的关键信息。

a.隐蔽式行为。最简单的方法就是少说少做,尽量用发问来代替陈述,减少言行不当、言谈错误或泄露给对方关键线索等情况发生的可能性。不动声色是最常用的隐蔽式行为。还有一种隐蔽式行为,那就是在谈判过程中保持沉默,不给予对方的陈述任何评论,以此增加其焦虑感,降低其预期和目标,扩大己方的收益。

b.直接改变形象。谈判者可以通过一些活动,显示自己可以直接提高他的地位或使他们看起来更加强势。最有效地的一种方式就是选择性陈述,谈判过程中只需泄露对自己有利的信息,或者用选择性的陈述使对方对自己所持的观点做一个定位。

②把握最初的"报价"。

一般情况下,谈判双方都会因为担心向对方泄露自己的信息而不愿意先报出自己的价码。但是如果掌握了对方可以接受的最低条件,并做好了相关的准备,就应该率先出价。率先出价就为谈判奠定了基调,对方要么拒绝继续谈判,要么同意继续谈下去,而继续谈判就必须在本方开始定下的框架内进行。这样,本方就能在谈判中占据比较有利的地位。

研究表明,那些在初始报价时报出较为夸张的价格的谈判者的谈判结果比那些初始报价比较适中或较低的谈判者的所得更为理想。为什么高开价有利呢? 可能的一个原因是它给谈判者提供了一定的优势,使他们有足够的时间了解对方的利益的重点所在。但是夸张的初始报价也有它的缺陷和不足:第一,它很可能会被对方一口拒绝;第二,它所传递的强硬态度对建立和维护双方的长期合作关系不利。

③掌握让步的策略。

让步对于谈判来说至关重要,如果没有让步,谈判也就没有价值。人们之所以会参加谈判,就是想通过自己的行为使对方做出一定程度的让步和妥协。擅长于竞争性谈判的谈判者绝对不会以十分接近自身接受底线的报价开始谈判,因为他要确保自己在之后的谈判过程中具备足够的弹性空间,以便做出一定的让步,在达成协议的同时,在自己可以接受的范围内实现自身的所得。

唐纳德·亨顿·马修·罗伊和扎法尔·哈迈德提出了谈判中应遵循的一些原则:

a. 在报价时给自己留有足够的让步空间。

b. 想方设法使对方透露其需要和谈判目标。

c. 在小问题上可以率先让步,但不要在关键问题上先让步,给对方增加压力。

d. 做出无关紧要的让步时,也要表现出这些让步十分有价值。

e. 每一次让步都要求对方付出更多以交换,使每一次让步都有较好的回报。

f. 一般来说让步要缓慢地进行,一次让步一点,不能太快,让步的幅度也不能太大。

g. 不要将你可接受的底线暴露给对方。

h. 必要的时候也要义正言辞严地拒绝对方。

i. 即使是综合谈判中,接受对方的让步也必须小心谨慎,更不可轻易让出自己的重要利益。

j. 对谈判中做出的每一次让步和让步方式做好记录。

④控制谈判的过程。

a. 制造混乱。促使谈判成功的一种方法是增加谈判失败可能会给对方带来的损失,让其有所顾忌。比如,工人罢工就是要让管理者"见识"谈判延迟或失败给企业、投资方造成的损失,以此逼迫管理者就范,实现自身的利益。

b. 与局外人合作。如果某些局外人对谈判结果能够产生一定的影响,应该想办法吸引他们加入到谈判中来帮助本方,给对方施加更大的压力,降低其索求,增加自身的所得。

c. 控制谈判时间表。如果对方的时间限制较强,而本方又有比较充裕的时间,本方就可以实施"托"字诀,给对方造成压力,争取自身利益的最大化。如果本方的时间更紧迫或本方对谈判结果的需求更迫切,那就尽量不要暴露这点信息给对手。

⑤如何结束谈判。

a.提供选择结果。与其等对方做出一份全面的提议,不如给对方提供两种或多种实质上相差无几的选择。如果谈判小组无法决定究竟向上级推荐哪一种方案,也可以使用这种技巧。如果实际上只有两种截然不同的方案,则可以分别描述这两种方案的利弊,供其选择。

b.假定已经达成谈判结果。在大概了解对手的需要和优势后,谈判者有时会开始以对其有利的方式准备结束双方之间的谈判的材料,好像对方已经同意了自己拟出的协议,而不论对方是否真的愿意达成这样的协议。

c.搁置分歧。搁置分歧是结束谈判最常用的一种方法。谈判者在利用这种方法结束谈判时,通常会对谈判作一个简短的小结(如"我们已经花费了大量的时间和精力,做出了巨大的让步和牺牲"等),然后提出对方可能接受的建议,如果基本问题已经得到了解决(或时间紧迫),双方不妨暂时搁置分歧,达成初步的协议,将剩下的一些问题先放一放,留待后来解决。

d.给对方一些甜头。另外一种结束谈判的方法是自己在此时再做出一些特别让步的声明,并告诉对方,"如果你同意成交,我就给你这个或那个"。要有效地使用这种方法,谈判者必须提前计划好要用来施惠的物品,否则做出的让步可能就太大,这样组织的损失可能就会很大。

(2)整合谈判中的谈判策略。

①识别与确定问题。

a.以双方共同接受(客观或中立)的方式定义问题。当在定义问题的时候,应该对对方的需求及其优先次序做出明确的反映。在谈判中人们的普遍担心的问题是,在定义问题的过程中任由某一方控制信息,并利用此优势使问题的表述对己方更有利。当这种情况出现时,谈判双方必须采用中立的方式或条款来陈述问题。问题陈述必须被谈判双方共同接受才行,问题的陈述不能出现损害或偏向谈判双方中的任何一方的偏好和优先次序。一般而言,谈判者要有耐心地进行好几次问题陈述和磋商来达成一致。

b.问题陈述的方式应简明、清晰。如果问题过于复杂,谈判各方很可能无法就问题的陈述达成一致。所以,问题陈述的目标是能够简明、连贯地将问题中的最重要的因素陈述出来。如果综合谈判中的问题太多且主次混杂,谈判者就必须弄清楚这些繁杂的问题之间的关系,辨明主次、轻重。

c.将问题作为目标来陈述,并识别出实现目标过程中可能遇到的障碍。谈判者应该把问题定义为要通过双方的努力与合作来实现的具体目标,在实现目标的过程中需要克服的一些障碍也要明细化和具体化。如果某个障碍太大、太顽固，无论合作的双方怎样努力都无法克服，谈判方就要对其有足够的、清醒的认识，就不要在谈判过程中对它进行过多的协商和努力，而要把注意力和努力集中到解决其他可以解决的、有实质性意义的问题上来。

d. 在探索解决方案的过程中定义问题。不要在问题尚未被全面认识和讨论之前就盲目地寻求解决它的方法。在进行合作谈判时，谈判者必须全面讨论问题并且尽最大的努力检验双方共同选择的解决方案。

②理解问题——明确需求与利益。

在谈判刚开始的时候，谈判者一般都会直接表明自己的立场和需求。这个立场和需要是谈判者在谈判开始之前决定初始报价和最低可接受条件的计划过程中产生的。如果双方都知道对方的核心利益，谈判者便可以找到利益共同点，以此为基础确定双方都能接受的立场。

③寻找解决问题的方法。

通过交流、谈判寻找一个适当的解决问题的方法是综合谈判的创造性阶段中双方共同的主要任务。一旦谈判者对问题有了共同的定义，相互理解了对方的立场和利益，就会产生一些共同的可供商讨和选择的解决问题的方案。有很多方法可以用来帮助谈判者得到可选择的解决问题的方案。这些方法大体上可分为以下两种类型。在复杂的综合谈判中，这两类方法可能都会被用到：

a. 通过重新界定问题提出解决问题的备选方案。这类方法要求谈判双方对问题进行反复的思考，在谈判的过程中重新明确各自的核心利益和深层次需要，提出能够满足双方的需要的备选方案。例如，人们经常讲要"把蛋糕做大"，因为现实中的很多谈判是由资源短缺造成的。所以，最简单、最有效的方法就是通过合作与努力增加可供双方分配、使用的资源，以使双方的目标都实现。但是，如果冲突是由其他原因引起的，这个方法可能就不一定是合适的。

b. 从问题出发寻找解决问题的备选方案。双方可以坐在一起，通过讨论列出很多可以用来解决该问题的方法，从成本和利益等方面对各解决问题的方法进行分析和论证，根据论证结果从中选择出合适的方案。这类方法经常在小组中使用，通常小组比个人能更好地解决问题。因为，不同的小组成员可以从不同的角度和方面看待同一个问题，这有利于发现更多的方法来解决现有的问题，如头脑风暴法等。

④对各种方法进行评估并选择。

当找出多种可供选择的解决问题的方案之后，谈判的双方就要从自己的角度对各方案进行评估，选择最优的方案实施。在对可能的方案进行评估和选优的过程中，应遵循下列原则：

a.在评估方案之前一定要先形成一致的标准。在理想的情况下,方案评估的初期,谈判者应该首先就潜在的合作性解决方案的评估标准达成一致。然后,在对每个方案进行评估时,就能够有一个固定的标准,而不是基于某一方对某个方案的可能的偏好进行选择,这样才能更好地选出对双方更有利的方案。

b.根据标准不断缩小选择范围。审视双方在前一阶段提出的所有备选方案,将重点放在多名谈判者强烈支持的方案上。

c.暂停谈判使头脑冷静下来。如果谈判双方感到自己的核心利益、偏好等未能被满足、认可,或者对方在维护他们所希望取采的某方案时咄咄逼人,使得谈判气氛紧张起来,那就应该申请暂停谈判。谈判者应该坦诚地让对方知道自己的不满和自己对谈判感到不满的原因。在继续评价备选方案之前,双方都应该让自己的情绪平静下来。

d.在最终提议没有讨论完之前,做出的任何决策都只是暂时的和有条件的。只有在谈判双方均明确、一致地同意某备选方案后,谈判者才能采用可调节的条款讨论最终的解决方案。即使对即将选择的解决方案达成共识的情况已经很明朗,在整个解决方案没有完全确定以前,前面讨论中的任何一点都不能确定。这样谈判者就不会因为前面的选择已经无法更改而感到没有了后路。

e.在最终协议未达成之前,最低限度地保存正式手续和记录。在未达到最终的协议之前,谈判者一般都不愿意将自己局限于任何的口头或者书面的协议当中,他们也不想被谈判备忘录所束缚。一般而言,在商议解决方案的阶段,关于各方一纸的书面记录越少越好。但是,在双方即将达成共识时,一方应将协议条款记录下来,然后将这个文件作为官方文本或法定文本在各方的谈判者之间进行传阅。

最后,各方应该避免使用权宜之计,而在对最终协议进行表决的过程中投赞成票,因为这种决定方式可能会剥夺或限制某一方的某些正当利益,这可能导致受损的一方在将来不愿意或消极实施谈判中形成的最终方案。

2.谈判中的一些问题

在谈判的过程中,谈判者必须收集、分析大量的己方和对方的相关信息,进行决策、展开谈判。这是一个很复杂、充满变数的过程,在谈判的过程中,谈判者难免会出现一些认知上的偏差,而这些偏差无疑又会对谈判者在谈判过程中的表现和谈判的最终结果产生很大的影响,以下我们将对谈判者在谈判过程中可能发生的认知偏差进行简单的介绍。

(1)承诺升级。承诺升级指行动主体在过去决策的基础上不断增加承诺的现象,行动主体可能为了掩盖自己以前的决策失误而在错误的道路上越走越远。承诺升级的部分原因由决策主体在感知和判断上的偏差造成的。一旦确定了行动方针,谈判者常常会为其选择寻找各种支持性的证据,同时有意识地忽略或者不去寻找否定先前的决定的证据。这样,最初的决定和投入就变得毋庸置疑,加上谈判者希望继续坚持下去,谈判者自身就变得无法改变这种趋势。没有人愿意承认错误和失败,特别是当谈判的对方可能将此看做是本方的弱点时。改变和制止承诺升级的一种可行的方法是请一位人员对谈判者进行监督,在谈判者不经意出现非理性行为的时候给予谈判者适当的提醒,甚至警告等,防止承诺升级现象的发生。

(2)锚定与调整。锚定即锚定效应,它指当人们需要对某个事件做估测时,会将某些特定数值作为起始值,起始值会像锚一样制约估测结果。人们在决策时,会不自觉地对最初的信息给予过高的权重。另外,锚点的选择可能正好基于不全面,甚至错误的信息,而谈判者却往往将其作为有效的认识基准,据此确定和调整自己对其他问题的分析和判断,这样就很容易做出不恰当的决策和承诺,使组织在谈判中处于不利的地位或与对方达成不利于谈判者所代表的组织发展的协议。

(3)文化背景对谈判的影响。随着经济全球化的不断深入和发展,当今的企业不是仅仅处在单一的文化环境下,并与拥有同一文化背景的企业开展业务与合作,跨国公司与合资企业因其业务和员工的多样性和跨国界性都面临着严峻的跨文化的问题。文化的差异对组织谈判有着重要的影响。故而,在跨文化谈判中,在如何达成协议以及如何对协议进行准确的理解和阐释中,谈判者必须充分考虑文化差异可能发挥的巨大作用。

课堂讨论

1.“低效的沟通是发送者的错误。”你是否同意这种观点? 请说明理由。

2.你是否在组织当中遇到过沟通障碍的问题? 面对这样的问题时你是如何处理的?

3.小道消息在组织沟通当中是不可避免的,如果你是一位管理者,应该如何利用小道消息的有利方面?

4.在学校生活当中,你有没有遇到过冲突问题? 是哪种类型的冲突? 又是如何解决的? 请举例说明。

思考题

1.简述信息沟通的基本过程和类型。

2.什么是非语言沟通? 它会促进还是阻碍语言沟通?

3.影响沟通效率的因素有哪些? 如何有效地改善沟通?

4.冲突对绩效有哪些影响?

5.冲突产生的根源是什么?

6.管理者如何减少冲突?

章末案例

在通用电气,韦尔奇经常参与员工面对面的沟通,与员工进行辩论,通过真诚的沟通直接诱发同员工的良性冲突,从而不断发现问题,改进管理,从而使通用电气成为市场价值最高的企业,也使他成为最有号召力的企业家。美国著名组织行为学家罗宾斯认为:"冲突是一个过程,这种过程始于一方感觉到另一方对自己关心的事情产生消极影响或将要产生消极影响。"管理决策学派的代表人物西蒙把冲突定义为:"组织的标准决策机制遭到破坏,导致个人和团体陷入难于选择的困难。"曾任国际冲突管理课程协会主席的乔斯沃德教授认为:"冲突是指个体或组织由于互不相容的目标认知或情感而引起的相互作用的一种紧张状态。"他认为一个人的行为给他人造成了阻碍和干扰就会产生冲突,冲突和暴力、争吵是两码事。

资料来源:https://wenku.baidu.com/view/30caa26e48d7c1c708a145b3.html.

思考题

1.为什么通用电气的韦尔奇会选择与员工面对面沟通而不是通过其他沟通渠道呢? 找出这篇文章中给出的主要原因,并结合自己的理解加以分析。

2.国际冲突管理课程协会主席乔斯沃德教授认为:"冲突和暴力、争吵是两码事。"你认为冲突和争吵的本质区别是什么? 作为一名管理者如何诱发良性冲突?

测 试

(一)倾听技能测试

下面的陈述反映了人们听别人说话时的各种习惯。对每条陈述,请根据你本人的实际情况,在量表中选择一个数值表示你同意或者不同意的程度。其中,1=非常不同意,2=不同意,3=不确定,4=同意,5=非常同意。记住,答案没有对错之分。完成测试后,把17项的分数加总,然后把它记录在空白处。

1.在听别人说话时,我会走神或思考其他的事情。

2.我不会思考和总结说话者传达的想法。

3.我不会用说话者的身体语言或者语调来帮助理解所听到的内容。

4.上课时,我更多的是听事实而不是所讲的内容。

5.我不听枯燥的讲话。

6.关注讨厌的讲话者,对我来说很难。

7.在某人说完某件事情之前,我就能判断对方所说的是否合适。

8.当我觉得说话者没有什么有趣的东西可说时,我就不听了。

9.当说话者拿我很看重的事情或问题开玩笑时,我会变得激动或沮丧。

10.当说话者用冒犯的语句说话时,我会很生气。

11.在听别人讲话时,我不会花太多精力。

12.即使没有在听,我也假装在关注说话者说话。

13.在听别人讲话时,我容易分神。

14.我否定或忽视与我的想法、感觉相左的信息或评论。

15.我不会怀疑自己的倾听技巧。

16.听讲座时,我不会关注所用的视听辅助设备。

17.即使提供小本子,我也不在上面做笔记。

评分方法:17～34 分,说明你的倾听技巧良好;35～53 分,说明你的倾听技巧中等;54～85 分,说明你的倾听技巧欠佳。

(二)冲突管理风格测试

这个自我评估旨在帮助你辨别自己首选的冲突处理风格,练习应该独立完成,以使你能不受社会比较的影响,诚实评估出自己的真实情况。设想你处在一个冲突的情景中,你的愿望和一个或者更多的人相背离。为下面每条陈述用程度 1～5 打分,1 表示一点也不会,5 表示非常会,选择最符合你答案的程度数值,并记录。

1.我对另一方的意愿进行妥协。

2.我尝试寻找一个中间路线的解决办法。

3.我会坚持论证我的观点。

4.我会检验事情,直到找出一个真正使我和另一方都满意的解决办法。

5.我会避免就我们的分歧进行对抗。

6.我会同意另一方的观点。

7.我强调我们必须找到一个折中的解决方法。

8.我会更看重利益点。

9.我会支持我和对手的观点和利益。

10.我会尽可能地避免观点的分歧。

11.我尝试迁就另一方。

12.我坚持我们双方都应做出一点让步。

13.我会为找到一个对我有利的结果而奋斗。

14.我审查双方的说法,从而找到一个共同的最优解决办法。

15.我会尝试制造看起来不那么严重的差异。

16.我会跟随另一方的目标和利益。

17.只要有可能,我会努力达成胜负参半的和解。

18.我会做任何事情去获得胜利。

19.我会找出一个解决办法,尽可能地同时满足我和另一方的利益。

20.我尝试预防与另一方的对抗。

　　评分方法：把第 1、6、11、16 题的分数加起来，总分填到这里［屈服＝＿＿＿＿］；把第 2、7、12、17 题的分数加起来，总分填到这里［和解＝＿＿＿＿］；把第 3、8、13、18 题的分数加起来，总分填到这里［强迫＝＿＿＿＿］；把第 4、9、14、19 题的分数加起来，总分填到这里［问题解决＝＿＿＿＿］；把第 5、10、15、20 题的分数加起来，总分填到这里［预防＝＿＿＿＿］。

　　解读你的分数：五种冲突解决维度按照如下定义，其中也展示了每一维度的高中低水平的分数范围。

冲突解决维度和定义	分　值
屈服：完全按照另一方的愿望做出让步，或者很少或根本不顾及自己的利益，这种风格包含做出单方面让步或者无条件承诺，并给予不求对等回报的帮助	高：14～20 中：9～13 低：4～8
和解：寻找损失的等价交换，需要另一方的让步，做出有条件的承诺，以及积极寻找介于两方利益之间的中间立场	高：14～20 中：9～13 低：4～10
强迫：试图以他人为代价在冲突中获胜，它包含运用"强硬"影响策略，尤其是独断、为所欲为	高：14～20 中：9～13 低：4～8
问题解决：试图为所有利益方寻找一个互惠解决方案，信息共享是这一风格很重要的特点，因为各方需要识别共同点以及能满足所有人的潜在解决方案	高：14～20 中：9～13 低：4～10
预防：试图消除或避免冲突情境，换言之，要逃避冲突、抑制冲突	高：14～20 中：9～13 低：4～7

第8章 群体行为与团队管理

学习目标

- 了解群体特征与发展阶段
- 掌握影响群体行为和绩效的因素
- 了解群体决策的特征和方法
- 掌握团队特征与发展阶段
- 了解团队建设和高效团队

开篇案例

小李是 A 公司的中小企业客户部主管,他和他负责的 8 名客户代表组成了一个工作项目组。这个项目组由不同部门的成员组成,他是这个项目组的成员之一。

中午,小李和采购部的小孙、市场部的小王、大企业客户部的小张相约一起去吃饭。时间久了,大家都知道了吃饭的时候他们准是在一起。

小李爱好体育运动,参加了工会组织的羽毛球俱乐部,每个周末大家都聚集在一起活动。因此,他又有了一帮球友。

虽然小李身处不同的群体中,扮演着不同的角色,但是这对小李来说是正常而且愉快的。

每个人在生活和工作中都处于不同的群体并扮演不同的角色,我们应该如何理解自己所处的群体及角色呢?

资料来源:李爱梅,凌文辁.组织行为学[M].北京:机械工业出版社,2011.

8.1 群体特征与发展阶段

8.1.1 群体的概念

1.群体的含义

群体并不是众多个体的简单的集合,它是指由若干人组成的为实现他们的共同目标而形成的相互依赖、相互影响、相互作用的人的结合体。事实上,任何一个人都在特定的群体中工作和生活,而且一个人也可以同时参加若干互不相同的群体。

2. 群体的特征

一般而言,群体具有以下主要特征：

(1)各成员之间相互依赖,群体成员在心理上能彼此意识和感知到其他群体成员的存在,各成员在行为上发生直接或间接的交互作用,他们相互影响。

(2)各成员拥有共同的兴趣、目标和利益等,群体成员经由群体的共同活动而结合在一起。

(3)各成员都具有群体意识和群体归属感,彼此都有"我们",即属于同一群体的感受,并在群体中占有各自不同的地位,扮演各种不同的角色,通过合作执行和完成一定的任务,实现群体的目标。

(4)群体具有自己的结构,同时,群体还具备相应的协调、约束各成员在共同活动中的言行举止的群体规范。

不具备上述特征的人群,不能称为群体。如在酒店偶然相遇的人,在街头一起看热闹、共同围观新奇事物的人群一般不能称之为群体。

8.1.2 群体的分类

以上介绍了群体的含义和特征,接下来我们将从一些不同的角度对群体进行分类,使之更加具体化和明晰化。

1. 从群体是否实际存在的角度来看,可将群体分为假设群体和实际群体

(1)假设群体。假设群体是指假定的、实际不存在的群体。

(2)实际群体。实际群体是指实际存在的群体。

2. 从群体规模的大小来看,可将群体分为小型群体和大型群体

群体规模是指组成群体的群体成员的人数的多少。尽管在某个时点上组成群体的群体成员的数目是绝对的,但群体规模的大小是相对的,社会心理学认为群体成员之间是否有直接的、面对面的接触或联系是判断群体规模的重要指标。根据群体规模的不同,可以把群体划分为小型群体和大型群体：

(1)小型群体。小型群体成员之间有着直接的、个人间的、面对面的接触和联系。

(2)大型群体。大型群体成员只是以间接的方式(通过群体的共同目标或组织的各层级的机构等)连接在一起。

3. 从群体在群体成员心目中的地位来看,可将群体分为隶属群体和参照群体

(1)隶属群体。隶属群体又称"所属群体",是指个体参加的群体是由组织的正式成员组成的群体,例如个体所在的企业的生产车间、各职能部门等。

（2）参照群体。参照群体又称"标准群体"或"榜样群体"，是指个体虽然没有实际参加但仍然自觉地接受其群体规范，并以此指导自己的行为的群体。参照群体不一定是实际存在的，它可以是个体接触到并认可的文学创作者在其文学作品中创造出来的人物或典范，也可以是个体自己想象中的英雄。

4.从构成群体的原则和方式的角度来看，可将群体正式群体和非正式群体

（1）正式群体。正式群体是指组织中有着正式的明文规定的群体，正式群体有固定的编制和严格的隶属关系，群体成员有明确的职责分工，他们按照规定享有相应的权利并承担对应的义务。

（2）非正式群体。非正式群体则并非基于正式的明文规定而产生，它是人们基于各种相同的因素，尤其是兴趣、爱好等而自发、自然结合形成的群体。这种群体既没有法定地位，也缺少固定的形式，群体成员之间感情的支配在群体中占重要地位并发挥着巨大的作用。

非正式群体是梅奥首次在霍桑实验中发现并提出的，非正式群体的存在并不是一种偶然的现象，它是出于人们为了满足正式群体之外的某种心理需要而产生的。人的需要是多层次的、多方面的，正式群体只以生产、工作和学习为主要目的，主要满足人的经济需要，很少会关注人的精神需要，如个体的交往需要、寻友结伴的需要、各种爱好兴趣的需要等。因此，除了正式群体之外，人们会发展出形式不一、目标各异的非正式群体以满足自身的上述需要。具体而言，非正式群体形成和发展的原因主要有以下两点：

①出于某种利益、观点、信仰等的相似性或一致性，群体成员拥有共同的兴趣、爱好、习惯、个性，他们有着相似的经历和背景。

②非正式群体成立的主要条件：a. 心理条件。群体成员要有相似的心理特征和相近的心理需求。b. 工作条件。群体成员在组织中的工种、地位等相同，工作场所相近，群体成员之间有很多接触和交流的时间和机会。c. 地理条件。群体成员的住所在地理位置上较近或群体成员是同乡，相互之间具有很多共同点。d. 人事条件。存在不负众望的核心人物，他能将各成员很好地凝聚起来，进而形成群休。

非正式群体的主要特征如下：①自发形成；②以兴趣、感情等为纽带；③群体内部具有较强的向心力和凝聚力，群体成员的行为具有一定的一致性；④群体的首领是自然形成的，首领凭借自身的影响力领导群体；⑤群体成员共同遵守有不成文的群体规范；⑥群体成员之间的信息传递灵敏且快速；⑦群体具有较强的排他性。

尽管非正式群体都具备以上七种特征，但根据非正式群体形成的原因，可将非正式群体划分为以下五种类型：

①利益型：以满足群体成员的各种利益需要为目的建立起来的非正式群体。

②爱好型:以各种个性心理特征相近,如共同的兴趣、爱好等为基础而自发建立起来的非正式群体。

③信仰型:因一致或共同的志向、理想、信仰等,为实现相同或相近的目标而建立起来的非正式群体。

④情感型:在共同遭遇、共同语言等条件基础上各成员相互信任、相互帮助,进而建立起来的群体。

⑤亲缘型:因属同一家族或因为成员之间存在的亲属关系而建立起来的非正式群体。

非正式群体在组织中产生后便会对组织中的正式群体产生影响,具体作用如下:

①促进作用:当非正式群体的组织目标与正式群体的目标一致时,它能促进正式群体,使正式群体高效率地运作,促进正式群体目标的实现。最理想的情况是每一正式群体中的小组成员同时也是非正式群体的成员,正式群体的领导者同时也是非正式群体中最具权威且最受群体成员尊敬的人,而且非正式群体的目标和价值取向与正式群体的目标相一致时,非正式组织会对正式组织的运作和发展起到巨大的促进作用。

②阻碍作用:当非正式群体的组织结构和正式群体的组织结构不一致,尤其是当正式群体的领导人在非正式群体成员中不具备相应的权威,且非正式群体的领袖品质低劣时,非正式群体和正式群体之间便很容易发生冲突。一旦非正式群体具备足够的力量,它可能会对正式群体的正常工作的开展和进行产生明显的阻碍,严重影响正式群体的工作效率,阻碍正式群体目标的实现。非正式群体的阻碍作用的极端情况就是非正式群体具有明显的派别主义,此时非正式群体的存在会对正式群体的正常运转产生严重的阻碍。

在上述的非正式群体对正式群体可能存在的双重影响之外,非正式群体还会对该群体成员产生如下影响:

①控制作用:非正式群体的群体规范会对群体成员形成一种巨大的约束力,任何群体成员都必须遵守这些不成文的规范,都必须与群体的主流或领导者的行为保持一致,否则就会受到群体其他成员的孤立,甚至被该群体抛弃,正是这种约束力使群体对其成员的行为具有某种程度上的控制作用。

②改造作用:非正式群体中的每个成员都会按照群体的态度和行为模式改造自己。这种改造,有的是通过群体压力和群体控制进行的,更多的则是在潜移默化中完成的。非正式群体可以把该群体认同的信念和价值观念传递给成员,群体成员不仅可以很快地接受,而且会及时地将其落实到自身的行为之中。例如,组织中某个成员犯了错误,正式群体的领导对其展开的多次批评教育可能都不见效,但只

要他所属的非正式群体中领导者,甚至是群体成员的几句话,就可以使他反省自身的错误、改正自身的行为。

③激励作用:非正式群体成员的群体观念往往都非常强,其成员可能在正式群体中甘于平庸和落后,但却不肯在非正式群体中示弱和认输。比如一项工作,正式群体的领导费尽心思号召各成员努力奋进,群体成员仍可能会无动于衷,但只要正式群体成员所属的非正式群体的领导者勉励该成员朝着正式群体的目标奋进,他可能会立马认真行动。

总之,组织中的非正式群体形成之后,会对群体成员的心理和行为这两个方面产生非常重要、重大的影响。但它们并不总是与正式群体相互补充、相互促进的,有时非正式群体会与正式群体产生矛盾,它们也可能会阻碍正式群体的运作,故而,组织的管理人员必须特别重视非正式群体可能在组织中发挥的作用,通过自身的努力创造条件使非正式群体的目标、价值取向等与正式群体的目标和价值取向相匹配,以提高正式群体的工作效率。管理人员在对待非正式群体时应注意以下两点:

①合理利用非正式群体以实现组织目标。管理人员可以利用非正式群体成员之间的亲密感情、信任以及非正式群体内部信息沟通快、凝聚力强、群体压力大、领袖人物具有高度权威等特点促进组织使命的宣传,组织成员间的分工与协作,建立其较强的、向上的组织文化,以保证和推动组织目标的实现。

②管理人员应对不同类型、起着不同作用的非正式群体进行区别对待。对起积极作用的非正式群体,应当加以支持,并在适当的时候为其提供相应的保护;对起消极、破坏作用的非正式群体,管理人员应当积极地对其进行引导和改造,甚至做出果断处理以减少其对组织的破坏力。

8.1.3　群体心理对个体的影响

1.群体归属感

群体归属感是个体自觉地归属于自己参加某群体的一种情感。在这种情感基础上,个体就会将群体规范视为自己的准则,以之为基础参与各种活动并在其中做出相应的行为。如果个体的群体归属感很强,个体会积极地维护群体的利益,并与群体的其他成员在情感上发生强烈的共鸣,表现出一致的情感和行为特点等。一般而言,群体的内聚力越强,群体成员的归属感也就越强烈,群体成员很可能会因自己是这个群体的一员而感到自豪和骄傲。

2.群体认同感

群体认同感是群体成员在认知和评价上保持一致的情感。同属一个群体的成员会在对许多外部问题的看法上形成和保持一致,即使这个看法是错误的,群体成员也会支持它,这在非正式群体中表现得更为明显和突出。群体认同包含以下两种类型:

(1)自觉的认同。自觉的认同是指群体成员主动与其他群体成员发生认同。这主要是由于群体内人际关系密切,群体对个人的吸引力大,群体成员认为只有在群体内才能更好地实现个人的价值,使自身的各种需要得到相应的满足。

(2)被动的认同。这种认同主要是群体成员在面临来自自己所属的群体的压力时,为避免被群体抛弃或受到其他群体成员的冷遇和孤立而采取的从众行为。

3.群体的促进和干扰作用

在现实中我们经常看到个体在单独一人时不敢有太多表现,但在群体中却敢于表现,即个人在群体中变得胆大起来的现象。这种现象的主要原因在于个体因为自己的归属感和认同感将群体视为自己的后盾,无形中他也就可以从群体中获得力量支持,进而敢于做出在独自一人时不敢做出的行为。如果个体受到表扬,这种行为就会得到强化,但当个体的行为不符合群体规范并因此而受到批评时,其行为就会逐渐减弱,乃至消失。

8.1.4　群体的发展阶段

群体的形成必须经历一个较长的过程,群体在形成之后,也会不断变化和发展。塔克曼提出了群体发展一般要经历的五个阶段,如图 8－1 所示:

图 8－1　群体发展的五个阶段

第一阶段——形成阶段:群体成员彼此了解,相互熟悉。

第二阶段——震荡阶段:群体内开始产生冲突,群体成员为权力、地位、资源等的分配而发生意见分歧,并有可能因此而发生冲突。

第三阶段——规范阶段:群体在发展过程中出现了凝聚力,群体作为一个整体获得群体成员的广泛认同,群体成员之间也相互认可,但这时群体成员很容易陷入"群体意识"之中,他们可能会不顾反对意见,自我感觉良好,可能会犯错误,并引起群体绩效下滑。

第四阶段——执行阶段:成员相互依赖,相互合作,群体的功能和作用得到最大程度的发挥,群体走向成熟。

第五阶段——解体阶段：在解体阶段中，组织成员已不再重点关注如何取得较高的群体绩效，他们转而关注如何做好善后工作，为群体的解散做好准备。

8.2　影响群体行为和绩效的因素

8.2.1　群体的规模和结构

1. 群体规模

群体规模即组成群体的群体成员的总人数大小。

(1)研究群体，尤其是小型群体的人数的上限和下限，即一个群体最少应由几人组成，最多不应超过多少人。

一般认为，小型群体的下限为 2 人或 3 人，至于小群体人数的上限，多数学者认为是 7 人，也有不少人主张上限应为 20 人、30 人或 40 人。

(2)群体的总人数应为奇数还是偶数。

主张群体的总人数应为奇数的人认为，当群体成员之间因某一具体问题而发生意见分歧时，奇数群体可以采取投票表决方式解决问题；主张偶数群体的人则认为表决会影响群体中各成员之间的人际关系，表决并不是解决问题的好办法，当意见分歧时，应采取进一步的协商以解决分歧。

(3)群体规模与群体绩效的关系。

群体规模和群体绩效之间不是简单的线性函数的关系。这是因为群体绩效涉及很多因素，如生产任务的难易、工种的区别、现代化的程度、成员的熟练水平等，而不是简单的人多力量大，有时候人多反而会增加群体之间的冲突和群体内部的协调成本。要确定一个高绩效的群体的规模，应牢牢把握以下几点：

①应根据工作任务的性质和工作任务的内容确定群体人数的下限，这个下限必须能保证该项工作任务的完成。

②根据工作任务和主客观条件确定群体规模的最适当的人数，这个人数要保证群体成员处在最佳激励状态和最佳协调状态之中，即群体的每个成员的协调分工和工作激励都达到了最佳的水平。

③群体规模的上限应这样确定，即如果超过了这个上限，群体成员之间"搭便车"的现象就会明显增多，群体成员的工作满足感会明显降低，工作本身对群体成员的激励会明显下降等。

2. 群体结构

群体结构即群体成员的组成成分和结构。

群体成员的结构可以分为年龄结构、性别结构、性格结构、知识结构等，而群体的结构就是指这些结构之间的有机组合。

（1）群体结构的类型。

①同质群体，指成员在年龄、性别、性格、知识等方面大致相同或相近。

②异质群体，指成员在年龄、性别、性格、知识等方面存在较大的差别。

（2）群体结构与绩效。

群体结构会对群体的工作效率产生很大的影响，群体结构合理、群体成员搭配得当能使其成员联系紧密，群体内部和谐一致，群体成员的能力因群体的凝聚和配合而放大，从而提高工作效率，实现高的群体绩效。与之相反，如果群体结构不合理、群体成员的搭配不合理，群体成员之间很容易出现联系松散、彼此牵制，甚至内耗严重的情况，这样群体的合力就会较差，群体的工作效率和工作绩效会被降低。

异质群体在创造性地解决问题和成员对解决问题结果的满意度上均优于同质群体，但在完成较为简单的任务或机械重复性较高的工作时，同质群体的效率则较之异质群体更高，在完成复杂任务或内容多变的工作时异质群体的工作效率往往会更高。所以，企业中装配线工人之间一般具有较好的同质结构，而高层次管理团队则表现为较高的异质结构。

8.2.2　群体成员的角色模式

每一个群体成员在群体中都会表现出自己特定的某种行为模式，我们将其称之为角色模式。

1. 群体成员的角色表现

群体成员有三种角色表现：

（1）自我中心角色。

自我中心角色只重视自己个人的需求而不顾其行为可能对群体和群体其他成员产生的影响。

①阻碍者。阻碍者指那些总是在群体通往目标的道路上设置障碍或不利于群体实现既定的目标的人。

②寻求认可者。这类人爱出风头，试图突出个人而不顾及其行为是否会对群体产生不利的影响。

③支配者。这类人试图驾驭别人，操纵群体中的所有事务，以满足自己的权力欲望，也不顾对群体有什么影响。

④逃避者。这类人对群体漠不关心，似乎自己与群体毫无关系，也不为群体做贡献。

（2）任务导向型角色。

任务导向型角色是指群体成员关注群体任务的完成,给群体提出建议,搜集有用的信息,并协调问题的解决。

①建议者。这种角色类型的人对群体的问题和目标提出设想或改进的方法。

②信息搜集记者。这类人为群体整合相关的信息,为群体决策提供信息基础。

③总结者。这类人擅长将群体内部的意见和建议汇总起来,理清它们之间的关系,并试图将群体成员协调起来。

④评价者。这类人对群体内的建议和方案的逻辑性、现实性和可能性等进行评价,以便得出较好的方案。

(3)关系导向型角色。

关系导向型角色是指维护和协调群体内部的人际关系,解决群体人际冲突的行为角色。

①鼓励者。这类人常常接受和赞扬别人的观点和意见,他们对其他群体成员常表现出热心和团结。

②协调者。这类人经常出面调解群体内部成员间的矛盾和冲突,缓和群体内部的紧张气氛,维护群体的凝聚力。

③折中者。这类人会协调群体内部的不同意见,鼓励群体成员寻求和接受中庸策略。

④监督者。这类人通过对群体的监督保证让每一个群体成员都有机会发表自己的观点和意见。

2. 角色期待

角色期待是指我们总是期待承担某一角色的个体表现出符合其特定身份的行为模式,也就是期待承担某一角色的个体在特定的情境下,表现出相应的行为。在组织中,上司与下属之间存在着特定的角色期待(心理契约)。

3. 角色认知

个体的行为是否符合角色期待在很大程度上取决于他对角色的认知水平。个体对自己在特定情境下该做什么、应表现出何种反应有清楚的认识,即是角色认知。角色认知跟个人的经验、生活阅历、价值观和文化背景等有很重要的关系。个体的角色认知的差异常成为群体成员之间矛盾的源头和焦点。

4. 角色冲突

角色冲突是指当个体同时扮演几个不同的角色时,由于不能胜任在各个角色之间的转换而引发的矛盾和冲突。角色冲突大体可以分为两类:角色间冲突和角色内冲突。

(1)角色间冲突是指一个人所担任的不同角色之间引发的冲突。主要表现为两个情形：一是行为模式内容上的冲突，二是认知上的冲突。例如，一个成年男子他可能既要扮演父亲的角色又要扮演儿子的角色，当他同时需要陪儿子看电影和陪父母出去散步时，他就面临着角色间冲突。

（2）角色内冲突是指同一个角色，由于社会上人们对他的期望不一致，承担者对这个角色的理解的不一致，个体由此而在内心中产生的各种矛盾或冲突。

8.2.3 群体规范和压力

1. 群体规范

（1）群体规范的概念。

群体规范是由群体所确立的，群体成员共同认可和接受的一些价值观和行为等方面的标准或准则。群体规范并没有限定群体成员的一举一动，而是确立了群体对其成员的行为可以接受的范围。

（2）群体规范的形成。

英国的著名心理学家谢里夫在 1935 年做了一个实验，他根据实验的过程和结果，提出了群体规范的形成过程，下面将对这个实验进行简单的介绍。实验是在暗室内进行的，被试者被安排坐在暗室之中，并在被试者面前一段距离的地方放置一个光点。在光点出现了几分钟后马上将其熄灭，然后让不同的被试者对刚才的光点移动的距离和方向进行判断。在连续进行了几次实验后，每个被试者都逐渐地形成了自己独特的反应模式。有的被试者认为光点向上移动，有的则认为光点向下移动等，个人的感受不尽相同。但实际上光点根本就没有移动，只是被试者在暗室中看光点的过程中觉得光点在进行不同的移动，这都是心理学中的视错觉现象在被试者身上的表现。

在这之后，让被试者一起在暗室内观察光点，大家说出自己的判断，互相讨论。实验反复进行了过一段时间后，被试者们对光点移动距离和方向的判断基本上趋于一致。此时，被试者在讨论中形成的群体规范代替了个人的反应模式。显而易见，这种群体规范的形成是受暗示、模仿、从众等心理机制影响的综合结果。

在这之后继续进行实验，把这些被试者分开，重新让每个人经历上述实验过程并给出他们的单独判断，统计、分析被试者给出的判断的结果发现被试者们这次的判断与他们原先在个人反应模式下给出的结果不同，而是和群体规范保持一致。由此不难看出，群体规范在形成、被群体成员接手之后会产生一种作用于群体成员的无形的压力，这种压力会约束每个群体成员的行为，使之与群体规范一致，在很多时候，群体规范对群体成员的约束和压力是群体成员自身没有意识到的，即群体规范一旦形成，它就会在无形中对接受它的群体成员产生深刻的影响。

人们在共同生活中很容易产生一种社会标准化的心理倾向或认知倾向，即人们在对外界事物的共同认知和判断的基础上相互模仿,会逐渐地发生类化过程,使得群体成员之间形成趋于一致的、固定的行为模式。因此群体规范便在群体成员之间相互模仿、顺从、磨合的过程中形成了。但群体规范的建立和发展还会受到许多其他因素的影响和制约,如个体的特征、群体同质性、群体任务、群体所处的物理环境、群体所在或所属组织的组织规范等。

(3)群体规范的种类。

①正式规范:即由正式文件明文规定的群体规范,如学生守则、法律、法规、企事业单位的规章制度等。它多存在于正式群体之中,常被所属单位以文字的形式固定下来,由上级或同事监督执行。

②非正式规范:它是在群体中自发形成的不许明文规定的群体规范,多以风俗、习惯等方式出现,多存在于非正式群体中。如朋友见面时的互相问候的方式和不同地区的风俗习惯等。

(4)群体规范的作用。

群体规范一旦形成,就会反过来通过对群体成员态度、行为等的影响作用于群体之上,群体规范的主要作用包括以下几个方面:

①维系作用。

群体是以整体的形态存在的,而群体的整体性就表现在群体成员的感情、认知和行为等方面的一致性上。群体规范是统一群体成员的意见和看法、调节群体成员的行为的一致性的标准。群体的规范越标准化,群体成员之间的关系就越密切,群体成员的活动就更加和谐,群体本身也就具有更强的向心力和凝聚力,也更加容易让群体成员感受到它的存在并为其感到自豪。与之相反,群体规范的标准化程度越低,该群体就越松散。

②认知标准化作用。

每个人的看法是不同的,但当他们结合成一个群体并形成了群体规范,群体规范就会使群体成员的意见和看法统一起来。群体规范就像一把标尺,摆在每个成员的心间,对其产生约束和激励,使他们的认知、评价趋于一致,从而形成共同的看法和意见,为实现共同的群体目标服务。

③行为的定向作用。

群体规范为成员规定了群体成员的活动的范围和日常的行为方式,它明晰地告诉群体成员什么可以做,什么不可以做,什么应该做,什么不应该做以及怎样做等,由此群体规范促使成员的行为趋向于平均水平。

④群体动力作用。

群体规范会在群体成员之间形成一种舆论力量,当某些成员的行为与群体规范不一致时,群体大多数成员会根据群体规范对这种行为做出一致的评论,进而起到引导和制约这个成员的行为的作用。群体舆论既有积极作用,也可以产生消极的后果。消极的群体舆论主要表现的是群体规范的一种惰性,群体规范是群体内部多数人的意志,它要求成员行为趋于中等水平,它也把群体成员的行为限制在某一中等水平。社会上常见的劳动模范被群体成员挖苦打击,成为被孤立的对象就是例证。俗语中的"枪打出头鸟""出头的椽子先烂"说的也是这个道理。此外,规范的惰性作用还会限制群体成员的创造性。但如果群体规范是鼓励合作、鼓励创新和变革的,那么群体内部就会形成激励和推动群体成员积极创新,努力以新的方式和方法改善群体的绩效的舆论。这也将为群体成员努力奋进、群体绩效的提高、群体的发展提供坚实的基础和源源不竭的强大动力。

(5)群体规范与绩效。

群体规范并没有绝对的好坏之分,它对于群体所属或相关的组织的价值取决于它是否有利于提高员工的工作效率和组织的绩效。一般而言,当群体规范与组织的目标相匹配时,具有高凝聚力的群体规范有利于群体绩效和组织绩效的提高。

2.群体压力与从众行为

群体压力是群体对生活在其中的群体成员特有的约束力。群体对其成员的影响主要通过群体成员认可且共同遵守的准则、习惯、价值观等对个体产生一种压力。当个体在群体中与多数人发生某种分歧或出现某种不一致时,他就会通过其他群体成员对他的态度和行为真切地感受到群体压力。

群体压力虽然不像命令那样由上而下强制性地要求个体改变其行为,但却能使个体在心理上感到矛盾和为难。一般群体成员很难违抗群体压力,他们很容易在群体压力的逼迫下违背自己的意愿,改变自己的行为,使之与群体中的大多数人保持一致和同步,群体成员的从众行为由此而生。

群体压力和从众行为的作用具有两重性,一方面是其积极作用,另一方面则是消极作用。

①积极作用:群体压力和从众行为有助于使群体成员开展一致的行为,有助于完成共同的群体目标,它们使群体得以存在和延续,它们也可以增强群体成员的安全感。此外,先进群体的压力可以影响和改变个体不良的观念和行为,使之不断进步。

②消极作用:群体压力和从众行为很容易压制成员的创造性,使群体成员养成人云亦云的不良习惯。此外,群体压力和从众行为在群体决策时,很容易变成群体主导着的一言堂,使得正确的意见被压制,妨碍和降低了决策的有效性。

8.2.4　群体凝聚力

1. 群体凝聚力的概念

群体凝聚力又称内聚力,是指群体在群体规范的基础上,使全体成员在情感产生共鸣、价值取向和行为上保持一致的内在聚合力量,也指群体成员愿意留在群体内的程度。群体凝聚力既包括群体成员与整个群体之间的吸引程度,又包括群体成员相互之间的吸引程度。

群体凝聚力作为群体的粘合剂,是保证群体存在、发展的必不可少条件。如果一个群体失去了凝聚力,它也就失去了力量和生命,这个群体也就不可能继续存在了。一个群体的凝聚力的高低还内生地决定了群体发展的快慢,决定了群体能否较好实现自身的目标。

2. 群体凝聚力的测定

学者发现,可以通过心理学的相关知识测定群体的凝聚力。

(1)请群体内的每一位成员评定自己对其他群体成员的感情,然后对这些评定进行加总,较为常见的测量方法有语义量度。

(2)让群体成员评价他们感知到的自己对群体的归属感。

(3)社会测量法方法可计算凝聚力。心理学家多伊奇提出计算群体凝聚力的公式:

群体凝聚力=成员之间相互选择的数目/群体中可能相互选择的总数目

3. 群体凝聚力的影响因素

(1)群体目标。群体成员个人的目标与群体目标是否一致会对群体的凝聚力产生重大影响。当群体成员的目标之间成正相关且群体成员的目标和群体的目标一致时,高凝聚力的首要因素便具备了。

(2)群体的领导方式。心理学家勒温在1939年通过实验比较了"民主""专制"和"放任"这三种领导方式下群体的绩效和凝聚力,结果发现"民主"型领导方式中的群体成员之间更加友爱,凝聚力更高。但勒温之后进行的试图确定哪种领导风格最有效的实验却并未发现某一种确定的风格是最有效的证据。

(3)群体成员的同质性或互补性。同质群体的成员在某个或某些方面彼此接近,他们很容易相互吸引、产生好感,因而更有可能形成较强的凝聚力。但是,异质群体的成员在某些方面互相补充、彼此取长补短、友好交流与合作的话,也会增进成员之间的感情和密切关系,也可以增强群体的凝聚力。

(4)满足成员需要的程度。群体对成员各种合理需要的满足度越高,群体成员对群体的向心力就越强,群体的凝聚力也会越强。

(5)奖励方式。对于遵守群体规范或做出有利于群体发展的突出贡献的群体成员给予合理的奖励,也可以增强群体的凝聚力。此外,实践证明将个人奖励和集体奖励两种不同的奖励方式相结合也有利于增强群体的凝聚力。

(6)群体面临的外部压力。群体之间的相互竞争等会对群体形成压力,通常情况下,群体所面临的外部压力会迫使群体成员自觉地减少群体内部的分歧和斗争,一致对外以避免群体可能遭遇的损失,在这个过程中群体的内聚力自动地被提升了。

4.凝聚力与工作效率

群体凝聚力与工作效率之间存在两种相反的关系:当群体的规范、目标与组织的规范、目标相一致时,群体凝聚力高,其工作效率就高,二者成正比;反之,当群体的规范、目标与组织的规范、目标不一致时,群体凝聚力越高,其工作效率就越低,二者成反比。

8.3 群体决策

8.3.1 决策中的重要问题

1.决策

决策就是选择,决策过程包括以下几个步骤:①界定问题;②确定标准;③收集信息;④形成各备选方案;⑤对各备选方案进行评估;⑥选出最好备选方案并付诸实施;⑦反馈。

事实上,我们每天都在对很多事情进行决策:早晨何时起床,穿什么衣服,早餐吃什么,当天做什么事情等。我们还为一些更重要的事情做出决策,比如上什么大学,学何种专业,从事何种事业,如何理财等。不难看出,决策和选择充斥在我们每个人的日常生活之中。决策对组织而言也非常重要。决策是高层经理的重要事务之一。高层经理的决策涉及诸如进入新市场,放弃现有业务,以及协调公司内各部门等问题。在高参与度的组织当中,员工也参与公司的一些重要事项的决策,如他们自己决定工作时间表、轮班值日表、度假时间以及完成任务的方式等。总而言之,决策对组织而言至关重要。

2.决策的基本步骤

图8-2清晰地列出了决策的一般步骤。首先,有效的决策始于对问题的界定和解决该问题的决心。出现的问题主要反映的是我们当前的状况和我们想要的情况之间存在差距。例如,工作小组因为业务扩展而需要增加一名新员工,但公司内

部暂时无法提供合适的人选,这样工作小组和公司就面临问题,为了解决这个问题就必须先对其进行界定——公司人力资源不足以支撑该工作小组业务的扩展,公司面临着是否要扩招员工的问题。此外,在界定问题的过程中,即使面对完全相同情况,两个不同的人也可能会因其所处的不同角度而看出不同的问题,我们必须承认问题的识别带有很强的主观性。

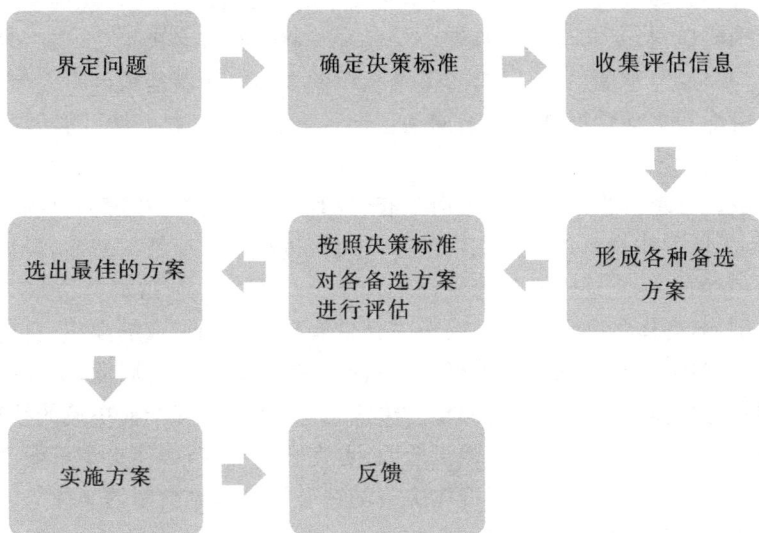

图 8-2　决策过程

决策的第二步是确定决策标准。它要求决策者明确在解决问题时他重点关注的是什么,并为决策标准分配适当的权重,以便正确规定各决策标准的优先次序。

确定决策标准及标准的权重后,决策者必须收集和加工与要解决的问题相关的信息以便更好地了解实际情况并找出能解决问题的好的备选方案。在将可能的备选方案逐一列出时,决策者要注意不能设限或过多地评判这些备选方案,因为这样做在时机不成熟时就将一些有创意的或新颖的方法给排除了。

决策过程的下一步是对开发出来的相关的备选方案进行评估。决策者根据确定的各个标准对每个备选方案进行评估,对每个备选方案的利与弊进行权衡,进而选择最佳的解决方案。

做出选择后,决策者必须通过一系列措施实施和落实选择好的备选方案,对该方案实施的效果进行跟踪,以确保所采纳方案确实解决了公司面临的问题。

决策者在跟踪结果后可能会发现所选择的方案可能落实得不够到位或没有达到预期的效果,此时决策者必须对其进行反馈,寻找解决这个新问题的措施。

8.3.2 群体决策

我们常常视决策为个体活动,个体经过深思熟虑做出好的或不好的决定。例如,人们很容易将英特尔公司在20世纪90年代在微电子产品领域的成功归于公司多年的执行主席 Andy Grove 的有效决策。但员工参与公司的重要决策,与公司的管理者一起形成决策群体解决组织所面临的问题也很常见。在高参与度组织这一点特别明显,员工与低层经理和中层经理一起参与许多决策,低层经理和中层经理也参与高层经理的决策。这样,整个组织的人力资源就能得到有效使用,组织成员的积极性和主动性都被很好地调动了起来,组织的绩效也就可能因此而得到极大的提升。

群体决策与个体决策在很多方面都有着相似之处。群体决策的目的是理想地解决问题,所以群体也可以使用相同的基本决策过程进行决策。然而,群体由多个个体组成,它的人际互动性和动态性等不同于个体的特点使得群体决策有别于个人决策。例如,群体的一些成员在决策时会带有自己实现形成的期望、自己对问题的认识等,这些特点很可能会导致群体成员间产生人际冲突。因此,群体领导可能更重视的是将群体培育成为通力协作的决策团队,而非培养个人决策的技巧。

虽然群体可能提供关于问题的更全面、更完整的信息,群体决策可能产生比个体决策更科学、更全面的方案,但群体决策的社会性有时也会制约其优势。群体决策过程常能使事实和备选方案得到完整讨论,但群体规范、成员角色、不良的沟通以及群体偏移等会影响群体决策的质量,导致低效或无效的群体决策。研究者确定了几个重要的群体决策的潜在陷阱。它们包括群体思维、共有信息偏见、多样意见争斗以及风险转移等,如图8-3所示。

1. 群体思维

群体思维是群体决策中的一种与群体规范有关的现象,它是指群体成员因从众的压力使群体中不寻常的或不受欢迎的观点不能得到合理、客观的评价而被严重抑制。这种现象会在以下一些情境下出现:

(1)群体成员之间彼此有很强的好感,为了避免可能带来的冲突,群体成员可能会不愿意批评自己并不认可其他群体成员的想法。

(2)群体成员非常看重群体的集体智慧,并因此而听从讨论开始时人们提出的意见或某领导的想法,以维护群体内部的团结。

(3)群体成员对自己属于拥有正面自我形象的群体感到满意,因此会努力尽量避免使群体产生任何较为严重的分歧。

除此之外,其他一些因素也会导致群体成员为尽量避免在群体中产生矛盾而遵从群体思维。以下为几种与群体思维相关的具体表现:

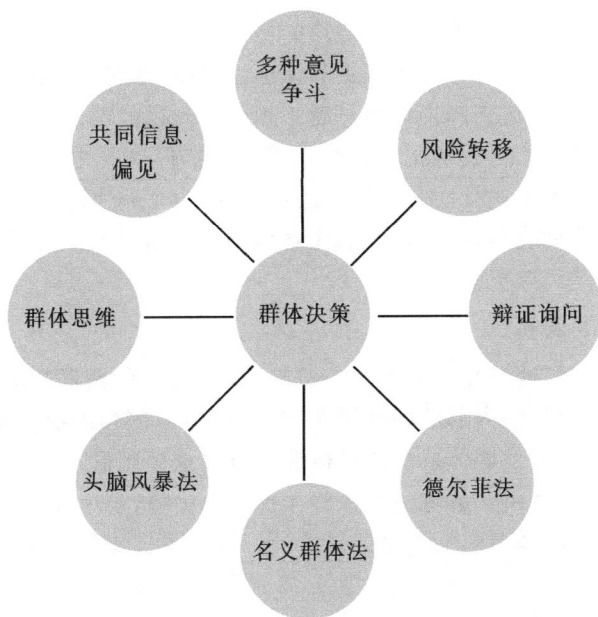

图 8-3　群体决策的陷阱和技巧

（1）自我压抑。当群体成员发现群体决策存在缺陷和差错时，该群体成员并不会明确地指出决策存在的缺陷和问题，他们倾向于在讨论中保持沉默，尽量避开使群体感到不安的问题，通过自我压抑来避免可能的争论和冲突。

（2）群体压力。群体成员对任何发表有违于群体和谐的意见人施加压力，迫使其遵从群体中多数人的共同观点。

（3）全体一致。自我压抑和群体压力导致人们错误地认为所有的群体成员都一致赞同最后的决策，这很容易使得其他优秀的备选方案在未被充分考虑和论证前就被排除。

（4）强词夺理。当有些成员提出警告或提出与多数群体成员的想法不和的信息或意见时，其他的群体成员可能会强词夺理，对其进行批驳。

（5）无懈可击。群体成员可能会因为严重高估了集体的智慧而面临产生群体决策无懈可击的错觉。这很容易使他们过分乐观，忽略任何潜在的风险。

（6）思想守卫。某些群体成员会充当"思想守卫"的社会角色。他们试图保护群体，不让它受任何会改变这种错觉（全体一致和无懈可击）的事实、批评或评估的影响。

（7）思想僵化。群体成员可能会对其他人或其他群体形成僵化的负面看法。

这些僵化看法会使他们简单地保护自己的立场批驳和反对对方的任何意见或建议,并拒绝与群体之外的其他人进行合理的协商等。

一般而言,群体决策较个体决策更为谨慎。然而,近些年来情况似乎发生了一些变化,群体决策并非越来越谨慎而是越来越趋于高风险性。对于这种变化,最常见且最有力的解释跟责任的承担和化解有关。在群体决策中,群体成员可能会认为就算决策被后来的事实证明是不明智的,但正因为是群体的决策,没有人需要为此而承担责任或受到责备,个人责任的化解可能导致群体成员在进行群体决策的过程中提出和接受风险更大的方案。

2.群体决策的技巧

尽管群体决策可能存在着上述的一些缺陷和不足,但是群体决策在扩展信息的深度和广度、整合组织内部的各种资源、提高群体内部和组织内部的民主性、获取群体成员的支持、激发群体成员的积极性等方面也存在很大的优势。故而,如何通过合理、科学的群体决策的方法发挥群体决策的优势,避免其可能面临的陷阱十分重要。下面我们将学习包括头脑风暴法、名义群体法、德尔菲法及辩证询问等方法在内的群体决策的主要方法,如上图8-3所示。

(1)头脑风暴法。

头脑风暴法出自"头脑风暴"一词。所谓头脑风暴最早是精神病理学上的用语,如今已转变为无限制的自由联想和讨论。头脑风暴法的目的在于降低"群体思维"可能给群体决策带来的不利影响,尽可能地让参与决策的群体成员在自由联想和平等讨论中产生新观念或激发具有创造性的设想,开发出更多的备选方案。

采用头脑风暴法进行群体决策时,主持者要召集相关专家召开专题会议,主持者以明确的方式向所有参与者阐明将要讨论的问题和会议的规则,尽力创造轻松、融洽的会议气氛。主持者在事先一般不发表个人对会议主题的看法和意见,以免影响会议的自由气氛。在应用头脑风暴法的过程中应遵循如下原则:

①延迟评判原则。对群体成员提出的各种意见、方案的评判必须放到最后阶段才进行,此前任何人都不对别人的意见提出批评或给出评价。参与决策的群体成员必须认真对待回忆中提出的每一种设想。

②自由畅想原则。欢迎参与决策的群体成员各抒己见,会议主持者尽可能创造一种自由、活跃的气氛,激发参加者提出各种各样的奇特的想法,使参与决策的群体成员的思想放松是充分激发成员们的智慧以解决问题的关键。

③以量求质原则。追求方案数量,参与决策的群体成员提出的意见和方案越多,产生好的解决问题的备选方案的可能性就越大。

④综合改善原则。探索取长补短和改进办法,会议主持者除了要激发参与决策的群体成员的积极性使其提出自己的意见外,还要鼓励他们对他人已经提出的

设想进行补充、改进和综合,以实现相互启发、相互补充和相互完善。

⑤求异创新原则。参与决策的群体成员提出的意见和观点越新颖、奇特越好。

⑥限时限人原则。在应用头脑风暴法寻求解决问题的方案的过程中,参与决策的群体成员的人数以 5~12 人为宜,讨论时间则以 20~60 分钟为佳。

(2)名义群体法。

在头脑风暴法之外的另一个有利于克服群体决策时的一些阻力的方法叫作名义群体法。它的基本形式是群体集中开会,在运用名义群体法进行决策的过程中应遵循以下四个步骤:

①参与决策的群体成员集合成一个群体,会议主持人首先阐述需要讨论和决策的问题,并让每个成员独立地写下他对问题的看法和他认为可行的解决问题的方案。

②经过一段时间沉默后,每个成员将自己的想法提交给群体,然后参与决策的群体成员按顺序依次向大家说明自己的想法,直到每个人的想法都表达完并被记录下来为止(通常记在一张活动挂图或黑板上)。在所有的想法都被阐述和记录下来之前,参与决策的其他群体成员不作任何评论,也不进行任何讨论。

③群体开始对刚才的每一个观点和解决方案进行讨论,以便把每个想法搞清楚,并做出评价。

④每一个群体成员独立地把各种想法排出次序,最后的决策是综合排序最靠前或最集中的想法或方案。

(3)德尔菲法。

德尔菲法在本质上是一种反馈匿名函询法。其大致流程是在对所要解决的问题征得专家的意见之后,对各个专家的意见进行整理、归纳和统计,并以匿名的形式将统计结果反馈给各专家,再次征求他们的意见,然后再集中、再反馈,直至各个专家给出一致的意见。在使用德尔菲法的过程中,应遵循如下原则:

①挑选的专家应在该研究领域具有一定的代表性、权威性。

②在进行预测之前,首先应取得参加者的支持,确保他们能认真地进行每一次预测,以提高预测的有效性。同时也要向组织高层说明预测的意义和作用,取得决策层和其他高级管理人员的支持。

③问题表设计应该措辞准确,不能引起歧义,征询的问题一次不宜太多,不要问那些与预测目的无关的问题,列入征询的问题不应相互包含;所提的问题应是所有专家都能答复的问题,而且应尽可能保证所有专家都能从同一角度去理解。

④进行统计分析时,应该区别对待不同的问题,对于不同专家的权威性应给予不同权数而不是一概而论。

⑤应尽可能为专家提供充分的相关信息,以便专家们作出判断。

⑥只要求专家做出粗略的估计,而不苛求精确性。

⑦问题要集中,要有针对性,不要过分分散,以便使各个事件构成一个有机整体,问题要按等级排队,先简单后复杂,先综合后局部。这样易引起专家回答问题的兴趣。

⑧调查单位或领导小组意见不应强加于调查意见之中,要防止出现诱导现象,避免专家意见向领导小组靠拢,以至得出专家迎合领导小组观点的预测结果。

⑨避免组合事件。如果一个事件包括专家同意的和专家不同意的两个方面,专家将难以做出回答。

(4)辩证询问法。

辩证询问方法要求群体成员提出两个明显不同的观点。更具体地说,一个小组提出基于一个假设上的建议,第二组提出基于不同假设的另一个不同的建议。两组截然不同的建议和假设之间的辩论可以最大限度地提高冲突的建设性。辩论使双方考察两种不同观点,这有助于确保两个建议得到彻底评估,而且也有助于分歧消除后产生新建议。然而,极力辩驳要求群体只提出一套假设和一个建议,然后大家极力对此加以辩驳。

对这类方法的研究表明,它非常有利于群体成员提出高质量的解决方法。然而,同时,它也可能导致比其他诸如头脑风暴法更低的群体满意度。这可能是由于使用这些方法时会产生群体冲突。然而,这种方法能有效控制群体中存在的、讨论受到抑制的问题得不到全面探讨的不可取现象。此外,这种方法旨在通过指派角色以激发参与决策的群体成员之间的建设性冲突,所以它不大可能引起群体成员较大程度的不满。

3. 个体决策和群体决策的选择

我们首先就给出有利于管理人员进行科学的决策的指导。管理人员应该自己一个人进行决断还是应有限度地邀请相关的员工参与决策呢?或者管理人员是否应该与员工一道进行群体决策呢?从高参与度管理的角度来看,管理人员应该鼓励员工参与组织中的多数决策,因为员工拥有的知识和技能有着巨大价值,他们的参与可以将这些价值充分发挥出来以提高决策的科学性与合理性,也可以提高员工的积极性和决策的执行效果。在讨论员工参与管理决策后,我们将概括个人决策与群体决策的利弊。

(1)员工参与决策。

虽然在高参与度公司中员工会做参与组织的许多重要决策,但其他一些决策还是留待组织的管理人员个人定夺。对于后者,管理人员必须确定员工参与决策过程的合适程度。弗鲁姆和耶顿两位研究者指出,合适的参与度取决于决策问题本身的性质。如果管理人员能够确定问题的性质,他就可以决定员工应以何种程度参与决策。因此,弗鲁姆—耶顿方法要求管理人员首先考察问题的性质,然后决定员工决策参与程度。最理想的决策参与程度取决于员工参与决策对以下因素可能产生的影响:①预期的决策质量;②员工对实施决策的接受程度或员工在执行和落实决策时的投入程度;③可用的和所需的决策时间。

参与度是一个连续变化体,其范围从管理人员独自决策到完全由群体决策。弗鲁姆和耶顿建议管理人员可以通过提出7个探究性问题来确定员工参与决策的最佳策略。这个过程最终会构成决策树(见图8-4),它表明员工参与决策的最有效程度。然而,管理人员也并不总是需要等到问完所有7个问题才决定员工参与决策的程度,因为几个问题问完后,此决策树的有些树枝可能就不再分叉了。

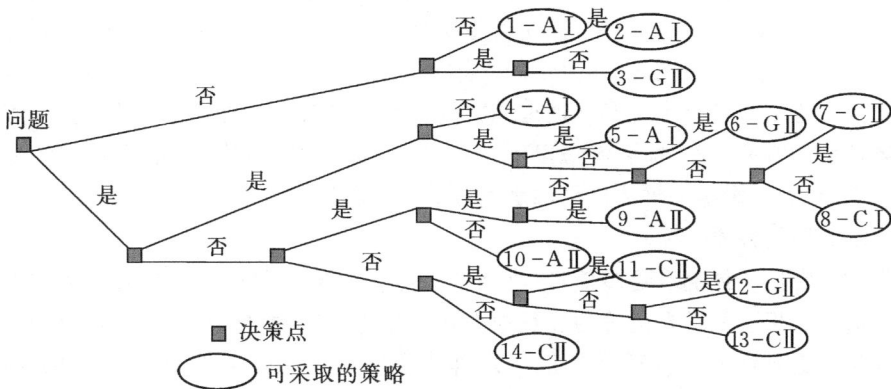

图8-4　确定员工适当决策参与度的决策树法

①是否有质量要求,使得一个办法比其他办法看上去更理性(是否值得努力去寻求最好的方案,或者几个不同的方案效果都不错)?

②我是否拥有足够的信息来进行高质量的决策?

③需要解决的问题是结构化的吗? 我知道如何问问题并知道在哪里寻求相关信息吗?

④员工认同决策对有效贯彻落实至关重要吗?

⑤如果我自己做出决策,我的员工会接受吗?

⑥员工是否都认同组织目标,并以此目标指导自己寻求解决问题的方法吗?

⑦员工之间的冲突会出现在解决问题的方案之中吗?

研究已肯定了弗鲁姆　耶顿方法的有效性。此方法可以用于预测决策的优劣、员工对决策的接受程度、最终解决方法的总的有效性等。公司的 CEO 必须决定顶级管理团队的参与度。例如,CEO 需要制定重要但又十分复杂的战略决策,比如公司是否开拓国际市场等，在对这种问题进行决策的过程中CEO需要辅助他对公司进行运营的管理团队的建议来保证信息的多样化，以便能够做出科学的决策。

最后需要注意的一点是，管理人员在使用群体决策的时候必须明确他想要的群体内部的一致程度。是否必须所有成员都同意某决定才行，或者即使有些成员不同意管理人员也接受这个决定？在现实当中，管理人员常常寻求多数人的认同或者寻求群体成员的一致赞同。管理人员在考虑使用何种群体决策的方法时必须对这种群体决策的方法的利弊做出权衡。

（2）个体决策和群体决策的价值。

一般而言，群体决策能搜集到更多的信息、产生更多想法和解决问题的备选方案，并能提升备选方案的质量，进而产生更好的决策。然而，前面对群体决策可能存在的陷阱的讨论表明，群体决策的上述益处未必会发生。群体决策参与者对决策的投入程度和满意度也必须被考虑在内。在判定与个人决策相对的群体决策的总体价值的时候，我们需要考虑以下一些因素，包括问题的性质、决策的时间、决策的成本、受决策影响的群体成员的满意度和投入程度等。

①问题的性质。

群体常比个体拥有更多信息，也能产生更多的想法和解决问题的方案。如果这些信息和想法能够在决策的过程中得到充分的讨论、整合，群体决策很可能会比个人决策更科学也更明智。然而，管理群体成员的不同信息、集体知识，避免群体思维等对群体而言又是十分困难的，偏见等很容易使这些集体的优势因为不能摆到桌面上而丧失。多种意见纷争和风险转化会使信息得不到有效整合。

在选择决策的方法时，应该考察组织面临的问题的性质。与个人相比，群体能更有效地解决那些复杂的、需要多种信息、需要群体成员通力合作的问题。例如，公司在决定是否开发新的市场的时候，决策者可能需要市场需求、产品设计、生产、市场、法律、法规、劳动力市场、资本市场等多方面的信息和知识。故而，在进行此类决策时采用群体决策较好。

②时间。

群体决策往往要花费比个人决策更多的时间，这主要是由以下几个原因导致的：

A.在群体决策的过程中，参与决策的群体成员会自觉或不自觉地试图满足自己个人的社交需求，如打招呼、谈论度假等，这样就增加了群体决策所花费的时间。

B.在群体决策中，参与决策的群体成员往往是多个，他们拥有更多的想法和意见，对这些想法和意见进行讨论，尤其是当群体运用头脑风暴法和辩证询问法等进行群体决策时，做出决策的时间必然会大大增加。

C. 必须安排群体开会地点、形式，还须召集人员，这些也要花费不少的时间。

管理人员在选择进行决策的方法的时候，必须既考虑决策的潜在质量，又考虑决策所花费的时间的重要性。有些决策必须立刻拍板，此时管理人员可能会依下列方法做出决定：a. 自行决策；b. 只向群体征求意见；c. 利用身边现成的群体以最大限度节省时间；d. 群体多数赞同决策即可，不需一致赞同；e. 使用名义群体法来减少冗长的讨论时间。

③成本。

群体决策的成本比个人决策的成本高。时间也是成本的一种，特别是当身价不菲的管理人员和员工也参与其中时。多花的时间需要乘以群体成员数量以及他们各自的身价，这才是进行决策所花费的人力成本。因此管理人员必须确定决策是否足够重大，是否值得耗费那么多的人力成本。

④成员的满意度和投入程度。

虽然群体决策并非总能产生高质量的结果，但群体成员对最终决策的满意度和投入程度却常会出现明显的提高，其主要原因如下：a. 群体成员可能会因自己的参与而改变对群体讨论中产生的各种备选方案的看法；b. 当群体成员发现他们之间具有共同点时他们很容易形成"团队精神"；c. 群体成员共同参与了决策，使得他们具有更强的决策"拥有"感，这会激励他们在实施和落实决策的过程中更加努力，以期更好地解决问题。

⑤个人成长。

参与群体决策使个人拥有更多成长的机会。员工职业生涯的发展取决于其学习新技能的能力，在参与群体决策的过程中，员工在认识问题、分析问题、表达自我、与他人进行良好的沟通等多方面都可以得到很好的锻炼，这些锻炼和经验将为员工的职业发展提供更加坚实的技能基础。

8.4　团队特征与发展阶段

8.4.1　群体和团队的性质

1. 团队的定义

在学术界存在着众多的群体和团队的定义，在本书中，我们将群体定义为由在社会交往当中相互影响的两个或更多的独立个体形成的集合体。作为群体的一种特殊形式，团队是由一些为了实现某些具体的目标的个体而组成的群体，而且团队成员之间存在着很强的互补性、相互依赖性和一致性。团队的共同特点有：

（1）由两个或更多的人组成；

(2)他们因完成工作的需要而彼此相互依赖；

(3)它隶属于一个更大的系统——组织；

(4)团队的任务和目标与组织目标密切相关；

(5)团队任务的完成度会对组织内外的其他人产生重要的影响；

(6)对于团队成员自身和团队之外的人而言，团队成员的身份一目了然。

组织内存在多种不同类型的群体和团队，它们之间存在着很大的区别，而且这些不同点会深刻地影响群体或团队的形成、群体或团队的价值观和态度以及群体或团队的行为方式等。

2.团队的类型

团队在现实当中广泛存在，根据团队的特点可以将团队划分为职能型团队、自我管理团队、虚拟团队和跨职能团队等多种类型。

(1)职能型团队。

职能型团队由一名管理者及来自特定职能领域的若干员工组成，根据工作类型和工作内容可以将职能团队划分为以下各种类型：

①生产团队，生产有形产品的员工群体，如流水作业线上的员工等。

②服务团队，与顾客进行交流互动的员工群体，如企业的销售团队等。

③管理团队，协调组织内部不同单位的相关事务的高层管理群体，如公司的高级管理团队等。

④项目团队，为完成某项具体的项目而暂时形成的团队。

⑤咨询团队，为组织提供相关的咨询服务的群体。

(2)自我管理团队。

自我管理团队中并不存在一个管理者负责整个的或局部的工作流程。自我管理团队的团队成员在工作上拥有很多自主权和控制权。自我管理团队常负责完成整项工作并进行自我管理。在自我管理团队中，团队成员往往会因为自己拥有的工作上的自主权和控制权而更加积极地投入团队工作之中，这就使得自我管理团队拥有许多优势，比如，自我管理团队可以提高员工的工作满意度、降低团队成员的缺勤率和离职率、提高组织的生产率及工作质量等。

(3)虚拟团队。

虚拟团队是指计算机技术和移动互联技术把实际上分散的团队成员联系起来，为实现共同目标而努力的工作团队。虚拟团队将分散在不同地区的团队成员组织起来一起工作，在某种程度上打破了时间和空间的限制，通过分享信息、做出决策等相互配合以完成团队的任务。尽管虚拟团队有着上述优势，但与传统意义上的团队相比，它也存在着一些缺陷和不足，比如虚拟团队的团队成员之间往往缺乏面对面的"说与听互换式"交流，团队的向心力和凝聚力可能不会太高，虚拟团队的缺陷的主要原因如下：

①在虚拟成员之间很少有机会进行面对面的"说与听互换式"交流，更缺乏进行非正式的讨论交流感情的机会，所以虚拟成员之间的信任建立的过程较慢，信任的程度较低。

②虚拟团队成员彼此交流的渠道比较单一，在交流方式上不如传统工作团队般丰富与直接，团队成员之间也更容易产生误解。

③虚拟团队较之传统的工作团队而言更难以形成群体规范，团队的凝聚力不足。

因此，虚拟团队的管理不仅非常困难，而且非常重要。如果管理不得法，虚拟团队很可能因此而分崩离析。研究表明，在虚拟团队的成员之间进行数次面对面的交流之后，团队的工作效率和工作效果会有所提高。得到充分授权的虚拟团队比那些缺乏授权的虚拟团队更为有效。当虚拟团队的团队成员无法进行面对面的交流、沟通时，对团队及其成员的授权会变得更为重要。事实上，管理得法的虚拟团队可以提高工作团队和组织的生产率并为公司节省大量的成本。下面给出了一些保持和促进虚拟团队良好运行的管理建议：

①制定虚拟团队的管理章程，在章程中明确划分每个团队成员的角色、任务、团队的决策过程以及团队的工作目标等。

②及时地给予每个团队成员项目进展情况的反馈，增强团队成员对整个项目进展的了解及他所负责的任务在项目中的作用，调动团队成员的工作积极性。

③制定沟通规则，如协商好进行沟通的时间以避免时间差带来的不便等。

④面对面地解决团队中发生的严重冲突。

⑤尽可能创造条件使团队成员有机会进行面对面的交流和沟通，以增进彼此之间的了解和信任。

⑥奖励积极的团队行为，庆祝团队取得的成绩和成功。

(4)跨职能团队。

跨职能团队是为了完成某项共同的任务而建立起来的包含来自不同领域的专家的工作团队。跨职能团队常见于需要不同领域的专家相互合作以攻坚克难、完成某项具有很强的复杂性的高难度任务之中。在跨职能团队中，组织内部不同领域的人员进行交流，这有利于激发员工的创造性。但是因为团队成员之间的背景、经历等存在较大的差异，跨职能团队的团队成员之间的信任的建立需要花费较长的时间。

8.4.2　团队发展阶段

经过一段时间的熟悉和磨合后，团队成员之间互动的性质可能会发生变化。

在团队生存周期的开始阶段,团队成员可能会花费很多时间来了解其他的团队成员,而他们分配在团队任务和团队目标上的时间和精力则可能相对较少。随着时间的推移和团队成员之间交往的深入,团队成员会将更多的精力和时间投入到团队目标和工作绩效上来。根据塔克曼的群体发展模型,团队的变化发展一般要经历以下五个阶段:形成阶段、震荡阶段、规范阶段、执行阶段和解体阶段。

在团队形成阶段,员工们正式进入团队之中,此时团队成员关注的主要是彼此的情况、团队将要完成的任务、如何分配和完成任务等。通常,在确定团队任务、为每个团队成员分配任务、团队中的权力等事情上团队成员可能会发生分歧或冲突,此时团队已经进入了震荡阶段。如果团队要实现自己的目标,团队成员就必须以某种恰当的方式解决他们之间冲突,就团队目标和实现目标的途径达成一致。在解决团队成员之间的冲突时,团队中会形成团队角色、团队行为等方面的规范,这就是规范阶段。当团队结构比较稳定,团队成员接受并认可团队规范时,规范阶段就结束了,这时团队成员相互合作,为了共同的团队目标而努力,团队也就进入了实施阶段。"天下无不散之筵席",多数团队终会面临曲终人散。当有团队成员离开团队时,团队就走到了它生命周期的第五个阶段——解散阶段。

8.5　团队建设

8.5.1　团队建设的意义

在经济全球化日益深入的今天,组织所面临的市场竞争日益激烈,组织所处环境的变化也越来越快,组织面临着许多仅依靠个人的力量无法完成的全新的、复杂的任务。在这样的市场环境中,传统的组织结构面临着非常巨大的压力和挑战,只有通过建立工作团队,集众人之所长,加强和深化员工之间的合作,组织才能在市场中占据有利的竞争位置,因此团队建设对于组织而言尤为重要,团队建设的主要意义如下:

(1)团队建设可以成为组织管理的一种高效的管理模式。在传统的组织结构中,管理者往往因为要将大量的时间和精力放到监督下属及其可能出现的问题上,而缺乏充足的时间和精力对组织的发展进行战略性的思考。如果采用团队形式对组织进行管理,在培养和提升团队成员的自我管理能力的基础上,管理者可以省下许多时间进行战略性的思考。

(2)团队形式有利于成员技能的互补,这些经验和技能的互补与配合有利于增强团队的整体战斗力,有利于团队以创新的方式更高质量地完成任务,实现更高的组织绩效。

（3）团队建设能够提高成员的应变能力，使他们能够更快地解决问题。

（4）团队成员间的相互信任和协作有利于加强组织成员之间的信息交流和情感沟通，有利于提高组织的凝聚力，使组织成员齐心协力为完成共同的目标努力奋进。

8.5.2　建设高绩效工作团队

工作团队本身并不能自动地带来效率，只有高绩效的团队才是成功的团队，才能更好地实现组织的目标，才能创造和发展组织的市场竞争力。那么怎样才能将工作团队转变为高绩效团队呢？首先让我们认识和了解高绩效团队所具备的常见特征。

1. 高绩效团队的特征

（1）明确的目标。高绩效的团队非常明确他们的目标，并坚信这个目标具有重大的价值，具体表现如下：

①团队成员能够描述这个目标并愿意为了实现这个具有重大价值的目标而献身。

②团队的目标具有一定的挑战性，它能够很好地激发团队成员的斗志和创造力，激励团队成员为实现目标而努力工作。

③角色清晰，分工明确。团队成员清楚地知道团队希望自己干什么以及怎样与其他团队成员进行协调。

（2）相关的技能。团队是由一群能力很强的团队成员组成，他们具备实现团队目标所必需的技术能力和良好合作的品质，从而能够在与其他团队成员进行亲密的合作中出色地完成团队任务。

（3）相互信任。团队成员之间的相互信任对于高绩效团队而言非常重要。信任可以使团队内部各成员之间的人际沟通顺畅自如，它也是团队成员进行合作的基础。

（4）一致的承诺。高绩效团队的成员会对组织有着高度的忠诚感，为实现组织目标，他们愿意奉献自己所有的力量，在必要时甚至不惜放弃一些自己的正当利益。这种忠诚感和奉献精神就是一致的承诺。

（5）卓越的领导者。领导者是决定组织未来的关键人物，卓越的领导者是高绩效团队建立和发展的关键与核心。卓越的领导者为团队成员提供他们需要的支持和鼓励，但并不一定控制团队。面对激烈竞争和充满变化的外部市场，只有卓越的领导者才能为团队指出正确的前进方向，带领和激励团队成员全力以赴地克服惰性和困难，共同走向胜利。

（6）良好的沟通。高绩效的团队除了具备上述特征以外，它们还以良好的沟通为特点。团队中如果缺乏沟通或缺乏良好的沟通,团队成员很容易发生误解,它会破坏组织内部的人际关系,使团队建设面临困境甚至遭受挫折。在高绩效的团队中,团队成员之间可以顺畅地进行信息的交流,充分表达自己的意见和看法,并得到团队中其他成员的及时反馈。

2.建设高绩效的工作团队

在对高绩效团队的特征有了一定的了解之后,我们将学习如何建设高绩效的工作团队。

(1)运用目标激励团队成员。团队目标是高绩效团队的各个成员都接受和认可的具有重大价值的目标。团队的目标并不是越高越好,而是具备一定的挑战性,这样既可以激发团队成员的创造性又不会挫伤团队成员的积极性。此外,团队目标要与成员的切身利益相关,这样才能真正长久地激发团队成员的内在动力。

(2)选择合适的领导者和团队成员。在上文中卓越的领导者在高绩效团队中的作用已经十分明显。此外,在团队建设中还要高度重视团队角色的确定和分配,根据角色需要从组织中挑选适合的员工,使之成为团队成员,在进行角色分配时,要关注不同的性格、能力的角色的组合,通过优势互补、取长补短实现团队绩效的最大化。

(3)确定适当的团队规模。在上文我们曾介绍群体规模对群体绩效的影响。在团队建设中,团队的规模同样也是一个重要的因素。一般而言,团队规模不能太大,否则团队中很容易出现"社会化"的现象,团队成员在交流的过程中也可能会发生许多障碍,导致不良的沟通。团队成员过多也容易导致团队成员难以就某一问题达成一致或团队的决策困难等问题。为了避免上述缺陷,确保工作团队的高绩效,团队的成员人数应控制在10~12人为佳。

(4)团队精神。组织文化在组织中会发挥调节组织绩效的作用,同样团队精神在很大程度上也会对团队绩效进行调节。团队精神对任何一个团队而言都是非常重要的,没有团队精神的团队就是一群乌合之众,整个团队也只是一盘散沙。俗语有云"一根筷子容易弯,十根筷子折不断"就是团队精神的重要体现。

(5)激发团队成员的积极性。团队建设的另一项重要任务就是激励团队成员的积极性,在对团队成员进行激励时,我们要遵循以下原则:

①针对性原则:即针对不同成员的不同的期望进行相应的激励。团队领导者要善于发现团队成员之间存在的个体差异,了解不同成员的不同性格特点和不同心理需求,有针对性地给予他们独特的奖励,以便对团队成员进行更有效激励。

②公正原则:即领导者要公私分明,秉公办事,尽量避免在管理过程中掺杂私人感情,真正做到赏罚分明。

③适度原则:即激励的实施要适当、适度。领导者要根据激励对象的业绩对其

进行适时适量的激励,以保证奖励"恰如其分"。

④有效性原则:这是对团队成员进行激励的最终目的,领导者要在上述三个原则的基础上对各种激励措施进行衡量,选择激励效果最明显、最有效的激励措施。

(6)建立和发展信任。信任对于团队绩效而言是非常重要的,团队成员之间的相互信任使得团队具有更强的凝聚力,也使得团队成员在面临团队中的问题时能够快速地进行协作和合作,开发出更好地应对措施,取得更好的结果。那么应该怎样培养团队成员之间的信任感?张长征和李怀祖(2006)提出的信任动态演进模型给出了较好的回答,该模型借助认知双向过程理论,即认知可能性模型(ELM)与启发性 & 系统性模型(HSM),对传统的信任模型和信任的最新研究成果进行了整合,如图 8-5 所示:

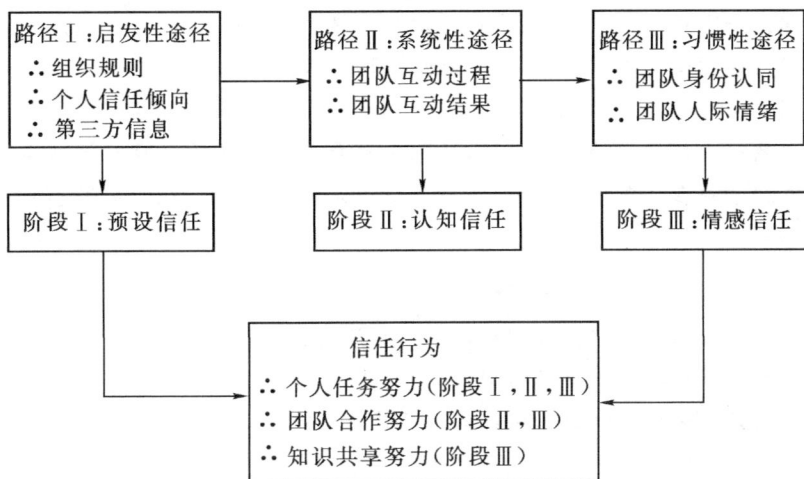

图 8-5 团队信任形态的动态演进模型

他们认为团队运行过程中存在着三条构建团队信任的途径,即启发性途径、系统性途径和习惯性途径,这三条不同的途径在团队信任形成、发展过程中发挥着各不相同的作用。

①启发性途径。在团队组建时,团队成员有很高的动机去评价其他团队成员的信任,但人际知识的缺乏却限制了他们对参与方信任的评估能力。为了解决这一问题,人们会采取简单的启发性途径,利用互动环境中隐含的边缘信息来构建信任。于是组织规范、第三方信息、个人信任倾向等在构建信任的过程中扮演着主要的角色。

②系统性途径。当团队成员在一段时期的交互和交流中逐渐积累起了一些关

于参与方的人际认知时,他们就具备了进行认知性的信息收集、分析与评价的能力。此时,他们很容易投入到对参与方可信的积极评价中,这样信任构建的系统性途径就启动了。

③习惯性途径。随着团队成员对参与方人际知识的不断累积,双方构建起一系列成功的信任交易历史,对参与方的深入了解,团队成员往往能够建立起信任的习惯模式,甚至可以认同他人的需求与偏好,真正视其为利益共同体。

课堂讨论

1.“群体的内聚力越强,生产率越高。”你是否同意这种说法? 请说明你的理由。

2.如果你需要在短时间内产生很多想法,你是会让一群人独自思考? 还是会把他们组成一个群体,大家集思广益? 请加以解释。

3.请回顾你所处群体中出现的各种互动现象,例如社会惰化和从众行为等,解释其原因。

4.试找出你所扮演的三种角色,他们都有什么样的行为要求? 这些角色相互冲突吗? 如果存在冲突,是何种形式的冲突? 你又是如何解决这些冲突的?

思考题

1.正式群体和非正式群体有什么不同?

2.用社会认同理论解释人们加入群体的原因。

3.简述群体发展的五阶段模型。

4.什么是群体规范? 群体规范的作用是什么?

5.简述群体凝聚力与工作效率之间的关系。

6.简述团队发展的阶段。

7.进行团队建设的意义是什么?

章末案例

腾讯的马化腾创业五兄弟,堪称难得,其理性堪称标本。12年前的那个秋天,马化腾与他的同学张志东“合资”注册了深圳腾讯计算机系统有限公司。之后又吸纳了三位股东:曾李青、许晨晔、陈一丹。这五个创始人的 QQ 号,据说是从 10001 到 10005,为避免彼此争夺权力,马化腾在创立腾讯之初就和四个伙伴约定清楚:各展所长、各管一摊。马化腾是 CEO(首席执行官),张志东是 CTO(首席技术官),曾李青是 COO(首席运营官),许晨晔是 CIO(首席信息官),陈一丹是 CAO(首席行政官)。

之所以将创业五兄弟称之为“难得”,是因为直到 2005 年的时候,这五人的创始团队还基本是保持这样的合作阵形，不离不弃。直到腾讯做到如今的帝国局面，其中四个还在公司一线，只有 COO 曾李青挂着终身顾问的虚职而退休。

都说一山不容二虎，尤其是在企业迅速壮大的过程中，要保持创始人团队的稳定合作尤其不容易。在这个背后，工程师出身的马化腾从一开始对于合作框架的理性设计功不可没。从股份构成上来看。五个人一共凑了 50 万元，其中马化腾出了 23.75 万元，占了 47.5％的股份；张志东出了 10 万元，占 20％；曾李青出了 6.25 万元，占 12.5％的股份；其他两人各出 5 万元，各占 10％的股份。

虽然主要资金都由马所出，他却自愿把所占的股份降到一半以下，"要他们的总和比我多一点点，不要形成一种垄断、独裁的局面"。而同时，他自己又一定要出主要的资金，占大股。"如果没有一个主心骨，股份大家平分，到时候也肯定会出问题，同样完蛋"。

保持稳定的另一个关键因素，就在于搭档之间的"合理组合"。

据《中国互联网史》作者林军回忆说，"马化腾非常聪明，但非常固执，注重用户体验，愿意从普通的用户的角度去看产品。张志东是脑袋非常活跃，对技术很沉迷的一个人。马化腾技术上也非常好，但是他的长处是能够把很多事情简单化，而张志东更多是把一个事情做得完美化"。许晨晔和马化腾、张志东同为深圳大学计算机系的同学，他是一个非常随和而有自己的观点，但不轻易表达的人，是有名的"好好先生"。而陈一丹是马化腾在深圳中学时的同学，后来也就读深圳大学，他十分严谨，同时又是一个非常张扬的人，他能在不同的状态下激起大家的激情。

如果说，其他几位合作者都只是"搭档级人物"的话，只有曾李青是腾讯五个创始人中最好玩、最开放、最具激情和感召力的一个，与温和的马化腾、爱好技术的张志东相比，是另一个类型。其大开大合的性格，也比马化腾更具备攻击性，更像拿主意的人。不过或许正是这一点，也导致他最早脱离了团队，单独创业。

后来，马化腾在接受多家媒体的联合采访时承认，他最开始也考虑过和张志东、曾李青三个人均分股份的方法，但最后还是采取了五人创业团队，根据分工占据不同的股份结构的策略。即便是后来有人想加钱、占更大的股份，马化腾说不行，"根据我对你能力的判断，你不适合拿更多的股份"。因为在马化腾看来，未来的潜力要和应有的股份匹配，不匹配就要出问题。如果拿大股的不干事，干事的股份又少，矛盾就会发生。

当然，经过几次稀释，最后他们上市所持有的股份比例只有当初的 1/3，但即便是这样，他们每个人的身价都还是达到了数十亿元人民币，是一个皆大欢喜的结局。

可以说，在中国的民营业中，能够像马化腾这样，既包容又拉拢，选择性格不同、各有特长的人组成一个创业团队，并在成功开拓局面后还能依旧保持着长期默契合作,是很少见的。而马化腾成功之处,就在于其从一开始就很好地设计了创业团队的责、权、利。能力越大,责任越大,权力越大,收益也就越大。

资料来源:https://wenku.baidu.com/view/8b4480290066f5335a8121a7.html.

思考题

1.试分析马化腾创业团队的组建和管理有什么借鉴之处?

2.马化腾在这个团队当中扮演着什么样的角色?

3."即便是后来有人想加钱、占更大的股份,马化腾说不行"。马化腾这样做的管理学依据是什么?

测 试

你倾向于什么团队角色

这个自我评估能帮助你认识在团队活动中你喜欢扮演什么样的团队角色。阅读下面内容,按照不同程度给每题打分,1=非常不准确,2=有些不准确,3=介于准确与不准确之间,4=有些准确,5=非常准确,并记录。建议此自我评估应该独立完成,这样在没有社会比较的情况下,你能对自己做出诚实的评价。

1.我经常负责让团队认同应该在会议上所完成的内容

2.我倾向于对团队其他成员总结这段时间团队完成任务的情况

3.我经常帮助团队其他成员解决分歧

4.我试图确保所有人都知道问题、了解情况

5.我经常帮助团队决定如何组织讨论

6.在讨论中,我比别人更常夸奖队友

7.人们像是非常依赖我,相信我能让讨论回到原来的主题

8.一般团队都指望我能控制住争论,不让争论出现失控的现象

9.我倾向于说一些能鼓舞团队的话语

10.团队成员常常指望我给大家提供发言的机会

11.在很多讨论中,我不像其他人那么常常批评队友的想法

12.我在会议上总是很主动地解决队友之间的分歧

13.我会主动地鼓励安静的团队成员去描述他们对每个问题的观点

14.人们倾向于依赖我去阐明这个会议的意义

15.我喜欢做会议记录

评分说明:将这15道题目的得分按照标明的题号填入适当位置,然后纵向汇总每项的得分。

将6、9、11题目得分相加,这就是你在"鼓励者"这个项目的得分

将4、10、13题目得分相加,这就是你在"守卫者"这个项目的得分

　　将 3、8、12 题目得分相加,这就是你在"协调者"这个项目的得分

　　将 1、5、14 题目得分相加,这就是你在"发起者"这个项目的得分

　　将 2、7、15 题目得分相加,这就是你在"总结者"这个项目的得分

　　解读你的分数:这里度量的五种团队角色以这些年来的学术成就为基础。下表定义了这五种类型,并展示了每种角色高中低水平的分数范围。

团队角色和定义	分　值
鼓励者: 在这一维度上得分高的人有强烈的夸奖和支持其他团队成员观点的倾向,因而对团队表现出温暖和团结	高:大于 12 中:9～11 低:小于 8
守卫者: 在这一维度上得分高的人有强烈的鼓励所有团队成员参与讨论的倾向	高:大于 12 中:9～11 低:小于 8
协调者: 在这一维度上得分高的人有强烈的调节组织内部冲突并缓和紧张局面的倾向	高:大于 12 中:9～11 低:小于 8
发起者: 在这一维度上得分高的人有强烈的识别讨论目标包括着手这些目标方式的倾向	高:大于 12 中:9～11 低:小于 8
总结者: 在这一维度上得分高的人有强烈的记录讨论发言,并总结提炼的倾向	高:大于 12 中:9～11 低:小于 8

第9章　权力与政治

学习目标

- 掌握权力的概念
- 掌握组织中权力的形式和来源
- 了解组织政治行为的含义、特点及产生原因
- 了解组织政治行为的管理
- 了解权力与政治研究的新趋势

开篇案例

张明是广州一家美资公司的市场部副经理，刚刚在市场部经理一职的竞争中败下阵来，原来的拍档、市场部的另一名副经理现在成了他的上司。

对于这个结果，张明既惊讶又愤怒，他自己一直认为那个位置非他莫属。无论学历、资历，张明都有优势。他在公司干了四年，MBA毕业，任市场部副经理三年，而拍档只干了两年，本科毕业，当副经理不到一年。

"我成为办公室政治的一个牺牲品。"张明以前一直觉得外资企业是块净土，不需要搞关系，只要干出成绩就可以得到上司的赏识。

拍档与主管市场部的副总裁是网球球友，张明很不以为然，"我从一个小职员升为副经理，没跟上司吃过一顿饭"。提起这个，张明还带着骄傲的神色。他认为下属应该与上司保持一定的距离。

提拔市场部经理的消息是由人事部以电子邮件的形式发到每一位员工的邮箱里的，每一个人都有权参加竞争。在这之前，副总裁曾不经意地向张明提起过这件事，在张明看来，这无异于一纸任命书。

通过小道消息，张明了解到一共有5个人主动向人事部表达了竞争市场部经理的意愿。暗中评估过几位对手的综合实力后，张明更加相信即使他不向人事部讲，那个位置也非他莫属。

在为期两个月的竞选过程中，张明工作更加努力，经常与下属一起不计报酬地加班加点。与其他候选人的竞选手法形成鲜明对比，别人做得更多的是向高层发送邮件讨论公司未来发展方向及市场部的改革、管理思路，在办公室散布一些不利于对手的流言，或者向下属作一些职务、利益上的许诺，又或者找借口在办公室里大派礼物、请客吃饭等。

张明的一位下属私底下说,当副总裁在电话咨询中问他更愿意哪一个当他的上司时,尽管他与张明的关系挺好,张明对下属也不错,但他没有选张明,因为他不想有位老让人加班的上司。其实,最主要的原因是,他认为张明"两耳不闻窗外事"的性格不可能在公司里走得太远,他不愿意跟着没有前途的上司。

资料来源:黄忠东.组织行为学[M].北京:化学工业出版社,2011.

9.1 权力的概念

作为一个人们耳熟能详的社会学术语,权力无处不在,它可以应用于个人、群体、组织和国家等不同的社会层面。权力是现在社会学研究的热点问题,但权力到底是什么?简单地说,权力就是某些拥有特殊资源的个人或群体控制或影响他人活动的能力。权力的含义中表现出权力具有以下几方面的特点:

(1)权力具有依赖性。权力的基本前提就是一个人或群体相信自己需要依赖其他人或其他群体才能获得所需的资源。

(2)权力具有动态性。权力的大小会随着时间及所处环境的变化而变化。例如,随着科学技术和全球化经济的发展,企业的发展壮大越来越依靠知识和创造力,人们开始逐渐意识到人力资源在企业经营发展中的重要作用,带来的结果就是人力资源部门在企业中的地位上升,人力资源经理较以往会更多地参与企业高层决策,对企业的工作安排、资源分配计划施加影响等。所以,一个普遍被大家认可的现实就是人力资源部经理的权力变大了。

(3)权力具有潜在性。只有在使用权力的时候,权力的作用才会发挥。一个人可以拥有权力,但不一定运用权力。

权力的本质是人与人之间的一种依赖关系,个人或群体拥有的权力的大小取决于他人对其依赖的程度。当你拥有他人需要的某种东西,而你是唯一的控制者时,就使他人完全依赖于你,你也就获得了权力。一般来说,权力的大小取决于以下三个因素:

(1)资源的重要性。那些掌握了组织的重要资源,能够控制组织命运的人,通常认为具有较大的权力。

(2)资源的稀缺性。如果你拥有的资源供给充足,那么你所拥有的这种资源就不会增加你的权力;倘若你所拥有的资源极其稀缺,那么你的影响力就大,相应的你就拥有更大的权力。

(3)资源的不可替代性。你所掌握的资源越是不可替代的,那么你所拥有的权力就越大。个人或组织一旦拥有他人不可替代并且必不可少的资源的时候,就拥有超常的影响力和权力。

9.2 组织中权力的形式和来源

权力是一种控制力,又是一种影响力。管理心理学的研究认为,权力可以为两大类:合法权力和由影响力所产生的权力,即正式权力和非正式权力。权力是一种很复杂的现象,尽管权力与人们在现实生活中的实际利益有着种种联系,但它主要是政治、法律的体现,被政治、法律直接或间接肯定的各种合法权力是一切权力的基础。由影响力产生的种种权力,只是它的派生物。

9.2.1 正式权力

合法权力可以直接由国家的法律、法令和主管部门的决议、规定、命令所直接制定,也可能是参照上述的精神而做出的规定,它对接受权力者具有不可违抗的约束力。从授予的形式来看,这种权力是通过正式授予而获得的,因此又称为"正式权力"。正式权力可能是自上而下的授予,譬如群众选举或其他形式委托而产生的某种职权;也可能通过委托转交实现权力的授予,例如计划科对销售科以某种形式委托等。正式权力经常是由职权来体现的,来源于行政力量,表明领导者行使权力的合法性以及在职权范围内的支配地位,如经理、厂长等,他们要履行所在的岗位的职责,就必须被赋予一定的权力,这种权力是他们推行决策、指挥部署行动的根据和必要的凭靠。组织中的正式权力包括法定性权力、强制性权力和奖励性权力三种:

1.法定性权力

法定性权力是通过组织的层级式结构获得的权力,其核心是指挥和命令、决定和否定,通常由组织按照一定程序和形式赋予领导者进行命令和指挥的权力。

美国学者弗兰奇和瑞文认为法定权力来源于其他人的内化的价值观,通过将权力授予一个代理人来影响他人,其他人感觉他们有义务接受这种权力。法定性权力实际上包含了强制性权力和奖赏性权力,但是法定性权力的范围又比强制性权力和奖赏性权力更加宽泛。例如,公司总经理拥有向董事会汇报公司经营状况的权力,一般不能由其他角色越俎代庖。学校各部门的报销票据,必须由部门主管签字,否则财务部门不会兑现。法定性权力来自人们之间形成的契约(包括正式的书面契约和非正式的心理契约),因此在行使法定性权力的时候,领导者单方面自以为是地认为自己拥有影响下属的权力是不够的,法定性权力需要得到下属的接受和认可,否则就有可能造成对权力的误用或滥用。

2.强制性权力

强制性权力是一种对下属在肉体、精神或物质等进行威胁,强迫其服从的权力。管理者对被管理者进行规劝、训导、批评甚至警告,就往往使用强制性权力。

这种权力是建立在权力客体对权力主体的畏惧感基础上的,一个人如果不服从,就有可能产生不利的后果,由于对这种不利后果的恐惧,这个人就对强制性权力做出了反应。强制性权力实质是一种惩罚性权力,权力的大小取决于权力主体能够对权力客体造成多么严厉的惩罚。例如,雇员接受老板增加工作时间的不合理要求,是因为害怕失去来之不易的工作;下级不得不硬着头皮去处理上级交办的棘手难题,是因为害怕被降职或者停职;有些下属对上司的违法行为睁一只眼闭一只眼,是害怕揭发后遭到打击报复等。在所有权力来源中,强制性权力是经常被使用的一种权力,同时也是最容易受到谴责和最难以控制的权力。

3. 奖励性权力

奖励性权力是决定给予还是取消奖励、报酬的权力,是一种通过提供益处对他人施加影响的权力。在组织中,领导者控制着考核、褒奖、加薪、晋升、休假、安排有意义的工作等方面,这些都是领导者拥有奖赏性权力的表现。

奖励性权力与强制性权力相反,人们服从于一个人的愿望或指示是由于这种服从能够给他们带来益处。在组织中,领导者对奖酬的控制力越大,他对下属人员的奖酬方面拥有的权力就越大。在组织中,管理者拥有许多潜在的奖赏资源,诸如加薪、晋升、有价值的信息、好的工作安排、更大的责任、新的设备、奖励、反馈和认可等。

在奖赏性权力实施的过程中,权利客体的知觉是关键。如果领导者给下属提供自己认为是奖赏的事物(如晋升和更多的责任),但下属并不看中它们(他们对更大的职责没有安全感或有比晋升更重要的家庭责任),那么领导者就并不是真的具有奖赏权力。同样的,领导者可能并不认为自己是在给下属奖赏,但如果下属认为这是奖赏,领导者就具有奖赏权。

9.2.2　非正式权力

组织中还存在另外一些人,他们不一定具有正式的职权,也不一定具有较高的级别,但是看上去却似乎比同层级的人甚至更高级别的人拥有更多的权力,这种权力来源于个人的人格、技巧和能力,与职位无关,这就是由影响力所产生的权力,即非正式权力。所谓影响力是一个人在与他人的交往中,影响和改变他人的心理状态和行为的能力,这种能力人皆有之,但强度各不相同,因交往对象的变化和环境的变化,影响力所起的作用也会发生相应的变化。组织中的非正式权力包括专家性权力和感召性权力两种。

1. 专家性权力

专家性权力是由于具有某种专门知识、技能而获得的权力。例如,当组织遇到资金困难,急需筹措资金的时候,管理者首先想到的往往是咨询财务总监,因为他最熟悉财会知识,最了解组织的财务状况;当组织的网络运行不畅,人们会立刻向组织的网络管理员求助,因为他们掌握计算机和网络知识,懂得如何解决类似问题。

专家性权力是以权力客体对权力主体的敬佩和理性崇拜为基础的。由于社会分工越来越细,专业化程度越来越高,人们在完成工作的过程中几乎无法完全离开专家的帮助,因此,诸如网络工程师、会计师、营销策划专家、理财顾问、心理咨询师等职业的从业者,都因为他们掌握的知识和技能获得了影响人们工作和生活的权力。领导者本人学识渊博,精通本行业务,或具有某一领域的高级专门知识与技能,就可以获得一定的专家性权力。

所有的权力源都依赖于权利客体的知觉,但专家性权力对知觉的依赖性可能更强。特别是专家性权力被认可之前,权力客体必须知觉到权力主体必须是可靠的、可信赖的和相关的。可靠性来源于权力主体具有可信的资格,即个人必须真的知道他所谈论的问题,并且能够出示表明其知识的证据,因此专业人员只有在自己的职能领域才具有专家权力。可信赖性指专家权力的主体必须具有诚实与率直的声誉,如对政治人物来说,负面新闻会影响其在选民心中的专家性权力。除了可靠性和可信赖性,专家性权力还需要具有相关性。专家性权力是最脆弱的权力类型,但那些很少具备其他类型权力的管理者和专业人员,必须经常依靠专家性权力作为其唯一可以运用的权力。随着组织专业化和技术化的程度的增加,组织各层次成员的专家性权力都变得越来越重要。

2.感召性权力

感召性权力是因领导者的特殊品格、个性或个人魅力而形成的权力。例如,有些公司不惜花费上百万元邀请电影明星为其产品做形象代言人,就是因为看重明星的个人魅力有可能说服观众使用其代言的产品。同样,组织中某些领导者认真负责、敢于冒险、感觉敏锐、自信大度,这些个性特征都可能成为受到下属尊敬的个人魅力,成为感召性权力。

感召性权力建立在下属对领导者的尊重、信赖和感性认同的基础上,来源于权力客体想与权力主体保持一致的需求,他们希望与有权力的人保持一致,而不在乎结果。企业领导者公正无私、胆略过人、勇于创新、知人善任、富于同情心、善于巧妙运用领导艺术,则易获得下属的尊重和依从。在组织中,具有感召性权力的领导者必须对下属具有吸引力,而不在乎其是否具有奖赏或惩罚的权力或资源。感召性权利依赖权利主体对权利客体的个人吸引力。

不同权力源之间不是独立的,而是相互关联的。例如,管理者使用强制权力可能会降低其感召性权力,高强制权力和奖赏权力可能会导致专家性权力的降低等。

除此之外,在组织中,正式权力是领导者开展工作的基本条件,三种正式权力保证领导者的命令能够得到下属的服从。但是,如果领导者过分依赖正式权力,就会出现"两面派"现象:有领导监督的时候就认真工作,没有监督的时候就偷懒怠工。有效的领导要求领导者必须综合运用正式权力和非正式权力。

9.2.3 间接权力源

上述五种权力源都是人际的和直接的,描述了一个人怎样直接影响另外一个人,然而,不是所有的权力都是直接的。弗兰奇和瑞文也承认除了上述的五种权力源之外还存在其他的权力源。间接的权力源包括操纵、间接提供信息、影响第三方和控制资源等。

1.操纵

操纵就是改变目标个体的某些方面或环境让他们达到某个特定的目标。例如,如果你的目标是阻止某个人支配会议,你就可以事先安排给他一个耗时的任务,比如帮助主讲人协调幻灯片等;或者如果你不想员工去开会或者发展人际网络(可能你认为他们是浪费时间的人),就提供给他们休息的时间。

2.间接提供信息

告诉某个人去做某事和解释为什么去做这件事不同,间接提供信息是通过暗示和建议他们去做什么。职位低的人使用暗示或建议的策略往往更可能成功。

3.影响第三方

一种影响别人的方法是把有着各类权力的人作为第三方,如对具有感召性权力(相关的)的管理者作为第三方施加压力,有时根据权力客体的合法性、经验或地位而设计相应的第三方是非常必要的。

4.控制资源

让别人在你的控制之下的另一种方法是控制他们想要或者需要的资源,让他们因此依赖你。人们经常需要的资源包括金钱、信誉、合法性、奖励和许可、专长以及处理一些不确定事情的能力等。资源具有重要性、稀缺性和不可替代性等特点,对不同的人而言资源是不同的。如对需要偿还债务的人金钱是最重要的、稀缺的和不可替代的;然而对一个积蓄足够使用的人来说,金钱就不再是资源,而更多的休假才是需要的资源。

9.3　组织政治行为

9.3.1　组织政治行为的概念及特点

在绝大多数组织中,组织政治司空见惯。政治和权力是两个联系非常紧密的概念。最早用权力来界定政治的是 16 世纪的意大利哲学家马基雅维利,他认为"政治是夺取权力、掌握权力的必要方法的总和"。韦伯、拉斯维尔等也认同政治是对权力获得和运用的一系列活动。罗宾斯则从组织行为的角度考察了组织政治,将其定义为并非由组织正式角色所要求的,但会影响或试图影响组织中利益分配的各种活动。这些定义都侧重于描述组织政治是如何利用权力影响组织决策的,或在未经组织同意的前提下利用权力让自己如愿以偿。组织政治的一般意义就是人们为进一步强化个人私利而不顾他人利益,获取和运用权力的各种活动。

根据组织政治的定义可以看到组织政治具有以下三个特点:

(1)组织政治行为超越法定或许可的权力范围之外,而不是组织成员正式职责要求之内的行为。组织政治的内容不会出现在组织的规章制度之中,因此也有学者将其称为"潜规则"。

(2)组织政治行为带有利己主义色彩,其目的是谋求个人或所属群体的利益,哪怕这种利益会损害到他人或组织的整体利益。

(3)组织政治行为有明显的获得和把持权力的意图,其主要途径是运用权力或影响力对他人产生影响,从而达到自己的目的。

9.3.2　组织政治行为产生的原因

由于信息掌握程度不同,分配资源的稀缺性等原因,组织政治是不可避免的。组织政治行为可以发生在个体、群体和组织各个层面上。在个体层面上,它涉及一个人利用政治行为满足其自身利益,如一个人因完成某个合作项目却单独受到好评;在群体层面上的政治行为通常表现为联合体的形式,即一个群体的成员为了共同的利益以联合的方式展开活动,比如当组织中必须选取一位 CEO,股东们将联合行动来影响董事会的选择;在组织层面上的组织政治行为,如组织雇用说客去影响其他对组织重要问题的投票。

我们可以从个体因素和组织因素两个方面去探讨影响政治行为产生的原因。

1.个体因素

那些有抱负、有冲劲、有创新能力和有见地的人,常常受到企业青睐,但是这也就无形中造成了企业政治行为深化的可能。因为这些人往往有着强烈权力欲望,并喜欢运用政治手段,而对这些人情有独钟的组织更容易鼓励政治行为的发生。

（1）马基雅维利主义。

"马基雅维利主义"通常被认为是组织内部追求权力和政治的人的信仰之一。马基雅维利是意大利著名的政治家,主张"政治无道德"的政治权术思想。具有高马基雅维利人格特征的人具有操控他人的愿望和对权力的需要,他们重视实效,保持着情感的距离,相信结果能替手段辩护,并且很难被别人说服,他们更多的是说服别人。高马基雅维利主义的个体是组织中具有政治行为的有效的预警器。研究表明,在组织中,马基雅维利主义与组织政治行为高度相关,高马基雅维利主义的个体更容易产生政治行为。

（2）权力需求。

麦克利兰的"三种需要理论"认为权力需求是指影响、控制他人的动机或基本需求,是影响和控制别人的一种愿望或驱动力。不同的人对权力的需求程度不同,权力需求较高的人对支配他人、征服他人有更强烈的欲望,更喜欢对别人"发号施令",喜欢具有竞争性和能体现较高地位的场合或情境,并追求地位和权力的过程,极易产生政治行为。个人权力需要越强,越容易表现出组织政治行为。

（3）控制点。

控制点是指个体相信自己能够控制对其产生影响的事情的程度。控制点分为内控型和外控型两种。外控型的员工认为事情的结果取决于他人、命运或机遇,更容易产生焦虑与负面情绪,他们会将组织出现问题的影响扩大化,抱怨组织体制、对管理人员充满愤怒,认为问题的产生是由于组织体制不健全和管理人员不负责任导致的,或者认为自己命运不济,被动地接受或离开。内控型的员工相信事件的结果源于个人的行为,认为自己能够控制周边事情的影响,对组织政治环境的容忍度与控制程度较高。因此,内控型员工更有可能运用政治策略,更易卷入政治行为。

2.组织因素

虽然个体差异会影响组织政治行为的程度,但是组织的某些特征更是组织政治行为发生的温床。

（1）组织资源有限。

资源具有稀缺性的特点。因此,组织必须在资源短缺的现实和多个目标中做出选择。而组织是由具有不同目标和利益代表的个体或群体所组成,组织内成员或团体为了保护自己的既得利益不得不采取政治行为来争夺有限的资源。尤其在任何可能导致资源重新分配的组织变革发生时,包括晋升机会、绩效考核与薪酬改革等,任何成员或群体的所得必然以另一个成员或群体的损失为代价,因此组织政治行为更盛行。

(2)决策模糊性。

另一个导致组织政治行为产生的重要原因是用来决定资源分配的依据不完全客观,例如如何评价工作绩效、如何认定较大的进步等。由于组织中广泛存在这些模糊的中间地带,决策依据不客观,特别是当组织处在变革的不确定性时,更容易产生组织政治行为。因为决策者在做出资源分配决策时被赋予了更多的自主权,组织成员也就有更多的机会采取各种政治策略来影响决策,从而保护自身的既得利益和地位。科学明确的决策依据和民主决策办法能够有效地降低组织中的政治行为。

(3)信任度低。

有研究表明,组织政治行为的发生频率和组织信任水平成反比。如果组织缺乏信任,员工对组织缺乏归属感和心理安全感,出于本能就会想办法保护自己,尽可能获得更多的资源,因此更容易卷入组织政治行为中。相反,组织的高信任水平对组织政治行为具有一定的抑制作用,特别是非法的政治行为。

(4)角色模糊。

角色模糊是指组织对成员的行为范围、权责缺乏明确的界定。政治行为是指组织成员正式职责要求之外的行为。因此,角色越模糊,组织成员越容易卷入组织政治行为中。

(5)高层管理人员行为示范。

当员工看到高层管理人员进行政治争斗,特别是当看到某些做法确实获得了一定的成功后,就会在组织中形成“示范效应”,产生支持组织政治行为的错觉,即高层管理人员的行为示范暗示了其他员工采取政治行为的做法也是组织默许或支持的。

(6)工作压力大。

工作压力的大小也与政治行为有着同向的密切关系。当组织成员必须对自己的工作负责时,他们就有可能采取某些政治行为来掩饰实际的工作表现,以确保结果对自己有利。

9.3.3　组织政治策略

组织政治行为是指获得和运用权力的一系列行为,又称为政治手段或权术。组织政治行为可以指向任何目标。对管理者等较高层次的个体或群体的影响是向上的政治影响;以同层级为目标施加影响是横向的政治影响;影响低层级的个体或群体是向下的政治影响。组织内外常见的政治影响策略共有九种,依据不同时期组织的不同目标和影响对象的不同而采用不同的策略。

(1)理性说服。理性说服策略是运用逻辑分析或事实信息来说服对象,表明说服者的要求将带来有益的结果。比如,生产经理说服老板更换新的生产线,可以降低生产成本,但忽略潜在的问题。

(2)鼓励式求助。鼓励式求助策略通过使用对他人非常重要的价值观、理想、需求或抱负等,激发他人的热情,从而获得支持。比如,为获得对新网络广告的支持,向关注生态环保问题的对象强调网络广告的环保低碳特性。

(3)协商。协商策略是指在规划策略、活动或变革时鼓励他人广泛参与到要完成中的事情中来。比如,一位想实施某一战略方案的 CEO 与相关组织内员工协商,以取得他们的支持。

(4)迎合。迎合策略是指在提出要求之前先努力创造一个有力的气氛,让他人感到高兴。比如,销售经理要求下属多承担销售任务之前会先夸奖他之前取得的业绩多么优秀。

(5)交换。交换策略是指提出相互帮助,互利共赢,并承诺以后会报答。比如,请求别人帮忙时会承诺请客吃饭或给其他好处。

(6)个人魅力。个人魅力策略通常是利用他人的忠诚度或与自己的友谊。比如,在请求别人帮助时会提醒对方,你是我在公司里最信赖的朋友,并且以前我总是第一个支持你的人。

(7)联合体。联合体策略是指多人形成一个群体并通过聚合其他成员的资源和权力来影响他人,联合体策略用于有着共同利益的人联合起来追求同一目标。比如,希望得到支持时会说老板也非常支持我的提案,所以请你配合我的行动。

(8)合法化。合法化策略是指试图通过权力或证明其与政策、实践或传统的一致来确证一项请求的合理性。即使目的是为谋私利也要表现出自己的方案符合组织政策或有利于组织的利益。比如,一个想以某种方式完成某一项目的人会试图让对方相信这是上级的意思。

(9)施压。施压策略是利用要求、威胁或持续的催促作为影响对方的方式。比如,威胁下属如果不按照要求办事就解雇他。

除此之外,还可以通过控制信息,有选择地暴露对自己有利的信息或过滤对自己不利的信息;控制决策标准来影响决策结果;控制组织中的知识和专门技能等稀缺资源,显得自己必不可少,从而增加自己得权力。

9.3.4　组织政治行为的结果

政治行为对组织的影响不能片面地断定好坏,虽然大部分的研究都指出组织政治行为会导致组织中更高的权力差距进而促使产生更多的政治行为,并带来一系列的消极结果,但仍有一部分研究认为一些政治行为会推进组织目标的实现。对采取政治行为的个体而言,组织政治行为可能是有利的,但对大部分的员工而言,组织政治行为确实会导致负面的结果。

1. 工作满意度降低

很多研究表明,对组织政治的感知与工作满意度成反比。当员工认为组织的奖励受政治行为影响时,当员工认为组织中存在着利益群体或者帮派时,当员工认为其同事经常从事政治行为时,当员工感觉到政治行为影响到组织职能的正常发挥时,员工就会产生不满情绪,导致工作满意度降低。

2. 焦虑增加

组织政治行为会导致员工焦虑感和紧张程度的增加。因为如果不参与组织政治行为,那些积极的政治行为者可能会损害到自己的利益,但是如果被迫参与,又会因为面临竞争而出现的额外的压力,因此员工焦虑感会增加。

3. 离职增加

过多的组织政治行为会使员工的满意感降低,压力和焦虑感增加,并容易感觉到不公平,组织信任水平较低,员工离职倾向较高,当员工感到确实无法处理如此复杂的政治行为时,最终就会选择离职。

4. 绩效降低

组织中的政治行为导致员工感觉到所处的环境不公平,从而使其不愿意再对组织投入感情和精力,这必然会导致个体绩效的降低,从而影响组织绩效。当组织政治成为员工工作威胁的时候,为了回避组织政治行为,减少可能的变动,他们常常会采取自我防卫行为,比如过度遵从、推诿责任、装聋作哑、耽搁时间、搪塞、明哲保身、合理化、虚报信息等。这些自我防卫行为虽然从短期看似乎保护了员工的自我利益,但从长期来看,会更加增强他们的厌烦感,过多的自我防卫行为也会使员工失去组织中其他成员的支持与信任。

虽然组织政治行为可能会导致消极结果的出现,但是由于组织资源的稀缺性等原因,完全避免组织政治行为基本是不可能的,而且大量的研究都发现,成功的管理者,特别是高层管理者,一定是优秀的政治家,他们认为采取一定的政治行为是必要的,只要不对任何人或群体造成直接严重的伤害就是可以接受的。对组织政治行为进行有效的管理反而可以提高组织绩效,营造良好的组织竞争氛围。

9.4 组织政治行为的管理

9.4.1 组织政治行为的识别

组织政治行为不可避免。为了尽量减少组织政治行为的消极结果对组织造成的影响,我们必须对组织中的政治行为进行管理。对组织政治行为进行有效的管理,首先必须能够迅速识别出组织中在政治上活跃的个体或群体及他们权力运用的方式。

1. 组织中常见的政治行为

(1)上告行为,也称为打小报告。这主要指一个员工向领导反映其他同事的问题。更严重的情况是,当员工认为组织违背法律或者伦理道德的时候,向记者、新闻机构或其他有影响的人反映他认为不公平、不合理或违法的组织行为。

(2)拉帮结派。这是指组织中的员工为减少其所受威胁,壮大影响而与组织中的"同类"拉帮结派、缔结同盟,形成非正式组织。如果企业领导层结成了小群体,在公司政策上,他们往往会制定仅仅有利于本群体的方案。

(3)发展关系网。这是指个人为增加自身的利益和权力,采用各种办法和手段与组织中有权力和掌握重要资源与信息的人建立关系,以了解组织中各个重要事件,获得进一步发展的机会。比如,与以前的同事、战友、同学保持良好的关系,采用各种方法、手段取悦上级,与高层人员结交朋友等,建立关系网络。

(4)散布流言。组织中有人为达到个人目的,而在组织中散布对某个人或群体不利的信息。这些信息缺乏可靠来源、无法考证,在流言传播过程中,由于经过很多人的渲染和加工,信息越来越偏离事实,最后的结果往往会造成非常不好的影响。

(5)固有的权力相争。现在组织设计一般采用直线职能制,这种管理模式会造成职能部门与直线部门之间的矛盾。职能部门专家有丰富的知识可以协助直线管理人员提高决策水平,而直线管理人员担心职能部门人员会影响他们在直线管理中的影响和权力。管理者对这种冲突要尽量控制,否则会给组织造成巨大的损失。

(6)对抗行为。这是组织中政治行为最激烈的形式。它常常表现为员工按照自己坚信的道理办事,而不是按照管理人员的意愿办事,它的发生会导致组织文化迅速恶化从而对管理产生不好的影响。

2. 组织政治知觉模型

组织政治行为体现在组织内员工的组织政治感知。由于个体和参考群体的特征差异,即使是相同的行为,可能有的人认为是组织政治行为,但有的人认为是非政治行为。1989 年,费里斯提出组织政治知觉模型,明确组织政治知觉是指组织成员对组织中政治行为发生程度的主观评估,其中包括个体对这种自利行为的归因。组织政治知觉模型如图 9-1 所示:

该模型认为组织政治知觉受组织、工作环境和个人因素三种因素的影响,组织政治知觉又影响组织气氛和组织成员个人的工作态度,如工作投入、工作满意度、

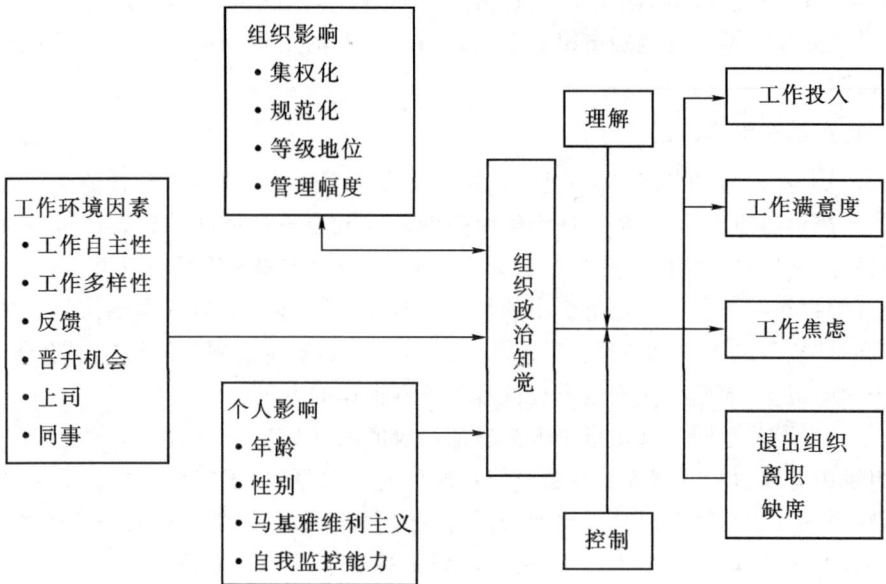

图 9-1 组织政治知觉模型

工作焦虑和退出组织行为。组织、工作环境和个人三个因素是影响组织政治知觉的重要因素，从另一方面来说这三个因素也就是组织政治行为产生的条件，其中组织和工作环境因素可以统一于组织方面的影响因素这一部分。

三种因素的不同方面相结合产生不同程度的政治知觉，但是当组织成员感觉到身边的政治行为后会做出什么反应，还受制于成员对组织政治行为的理解程度和成员感知到的组织控制政治行为的能力。相同的政治行为，如果员工认为对自己有利或者是可以控制的，可能就会对其产生正面的影响；但是如果认为是对自己不利的，自己又没法控制，就会降低其工作满意度，减少相应的工作投入，产生工作焦虑或者离职。因此，理解和控制是该模型中的两个重要调节因素。

9.4.2 政治行为与道德

判断组织政治行为是否符合道德是一件非常复杂的事情。杰拉德·卡瓦纳（Gerald Vavanagh）(1981)和曼纽尔·贝拉斯克斯（Manuel Velasquez）(1983)等人设计了一套判断标准，可以帮助我们判断政治行为是否合乎道德。管理者的行为只要符合下面三个标准都会被认为是道德的。

1. 功利主义

功利主义是一种效果标准，判断的依据是该行为是否导致组织内外"大多数人获得最大的利益",即行为能否让组织内外的大多数人满意。当组织政治行为只满足某个个体或某一群体的利益而没有实现组织利益和目标时,该行为就会被认为是不道德的。比如,为阻止某人晋升而散布谣言称其所设计的产品存在质量问题,这是不道德的。

2.权利理论

权利理论是一种个人权利标准,判断的依据是该行为是否侵犯个人权利,即应当尊重所有当事人的基本权利,包括言论自由、信仰自由、个人隐私和正当程序等。当组织政治行为侵犯了这些权利时,该行为就会被认为是不道德的。比如,为抢某人的功劳而偷看其信件,这是不道德的。

3.公平理论

公平理论是一种分配公平标准,判断的依据是该行为是否平等、公平地对待所有当事人,即在同等条件下所有当事人都应该受到同样的对待,不论是责任的承担还是利益的分配。当组织政治行为为了使某人获利而不惜损害另一方的利益时,该行为就会被认为是不道德的。比如,部门领导为自己偏爱的员工升职加薪,但随意处罚其他员工就是不道德的。

除上述三个标准外,达夫特等人(2004)还提出了判断管理者在管理与决策过程中是否平等和公平的五个标准:

(1)行为的进行与组织的目标是否一致?

(2)行为是否符合公平的标准?

(3)行为是否保护受其影响的群体权力?

(4)行为是否保护受其影响的个人权力?

(5)如果那种行为对你有影响,你是否希望其他人按照规则内的方式做?

如果对这几个问题的回答"是",说明该政治行为是符合道德的标准。

9.4.3　组织公平

组织公平指组织中成员对组织是否公平的感受。组织公平是近年来在组织研究中引入的一个重要概念,而组织政治行为通常被认为是导致组织不公平现象的主要原因。组织公平的内容包括四个方面:

1.分配公平

分配公平指人们对组织中的奖励和其他有价值结果分配公平程度的感受。由于这是对分配最终结果的评价,因此也称结果公平。分配公平会让个体对各种工作结果的满意度产生影响,如上司、同级或下属的报酬、工作分配、职位晋升等。人们会将自己从组织中所得的分配结果与自己对组织投入之间的比例和他人的分配结果和投入比例进行对比,若两者相等就公平;反之则不公平。如果人们感觉组织中分配越是公平,则越满意;反之则不满意。而且通常觉得分配不公平的个体会认为造成这种不公平后果源于组织中权力滥用等组织政治行为,因此要注重分配的公平性。

2. 程序公平

程序公平指人们对于决定各种结果的方法的公平感受。它既包括程序设计的公平,也包括程序执行和监督的公平。程序公平是保证分配公平的条件之一,因为如果程序公平得以保证,其结果就不存在"走后门"这样的人为干涉,当事人和利益相关者得到了一视同仁的待遇。因此,当人们认为程序不公平和不公正时,就会出现员工对组织的承诺降低、低绩效和高离职率的现象,并且引发员工对组织中可能存在政治行为的关注。

3. 人际公平

人际公平指人们在组织内感受到的他人对待自己的公平程度。它主要表现为在执行程序或决定结果时,管理者是否考虑到下属的尊严、是否尊重下属等。这是一种个人所感受到的人与人之间交往的质量,强烈影响个体对他们沟通和互动对象的感受。政治行为在人际公平中也扮演着重要的角色。如果员工在相处过程中感受到管理者的诚实与开放,则体会到人际公平。

4. 信息公平

信息公平指人们对决策中所获取和使用信息的公平程度的感受。信息公平包括信息选取机会的公平和信息应用机会的公平。如果管理者在决策中获取和使用的信息是完整而准确的,并且这些信息得到了管理者适当的考虑,那么员工将感受到信息公平,哪怕他们并不赞成这一决策。如果人们认为并未获得信息公平的待遇,则很可能将其归罪于组织决策中存在的政治行为。

虽然我们不可能彻底消除组织中的政治行为,但管理者可以采用积极的态度,根据组织政治行为的形式和影响因素,采取一定的措施来减弱其不利后果。首先,减少模糊性,建立公平公开、明确合理的政策和标准,并在重大决策上增加透明度,尽可能避免暗箱操作;其次,开放沟通,赋予员工更多的知情权,采用参与式管理方式,营造一种民主化的组织氛围;再次,赏罚分明,让员工参与监督决策过程,一旦发现政治行为,应立即予以制止,做到惩恶扬善;最后,管理者要以身作则,一切以组织利益为出发点,做组织员工的榜样。

9.5 权力与政治研究的新趋势

1.权力作为心理变量的新研究

权力是整个社会科学的基本概念,经典的权力研究多是社会学的研究。在组织层面,权力是一种组织结构变量,是组织等级结构的基础,在对权力进行操作时,实际的权力差异存在于社会情境之中。但是随着社会心理学的发展,尤其是社会认知研究的兴起,研究者在以往研究的基础上对权力有了新的认识,一些学者开始将权力看作一种心理状态,在具体的情境和关系中,个体的权力感能在个体有意识或无意识的状态下被激活,并产生权力效应,并在此基础上探讨权力在组织中的作用和表现形式。

Galinsky 等人把权力看作一种心理状态,认为任何时候对权力的启动都可以激活与权力有关的概念和行为倾向。受此影响,大量的实证研究采用启动的方式对权力进行操作,如让被试人在实验室里单独回忆自己控制他人(或被他人控制)的情境,从而产生权力感,接着考察权力产生的作用和影响。不仅操作方法上如此,理论上,权力的目标激活理论指出权力引起的目标一致性行为往往是无意识的自动行为。由于脱离了结构变量,研究者也把权力的效应扩展到非人际的情境之中,指出权力改变了个体对所有事物的认知以及在所有情境中的行为。

2.权力研究中强调社会认知

权力心理学的一个突出特点是普遍强调权力与社会认知的关系。并且,新近的研究开始把权力与基础认知过程和脑神经机制联系起来。Schubert 从象征的角度出发,指出"上"隐喻权力大,"下"隐喻权力小,因此,权力可以描述为心理距离的垂直高度,权力的概念可以用垂直距离的知觉形式表现。Smith 和 Trope 研究发现权力产生抽象认知的特点体现在各种概念和知觉任务中,如被权力启动的被试能更好地把一组随机的碎图片知觉为有意义的图形,并且权力的启动引起右脑的激活。然而,Kuhl 和 Kazen 的研究发现权力相关刺激与右视野(左脑)优势有关,联盟相关刺激与左视野(右脑)优势有关。目前,关于权力脑机制的研究才刚刚起步,相关的问题还有待进一步研究。

3.权力的研究向其他领域扩展

关于权力的作用机制,目前的研究主要集中在个体层面上,团队及组织层的相关研究比较缺乏。事实上,权力影响互动的情况不仅在个体层面上会出现,在团队内部以及团队之间也时常发生。对团队及组织层面权力的作用机制进行研究将是一个新的方向。除此之外,权力还可以与更广泛的社会心理学研究问题相结合并向应用领域扩展。

权力普遍存在于社会生活之中,纵览权力的社会认知理论,大多将权力的分析与一个已经成熟的社会心理研究领域相结合。例如,权力与刻板印象、接近/抑制系统、目标导向行为等研究问题相结合。以权力理论为基础,Galinsky及合作者把权力与观点选择和物化等概念联系在一起,表明权力的研究正向更广泛的社会心理领域延伸。此外,Overbeck和Park将权力研究应用到领导行为领域,Smith等人将权力研究应用到决策领域,韦庆旺将权力的抽象认知假设应用到谈判领域,都表明权力的研究也正向广泛的应用领域扩展。

然而,目前关于权力的研究也存在一定的问题。Fiske和Berdahl指出:"当前的权力研究重点关注权力如何影响个体的知觉、情绪和行为,并强调作为独立和自由体现的权力,对权力大的人具有积极的作用,而对权力小的人具有消极作用。然而,权力应是社会情境中的权力,具有社会性和情境性,而不是独立于社会关系之外的个体属性或倾向。通过加强研究真实社会互动系统(两人组、群体、组织)中的权力,我们将对权力在他人在场的条件下对个体具有怎样的影响产生更多的认识。可以说,当前西方关于权力的社会认知研究过于注意权力的"控制"和"自由"而忽视了权力的"责任"含义。相反,中国儒家文化"仁"的思想却给权力赋予了丰富的责任含义,并且强调"仁"对于权力的使用是第一重要的。我们相信,如果今后将儒家对权力的理解与权力的社会认知研究相结合,进行实证的考察和检验,必将使人类对权力的认识和理解更加全面。

4.越来越关注组织政治行为

组织政治行为的研究始于20世纪70年代,源于对组织权力的研究,随着对该问题研究的深入,它迅速成为一个新的理论研究领域——组织政治学(又称为组织政治行为理论)。该领域的研究主要着眼于组织政治行为的本质、产生条件、政治行为策略、道德评价等方面,以及对组织政治知觉的研究。虽然组织中政治行为普遍存在,但是组织情景因素的差异会对政治行为的影响程度产生影响。随着全球化的发展,组织环境的变动更为频繁,组织成员来自世界各地,具有不同的文化背景,如何判断组织中的行为是否属于政治行为,该行为是否合乎道德要求,这需要进行更为细致深入的研究。因此,各国学者也在尝试开发适合测量不同国家、民族情境的量表做探索性研究。凌文辁、马超(2006)在《企业员工组织政治知觉量表的构建》一文研究中借鉴了国外有价值的问卷并结合我国自身文化和企业特点,开发出符合我国国情的组织政治知觉问卷,并在该领域做出了探索性的研究。

组织政治行为理论是对传统的组织行为理论的一个有力补充,它的提出为我们更为全面深入地分析一个组织内部各主体(个体和团体)行为诱因或动机,并据此采取相应措施来规范个体行为以实现组织目标。应该说,组织内部的政治行为是不可能消除的,而管理者能做的是:正确对待组织政治行为,了解它们产生的根源,采取措施正确引导这些行为,以使它们的负面影响降至最低。

此外,在深入研究组织内部的各种政治行为的同时,学者们也开始关注组织之间的政治行为。因为在特定的经营环境下,不同组织之间为了争夺稀缺资源等,同样会进行各种政治行为,而这与组织内的政治行为非常相似,因此这为进一步研究组织政治行为提供了新的思路。

课堂讨论

1.作为一名学生,你是否感觉拥有权力? 缺乏权力? 或者是二者都有? 请举例说明。

2.你怎样看待权力的政治意义?

3.在你所认识的人当中,谁最有权力? 他为什么拥有权力?

4.设想一个你最崇拜的人,用本章的内容分析他是如何运用权力的?

思 考 题

1.组织中权力的形式和来源是什么?

2.组织政治行为的概念是什么? 有什么特点?

3.组织政治行为产生的原因是什么?

4.简述组织公平的主要内容。

5.假设你是组织领导人,如何处理好权力和政治的关系?

6.面对政治行为所带来的负面影响,管理者应该采取什么样的措施?

章末案例

明天集团的"公司政治"

公司的绩效考核历来就是政治斗争的焦点,在职场中闯荡多年的邵先生一直从事行政工作更深知此点。但让他没想到的是他到明天集团后面临的主要问题不是如何开展这项绩效考核,而是如何先争取到年底绩效考核主持大局的权力。

首先介绍一下明天集团的组织框架:

明天集团是以房地产为主营业务的集团公司。集团的老板于几年前在上海房产市场处于低迷时期时收购了一幢办公楼,于是明天集团诞生了。

为了实现对这栋办公楼的管理,集团还注册成立了物业公司隶属于集团之下。明天集团的组织架构采用标准的股权治理机构,设有董事会、监事会,下设总经理负责日常运营。但遗憾的是,所谓的董事会成员均由老板亲属担任,监事会也只外聘了监事长一人。

这位邵先生的角色就是集团的行政总监。在他空降到集团之前公司并没有该职务。公司的行政工作由办公室主任负责。这位张主任为人不关己事不开口，平时最爱装糊涂，对老板讲的话言听计从。但老板似乎并不满意他的工作，他没有过错，却也没有功绩。后来老板终于决定重新招聘行政总监主抓行政和日常管理工作。在他看来，这样做也许可以让张主任知难而退，至少两个人工作上的相互制衡利于激发竞争，提高工作效率。

邵总监刚踏入公司就感到了工作难度。没有明确的授权，双方都没有明确的工作职责使得公司上下包括他们自己都对自己职位的大小做了一番比较，于是双方展开了对部门内员工的争夺战，他们频频与自己部门员工谈话，了解他们的思想。邵总监更是借着原人事经理辞职的当口重新招聘了一位人事经理并培养成亲信。他深知人事经理是部门内最重要的岗位。这一轮，他已经占了上风。

邵总监多年从事行政工作的经验告诉他：没有工作业绩一切都如同在沙滩上建筑自己的堡垒。年底将至，邵总适时炮制出一套各部门考核方案。这套方案深得老板欢心，因为方案的考核指标能充分体现老板对各部门工作的印象和好恶，如一直不得老板欢心的市场部其考核指标就有一项平时纪律表现，这项指标其他部门没有，而整天在外做市场调查的市场部在该项的得分想高都难。财务部也遇到了同样的问题：公司频繁更换财务经理，使得财务部很多工作都出现脱节的情况，尤其在其他部门提出某些要求时财务部的反应更是滞后，而对他们的考核指标又尤其强调了该部门的配合作用。这样一场由老板搭台、邵总监执导的大戏开台。

考核采用了各部门相互评分的形式，每个部门都有自己的代表，而参加的代表由人事部门指定。

考核很快有了结果，结果果然符合各部门在老板心目中的地位。但由于年底的考核直接与年终奖金挂钩，所以考核结果引起轩然大波。财务部的部门经理和主抓市场部的集团副总经理伍总直接找到了老板表达不满，结果是财务部经理辞职。伍总也被斥责对市场部的管理不当。针对此事，老板在总经理办公会上公开表明了自己的想法，他在肯定行政部门工作的同时指出："在没有年初的考核目标和考核计划的前提下进行年终绩效考核的确难以做到客观，所以大家不必把考核结果太放在心上。而绩效考核是年终绩效奖金的发放标准，既然绩效考核的结果不能作为依据，那年终员工的绩效奖金也因此而取消。"

绩效考核事件就这样收尾了。

完成了绩效考核后的邵总监获得了老板的赏识和信任，在老板的要求和授权下，公司又发动了一场"定岗定编"运动，其目的是使公司的每个员工都明确自己的职责和权力。在这次"定岗定编"运动中，邵总监的地位得到正式的确认，而集团的副总经理伍总的岗位则变成了集团下属项目公司市场部的市场总监。公司内部纷传伍总因为得罪邵总监而被一撸到底，也有人说其实不关邵总监的事，是伍总和自己的顶头上司集团的总经理一贯不和,才招致如此大祸。伍总对此不置可否。

获得了正式任命的邵总监权力比以前更大。老板把整个集团的日常管理工作赋予了他。从此,邵总监的管理遍布集团上下每一个角落。

一次,邵总监在和物业子公司总经理的谈话时得知其即将辞职,于是向老板推荐了办公室张主任出任物业经理的职位。邵总监说张主任的能力很强,人也细心,很适合管理物业公司的保安和保洁人员。于是,张主任的任命文件就由邵总监起草。

变成了物业子公司经理的张主任却仍然坚信自己还会回到总部做自己原来的位子。因为物业子公司的办公室和集团总部在一幢办公楼内并且楼上楼下,张主任也许是怕别人忘了他的存在而几乎保证每天都在总部办公室露一下面。大家不解为何张主任信念如此坚定,有消息灵通人士作如下解释:张主任得到集团总经理的支持和许诺。也有人奇怪:在上次定岗定编一事上邵总监不是和集团总经理站在一条战线上把伍总给"挤"走了吗?他们应该是一伙的呀?针对如此疑惑,有洞察世事者答曰:邵总监为人过于凌厉且权力欲过强,对公司内部管理引起了各部门经理的不满,同时也触及了集团总经理的地位,所以总经理为了维护各部门的利益和稳固自己的地位,必欲除之。

至于事实如何,除当事人外其他人就不得而知了,由此可见公司政治之高深莫测。

资料来源:刘莹辰.中国管理传播网.

思考题

1.你认为该公司在管理过程中存在什么政治问题?

2.假如你是该公司的一名员工,你认为自己应该怎么做才能把现有的工作做好?

3.假若你是公司的管理者,应该采取什么措施使公司发展得更好?

测 试

你的政治性如何?为了确定你的政治倾向性,请回答以下问题。在"对"与"不对"中选出最能反映你的行为或观念的答案。

1.应该通过公开地赞许他人的建议或工作使他人感到自己的重要性。

2.人们总是在第一次与你见面时就对你进行判断,因此应该努力给别人留下良好的第一印象。

3.尽量让别人多说话,对他们的问题表示同情,而不是告诉他们,他们完全错了。

4.对你所遇到的人要赞扬他的优点,无论在什么情况下,如果别人犯了错误,一定要给别人机会保全面子。

5.为了对付敌人,虽然不太愉快,也必须采用散布谣言、编造误导信息或在背后踹他一脚的办法。

6.有的时候有必要作一些你明知不会或不能遵守的承诺。

7.和每一个人搞好关系是很重要的,即使他是公认的爱啰唆、讨人嫌或总是牢骚满腹的人。

8.给别人以好处非常重要,这样你可以有机会利用他们。

9.要善于妥协,特别是对于那些对你来说无关紧要而对别人至关重要的事情。

10.如果可能,尽量拖延或避免卷入那些有争议的问题。

评分标准:这套题目的设计者认为,一个十足的组织政治家对所有的 10 个问题都将回答说"对";具有最基本的道德标准的组织政治家对第 5 和第 6 个题目的回答会说"不对",因为它们是有关精心编造的谎言和苛刻的行为的;至于那些认为操纵、揭发和自我服务的行为是无法接受的人,他们将会对所有的问题或几乎所有的问题都回答说"不对"。

资料来源:斯蒂芬·P·罗宾斯.组织行为学[M].7 版.北京:中国人民大学出版社,2002.

第 10 章　领导理论

学习目标

- 掌握领导的定义、作用
- 了解领导特质的相关理论
- 了解领导行为的相关理论
- 了解领导的权变理论
- 掌握领导理论的新发展

开篇案例

　　郭宁最近被所在的生产机电产品的公司聘为总裁。在准备接任此职位的前一天晚上,他回忆起他在该公司工作 20 多年的情况。

　　他在大学时学的是工业管理,大学毕业后就到该公司工作,最初担任液压装配单位的监督助理。他当时真不知道如何工作,因为他对液压装配所知甚少,在管理工作上也没有实际经验,他感到几乎每天都手忙脚乱。可是他非常认真好学,一方面仔细参阅该单位所订的工作手册,并努力学习有关的技术知识;另一方面监督长也对他主动指点,使他渐渐摆脱了困境,胜任了工作。经过半年多时间的努力,他已有能力独担液压装配的监督长工作。可是,当时公司没有提升他为监督长,而是直接提升他为装配部经理,负责包括液压装配在内的四个装配单位的领导工作。

　　在他当监督助理时,他主要关心的是每日的作业管理,技术性很强。而当他担任装配部经理时,他发现自己不能只关心当天的装配工作状况。他还得做出此后数周乃至数月的规划,还要完成许多报告并参加许多会议,他没有多少时间去从事过去喜欢的技术工作。当上装配部经理不久,他就发现原有的装配工作手册已基本过时,因为公司已安装了许多新的设备,引入了一些新的技术,这令他花了整整一年时间去修订工作手册,使之切合实际。在修订手册过程中,他发现要让装配工作与整个公司的生产作业协调起来是需要有很多讲究的。他还主动到几个工厂去访问,学到了许多新的工作方法,他也把这些吸收到修订的工作手册中去。由于该公司的生产工艺频繁发生变化,工作手册也不得不经常修订,郭宁对此都完成得很出色。他工作了几年后,不但自己学会了这些工作,而且还学会了如何把这些工作交给助手去做,教他们如何做好。这样,他可以腾出更多的时间用于规划工作和帮助他的下属把工作做得更好,以及花更多的时间去参加会议、批阅报告和完成自己向上级的工作汇报。

当他担任装配部经理六年之后,正好该公司负责规划工作的副总裁辞职,郭宁便主动申请担任此职务。在同另外五名竞争者较量之后,郭宁被正式提升为负责规划工作的副总裁。他自信拥有担任新职位的能力,但由于高级职务工作的复杂性,仍使他在刚接任时碰到了不少麻烦。例如,他感到很难预测一年之后的产品需求情况。可是一个新工厂的开工,乃至一个新产品的投入生产,一般都需要在数年前作出准备。而且,在新的岗位上他还要不断处理市场营销、财务、人事、生产等部门之间的协调,这些他过去都不熟悉。他在新岗位上越来越感到随着职位上升,很难仅仅按标准的工作程序去进行工作。但是,他还是渐渐适应了,做出了成绩,以后又被提升为负责生产工作的副总裁,而这一职位通常是由该公司资历最深的、辈分最高的副总裁担任的。到了现在,郭宁又被提升为总裁。他知道,一个人当上公司最高主管职位之时,他应该自信自己有处理可能出现的任何情况的才能,但他也明白自己尚未达到这样的水平。想到自己明天就要上任了,今后数月的情况会怎么样?如何面对更为复杂多变的工作内容,如何成为优秀的领导,他不免为此而担忧……

资料来源:赵恩超,燕波涛.组织行为学[M].北京:机械工业出版社,2012.

10.1 领导概述

10.1.1 领导的概念

对领导的定义,不同的研究者在不同时期从不同的研究角度出发,做出了不同的解释,如:

意大利政治学家马基雅维利在《君主论》中说,领袖是权力的使者,是那些能够利用技巧和手段达到自己目标的人。

美国政治学家伯恩斯说,领导者劝导追随者为某些目标而奋斗,而这些目标体现了领导者及其追随者共同的价值观、动机、愿望、需求、抱负和理想。

德国社会学家韦伯认为有效的领导有一种魅力,其具有的某种精神力量和个人特征,能够对许多人施加个人影响。

管理学大师德鲁克认为,有效的领导应能完成管理的职能,即计划、组织、指导和控制。

哈佛大学科特教授认为,好的领导应能鼓励人们朝着真正能给他们带来长期最大利益的方向努力,而不是把他们引向绝境。好的领导不会浪费他们稀缺的资源,也不会造成人性的阴暗面。

罗宾斯认为,领导就是影响一个群体实现目标的能力。

孔茨认为,领导的管理职能的定义,是指影响人们为组织和集体的目标做贡献的过程。

赫塞和布兰查德认为,领导就是在特定情境中,通过个体与群体的行动来成功实现目标的过程。

学者们关于领导的定义可以总结为以下几个方面:

一是领导作为特殊社会活动的领导行为,领导行为围绕组织的目标实施并完成的整个过程就是领导过程;

二是领导作为特殊社会角色的领导角色,即领导者;

三是领导是一个动态的过程,领导的有效性是领导者、被领导者及其所处环境三种因素所组成的复合函数,即领导=F(领导者、被领导者、环境)。

现代领导学的研究已普遍接受领导是在特定情境中,通过引导和影响个人或组织实现目标的行为过程这一定义。这个定义是把形成领导行为的重点放在了领导者、被领导者与环境三者的关系上,这三种因素的任何一种因素发生变化,都将导致领导的变化。领导的这一定义包括了五层含义:①领导是一种特殊的社会活动,它体现着人的高度主观能动性;②领导者是领导活动的主体,处于主导地位;③被领导者是领导活动中不可忽视的重要因素;④共同目标是领导活动中不可缺少的因素;⑤组织环境是领导活动产生的前提。

1. 领导与管理

领导作为一种特殊的社会活动,即领导行为,在这个层面上,人们往往把管理和领导混淆用,把领导过程等同于管理过程,但实际上管理和领导是两个不同的概念,二者具有明显的区别。

首先,领导和管理的职能范围不同。管理有五大职能——计划、组织、指挥、协调和控制,而领导只是管理职能的一部分。管理的对象可以是人、财、物、信息、时间、关系等资源;而领导的对象一般只是人。

其次,领导和管理在组织中的作用不同。领导的主要作用是做正确的事,关注企业未来发展,确立组织正确的行动方向;而管理强调的是正确地做事,关注企业的现在,在行动方向确定之后,如何用最便捷的途径和方法高效地达到组织目标。

再次,领导和管理的侧重点不同。领导侧重引导和影响,在组织变革的时候制定新的目标,探索新领域;管理重在协调和控制,维持既定秩序,配置资源,提高现有效率。

除此之外,领导是一门艺术,需要结合具体问题具体分析,因时因地因人而异,更灵活;而管理则更科学,更正规,具有标准化的管理方法和工具。

明茨伯格(1975)还总结了领导者在管理中扮演的三个方面的十种角色:

（1）人际领导角色。

①名义领袖角色：当领导者在法律、社会、仪式和象征性活动中代表本企业时，他们就担当领袖角色。高层管理人员经常被看作是本企业的名义领袖。

②领导者角色：领导者执行管理职责来提高组织的运营效率。因此，领导角色贯穿在所有的管理行为中。领导角色会影响领导者执行其他角色的方式。

③联络者角色：当领导者与企业外部人员发生互动作用时，他们就在担当联络者角色。联络行为包括建立关系网络来培养关系和获得信息。

（2）信息领导角色。

①监控者角色：领导者在收集信息时担任监控者角色。大部分信息分析的目标是寻找问题和机遇，需要深入了解企业外部的重大事件。

②传播者角色：领导者向组织内部人员传达信息时担任传播者角色。领导者可以获得普通员工无法得到的信息。

③发言人角色：领导者在向企业外部人员提供信息时担当发言人的角色。领导者承担本组织公共关系代表的角色。

（3）决策领导角色。

①创业者角色：领导者在创业和改革时担当创业者的角色，他们经常站在监督者的角色来发现改进的策略。

②问题处理者角色：当领导者在危机或冲突形势下采取正确行动时，他们就承担问题处理者的角色。

③资源分配者角色：领导者在确定工作进度，请求批准和制定预算时，他们就承担资源分配者的角色。

④谈判者角色：领导在常规或非常规交易中代表本组织时担当谈判者的角色。

2.领导者与追随者

领导的有效性是领导者、被领导者及其所处环境三种因素所组成的复合函数，领导者与被领导者，即追随者，都是领导活动的重要因素，缺一不可。领导者在组织中担任一定的职位、掌握一定的职权并且承担一定的职责。职位、职权和职责是领导者最重要的三个要素，职位是领导者在组织中应有的地位，它是职权、职责的前提和载体，职权是职位赋予的权力，职责是实施职权过程中必须尽的义务。有被领导者，领导者的职权和职责才能得以实现。领导者与追随者的关系，实质上是一种相依相生、共荣共存和相互影响、相互制约的关系。在组织中占大多数的追随者才是决定组织命运的主要力量，领导者是舟，追随者是水，水能载舟，亦能覆舟。领导者只有代表和反映了广大追随者的愿望、要求和利益，才能得到组织成员的支持，最终实现组织目标；而作为追随者，也必须具备一定的素质才能获得领导者的信任，成为一个优秀的追随者。有学者总结了一个有效的追随者应该具备的基本

素质,包括以下四点:

(1)能够很好地管理自己,自我思考,独立工作。

(2)能够对目标做出承诺。有效的追随者除了思考自己的生活之外,还会对一些事情做出承诺。大多数人都喜欢与除了体力投入之外还有情感投入的同事合作。

(3)能够构建自己的能力并为得到最佳效果而付出努力。有效的追随者掌握那些对组织有用的技能,他们为自己设置的绩效目标比工作任务和工作群体所要求的更高。

(4)诚实、有勇气,值得信赖。有效的追随者独立且具有批判思维,他们非常值得信赖。他们有很高的道德标准,信誉良好,对自己的错误勇于承担责任。

当然,由于领导者与追随者所处的地位和角度不同,能力和责任不同,要求两者事事达成一致也是不现实的。一般来说,追随者更关心自身和眼前利益的实现,而领导者不仅仅要考虑每一个个体的利益,还必须考虑整个组织的利益和长远的利益。

10.1.2　领导行为及其特征

1. 领导行为

一个领导者依靠权力和影响,带领被领导者去完成组织目标过程中表现出来的全部行为,即称为领导行为。虽然领导行为与领导同指领导活动,但二者并不是一回事。领导是指领导活动本身。而领导行为是就领导过程的整体而言,是领导活动实践的结果,是指领导过程中表现出来的各种关系。它包括组织领导行为、组织成员行为及组织的行为。领导行为不仅仅是单一因素的行为,而是一个包括众多因素的系统。在一般的领导行为模式中,包括三个基本的要素:领导者、被领导者和领导者与被领导者共同作用的对象——客观环境。

(1)领导者。

领导者是指在一个组织中处于法定的领导地位,履行领导职责的人。领导者是组织意志的体现者和组织利益的集中代表者,在领导行为的三要素中,领导者是领导行为的主体,即领导行为的主要方面。

(2)被领导者。

被领导者在领导行为中具有双重属性。相对于领导者来说,他是领导行为中的客体。但领导者与被领导者组合起来,共同作用于客观环境时,它又成为领导行为中主体的部分。被领导者对于组织的关心程度,对完成本职工作的自觉性、主动性、被领导者的素质和能力等,从根本上决定了领导绩效。早期的管理学界偏重于研究领导本身这个因素。现在人们越来越认识到,取得被领导者的合作对领导者是十分重要的,因而着重研究领导的行为如何影响被领导者。

(3)客观环境。

客观环境指的是领导者与被领导者共同作用的客体,亦即领导活动的条件。所有的组织都处在客观环境中,与外界发生各种交流,领导活动的客观环境可分为微观和宏观两个方面。微观环境是领导直接接触的工作环境,如组织或群体、共事者、上级等;宏观环境包括社会政治、经济、文化、科学技术、地理条件、历史传统等。客观环境是领导活动的基础,客观环境不同,领导方法也不尽相同。领导者除了必须遵循和掌握领导活动的一般规律,还要掌握特殊方法。领导活动只有在客观指定的环境之中,按照其客观的发展规律,寻求并实现组织目标,才能获得最佳绩效。

综上所述,领导行为是一个多因素的综合体。所以,领导行为的成功与否,除依赖于领导本人的素质、能力以及在群体中的地位和权力外,还要依赖被领导者的素质,依赖领导者与被领导者的人际关系状况,依赖工作环境的性质。

2.领导行为的特征

领导行为的特征主要表现在以下几个方面:

(1)领导行为是一个完整的过程。

领导行为是一个完整的过程,它有自己的构成要素,就是领导者、被领导者和客观环境。任何有效的领导,都是这三个要素的有效结合和互相作用的结果。因此,领导过程绝不单指领导者的活动,而是领导者、被领导者和客观环境三个要素构成的并相互作用的完整系统。领导者作为集体的成员,在他履行自己的职责时,还是以个人的行为表现来进行的。考察和研究领导结果,就要从三个要素互相作用的角度来综合分析,这样才能得出正确的结论。

(2)领导行为是一个动态的过程。

由于构成领导行为的三个因素即领导者、被领导者和客观环境本身在不断地发生变化,另外它们之间相互作用的程度、方式、结果也发生变化,这样领导行为就处在发展变化中,形成了一个纷繁复杂的动态过程,实际上是一种现实应变的过程。如果一切都是一成不变的,那么人们会像机器一样的按照既定程序去活动,领导将失去意义。在现实中,这种情况也会发生,在整个应变过程中,领导者的责任就是要时刻把握各种因素的变化趋势,适时采取有效措施,实现领导者、被领导者和客观趋势的最佳结合,产生最大合力,取得良好效果。因此,考察和研究领导效果,不能仅仅分析领导者的能力,而要在动态过程中,从三个因素结合的方式和结果下去研究。

(3)领导行为是在领导者、被领导者和客观环境三者的动态平衡中实现组织目标的过程。

强烈的目标性,是领导过程的突出特征。组织目标是联结组织中领导者和被领导者的纽带。失去了目标,无法统一成员的意志和步调,也就无所谓领导。领导者的目标与被领导者的目标不一致,领导行为也会受阻。目标同时还受制于客观环境和条件,同客观环境的需要有可能相背离的目标是脱离实际的目标,不可能实现,根据这种目标进行的领导行为注定要失败。因此,以目标为核心形成的领导行为,必须是能够使领导者、被领导者和客观环境三个因素共同适应的行为,这也是谋求领导者、被领导者和客观环境三者的动态平衡过程。

三者的动态平衡还包括领导者的能力与采用的方法,必须适应被领导者的素质和水平,必须适应客观环境的需要和可能,必须适应实现组织目标的要求。真正有效的领导方法必须是能够为被领导者所悦服,为客观条件所允许的方法。真正的领导能力必须是能够适应和驾驭客观环境的各种变化,能够唤起被领导者的工作热情和创造性的能力。总之,真正高效率地运行的领导过程,必然是三种要素在动态中形成平衡,互相适应,互相作用,不断离开原有平衡,形成更高层次的过程。因此,以实现组织目标为核心,不断寻求三种要素的动态平衡是实施领导的基础,是领导运行过程的基本规律。

(4)领导行为是人与人之间的关系。

从人的因素讲,领导中包括领导者和被领导者,这是一种双向的人际关系行为。领导者是组织中居于特殊地位的角色,起着引导、激发、调节群体的行为,使大家共同努力完成工作目标的作用。而下属成员对领导者行为则起着支持、监督、赞扬、建议、批评或抵制等作用。领导者与被领导者的关系是领导行为的实质。

10.1.3　领导的功能

领导的功能是什么,对此有许多说法。一般说来,领导的基本功能是组织功能和激励功能。管理学认为,实现组织目标是领导的最终目的,围绕这个目的,领导者必须充分利用主客观条件,制定企业目标与进行决策,合理地使用人力、物力和财力,建立起科学的管理系统,所有这一切,都是领导的组织能力。

管理心理学则认为,激励功能是领导的主要功能。一个领导者是否具有这种激励下级的能力,直接关系到领导行为的效能。事实证明,即使目标再好,组织再合理,管理再科学,若领导者缺乏激励功能,或者不能很好地发挥自己的激励功能,也无法实现企业的目标。激励功能主要包括以下三个方向:

1. 提高被领导者接受和执行目标的自觉程度

通常情况下,个体的行为活动目标与群众或组织的目标不完全一致。作为领导者就得要千方百计地把实现组织目标与满足组织成员的需要统一协调起来,努力创造一种环境使职工对组织目标认同,从而提高职工接受和执行组织目标的自觉性。

2.激发被领导者实现组织目标的热情

组织成员积极性和创造性的发挥，一方面要取决于个人目标和组织目标的一致，另一方面依赖于组织成员的工作热情的激发和保持。因此，组织成员热情的激发和保持是领导激励功能的重要内容之一。领导者要从思想上、工作上、生活上关心、理解、帮助被领导者，解决他们的实际困难，注意满足被领导者的精神上和物质上的合理需要，这是激发被领者实现组织目标热情的关键措施。

3.提高被领导者的行为效率

行为效率是指为实现组织目标所做贡献的大小或能力、人才的发挥程度。作为一名领导者，应当创造有利于提高行为效率的物质环境和氛围，特别是提高领导行为的有效性，这是提高被领导者行为效率的关键。

总之，领导者的激励能力能通过领导行为和影响力有效地影响和改变被领导者对实现目标的认识、态度和行为，使他们的积极性和创造性得到最大限度的发挥，为实现组织目标做出最大限度的努力。这就要求领导者了解下级的各种需要，研究满足合理需要的途径方法，最大限度地满足被领导者的合理需要，注意解决下级中的纠纷与冲突，并为组织中的全体成员提供平等的机会，以促进组织目标的实现。

10.1.4　领导体制的演变

从我们的祖先组成家族、氏族和国家之日起，领导行为就已经开始了。因为，凡群体合作之处，就会有指挥。起初指挥者就充当领导者，占据领导地位。人类在亘古时期，狩猎或抵御外族侵犯，都需要有统帅整体行动的领导者和领导行为，才能统一意志，形成意志力量，达到预期的目的。我们常听的《船夫号子》歌曲，就是反映当时劳动场面的作品，那领唱的声音就是指挥集体劳动的口令，在指挥号令中全体行动保持一致，形成巨大的整体力量，一种固化的组织形式便出现了。随之，领导者也趋于正式固定，因此，领导者和领导集团以及领导体制的发展与演变几乎是与人类的文明史共长。

1.近代领导体制的发展

在近代资本主义企业管理中，领导体制和结构的发展经历了四个阶段，即"家长式"老板制领导、"硬专家"经理制领导、"软专家"经理制领导和"专家集团"制领导。

(1)"家长式"老板制领导。

企业的形成主要取决于生产发展的规律、科学技术水平和经营业务的繁重程度。在资本主义初期，企业领导方式基本上保留着封建社会的家长式领导。由于当时生产规模不大,科技不够发达,所以这种家长式的老板领导制还持续了相当长的一段时间一直保持到 1840 年左右。

(2)"硬专家"经理制领导。

随着经济和技术的发展,对企业管理的要求越来越高,没有一定的管理能力,就不能胜任领导工作,即使企业是由你开办的,也会无法管理下去。

1841 年 10 月 5 日,美国发生了一起客车相撞事件,伤亡惨重,引起美国社会上的极大反响,人们严厉谴责老板没有能力领导现代化铁路企业。在强烈的社会舆论和马萨诸塞州议会推动下,铁路公司进行了大胆改革,建立了各级责任制,选拔了有管理才能的技术专家担任领导。经理的人选,主要从精通本企业的专家中选拔,从此出现了美国第一家由拿薪金的经理通过正常管理机构管理的企业。所谓"硬专家"经理制领导体制从此得以形成,随后得到了很大的发展。

这种领导体制有两个特点:①企业的财产所有权与经营管理分开,使资产与技术分别为企业发展做出贡献,为管理科学的发展开辟了广阔的道路;②管理企业的领导者都是精选的,因此对企业生产能力的提高有着极大的促进作用。

经理制也随着经济发展,不断改善。1925 年,美国通用汽车公司首先实行了"集中政策,分散经营"的事业部制。它实际上是将政策经营与具体管理区分开来,使经理一级的领导们摆脱日常的管理业务,主要研究制定各种经营政策。根据 1969 年统计,英国最大的五百家公司中有 78% 的企业采用了事业部制。

(3)"软专家"经理制领导。

随着社会大生产的不断发展,现代技术与生产进一步结合,经营管理的作用日益扩大,任务也越加复杂,因此精通某一专业技术的人,逐渐代替了硬专家,这时社会上专门培养管理人才的机构应运而生。1881 年美国宾夕法尼亚大学首先成立了华盛顿财商学院,1921 年,斯坦福大学建立了工商管理研究院,随后各大学相继都开设管理专业,精通管理的"软专家"在企业中得到快速增长。

(4)"专家集团"制领导。

近 25 年来,由于企业规模的扩大及多角经营,企业中只靠职业软专家的个人领导也不能胜任,许多企业出现了集体领导趋势。一些大企业组成了总经理办公室、董事长办公室等,用整体取代了过去的由总经理一个人负责管理的方式。

2. 智囊团

它是一种多学科专家的集合体,是为领导者出谋划策的智力机构。企业领导者要做出决策,应当有智囊团的辅佐,以便提出备用方案,进行科学论证,现代智囊团已经成为领导体制中一个重要组成部分。

(1)智囊团的产生与发展。

现代智囊团在国外的名称很不统一,美国称"思想库",日本称"脑库",其他国家称为咨询公司等,但是含义是一样的。

智囊团实际上在我国古代就有。春秋战国著名的四君子各都招养谋士二三千人。多数人具有一定的才能和专长。三国时期的诸葛亮既懂政治又懂军事,是我国家喻户晓的智囊人物。唐代的魏征是唐太宗李世民的"谏议大夫",敢于直谏不讲情面,曾向李世民进谏数百次,对唐"贞观之治"的太平盛世起了很大作用。到了清代更是盛行智囊,清末时,县官也要一流的"师爷"为他出谋划策。

国外智囊人物的出现,首先是在军事活动领域中,因为战争不仅决定国家民族的生死存亡,而且人力、物力的耗费之巨大是惊人的。据统计从公元前2600年到现在近4800年的历史时期内,全世界共发生战争14500次,死亡36亿人,资财损耗无法估计。因此,各国十分重视军事和战争。为了战争胜利,在军队里配备了不少有才华的智囊人物做参谋。17世纪中期,法国国王路易十四就在军队里建立了参谋长制度,拿破仑时代又建立了参谋本部,凡是遇到大战役,必须参谋本部决策。美国第七任总统杰克逊非常器重才华和有政治见解的人才,许多知识渊博而职务较低的人也能得到他的赏识。

现代智囊团起源于第二次世界大战之后。截至20世纪60年代末,世界的智囊机构约有一万家,其中美国3500家,年经营额20亿美元,英国有2000多家,德国600多家,日本有250家。著名的有美国兰德公司,拥有1700名职工,其中研究人员近600余人。兰德公司之所以著名在于它的研究成果突出,它的信息准确、及时,常提出一些战略性的建议。1957年,前苏联突然发射成功第一颗人造地球卫星,使美国大吃一惊,美国政府后来经调查研究发现,兰德公司早在1946年就曾建议研究人造卫星,五角大楼没有采纳。20世纪70年代,美国中子弹的制造研究也是兰德公司于50年代提出的。

(2)智囊团的功能。

①具有认识功能,调查研究、作出判断。

②具有参谋功能,出谋划策、提出方案。

③具有反馈功能,掌握信息、充当耳目。

④具有预测功能,高瞻远瞩、推测未来。

(3)智囊人员的条件。

①高度的责任感。从事智囊团工作的人员,应该有高度的责任感和事业心。有独立思考,坚持真理,实事求是,不随声附和的基本素质。研究问题中以探索为重,不是简单的"少数服从多数,下级服从上级"。

②渊博的知识。从事智囊团工作的人,应该是博学多才、经验丰富而又虚心好学的人,不仅掌握自然科学,也要通晓社会科学。既有专长的一方面,又有广博的知识基础,对层出不穷的新知识有敏锐的感受力与联想力。

③准确的分析与判断能力。必须目光敏锐,思维活跃,对错乱复杂的问题能抓住实质,及时做出科学判断。

④具有先进的现代化管理知识和手段。如对电子计算机等工具的熟练掌握以及娴熟的外语能力。

10.2　领导特质理论

领导特质理论,也称领导素质理论,早期曾被称作"伟人论",主要研究的是领导者应具备的素质,力图从领导者个人的品质特性中预测出有效领导者的特征,并推测什么样的人当领导最合适。特质理论是所有领导理论中最古老的一种理论,是其他领导理论提出的基础。领导特质理论着重于研究领导者的人格特质,并且认为这些人格特性是先天决定的。这一理论的出发点是:领导效率的高低主要取决于领导者的特质,那些成功的领导者一定有某些共同点。领导特质理论分为传统特质理论和现代特质理论两类。

10.2.1　传统特质理论

早期的特质理论基本上是从静态的角度来研究的。20 世纪初最早的系统研究领导力的尝试聚焦于领导力的"伟人"特质是与生俱来的(如今,我们通常把这个称作"大人物"理论)。该理论建立的假设是领导特质是生来具有的,不是天生具备领导特质的人,就不能当领导。传统特质理论的主导思想认为有些人生来就具有当领导人的特征,有些人生来就没有那些特征。为了准确地尽早地发现那些命中注定要做领导者的人,心理学家对社会上成功或不成功的领导者进行了深入调查,期望从中能找出适宜作领导者的品质特征。

早期的研究所列出来的特质清单非常多,多达上千个,包括生理特征、个性特征和能力等几个方面。早期的领导特质理论研究中比较具有代表性的有:

①吉普于 1969 年提出天才领导应具备的特征是:语言表达能力强、外表英俊潇洒、智力过人、自信心强、心理健康、具有支配性、敏感、性格外向。

②斯托格狄尔认为领导者的先天特性应是:有良心、可靠、勇敢、责任心强、有胆略、力求革新进步、直率、能自制、有理想、会为人处事、英俊优雅、能胜任工作、心理健康愉快、智力过人、有组织能力、有判断力。

③巴纳德认为成功的领导者必备五种特质:活力和耐力、说服力、决策力、责任心、智力能力。

随着研究的深入,学者们发现在研究成功的与不成功的领导者的区别时,所提出来的几十种特性,相互之间是不相关的,而且甚至是矛盾的。于是研究者们逐渐体会到沿着遗传决定论的观点去研究领导特性问题是前景暗淡的。许多学者逐渐地抛开了这种观点,传统领导特质理论也在很多范围内受到质疑。如来认定这些特质的研究方法很差,调查者只是简单地比较特质总结清单,而没有衡量这些特质以及考虑有意义的差异;有关领导力的特质清单太繁多而没有意义;研究结果显示不同的领导者具有不同的特质等。尽管著名的领导们具有魅力和其他"特殊"的特质,但许多的研究想确定与有效领导力有关的特质,却发现并不是所有的领导都拥有相同的特质。

尽管如此,领导力特质的概念近年来又开始复苏。调查显示很多情况下领导者的确是与其他人不同。但是,人们现在相信许多领导所具有的特质(或者性格)是"学习培养和改进的",而且获得了领导力特质并不足够成为一个成功的领导,他必须采取一些必要的行动来显示成功的领导力。近代的调查指出,重要的领导力特质可以根据六个核心的特质进行分类:

(1)动力。动力指一个人所拥有的抱负、成就追求、毅力、意志力的强度。领导必须具有足够的精力,在混乱和紧张的时候仍能继续工作。

(2)领导力动机。领导力动机是指一个人想要领导、影响他人,承担责任和获得权力的愿望。有效的领导具有社会化权力动机,他们使用自己的权力来实现与组织最大化利益相关的目标。而具有个人化权力动机的领导只追求如何才能拥有对别人施加影响力的权力。

(3)正直。诚实和正直的领导可信而且言行一致。追随者及组织中的其他人不可能信任一个不具有这些品质的领导。

(4)自信。领导必须对自己的行为自信而且要将这种自信表现给别人看。很自信的人可以从自己的错误中学习,乐观地面对压力,保持心态平和,合理表达情绪。

(5)认知能力。高度智慧的领导能够更好地加工和处理复杂的信息以及对待变化的环境。

(6)商业知识。对于自己所从事的商业的了解可以使领导做出更好的决策,预知未来的问题以及理解他们行为的可能影响。

10.2.2　现代特质理论

现代领导特质理论认为领导是一种行为过程。领导的特性和品质是可以在实践中形成的,通过培养和训练是能够塑造的,不同的情景特点、不同的社会历史条件,对一个合格的领导者的个性特征的要求是不同的。因此,在选择领导时应有明确的标准,考核领导者时要有严格的指标,培训领导者时要有具体的方向和措施。各国心理学家又分别根据本国的具体情况提出了领导者应该具备的特性条件。如日本企业界要求领导者应具有十项品德和十项能力。十项品德是指使命感、责任感、信赖性、积极性、忠诚老实、进取心、忍耐心、公平、热情和勇气；十项能力是指思维决策能力、规划能力、判断能力、创造能力、洞察能力、劝说能力、理解人的能力，培养下属的能力和调动积极性的能力等。

两种具有代表性的现代领导特质理论是鲍莫尔的领导特质论和鲍尔的领导特质论。

1. 鲍莫尔的领导特质论

美国普林斯顿大学鲍莫尔教授认为，一个领导者应该具备下述 10 项条件才是合格的：

(1)合作精神。能赢得人们的合作，愿与其他人一起工作，对人不是压服，而是感服和说服。

(2)决策才能。依据事实而非依据想象进行决策，具有高瞻远瞩的能力。

(3)组织能力。具有组织人力、物力的才能。

(4)精于授权。能发挥大权独揽，小权分散，抓大事而将小事分授予下属。

(5)善于应变。权宜通达，不墨守成规。

(6)对上下级和善且平易近人。

(7)敢于求新。对新事物、新环境、新观念等具有敏锐的感受能力。

(8)敢担风险。对企业发展中不景气的前景敢于承担，有改变企业面貌，创造新局面的雄心和信心。

(9)尊重他人。重视和采纳他人的意见，不武断狂妄。

(10)品德超人。品德为社会人士和企业职工所敬仰。

2. 鲍尔的领导特质论

麦肯锡公司创始人之一马文·鲍尔在他 1997 年出版的著作《领导的意志》中提出了领导者必须养成以下 14 种品质：

(1)值得信赖。值得信赖就是行动上的正直。特别之处在于，一个想当领导者的人应当说真话，这是赢得信任的良好途径，是通向领导的入场券。

(2)办事公正。公正和可信任是联系在一起的。办事不公正对领导者是特别严重的问题，因为他为其他人开了先例。

(3)举止谦逊。傲慢、目中无人和自高自大对领导者来说是有害的，它容易使领导者陷入远离员工、故步自封的泥潭。谦逊的举止则可让员工对其产生平易近人的心理感受。

(4)善于倾听。领导者讨论时过早发表自己的意见，会关闭学习的机会。倾听意见时不仅要注意听，也包括简短的、非引导式的提问，这种表示感兴趣和理解的态度,并不一定意味着同意。只有善于倾听,领导者才能在其他人之前获悉人们尚未察觉的问题和机会。

(5)心胸宽阔。有些领导者心胸不宽阔的原因,在很大程度上要归咎于命令加控制的体制。自信是一个优点,但过分自信会导致自我吹嘘,甚至骄傲自大,这势必使其心胸紧闭。

(6)对人敏锐。领导者应该养成能够推测人们内心想法的能力。如果了解人们内心的想法,领导者就能更好地说服他们。对人敏锐也意味着领导者对人们的感情是敏锐的,领导者对人要谦和、体贴、理解、谨慎,对人说的话不会令人沮丧,除非是有意的批评。

(7)对形势敏锐。这里所说的形势不是经济形势、政治形势等宏观形势,而是指工作中发生的各种各样的情境。领导者要善于对形势进行仔细的分析并做出客观的评价,同时要敏锐地察觉有关人员的情感和态度。

(8)进取。进取心是任何领导者应具备的最重要的品质之一。

(9)卓越的判断力。领导者要能把确定的信息、可疑的信息和直观的推测结合起来,从中得出结论,而日后事情的发展证明这种结论是正确的。行动中的判断力包括:有效地解决问题的能力、制定战略的能力、确定重点以及直观和理性的判断能力,而最重要的一点是,判断力也包括对合作者和对手的潜力进行评估的能力。

(10)宽宏大量。领导者要能容忍各种观点,肯宽恕微小的离经叛道行为,还要能不为小事所干扰,能原谅小的过错,平易近人。

(11)灵活性和适应性。这是同心胸宽阔、肯倾听意见相联系的。领导者要思想开放,清醒地看到组织运行中的不足,这样他们才能更快地发现需要变革的地方,实施并适应变革。

(12)稳妥而及时的决策能力。领导者要能把握好决策的速度和质量。

(13)激励人的能力。领导者要能通过榜样、公正的待遇、尊重、持股、分红等形式让员工获得满足感,从而激励员工采取行动,增强他们的信心。

(14)紧迫感。领导者有了紧迫感,就能为员工树立榜样。当紧迫感传遍整个组织时,在效果和效率上就会有很大的不同,必要时也更容易加快速度。这在竞争激烈的环境里是很重要的。

10.3　领导行为理论

作为对领导特质理论的回应,在20世纪40年代,密歇根大学和俄亥俄州立大学进行了很大的研究工程,来研究领导究竟是如何做到有效的。这个研究大部分集中在领导力风格上。尽管管理思维和社会调查都曾在这两者的研究方法上有所超越,但是这两者的工作给现代领导力理论提供了研究基础,具有非常重要的意义。

10.3.1　领导行为四分图模式

1945 年,美国俄亥俄州立大学工商企业研究所在斯托格迪尔和亨普希尔两位教授领导下,开展了一项范围广泛的关于领导问题的调查。俄亥俄研究组收集了 1790 个问题进行分析,最后拟定 150 个描述领导行为的项目,编制成"领导者行为描述问卷",并通过因素分析,得到两个基本的领导行为维度——"体贴"和"主动结构",即"关心人"和"抓组织"。"抓组织"是指领导者注重于工作的组织和计划,规定成员的工作职责,建立明确的组织形态、信息沟通渠道及工作程序方法。这是重视工作绩效的领导行为。"关心人"是指领导者在建立他所领导的员工之间的互相尊重、互相信任的关系以及倾听下级意见和关心下级所表现出来的行为。这是重视人际关系的领导行为。概括起来讲,"抓组织"是以工作为中心,"关心人"是以人际关系为中心。

通过因素分析可以知道,"关心人"与"抓工作"是互相独立的两个维度。但是,领导功能的这两个维度并不是互相排斥的。按照这两类内容,他们设计的"领导者行为描述问卷"中"抓组织"和"关心人"两类都列出了 15 个问题,分别调查。根据调查结果,发现两类领导行为在同一个领导者身上有时一致,有时并不一致。因此,他们认为领导行为是两类行为的具体结合。领导行为可以用两度空间的四分图来表示,如图 10 - 1 所示。

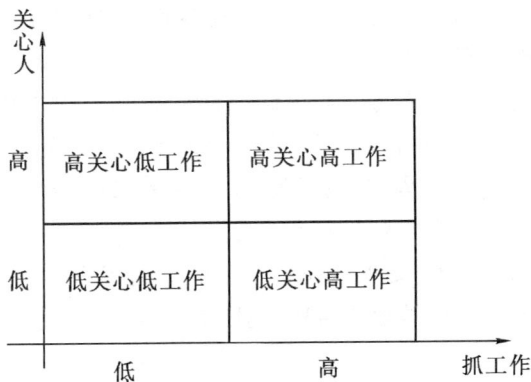

图 10 - 1　领导行为四分图

这个四分图是以两个角度考察领导行为的首次尝试,为进行领导行为的研究指出了一个新的途径。从图中可以看出,领导行为可分为四种情况:"高关心、低工作"的领导者,重视人际关系而不注重严格的控制管理;"高关心、高工作"的领导人,既重视人际关系,又重视抓工作;"高工作、低关心"的领导者,重视抓工作和组织目标的完成,而不关心人;"低工作、低关心"的领导者,既不重视抓工作,也不关心人。

俄亥俄学派对领导行为的研究有着独特的贡献。以往的领导风格类型研究,只把领导放在一个维度上来考察,用专制与民主的连续来表示领导行为。俄亥俄学派用因素分析的方法,从多种领导行为因素中抽出了两个基本因素,发现了领导行为的两个相互独立的维度,并采用量表作为测量工具来评定这两个维度的领导行为。因此,这种方法更科学、更客观,从而开辟了领导行为研究的一种新途径。

10.3.2　领导系统模型

美国现代行为科学家伦西斯·李克特领导美国密歇根大学社会研究中心,从1947 年开始了对领导行为的研究。1950 年他们对某个生命保险公司 50 个部门进行现场调查,结果发现高绩效部门的领导者采取的是"以员工为中心"的领导方式,低绩效部门的领导者多采取"以生产为中心"的领导方式。同样的方法,在第二年对一家机械制造厂和某铁路公司也进行了调查,得到了同样的结果。密歇根大学根据调研的结果把领导者的行为归纳为两个维度:一个是员工导向,或称"员工中心";另一个叫生产导向,或称"工作中心"。

员工导向的领导者,特别重视工作中的人际关系。他们认为,每个员工都重要,因此比较关心人,注意职工的利益,特别重视人的个性和需要。他们的管理方式称作为"一般式"管理,其特点是让职工有较多的参与机会,职工觉得工作成败与自己和组织息息相关,因此有利害与共的感觉。这是受下属欢迎和支持的领导方式,这种领导方式的生产效率高。生产导向的领导者,强调工作中的生产与技术,他们不是把下属作为个人来看待,而是视为完成生产目标的工具。这种领导的管理方式称为"严厉式"管理,其特点是采取高压手段,故下级不满而有反抗情绪,不受下级的欢迎,这种领导方式生产效率较低。

李克特总结了这些研究结果,1961 年出版《管理新模式》一书,提出领导系统模型,把企业的领导方式归纳为了四种类型,如图 10-2 所示。

1.专制独裁式

专制独裁式是指主管人员非常专制,很少信任下属,采取使人恐惧与惩罚的方法,偶尔兼用奖赏来激励人们,采取自上而下的沟通方式;上下级之间交流很少,即使是交流也是在恐惧和互不信任的气氛下进行的,决策权也只限于最高层。这种方式下,最容易产生与正式组织目标相对立的非正式组织。

	低	高
高	专制独裁式	协商式
低	温和独裁式	群体参与式

工作中心

低　　　　　　　　　高

员工中心

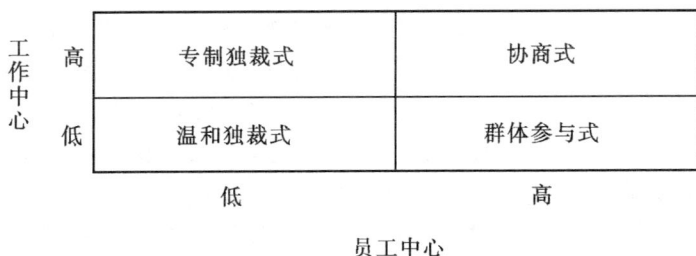

图 10-2　领导系统模型

2.温和独裁式

此领导方式有点类似于一种主仆的信任和信赖,主管人员对下属具有充分的信任和信心,主管人员用报酬以及一些有形或者无形的惩罚和奖励方式来进行激励和督促。这种方式允许一定程度的自下而上的沟通,向下属征求一些想法和意见。但大政方针由最高层决定,一些具体决策则由较低阶层按规定做出。在这种制度之下,通常也会形成非正式组织,但其目标不一定同正式组织的目标相对立。

3.协商式

协商式是指主管人员对下属抱有相当大的但又不充分的信任和信心,大政方针由最高阶层制定,但下属对较低层次的问题可做明确的决定。企业管理当局主要采用付给报酬(包括精神上的报酬)的方式,偶尔也采用惩罚或让职工参与的方式来激励和督促。组织中上下之间的信息交流以并行的方式进行,通常是在相当信任的气氛中进行的。下级有相当的控制权,各级职工都有责任感。在这种制度中,可能产生非正式组织,但非正式组织可能支持组织的目标,只有部分反对组织的目标。

4.群体参与式

群体参与式是指主管人员对下属在一切事务上都抱有充分的信心和信任,总是从下属处听取设想和意见,并且积极地加以采纳,决策权和控制权不是集中于上层,而是分布于整个组织中,较低阶层也能参与,并在此基础上给予素质奖赏。不仅有上下级之间的信息交流,而且有平级之间横向的信息交流,这些信息交流是在互相信赖和友好的气氛中进行的。在这种制度之下,非正式组织同正式组织通常是合二为一的。企业中所有的力量(包括工作方面和人际关系方面)都为实现组织目标而努力。同时,组织目标同职工的个人目标也是一致的。

李克特提出的四种类型中,专制独裁式领导是典型的以生产为导向的领导者;群体参与式领导则是以员工为导向的领导者。李克特认为,在上述的四种制度中,第一种是传统的领导方式,第二、第三种同第一种虽有程度上的差别,却并无本质上的不同,都属于命令式或权力主义。前三种制度可以统称为权力主义管理方式,只有第四种制度(群体参与式)才是高效率的领导方式。对人的激励有四种形式:①经济激励;②安全激励;③自我激励(成长和自我实现的需要);④创造激励(好奇心,对新经验的需要和创新)。组织必须不断地向其成员提供这些形式的激励,并使之逐渐加强,以促使组织成员完成组织的目标。群体参与式领导方式正是按照这种需要建立起来的。采取群体参与式进行管理的部门和公司在设置同标和实现目标方面是最有效率的。

李克特领导系统通常具有以下几个特征:

(1)组织成员对待工作、对待组织的目标、对待上级经理采取积极和合作的态度;他们互相信任,与组织融为一体。

(2)组织的领导者采用各种物质和精神鼓励的办法调动员工的积极性。首先是让员工认识到自我的重要性和价值,例如鼓励组织成员不断进步,取得成就,承担更大责任和权力,争取受表扬和自我实现。同时也要让员工有安全感,发挥他们的探索和创新精神,当然,物质激励手段也是必不可少的。

(3)组织中存在一个紧密而有效的社会系统。这个系统由互相联结的许多工作集体组成,系统内充满协作、参与、沟通、信任、互相照应的气氛和群体意识,信息畅通,运转灵活。

(4)对工作集体的成绩进行考核主要是用于自我导向,不是单纯作为实施监督控制的工具。

密歇根学派与俄亥俄学派的共同点是从不同角度得出了两个非常类似的领导行为侧面:员工导向类似于关心人,生产导向类似于抓工作,但又有明显的不同之处。密歇根学派认为,员工导向的领导行为与生产导向的领导行为是互相排斥的。一个领导者只能偏向于一种领导行为,不能兼而有之,但俄亥俄学派则认为,这两个领导行为虽然是互相独立的,但并不互相排斥。一个领导人可偏向一种领导行为,也可以兼有两种领导行为。密歇根学派认为以员工为中心的领导行为是最佳领导方式。俄亥俄学派认为最佳领导方式是既抓工作又关心人的领导行为。

10.3.3 领导方格模式

管理方格理论是研究企业的领导方式及其有效性的理论。受到密歇根学派和俄亥俄学派的影响,得克萨斯大学的布莱克和莫顿在 1964 年出版的《管理方格》一书中提出了"管理方格理论",并被广泛地应用在组织发展计划中。他们认为,在企业管理的领导工作中往往出现一些极端的方式,或者以生产为中心,或者以人为中心,或者以 X 理论为依据而强调靠监督,或者以 Y 理论为依据而强调相信人。为避免趋于极端,克服以往各种领导方式理论中的"非此即彼"的绝对化观点,他们指出:在对生产关心的领导方式和对人关心的领导方式之间,可以有使二者在不同程度上互相结合的多种领导方式。布莱克和莫顿用纵坐标表示对人的关心程度,横坐标表示对生产的关心程度。两者各分成九等分,就形成了一个方格图,如图10-3所示。在理论上可派生出 81 种不同的领导方式,其中典型的领导方式有以下五种:

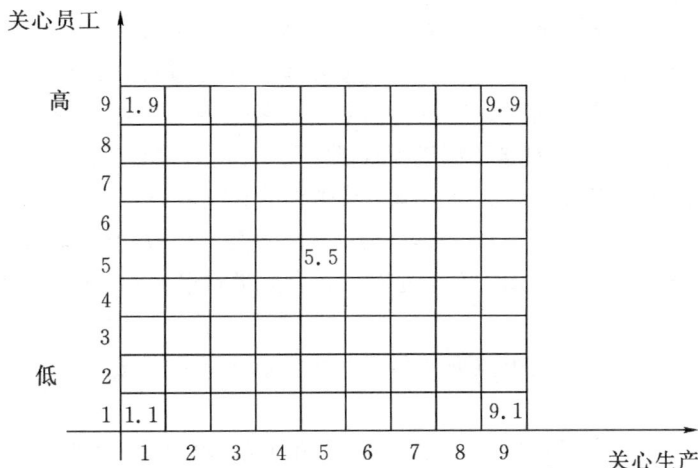

图 10-3　领导方格模式

(1)1.1 型——贫乏型管理。这种领导者对必须的工作付出最少努力以维持恰当的组织成员关系,对员工和工作都不关心。

(2)1.9 型——乡村俱乐部型管理。这种领导者对员工的需求关怀备至,创造了一种舒适、友好的氛围和工作基调,但不太关心生产和效率。

(3)5.5 型——中间型管理。这种领导者通过保持必须完成的工作和维持令人满意的士气之间的平衡,使组织的绩效有更大实现的可能;然而,缺乏创新精神,只追求正常的效率和基本满意。

(4)9.1 型——任务型管理。这种领导者关注于生产的效率,注重通过计划和指导来控制员工的生产活动,以达到生产目标;但很少关心员工,员工们的士气不高。

(5)9.9 型——团队型管理。这种领导对员工和生产二者都极为关心,努力使员工个人的需求和组织的目标最有效地结合起来,注意使员工了解组织的目标,关心工作的成果;建立企业和员工的"命运共同体"和良好的心理契约关系,使员工与企业生死与共。这种领导行为能使员工关系协调,工作积极性高涨,为企业创造较高的效益。

对这五种类型的领导行为,大多数研究者认为9.9型是最有效的管理,能带来生产力和利润的显著提高、员工事业的成就与满足、身体与精神的健康等绩效。其次是5.5型,主管人员对生产和人的关心是适中的,他们得到充分的士气和适当的产量,但不是卓越的,他们并不设置过高的目标,对人的态度则是开明与专断兼有。

管理方格理论对于培训有效的管理者是一种比较简便的工具。布莱克和莫顿还指出一个领导者或管理者,同时重视两个方面是很不容易的。如果没有一套系统的训练,很难达到9.9型领导方式。这套系统训练分为六个阶段:

(1)阶段1——集中研讨训练。受训者首先熟悉有关领导行为的理论及管理方格图的基本原理,然后对自己属于何种领导形态进行对照分析和做出评估。

(2)阶段2——建立小组。根据部门将受训的管理者分组,分别确定各个部门的9.9型领导应该是什么样子。同时,努力提高评估自己领导形态的能力。

(3)阶段3——相互作用。上下左右各组之间进行联系,对9.9型的规范进行讨论和分析。

(4)阶段4——确定组织改进的目标。讨论和分析在计划中领导者如何确定目标。

(5)阶段5——实现目标。讨论如何完成第四阶段中确定的目标。

(6)阶段6——巩固。努力使在训练计划中所取得的进展得到巩固。

10.3.4 PM型领导模式

PM型领导模式是美国学者卡特赖特和詹德在他们的《团体动力学》一书中提出的。他们认为所有团体的组成,其目的可以归入下列两种中的任何一种或两者兼而有之:①以达成特定的团体目标为目的;②以维持及强化团体关系为目的。为达到前者的目的,领导行为的特征是将成员的注意力引向目标、将问题明确化、拟定工作程序、运用专门知识、评定工作成果等;为达到后者的目的,领导行为的特征是维持愉快的人际关系、调解成员间的纠纷、激励大家、增强成员的交互作用等。因此,领导者为达到不同目的,领导行为方式可划分为三类:①目标达成型(P型);②团体维持型(M型);③两者兼备型(PM型)。

后来,日本大阪大学教授三隅二不二在日本长期进行了这一研究。P职能是领导者为完成团体目标所做的努力,主要考察工作的效率、规划的能力等;M职能是领导者为维持和强化团体所起的作用。他将领导的行为方式分成四种形态,即PM、P、M、pm。

为了测量P、M的因素,三隅二不二设计了通过有关下属情况的八个方面来测定 P、M 两项职能的问卷,这八个方面分别是:工作激励、对待遇的满足程度、企业保健、精神卫生、集体工作精神、会议成效、沟通和功效规划。三隅二不二进行了大量的现场调查,结果发现,PM 型管理人员的单位生产量最高,对组织的信赖度也最高,P 型、M 型属于中位,pm 型管理人员的单位生产量和对组织的信赖度最低,如表 10-1 所示。

表 10-1　PM 管理类型与效果

管理形态	生产量	对组织的信赖度	内聚力
PM	最高	最高	最高
P	中间	第二位	第三位
M	中间	第三位	第二位
pm	最低	最低	最低

10.3.5　领导作风理论

心理学家勒温提出了领导作风理论,该理论研究领导者工作作风类型及其工作作风对员工的影响,以找到最适合的领导作风。它以权力定位为基本变量,把领导者在领导过程中的极端行为分为三种类型,如图 10-4 所示。

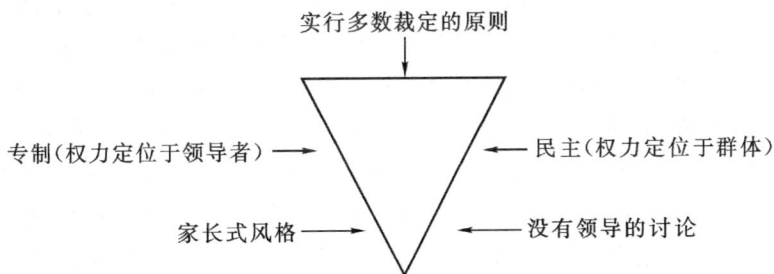

图 10-4　领导权力定位的关系

勒温认为,领导者具有三种不同的极端工作作风:

1. 专制型作风

专制型作风是独断专行的领导行为,权力定位于领导者个人手中,这种领导者从工作和技术方面考虑,认为权力来源于他们的职位,认为人类的本性懒散,必须加以鞭策。

2. 民主型作风

民主型作风是民主式的领导行为,权力定位于群众,领导者从人际关系方面考虑管理,认为领导者的权力来源于他所领导的群体,被领导者受到激励后会自我领导,被领导者也应该适当参与决策。

3. 放任型作风

放任型作风是放任式的领导行为,权力定位于每个职工手中,这是一种俱乐部式的领导行为,领导从福利方面考虑问题,认为权力来源于被领导者的信赖,领导者并没有大胆管理。

由丁领导方式的不同,其效果也不一样。但这三种方式并不相互排斥,而是在不同的情况下可以选择不同的方式。在实际工作中,三种极端的领导作风并不常见,大多数领导者的领导作风往往是介于两种极端类型间的混合型。作风理论用来研究领导者工作作风的类型以及不同工作作风对职工的影响,期望从中找出最有效的领导作风。

这三种领导作风类型对群体成员将产生怎样的影响呢?勒温在 1939 年进行了实验,将许多十岁儿童分为三个组,由三个经过专门训练而各代表三种极端的领导作风之一的成年人,轮流在每一个小组担任领导者,组织儿童都经受一次具有专制型作风、民主型作风和放任型作风领导人的领导。实验结果显示:放任型领导作风不论领导哪一个小组,都表现为工作效率最低,他所领导的群体在工作中只达到了目标,而产品的数量和质量都很差;专制型作风的领导所领导的小组,由于他严格地控制和管理,每次都完成工作任务,并且数量和质量都很合格,但无论在哪个小组内,成员的消极态度和对抗情绪都比较明显,所发生的事端比民主型领导下所发生的要多 30 多倍,挑衅行为多 8 倍;民主型领导作风不论在哪个小组都表现为工作效率最高,在他领导下的小组不仅完成了任务,而且也达到了社交目标,孩子们表现得成熟,工作主动,互相关心和帮助,并显示了丰富的想象力和创造性。

勒温的实验尽管带有很大的人为性,但他首先以权力定位为基本变量来研究领导作风并分类,得出了三种极端领导作风对群体产生的不同影响,为行为科学研究领导心理,开创了新的途径和方法。在勒温实验之后,许多心理学家也进行过很多领导作风的研究,所得结果与勒温的结论基本相近。

在许多心理学家通过实验和调查,进一步证明勒温观点的同时,也有不少学者提出了相反的观点。例如,期科特通过对军队的调查发现,在具有专制作风的人领导下的军队,战斗力最强。桑弗尔等人证明具有独裁型性格的人,一般具有强的指挥能力并且常常采用专制作风。这些实验都表明专制型领导作风的工作效率最高。还有学者认为,三种领导作风对群体的影响并没有多大的差异,它们都可以导致群体工作的高效率,也可以导致群体工作的低效率,完全在于具体的环境。

究竟哪一种领导作风最理想,最可能导致工作的高效率? 单从领导作风的角度开展的研究并没能得出结论。这种研究的缺陷是对领导行为的研究只限于对领导者作风的研究,而脱离了被领导者的特性和领导环境特性这些重要的条件,因而得不到全面又符合实际的结论。

10.4　领导权变理论

自从 20 世纪 30 年代以来,领导的科学研究经历了几个阶段,出现了从不同角度去探讨领导方式及其效果的理论。但到了 20 世纪 60 年代,不少学者认识到要找到一个适合于任何组织、任何性质的工作和任务、任何对象的固定的领导人格特质、领导风格类型和领导行为方式都是不现实的。领导者应该根据环境的变化采取随机应变的方法,领导的有效性是领导者、被领导者及其环境因素的复合函数,领导学的研究进入了权变理论阶段。

权变理论认为,领导的有效性可以用一个公式来表示:

$$领导的有效性＝F(领导者、被领导者、环境)$$

权变理论强调组织中的个人和群体都是相互依存、相互影响的,同时,整个组织依存于环境。其基本观点是要根据环境的类型选择各种各样的领导方式,领导风格或领导行为方式必须与情境变量相结合才能获得好的领导效果。这里的环境是指组织中的领导者所直接考虑到的各种内外部因素的总和。以下是几种主要的权变理论介绍:

10.4.1　费德勒模式

弗雷德·费德勒经过长期的研究,于 1951 年提出了第一个综合性的权变模型,通常叫费德勒模式。这一模型考虑到了领导者的特性和情境的特性两个方面。

费德勒的模型假设是领导者会倾向于一整套特定的领导行为。领导者是任务导向或者关系导向的。任务导向的领导者是指令型的,将情境结构化,设置最后期限并做好任务分配;关系导向的领导者关注的是人员,他们是体贴型的。

费德勒认为,最重要的领导问题是将领导者的风格和他们所处的情境进行匹配。这种模型认为有效的群体取决于领导者与下级打交道的风格以及情境对领导者的影响和控制程度之间适当的匹配。该模型的特点是将个体的个性和特点与情境联系起来,将领导效果作为二者的函数进行预测。

1. 领导风格

当然领导者可以有许多不同的行为风格。费德勒认为领导者的行为是以他们的动机需要为基础的。他认为,领导者最重要的需要是人际关系需要和任务成就需要。这些需要对于一个领导者的相关重要性决定了他的领导风格。判断哪个需要是最重要的,必须评述最难共事者。

费德勒设计了最难共事者量表(least preferred coworker questionnaire, LPC),该量表通过测量某人是偏向任务导向还是关系导向从而测量领导风格。最难共事量表要求受试者回忆他们曾经共事的所有同事,并且描述他们最不喜欢与之共事的人,按照16对意义相反的形容词对此人进行分数为1～8分的评分(例如,令人愉快—不令人愉快、高效—低效、开放—谨慎、乐于助人—冷漠等)。如果领导在评价他们最难共事者时主要使用消极的词汇(如不合作、不友好等),他们的LPC得分就会较低,这也就意味着他是一个任务导向型的领导者,将任务完成的需要放在首位。而那些评价他们最难共事者时使用积极的词汇(如合作、友好)的领导LPC得分就较高,这也就意味着他具有关系导向型的风格,人际关系需要放在首位。

也许你有一位将重点放在完成工作而不太参与下属的人际交流的主管,这个主管LPC得分较低是任务导向型;与之相反的另一个你认识的领导,非常关心别人并尽最大的努力去与每个人保持积极的人际关系。两个风格中哪个最有效呢?这还取决于情境因素的特征。

2.情境特点

在某些情况下,领导者对工作环境的控制能力更强。根据费德勒的权变理论,这意味着领导者可以直接对事物施加影响,并有条不紊地加以推进,最后得到想要的结果。影响领导者控制力程度的重要情境特点包括领导—成员关系、任务结构以及职权。

(1)领导者—成员关系,是指领导者受尊敬、被承认、人际关系友好的程度,亦即领导者被成员接受的程度。如果其他人因为领导者的魅力、专长而愿意跟随,领导者就不需要依靠任务取向的行为,而能更好地控制局面,更容易地影响事物的进程和结果。然而,如果领导者没有被信任,且下属消极地看待领导者,情境就有可能需要任务取向的领导行为。研究表明,它是三个情境变量中最重要的一项。

(2)任务结构,是指任务可分解成若干可以很容易理解的步骤或部分的程度。如果领导者应对的任务结构分明,那他就能更好地加以控制,可以轻易地施加影响,推动任务目标的实现。高度结构化的、有详细说明或计划的任务和作业比模糊的、含混不清的和缺乏组织性的任务能给予领导者更多的影响。

(3)职权,是指领导者在组织中可以奖励、惩罚、提拔员工,或使员工降级的程度。这种情境特征发生在几乎所有的不同组织和群体中,根据领导者在做出决策时具有多少正式权威,从下属那里得到多大程度的服从而有所区别。如果拥有奖惩权,他就能更好地施加影响。

根据这三个条件的情况,费德勒把领导者所处的环境从最有利到最不利,分为八种类型,如表 10 - 2 所示:

表 10 - 2　领导环境的类型

领导与被领导者之间的关系	好				差			
任务结构	高		低		高		低	
职位权力	强	弱	强	弱	强	弱	强	弱
环　　境	I	II	III	IV	V	VI	VII	VIII

3.领导的有效性

领导的有效性决定于领导的行为风格和情境因素的有利性的相互作用。费德勒把上述三个条件的每一变数分成两种情况:上下关系好与差,工作任务明确与不明确,职位权力强与弱,据此可组合成八种领导类型。费德勒的结论是,在十分有利和十分不利的情境中,任务取向的领导者工作得更好;在中度有利或不利的情境中,关系取向的领导者工作得更好。

根据费德勒的权变理论,个人需要因时制宜,做到适合所处的境况从而使他们的领导风格做到最有效化。要想提高领导的效果,一方面可以试图改变领导者的个性或替换领导者以适应情境,另一方面可以改变情境以适应领导者。

费德勒对于权变模型做了大量的调查和研究,大多数的调查研究都证实了以上的观点。然而,其他研究并不都支持此模式。该模式存在的一个重要问题是此模式过于简单,它只包括两种简单的行为风格(任务和关系),而且它未解释中等 LPC 领导者的结果。有些研究表明中等 LPC 的领导者更灵活应变,他不局限于某一种导向,可以更好地适应多种情形。另一个问题是用 LPC 衡量领导者行为的有效性,一些学者认为用其他方式衡量可能更可靠,一些研究已经发现了预测追随者满意度的模式。

但是无论如何,这些批评并不能降低费德勒模型的重要性。它代表着第一个试图综合全面地去解释一个复杂概念的一种尝试。此外,很多研究支持这个模型,研究者也在继续调查,尝试对其有所扩展。

10.4.2　路径—目标理论

路径—目标理论是由加拿大多伦多大学教授豪斯于 1971 年提出的一种领导行为的权变模式,其框架如图 10 - 5 所示。路径—目标理论把美国心理学家弗鲁姆的激发动机的期望理论和俄亥俄州立大学的领导行为四分图结合起来,提出了领导工作的程序化问题。

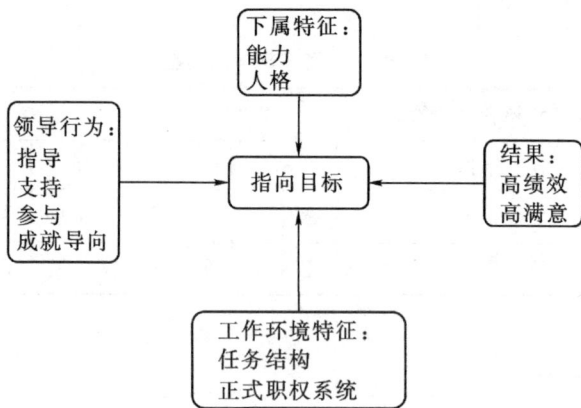

图 10-5 路径—目标理论

　　路径—目标理论有助于理解领导的内涵。以工作动机的期望理论为渊源,路径—目标理论认为领导的作用在于促进努力与绩效、绩效与报酬之间的联系,进而达到满足员工需求、激发员工动机、增加员工满意度、提高工作绩效的目的。路径—目标理论强调工作环境和下属特征与领导者风格之间的关系,认为领导是一种激励下属的过程。领导者的责任就是给出确定的可行的工作目标,然后明确指出实现这些工作目标的途径,帮助下属排除通向目标的各种障碍并提供必要的支持,从而使员工顺利达到目标。简言之,领导行为应当最符合下属的需要和下属工作的环境,才能进行有效的激励。该理论指出领导者的具体任务包括:①识别每位下属的个人目标;②建立报酬体系,使个人目标与有效绩效挂钩;③通过帮助、支持、辅导、指导等方式扫清员工在通向高绩效的道路中遇到的各种障碍与困难,促使员工达到满意的绩效水平。

　　豪斯还提出可供选择的领导行为:

　　(1)指导型领导,即让下属明白领导者期望他们做什么,对下属如何完成具体任务给予具体指导,明确工作标准,详细制定工作日程表。

　　(2)支持型领导,指和下属建立友好信任的关系,平等地对待下属,关心员工的需求、福利、幸福和事业。

　　(3)参与型领导,指遇到问题征询下属的意见和建议,允许下属参与决策。

　　(4)成就导向型领导,指为下属设置有挑战性的目标,期望并相信下属会尽力完成这些目标,从而大幅度提高绩效水平。

　　不同的下属具有不同的人格特性,从而要求不同的领导行为。对于能力强或经验丰富的下属,指导型领导不一定合适;但对于外控型下属(依赖别人的人),则对指导型的领导者比较满意。内控型下属(相信自己能掌握命运的人),则对参与型领导更为满意。

　　路径—目标理论还认为,领导行为也要根据任务性质等环境因素而定。在工作性质和任务不明确,下属不知如何干时,便希望有一个高工作导向的领导(指导型领导),帮助他们对工作和任务做出明确的规定和安排,使其掌握解决问题的方法以便扫清实现目标道路上的障碍。相反,在工作性质的内容已经很明确,下属也知道如何干的情况下,他们希望有一个高关心的领导(支持型领导)来关心下属,使个人的需要得到满足,以便受到激励而去实现自己预定的目标。在这种情境下,任何过度而不必要的指挥或强制性命令都会减低下属的满意程度。此外,当工作群体内部存在激烈的冲突时,指导型领导可能更为有效。

　　路径—目标理论提供了一个有效的理论框架以解释不同情景下如何影响领导激励下属,并指出领导在下属实现目标的过程中最重要在于提供指导和支持。然而,该理论并没有进一步解释恰当的领导行为激励下属的作用机制。

10.4.3　领导行为连续统一体模式

　　坦南鲍姆和施密特于 1968 年提出了领导行为连续统一体理论。他们认为,经理们在决定何种行为(领导作风)最适合处理某一问题时常常产生困难,他们不知道是应该自己做出决定还是授权给下属做决策。为了使人们从决策的角度深刻认识领导作风的意义,他们提出了这个连续统一体模式。

　　领导风格与领导者运用权威的程度和下属在做决策时享有的自由度有关。在连续统一体的最左端,表示的领导行为是专制型的领导;在连续统一体的最右端表示的是将决策权授予下属的民主型的领导。在管理工作中,领导者使用的权威和下属拥有的自由度之间是一方扩大另一方缩小的关系。在高度专制和高度民主的领导风格之间,坦南鲍姆和施密特划分了七种主要的领导模式,如图 10-6 所示。

　　在这些模式中,坦南鲍姆和施密特认为,不能抽象地认为哪一种模式一定是好的,哪一种模式一定是差的。成功的领导者应该是在一定的具体条件下,善于考虑各种因素的影响,采取最恰当行动的人。当需要果断指挥时,他应善于指挥;当需要员工参与决策时,他能适当放权。领导者应根据具体的情况,如领导者自身的能力、下属及环境状况、工作性质、工作时间等,适当选择连续统一体中的某种领导风格,才能达到领导行为的有效性。通常,管理者在决定采用哪种领导模式时要考虑以下几方面的因素:

　　(1)管理者的特征:管理者的背景、教育、知识、经验、价值观、目标和期望等。

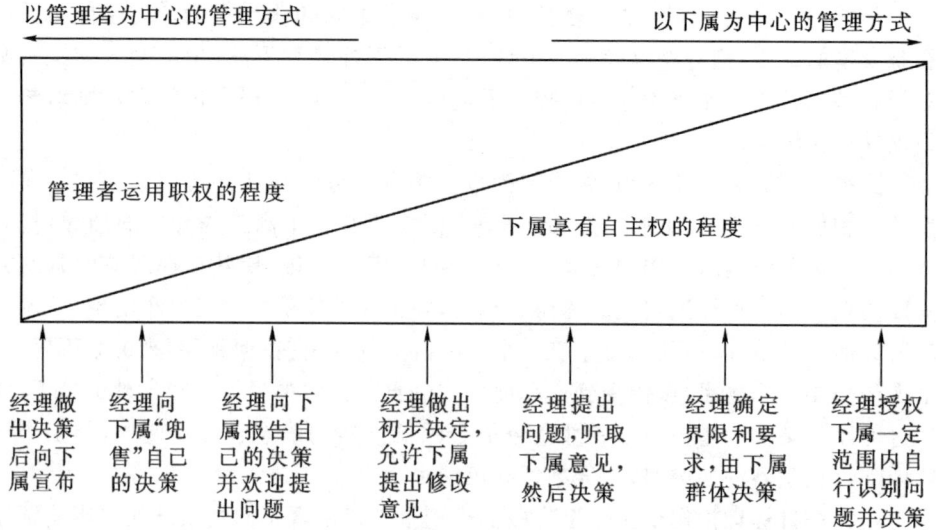

图 10-6 领导行为连续统一体模式

（2）员工的特征：员工的背景、教育、知识、经验、价值观、目标和期望等。

（3）环境的要求：环境的大小、复杂程度、目标、结构和组织氛围、技术、时间压力和工作的本质等。

10.4.4 赫塞—布兰查德情境领导模型

由赫塞和布兰查德发展的情境领导模型认为，领导者的关系行为和任务行为的水平要适应跟随者的准备状态和成熟度。所谓准备状态是指完成某一具体任务的能力和意愿。四种领导方式分别和四种准备状态相对应：如果下属既无能力，也无意愿完成任务，应采取指示方式；如果下属有意愿但无能力完成任务，应采取推销的方式；如果下属有能力但无意愿完成任务，应采取参与的方式；如果下属既有能力也有意愿完成任务，应采用授权的方式。

这个理论又常常被称作领导生命周期理论。随着下属由不成熟走向成熟，领导行为应按照下列程序逐步推移：高任务与低关系→高任务与高关系→高关系与低任务→低任务与低关系。

（1）当员工成熟度很低时，领导者为他们安排工作，加强指导，指明干什么、怎么干，也就是说，应采取高任务、低关系的领导方式，即命令式为最有效。

（2）当员工成熟度初步成熟时，领导者应逐步放手并适当授权，通过说服教育来激发下级的积极性，应采取高任务、高关系的领导方式，即说服式为最有效。

（3）当被领导者的成熟度达到相当水平时，在工作中就让他们参与管理，负更多责任,让他们独立安排组织,应予采取低任务、高关系的领导方式,即参与式最有效。

(4)当被领导者的成熟度达到成熟阶段时,领导者就可以授权让其独立地工作,应当争取低任务、低关系的领导方式,即授权式为最有效。

10.5　领导理论的新发展

10.5.1　魅力型领导理论

魅力型领导理论强调一个人通过个人能力的力量对追随者产生吸引力,这种吸引力能使一个人得到别人的接纳和支持。该理论指的是基于领导者个人魅力来影响别人的领导方式。魅力型领导者对下属的情感会产生深刻影响,下属不仅仅把他们当作上级看待,还当作更重要的英雄或楷模式的人物。

大部分关于领袖魅力的领导理论,研究的都是具有领导魅力的领导者与无领袖魅力的领导者之间的行为差异。具有领袖魅力的领导者的个性特点有:

①豪斯认为,魅力型领导非常自信,对其理念和主张充满信心,具有极强的支配力,并且具有强烈的去影响别人跟随其理念和主张的愿望。

②本尼斯认为魅力型领导有令人折服的远见和目标意识,能清晰地表述目标并使下属明确理解,其对目标的追求表现出一致性和全身心地投入,并且充分了解自己的实力并以此作为资本。

③康格和凯南格认为魅力型领导有一个希望达到的理想目标,并能为此目标能够全身心地投入和奉献,他们是激进变革的代言人,而不是传统现状的卫道士,他们反传统,并且非常固执而自信。

魅力领导理论认为,一位具有领导魅力的领导者比没有魅力的领导者更能影响下属的行为,研究表明,领袖魅力领导者与下属的高绩效和高满意度之间有着显著的相关性。魅力型领导对下属造成的实质性影响主要表现为三种行为:

(1)构思愿景。领导者要能够树立未来的目标,这些目标是大家所向往的,而且具有挑战性,实现它会是激动人心的。

(2)激发下属。领导者必须能够激发其追随者向这一愿景而努力,他会通过表达个人对目标的兴奋、信心以及用各种成功的事例来激发追随者的热情。

(3)支持下属。领导者会表达对追随者坚定的支持,以及达到目标的坚定信心,而且会站在追随者的角度去理解他们,提供必要的条件,帮助他们获得成功。

大多数学者认为个体可以经过培训而展现领袖魅力的行为,并获得"领袖魅力领导者"所应该得到的效益。有研究指出,一个人可以通过三个阶段的学习变成领袖魅力领导者:首先,个体要保持乐观态度,使用激情作为催化剂激发他人的热情,运用整个身体而不仅仅是语言进行沟通,通过这些方面可以开发领导魅力的氛围。其次,个体通过与他人建立联系而激发他人追随自己。最后,个体通过调动追随者的情绪而开发他们的潜力。

10.5.2 交易型与变革型领导理论

1978年,伯恩斯在对政治型领导人进行定性分类研究的基础上提出领导过程应包含交易型和变革型两种领导行为,这一分类为领导行为的研究开辟了新的思路。1985年,巴斯正式提出了交易型领导理论和变革型领导理论。

1. 交易型领导理论

交易型领导理论的基本假设是领导者与下属间的关系是以一系列的交换和隐含的契约为基础。该领导理论指出当下属完成特定的任务后,便给予承诺的奖赏,整个过程就像领导者与追随者之间的一项交易活动,因此又可以将交易型领导行为理解成一种交易的过程。其主要特征为:

(1)领导者通过明确角色和任务要求,指导和激励下属向着既定的目标活动,领导者向员工阐述绩效的标准,意味着领导者希望从员工那里得到什么,如满足了领导的要求,员工将得到相应的报酬。

(2)以组织管理的权威性和合法性为基础,完全依赖组织的奖惩来影响员工的绩效。

(3)强调工作标准、任务的分派以及任务导向目标,倾向于重视任务的完成和员工的遵从。

交易型领导理论又可分为权变奖励领导和例外管理领导两种,并随着领导者活动水平以及员工与领导相互作用性质的不同而不同。所谓权变奖励领导是指领导者和下属间的一种主动、积极的交换,领导者认可员工完成了预期的任务,员工也得到了奖励。例外管理领导则指领导者借助于关注员工的失误、延期决策、差错发生前避免介入等,与下属进行交换,并按领导者介入时间的不同分为主动的和被动的两种类型。主动型的例外管理领导者,一般在问题发生前,持续监督员工的工作,以防止问题的发生。同时一旦发生问题,立即采取必要的纠正措施,当然也积极搜寻有可能发生的问题或与预期目标偏离的问题。领导者在员工开始工作时,就向员工说明具体的标准,并以此标准监督误差。被动型的例外管理领导者,则往往在问题已经发生或没有达到规定的标准时,以批评和责备的方式介入。

2. 变革型领导理论

变革型领导理论是一种领导者帮助下属用新观念和发展的眼光来看问题,从而改变他们对问题的看法,激励下属为达到群体目标而付出更大努力的一种领导方式。变革型领导更多基于领导者对于他们的追随者的价值、信念和需要的提升。在这过程中,领导除了引导下属完成各项工作外,常以领导者的个人魅力通过对下属的激励和关怀来改变员工的工作态度、信念和价值观,使他们为组织的目标而超越自身利益,从而更加投入到工作中。该领导方式可以使下属产生更大的归属感,满足下属高层次的需求,实现较高的生产率和较低的离职率。其前提是领导者必须明确组织的愿景和目标,下属必须接受领导的可信性和权威性。其主要特征为:

(1)通过对员工的智力激励,鼓励员工为团队的目标、任务以及发展前景而超越自我的利益,实现预期的绩效目标。

(2)关注较为长期的目标,强调以发展的眼光,改变和调整整个组织系统,为实现预期目标创造良好的氛围,鼓励创新和创造。

(3)引导员工勇于承担更多的责任,全身心地投入到工作之中,为组织目标而奋斗。

10.5.3　量子型领导能力理论

布兰克提出一个"量子型领导能力"理论,其中借用了量子物理学的概念,在其《领导能力的九项自然法则》一书中,他提出了开发领导能力的若干准则。

借用经典物理学与量子物理学的观点,布兰克对传统领导与"量子型领导"进行了比较,如表 10-3 所示。

表 10-3　传统领导与量子型领导的比较

关于传统领导能力的观点	关于量子型领导能力的观点
1.领导能力是其组成部分	1.领导能力是一个活动范围
2.领导能力是一个人持续的属性	2.领导能力是一个断续的事件
3.领导能力的影响力基于权力	3.领导能力的影响是一种相互作用
4.领导能力遵循因果逻辑	4.领导能力是没有结构和不可预测的
5.领导能力是一种客观的现象	5.领导能力是一种主观的现象

10.5.4　诚信领导理论

诚信领导理论是组织行为学家卢森斯等人在 2003 年以领导学、道德学、积极心理学及积极组织学等领域的相关研究为基础,提出的一种全新的领导理论。

诚信是指个体拥有、了解和接受自己的价值观、信念、情感、需求以及偏好,并以一种与这些内在思想和情感相一致的方式行事。而组织中的诚信领导则是指一种把领导者的积极心理能力与高度发展的组织情境结合起来发挥作用的过程。卢森斯等人认为诚信领导过程对领导者和下属的自我意识及自我控制行为具有正面的影响，并将激励和促进积极的个人成长和自我发展。诚信领导者对自己、对他人都是真诚的。他们自信、乐观、充满希望、富有韧性，具有高尚的品德；他们对自己的思想（包括信念、价值观和道德观等）、行为，以及所处的工作情境具有深刻的意识。

此外，Avolio(2004)等人认为，诚信领导既可以是指导性的，也可以是参与性的，甚至可以是独裁的。行为风格本身并不足以将诚信领导者和非诚信领导者区分开来。诚信领导者以一种与个人深层价值观和信念相一致的方式行事，树立可信性，通过鼓励不同观点以及与下属建立协作性关系网而赢得下属的尊敬和信任，并因此以一种被下属确认为诚信的方式来进行领导。当这一过程传递给下属时，他们也可能以类似的，可以向领导者、同事、顾客以及其他利益相关者展示诚信的方式来工作。因此随着时间的推移，诚信就有可能成为组织文化的基础。

Shamir等人在2005年，用以往的相关理论及实证研究为基础，认为诚信领导者主要具有以下四个方面的特征：

(1)诚信领导者不伪装自己。他们不会仅仅因为身处领导之位，而刻意发展出一种领导者的形象或面具。履行领导角色完全是诚信领导者的自我表达行为，而不是在遵从他人或社会的期望。

(2)诚信领导者承担领导的职责或从事领导活动不是为了地位、荣誉或其他形式的个人回报，而是出于一种信念。他们有一个基于价值观的理想或使命，担当领导者就是为了实现这一理想或使命。

(3)诚信领导者是原创者，而非复制者。这并不意味着他们在人格特质上必然是独特的，相反，他们的价值观、信念、理想或使命在内容方面可能与其他领导者或下属相似。然而，诚信领导者之所以具有这些价值观和信念，并不是一种模仿的结果，而是因为自己的亲身经历证明他们是正确的。

(4)诚信领导者的行为是以自己的价值观和信念为基础的。他们的所言与信念是一致的，他们的所行则与所言及信念一致，因此诚信领导者具有高度坦率的特点；他们的行为不是为了取悦他人、博取声望或出于某些个人的或狭隘的政治兴趣，因而诚信领导者也具有高度正直的特点。

10.5.5　柔性领导理论

柔性领导理论是柔性管理情境、知识员工和领导者互动的产物。以下从四个层面来界定柔性领导。

1.战略层面的柔性领导——愿景领导

柔性领导与 20 世纪 80 年代提出的愿景领导有很强的一致性。愿景领导是一种把领导与战略结合起来的领导观念。愿景领导是指高度认同组织的目标和愿景,对战略具有坚定的信念。柔性领导的战略管理宗旨强调博弈而不是计划性;强调制造变化形成竞争优势,而不是仅仅满足于适应环境;强调战略依赖于组织的柔性系统,通过战略设计来发现甚至创造行动机会,而不是机械地按照战略规划守株待兔。创造变化和应对变化被柔性领导视为圭臬。在组织战略管理过程中,柔性领导与传统领导相比,具有更强的主动性、灵活性、适应能力、创新能力和更宽广的战略视野,但柔性领导的创新和应变并不是突发奇想、率性而为;相反,其高度的柔性来自强烈的原则性,组织愿景是柔性领导执行战略的决策准则和行为边界。

2.团队层面的柔性领导——多角色领导

由新型的组织结构、组织战略和人力资源结构构成的柔性管理情境对传统团队管理中刻板的英雄式领导角色提出了挑战。在柔性管理情境中,英雄式领导已不合时宜。随着知识水平的提升,员工自我意识的不断增强,他们早已不满足于仅仅做领导者个人自我实现过程的旁观者、陪衬者甚至工具。正如德鲁克(1993)所指出的那样,"过去的领导要知道如何下命令,而未来的领导却要懂得如何发问"。柔性领导不是以单一的角色出现的,而是根据情况承担多种角色,以满足柔性领导履行职能的需要。Peters 和 Austin 指出,柔性领导热衷于发展事业、发现人才、培养人才,他们是"拉拉队队长""剧作家""教练",同时也是团队建设者。与传统领导不同,柔性领导不再处于组织舞台的中心位置,而是充当起令人信任的沟通者角色。他们让组织成员发挥自身才能,成为组织创新活动的主角,而自己则为组织物色英雄人物,传播组织文化,充当组织的"拉拉队队长"。领导者在组织中担任不同角色不仅可以推动组织塑造不同的文化,而且可以通过角色调整来达到塑造创新型组织文化的目的。在柔性领导转换角色的同时,组织的文化不再是所谓的"老板的文化"或"某团队使命感的结晶",而是知识员工个人、工作团队与组织文化之间相互影响、融合甚至博弈的结果,也就是所谓的"俱乐部式文化"。在各方的共同影响下,组织文化便逐渐显现出柔性。

3.柔性领导——与下属建立平等、互信关系的领导

柔性领导组织角色的变化使组织成员对领导者产生了不同于以往的角色期望,从而直接导致了组织领导者与下属关系的变化。这种变化的实质是领导者与下属的关系由传统的权力关系向平等、互信的新型对偶关系转变。

柔性领导者与下属的对偶关系是组织网络关系的重要组成部分。现代组织中,组织结构逐步实现了扁平化和网络化,组织成员间的关系也呈现网络化,员工成为组织人际网络中的节点。网络化组织结构中组织成员间的信息对称性消解了不同层级间的权力差距,致使不同层级组织成员间的关系日益走向平等与协作。柔性管理情境的网络化特征决定了柔性领导者与下属之间平等、协同的对偶关系。

组织管理的柔性化有助于组织在复杂的环境中建立竞争优势。柔性领导是一种组织成员与组织双向平等的关系,即双方在平等的基础上承担各自的责任以赢得对方的信任。这种信任关系的基础是,组织成员凭借自身拥有的资源足以对组织目标的实现或组织的发展产生实质性影响。换句话说,组织成员通过掌握组织所需的资源,获得了与组织平等谈判的资格。这种信任关系是组织成员在对自身与组织利益关系进行权衡之后做出的理性选择。理性的信任为柔性管理情境下组织与成员间平等、互信的关系打下了基础,但柔性领导者与下属的信任关系不能局限于这一层次较低的信任水平。柔性领导者在与下属的长期人际交往中不断通过自身的道德和人格魅力实现与下属的良性人际互动,逐步与下属之间建立起超越利益交换、由人际关系驱动的一种信任关系。在领导实践中,柔性领导将这种信任转化为组织文化的一部分,通过组织文化的传播与影响,缩短组织及其成员间的信任关系由交换关系驱动型向人际关系驱动型升级的时间,从而提高领导效能。

4. 柔性领导——后现代人本主义领导

人本主义管理的开创者马斯洛认为,信任是人本主义管理的基本前提。人本主义思想强调人的价值和尊严,把人看作衡量一切的尺度。必须强调的是,柔性领导者与以往组织中秉持人本主义思想的领导者不同,在柔性领导模式中,尊重人、信任人、发展人是柔性领导哲学的核心。柔性领导将人本主义视为一种社会存在。柔性领导者是肩负组织使命,对组织目标负责的领导者,柔性领导者的人本主义思想与组织目标的有效实现相互依存。因此,柔性领导的人本主义思想更接近德鲁克所代表的后现代人本主义范式,不是追求本源意义上的"人性",而是强调"人性"与效率的紧密联系,将人性与科学、竞争与协作看成是不可分割的整体,这就必须用组织内生的伙伴关系和信任机制取代人与人之间的对抗、管理规则与人性的对立,以及厂商与顾客的对立。

柔性领导是在柔性管理情境中出现的新型领导,柔性领导以人本主义为领导哲学,以实现组织战略目标为使命,通过建立开放、平等、互信、动态的领导者与下属关系和组织氛围,来构建适合知识经济时代管理需要的和谐组织和组织文化。柔性领导者是一群在快速变化与混沌的环境中具备高度适应性和高速应变与创新能力,为实现组织目标和愿景而努力的凝聚者和革新者。

10.5.6　其他新型领导理论

近年来,还有一些新型的领导理论受到重视,其中包括隐性领导理论、领导动机理论、自我领导理论等。

1. 隐性领导理论

隐性领导是相对于传统的外显领导而提出的一种新的领导方式,它以下属为中心,以领导行为的内隐为根本,领导者主要通过设计和改变环境及条件,提供引导、支持和服务等手段来对下属施加无形的领导力。它强调软性和柔性控制,让下属不知不觉中接受领导,达到"无为而治"的领导境界。对于企业中的知识性员工来说,他们都接受过良好的教育,清楚自己的职责,对他们的管理不同于我们以往所理解的管理和领导的含义,隐性领导也许比显性领导更为合适。隐性领导的主要观点包括以下五点:

(1)非中心性。领导主动退到领导情境的边缘,以下属为中心,并为他们提供更大更多的自主性、独立性和更广阔、更能自由发挥的舞台。

(2)强化非职位权力。领导者将尽可能减少运用因职位而获得的权力,而转向较多运用非职位权力,如利用自身的人格魅力和学识来感召下属。

(3)减少直接领导。领导者应更多地重视设计和改变下属所处的环境和条件等领导情境,如设立明确目标,强调制度和文化的建设。

(4)充分发挥对下属的引导、支持和服务功能。

(5)突出自身的平民化。领导者的地位不再是高高在上,而是更加平民化,在与下属交往中放低姿态,强调与下属平等和对他们的尊重。

隐性领导理论在中国的发展主要是凌文辁、方俐洛和艾尔卡(1988)进行的一项研究,试图揭示中国人的内隐领导理论的因素结构。结果表明,中国人内隐领导理论的因素结构可以分为四个维度,分别是:

①个人品德因素:要求领导者应该甘当人民公仆,要诚实正直,表里一致,实事求是,廉洁无私,以身作则,能接受他人的批评并作自我批评。

②目标有效性因素:在中国人的领导概念中,也包括与有效地完成工作目标有关的特质。领导者被认为应该有远见卓识,深谋远虑,观察敏锐,思想解放,而且要有魄力,善于决策,办事果断。他们精明能干,能力出众,方法科学,善于用人。这些特质将有助了他们所领导的组织目标的实现。

③人际能力因素:这是与社会成熟度有关的领导特质。领导者老练稳健,成熟谨慎,坦率开朗,善于社交,有说服力。另外,中国人似乎不只关心领导者的人际技巧,而且也注意外表的魅力。

④多面性因素:这是指领导者应掌握有关专业知识和技能,且需要多才多艺,兴趣广泛,既富有想象力,又具有冒险精神。

2.领导动机理论

Chan. K. Y 提出领导动机理论,将其界定为:"一个突出个体差异影响的领导者或想要成为领导者的个体,决定是否参加相关培训、承担相关角色和责任以及为此付出的努力程度和坚持程度的内在动力。"将个体差异和多样化的领导行为通过领导动机这一中介变量相互关联,其中领导动机的程度与领导行为有着密切关联,即在个体认知因素、非认知因素的共同作用下,领导动机高的个体更可能成为一个优秀的领导者。

Chan. K. Y 通过一项包括 1594 名新加坡军人、274 名新加坡高校学生和 293 名美国大学生在内的跨文化实证研究,将领导动机理论概括为情感认知型、社会规范型和非功利型三大类型。这三种类型是基于对个体的个性、价值观、自我效能、领导经验等非认知因素实际调查的基础上,根据 Allen 和 Meyer 的组织承诺理论分类而成,如表 10 - 4 所示。

表 10 - 4 领导动机三大模式特征

	个性	价值观	自我效能	领导经验
情感认知型	外向竞争,成就意识强	不明显	高	丰富
社会规范型	社会责任感强	反对社会公平,接受科层制度	高	丰富
非功利型	随和情感稳定	集体主义,社会收益大	不明显	不明显

(1)情感认知型。

情感认知型领导动机,是指个体喜欢领导并视自己为领导者的这一动机促使其参与领导培训活动和承担领导角色。一般而言,情感认知型的领导者个性外向,富有竞争意识和成就意识,领导经验丰富并对自己的领导能力很有自信。

(2)社会规范型。

社会规范型领导动机,是指个体受社会责任和义务激励,接受社会阶层和反对社会公平的动机促使其参与领导培训活动和承担领导角色。与情感认知型一样,他们也具有丰富的领导经验,对自己的领导能力充满自信。

(3)非功利型。

非功利型领导动机,是指个体成为领导者不是基于领导的付出和获得,更多的是其价值观在起作用。也就是说,社会文化价值观特别是集体主义价值观对非功利型领导动机的影响最大。其次是由于不计较付出和获得，为人随和，情感稳定的个性也起到很大作用。

3. 自我领导理论

查理·曼茨和亨利·西姆在 20 世纪 90 年代提出了自我领导理论和超级领导理论。

(1) 自我领导理论。

自我领导是一个注重发挥自我影响的行为和想法的策略集合。自我领导理论假设，下属如果有了自我控制的能力，就能够以一种负责任的方式迎接挑战。自我领导有两类策略：第一类是注重有效的行为和行动，即以行为为中心的策略，例如自定目标、自我提示、自我检查、自我排练等。第二类是注重有效的思想和情感，即以认知为中心的策略，分为两个部分：一部分是考察如何利用来自任务本身的快乐和自然回报，形成具有建设性的思想与感受，进而影响自身行为；另一部分则通过信念、自我暗示和想象等方法形成建设性思维，从而促进自我领导。

(2) 超级领导理论。

超级领导是指领导者带领下属领导他们自己，适用于那些有责任领导他人的管理者。领导者要通过一系列程序实现超级领导，在开始时进行示范→引导下属参与→逐渐发展自我领导，带动下属实现自我领导。超级领导者要注意任务的自然属性，如工作的内容是否丰富、问题结构是否清楚、解决方案是否必须为下属所接受等，还要注意时间的充裕性和下属发展的重要性。超级领导者促使下属进行自我领导的关键是使下属从依赖型向独立型转变。

自我领导理论和超级领导理论适应了新形势的要求，是对以前的领导理论的辩证发展。一方面，这些理论认为，知识经济时代的领导方式要对传统的领导方式进行彻底的变革，领导者应该给予下属很大的自我控制权；另一方面，这些理论也继承了传统领导理论的优点，认为由于下属的成熟和自我独立意识的增强，领导者更要注意引领、指导、帮助、服务。当然，这些理论在目前还不是很成熟，需要进一步研究。

课堂讨论

1. "员工是组织之本，领导是组织之魂，员工是基础，领导是关键。"你同意这种观点吗？请说明你的理由。

2. "人管人，人用人，这体现着领导的技术性和艺术性。"请谈谈你对这句话的理解。

3. 请举例说明你如何运用情境领导理论进行实际操作。

4.你认为你在学校从事了哪些活动使你觉得自己具有领导魅力,你认为成为一名优秀的领导者应该具备哪些基本素质?

思考题

1.简述领导行为的特征及功能。

2.简述领导特质理论,联系实际中你所知道的成功的领导者,举出五种你认为重要的领导特质。

3.简述勒温的领导作风理论的要点,以你所了解的三位领导为例,说明三种典型的领导方式。

4.请用费德勒权变模型分析一个具体的例子。

5.魅力型领导和变革型领导有什么相似之处?

6.领导者应该如何根据下属的成熟度选择自己的领导风格?

7.诚信领导理论的主要内涵是什么?

章末案例

刘成耀的领导方式

刘成耀在西部的一所财经大学拿到会计专业的学士学位后,到一家大型的会计师事务所的贵阳办事处工作,由此开始了他的职业生涯。9年后,他成了该事务所的一名最年轻的合伙人。事务所执行委员会发现了他的领导潜能和进取心,遂指派他到遵义开办了一个新的办事处。其最主要的工作是审计,这要求员工具有高度的判断力和自我控制力。他主张员工之间要以名字直接称呼,并鼓励下属参与决策制定。

办事处发展得很迅速,经过5年,专业人员达到了30名,刘成耀被认为是一位很成功的领导者。

刘成耀于是又被安排到乌鲁木齐办事处当主管。他采取了他在贵阳遵义工作时取得显著成效的同样的管理方式。他上任后,更换了几乎全部25名员工,并制定了短期的和长期的客户开发计划。为了确保有足够数量的员工来处理预期扩增的业务,很快,办事处有了约40名员工。

但在贵州成功的管理方式并没有在乌鲁木齐取得成效,办事处在一年时间内就丢掉了最好的两个客户。刘成耀马上意识到办事处的人员过多了,因此决定解聘前一年刚招进来的12名员工,以减少开支。

他相信挫折只是暂时性的,因而仍继续采取他的策略。在此后的几个月时间里又招聘了6名员工,以适应预期增加的工作量,但预期中的新业务并没有接来,所以又重新削减了员工队伍,13名员工离开了乌鲁木齐办事处。

伴随着这两次裁员,留下来的员工感到工作没有保障,并开始怀疑刘成耀的领导能力。事务所的执行委员会了解到这一问题后,将刘成耀调到昆明办事处,在那里,他的领导方式显示出很好的效果。

资料来源:http://www.yakue.com.

思考题

1.刘成耀作为一名领导者,其权力的来源有哪些?

2.这个案例更好地说明了领导的行为理论还是领导的权变理论? 说明你的理由。

3.刘成耀在乌鲁木齐办事处没有获得成功,你能帮助分析原因吗?

测　试

测测你的 LPC 分数

回想一下你自己最难共事的一个同事(同学),他可以是现在和你共事的,也可以是过去与你共事的。他不一定是你最不喜欢的人,只不过是你在工作中相处最为困难的人。用下面16组形容词来描述他,在你认为最准确描述他的等级上打"√",不要空下任何一组形容词。

快乐—— 8 7 6 5 4 3 2 1 ——不快乐

友善—— 8 7 6 5 4 3 2 1 ——不友善

拒绝—— 8 7 6 5 4 3 2 1 ——接纳

有益—— 8 7 6 5 4 3 2 1 ——无益

不热情——8 7 6 5 4 3 2 1 ——热情

紧张—— 8 7 6 5 4 3 2 1 ——轻松

疏远—— 8 7 6 5 4 3 2 1 ——亲密

冷漠—— 8 7 6 5 4 3 2 1 ——热心

合作—— 8 7 6 5 4 3 2 1 ——不合作

助人—— 8 7 6 5 4 3 2 1 ——敌意

无聊—— 8 7 6 5 4 3 2 1 ——有趣

好争—— 8 7 6 5 4 3 2 1 ——融洽

自信—— 8 7 6 5 4 3 2 1 ——犹豫

高效—— 8 7 6 5 4 3 2 1 ——低效

郁闷—— 8 7 6 5 4 3 2 1 ——开朗

开放—— 8 7 6 5 4 3 2 1 ——防备

你在 LPC 量表上的得分是你的领导风格的反映,讲得更具体些,它表明了你在工作环境下的主要动机和目标。

　　为了确定你的 LPC 分数,将 16 项中的得分相加(其中每项是 1—8 分中的某个数)。如果你的得分为 64 分或更高,那么你是一位 LPC 得分很高的关系导向型的领导;如果你的得分是 57 分或者更低,那么你是一位低 LPC 的人或者是任务导向型的领导;如果你的得分在 58～63 分之间,那么就需要你自己决定你属于哪种类型了。

　　根据费德勒的理论,了解自己的 LPC 得分能够帮助你找到一个合适的匹配,因此,有助于你成为更有效的领导。

第 4 篇

组织篇 »

第 11 章　组织结构设计

学习目标

- 掌握组织的概念
- 了解组织理论内容
- 掌握影响组织结构设计的因素
- 了解组织结构类型及演变

开篇案例

W 公司是一家有地位、有影响力的大型建筑公司,承担了 Z 市近 1/3 的建筑项目,但员工待遇却不优厚。公司内部管理较为混乱,没有明确的职责与分工,一个工程完成后,每个员工都不清楚接下来该做什么。虽然公司凭借以往的工程经验接到建筑任务,但效率却很低。

张某是通过 W 公司的一次公开招聘被选聘为总经理的。上任不久就开始重组公司各个部门,整个公司按照职能分为采购部、客户部、人力资源部、工程一部和二部等。各部门分设主管一名、助理两名、下属员工若干。每个部门只负责属于该部门职责范围内的工作,部门之间没有直接联系,一切信息沟通都通过总经理展开。部门人员和职责确定后不久工作就出现了问题,由于公司在不同时期的工作重心不同,直接影响资金费用在各部门之间比例的变化。各部门常为了费用、责任问题而相互责怪。一个工程项目出现质量问题,采购部说工程部材料预算不合理,工程部说客户部没有准确提供客户的具体要求,客户部说人力资源部没有配备合格的质检人员,人力资源部说工程部当初没有提交用人计划等。

两年后,张某决定彻底抛弃公司原来的部门概念,按照所承接的工程把员工分为不同的项目小组,每个小组自主负责原材料的采购、人员配备、工程项目的实施、质量监控、成本控制等。各小组在公司总体协调指挥下,代表公司对外承接各项工程任务。根据项目小组任务的完成情况确定该组的总体薪酬水平。然而,不同的项目可能涉及的工程性质不同、技术难度不同、工期不同、质量要求不同,公司却没有形成一套成熟和科学的评价标准来公正地确定不同工程任务的绩效水平。年终考核时,各项目经理在公司会议上为考核标准与利益分配争得不可开交。

思考:W 公司的问题到底出在哪里? 能不能通过合理的组织结构设计解决呢?

11.1　组织及组织理论

11.1.1　组织的概念

在管理学界被誉为"组织理论之父"的巴纳德认为,组织是指在时间上具有延续性的集体行为及其相互作用的集合。本书认为:首先,组织是存在于整个社会背景下的一个社会实体;其次,组织中的众多成员由一个或一系列共同的目标联系在一起;再次,组织有其精心设计的结构和相互协调的作用系统;最后,组织与外部环境密切相关,并且深受外部环境的影响。

组织的作用主要体现在以下四个方面:①组织能够分配、协调其所拥有的资源以期实现其目标;②组织会以高效的方式向社会输出商品和服务并为创新提供相应的条件和土壤;③组织能够适应不断变化的环境,并能对环境产生一定的影响;④组织还能为其所有者、顾客、员工等利益相关者创造价值。

利维特提出组织由五种基本要素构成,这五种基本要素是社会结构、参与者、目标、技术和环境,该模型清晰地解释了构成组织的基本要素。

(1)社会结构。社会结构是指组织参与者关系的模式化和规范化,它包括两个方面:一方面是规范体系,规范体系规定组织应该是什么;另一方面是既存的秩序,它不同于规范体系,它说明的是实际上是什么。具体而言,社会结构中的规范体系包括价值观、信念、规章制度和角色期待等,而既存的秩序则是指实际存在的有规律的活动、互动和感知等。其中,组织中的权力结构和员工之间的人际关系结构是既存秩序的具体体现。

(2)参与者。组织的参与者是指那些由于各自的因缘而为组织做出各种不同贡献的个体。参与者主要有两个作用:一方面,它有利于保持组织的持续性,即实现社会结构的再生产;另一方面,它也为组织带来了变化,即变革与创新。管理学领域常见的一个与参与者类似的概念是"利益相关者"。和"利益相关者"一样,组织的参与者不仅包括该组织的股东、内部成员,它还包括与该组织的活动密切相关的客户、合作伙伴等其他一些要素。

(3)目标。目标是指组织及其成员广泛认可和共同享有的价值观念和行动指南,一个组织的目标决定了它的发展方向。巴纳德认为,目标是参与者参与和认同某个组织的动因来源。赛尔兹尼克认为,目标是可以被用作征服对于和从环境中获取资源的意识形态武器。可以看出,制度理论学家关注的是目标的象征功能,认为组织采用的、体现的和代表的等一切目标,对于组织获得合法的地位、吸引资源、寻求联盟者以及提升员工的能力等都会产生重要的影响。

（4）技术。从广义的角度来看，技术不仅包括人们借以完成某项具体的工作的硬件和设备，它还包括参与者的技能和知识，甚至包括工作对象的某些特征等。故而，有的组织理论家将"技术"定义为人类为了达到某些因需求而产生的实际目的而对知识和工具的组织与应用。它既包括具有物质形态的工具，也包括那些为实用工具和解决问题而使用的人类的智能。每一个组织都有为实现其目标所需要的技术，这些技术通常部分植根于组织拥有的机器和设备之中，同时组织的技术也囊括了组织中参与者的知识和技能。

（5）环境。作为社会的一个有机组成部分，每个组织都有其特定的环境。从参与者这方面看，组织的员工带着他们在各自从社会环境获得的价值观、知识、技能等进入到组织中来，并在组织中发挥自身的作用。与此同时，组织也必须借助环境中的某些技术，从环境中获得各种资源，以形成转换过程中的输入，在经过自身的转换后将相应的结果流入到环境中去，形成自身的输出。也正是在这个转换过程中，社会之中的各种原材料在经过组织的加工后，以产成品的形式经由组织的营销流入到顾客手中，以满足顾客的需求，组织也正是在满足社会的需求中实现自身的价值。此外，组织行为还会对社会环境产生其他方面的影响，如对生态环境的影响、对社会结构的影响等。

任何组织的形成、运作和发展都离不开上述五个要素，组织作为由这五大要素形成的系统，它无法只依赖某一两个要素而脱离其他要素而存在。此外，各要素之间是相互影响的。只有从系统的角度认识和理解组织，才能把握住组织的精髓。

11.1.2 组织理论

广义的组织理论可以追溯到古代，如春秋时期著名的兵家孙子提出的军阶和军队的单位划分等。但如果从对组织进行系统的研究的角度来看，组织理论作为社会科学的一个单独的学科是在 20 世纪 30 年代以后才逐步发展起来的。我们将 20 世纪 30 年代以来的组织理论的发展历史大略地分为三个阶段，其一为古典组织理论阶段，其二为行为科学时期的组织理论阶段，其三则是现代组织理论阶段，如表 11-1 所示。

表 11-1 不同阶段的组织理论

	古典组织理论	行为科学时期的组织理论	现代组织理论
时代	手工时代（工业革命前时代）	机器生产时代（工业革命时代）	系统时代（现代化大工业生产时代）
理论基础	经济人	社会人	决策人

组织特点	独断	从小到大的分解	从个别转向整体
主要理论	·泰勒的组织理论 ·法约尔的组织理论 ·韦伯的组织理论 ·厄威克的组织理论	·社会学系统学派的组织理论 ·行为科学学派的组织理论	·经验主义学派的组织理论 ·系统管理学派的组织理论 ·权变理论学派的组织理论 ·新组织结构学派的组织理论

1. 古典组织理论

(1)泰勒的组织理论。在管理学界,泰勒被公认为"科学管理之父"。为了探寻影响工人的劳动生产率的重要因素,他从 1898 年便开始设计和开展了一系列的科学试验。1911 年,他在总结自己设计和参与的试验的基础上发表了具有里程碑意义的《科学管理原理》一书,这本书阐述了应用科学方法确定员工从事工作的"最佳方式"的理论。对于组织理论,泰勒做出了如下贡献:

①在劳动分工这一原理的基础上,提出组织中应该设置单独的职能机构。他还主张将组织中的"计划职能"(相当于现在的管理职能)与"执行职能"(工人的生产操作等)分离开来。

②他倡导在组织中实行标准化、专业化的职能管理,使每个职能人员都只承担1~2 种不同的管理职能。这样容易使得组织中出现多个工长同时对某一个工人发号施令的现象,这就可能使工人在接受多头领导的过程中很容易无所适从。

③此外,泰勒还提出了"例外原则",即上级应该向下级员工授权,让他们自主地处理组织中发生的非例外事务,这样上级就可以集中精力考虑组织中较为重大和重要的问题。泰勒的这一理念为后来的分权化和事业部制等组织原则提供了一定的理论基础。

(2)法约尔的组织理论。与泰勒同时代的亨利·法约尔则在 1916 年发表的《工业管理与一般管理》书中,比较完整地阐述了古典组织理论的基本框架和基本内容:

①法约尔将管理描述为包含五大职能的一组普遍性的职能,这五大职能分别是计划、组织、指挥、协调和控制,他还指出了这五大组织职能在企业管理中的重要性和地位。

②法约尔提出了经典的 14 条管理原则(见表 11 - 2),这些管理原则可以应用于所有的组织情景。

③法约尔还在其书中提出了著名的"法约尔桥"。这种"跳板"旨在克服组织中

由于贯彻命令统一性原则而产生的信息传递的迟缓这一缺陷。

④此外，法约尔还改进了组织的管理结构，提出了著名的直线职能制。

表 11 - 2 法约尔的 14 条管理原则

序号	名称	含义
1	工作分工	专业化的分工可以使员工的工作更有效率，有利于提高工作的产出
2	职权	管理者必须拥有命令下级的职权，与职权相对应的是管理者的责任
3	纪律	员工必须尊重和遵守组织中的规则
4	统一指挥	每个员工应只接受来自一位上级的命令
5	统一方向	组织应当具有统一的行动计划指导管理者和其他员工
6	个人利益服从整体利益	任何员工个人的或员工群体的利益都不应置于组织的整体利益之上
7	报酬	组织必须根据员工提供的服务给予他们公平的工资
8	集中	集中是指下级参与决策制定的程度
9	等级链	从最高层管理到最低层管理的直线职权是一个等级链
10	秩序	人员和物料应当在恰当的时间出现在恰当的位置上
11	公平	管理者应当和蔼和公平地对待下属
12	人员的稳定	管理当局应当提供有规则的人事计划，并保证有合适的人选接替职位的空缺
13	首创精神	允许雇员发起和实施计划会调动他们的极大热情
14	团结精神	鼓励团队精神将会在组织中建立起和谐与团结

（3）韦伯的组织理论。马克斯·韦伯是著名的社会学家，他在组织活动方面有很深刻的研究。他描述的理想的组织类型是"官僚行政组织"，这种组织形式的特征依据劳动分工原则，具有清楚定义的层次、详细的规则和规章制度以及非个人的关系。韦伯对组织理论的主要贡献在于：

①韦伯提出了理想的"官僚行政组织"。其要点包括：组织内的各种服务和岗位要按照职权等级来组织，以形成一个逐级分层的指挥系统；组织中每个人的责权要有明文规定；组织成员的录取和任用，应通过正式的考试或培训，使相关人员因能胜任职务的要求而获得工作，而非凭个人特殊的世袭地位或人事关系；组织中的每个人都必须严格遵守组织的规章和纪律，任何人在任何情况下都不能例外。

②韦伯指出官僚行政组织存在的基础是合法规定的权力，这些权力既包括理

性和法律的权力,也包括传统式的权力和个人崇拜式的权力。

③韦伯认为官僚行政组织的结构主要分为三个层级:第一层是组织的主要负责人,他们主要的职能是进行决策;第二层是组织中的行政官员,其主要职能在于贯彻主要负责人和落实第一层的主要负责人做出的决策;处在组织的第三层人员为组织的一般员工,他们主要从事实际的业务工作。

(4)厄威克的组织理论。厄威克的对泰勒、法约尔等人提出的古典组织理论进行了系统的总结,在此基础上他归纳出了古典组织理论的 8 项原则:

①同标原则:整个组织应当朝向同一个目标。

②相符原则:组织赋予某一特定员工的职权和其所承担的责任必须相符。

③责任原则:上级对他麾下的下级的工作应绝对负责。

④等级原则:组织中必须划分出若干的等级,上级领导下级。

⑤管理幅度原则:每一个上级领导人所直接领导的下级人数不应超过 6 个。

⑥专业化原则:每个人的工作应限制在单一的职能内。

⑦协调原则:组织内部的各层级、各部门都应在协调中达成一致。

⑧明确性原则:组织中对每一职务都要有与之相应的明确规定。

厄威克认为,这些组织原则具有普遍意义,即对一切组织都是适用的。

2.行为科学时期的组织理论

(1)社会系统学派的组织理论。切斯特·巴纳德是社会系统学派的代表人物之一。巴纳德运用系统的观点研究管理理论,其代表作《经理人员的职能》集中体现了他的组织理论。

①巴纳德指出组织是社会中的人与人之间的合作系统,这种将组织视为一个系统的观点突破了古典管理学派单纯地把组织看成权力与责任的结构的束缚,这引领后来者将组织结构的特性与人类行为的特性结合起来对组织中的问题进行分析。

②巴纳德认为组织中的权力的基础不是自上而下的授予,而是下级是否能接受上级的权力。只有当上级发出的行政命令被下级理解,并且下级相信它符合组织目标和他们的个人利益时,他们才会接受上级的命令,这时上级所拥有的职权才能成立。

③巴纳德认为,组织是由社会中分散的一些个体组成的,而且组织中的每一个体都有其自身的需要,要求成员为组织做出贡献的前提是组织能够提供适当的刺激使得组织成员认为他们的个人需要在某种程度上能够得到满足。巴纳德称诱发个人对组织做出贡献的因素为"诱因"。诱因与贡献到达某种程度的平衡才能激发出组织成员进行一定的合作意愿和努力意愿,这样组织的目标才可能实现。

④巴纳德还指出组织成员的合作的意愿、共同的目标和相互之间信息的交流

是构成组织的基本前提,并且信息交流是合作的意愿、共同的目标的条件和基础。巴纳德强调管理部门要建立和不断强化自身的信息交流职能,他还认识到"非正式群体"在组织内部的信息沟通可能起到的重要作用。

(2)行为科学学派的组织理论。行为科学学派理论始出于20世纪50年代,它偏重于对管理中人的行为的研究。行为科学学派在组织理论方面有以下两个方面的特殊贡献:

①对古典组织理论进行了修正与补充。行为科学学派在肯定适当的劳动分工能够提高员工的工作效率和组织的效率的同时,指出过度分工也可能会对员工和组织产生副作用。他们指出组织中的劳动分工越精细,组织对激励和协调的需求就越强烈。此外他们还提到员工参与管理和优化组织内部的信息交流等有益于解决组织内部的冲突。

②他们提出组织结构的设计必须考虑员工的个性需要和个性特点。例如,在分配工作时,管理人员必须考虑相应的员工的兴趣等,适当地应用工作轮换、工作丰富化等技术满足员工的需求,激发他们的热情,充分发挥他们的技能和潜力,以实现更好的工作绩效。

3.现代组织理论

(1)经验主义学派的组织理论。经验主义学派或是从企业管理的实践中总结、概括出管理的一般理论和组织原则,或是给管理工作者提供某些实用的建议。这一学派的代表人物有德鲁克、斯隆等,他们在组织理论领域的主要观点如下:

①古典学派和人际关系学派的认识和理论各有优势也各有劣势,经验主义学派试图根据其对企业的实际工作的理解把这两派的理论结合起来,使之更符合管理的实际、更具有操作性。

②他们归纳出企业的组织结构有以下基本类型:a.集权的职能型结构;b.分权的"联邦式"结构;c.模拟性分权结构;d.矩阵结构;e.系统结构。

③他们倡导在企业中实行目标管理。目标管理最早见于德鲁克于1956年出版的《管理的实践》,旨在把以工作任务为中心和以人为中心的管理方法有机地结合起来,通过有管理者和员工共同确立的目标激发员工的成就感,充分调动员工的积极性和创造性,进而满足其自我实现的需要,促进企业目标的圆满实现,实现员工和企业的双赢。

(2)系统管理学派的组织理论。一些管理学者将贝塔朗菲的"一般系统理论"应用到管理领域的研究中来,形成了系统管理学派。系统管理学派的组织理论主要有以下观点:

①组织是一个人造的开放的系统。组织作为人类社会的有机组成部分,必然与环境发生交互。这也就意味着,组织必定要基于来自环境的人力、物力、财力等

资源才能进行相应的转换,并向环境输出组织加工、生产出来的各种产品和服务。此外,组织还能够根据自身所面临的内部环境和外部环境的变化不断地调整自我,以适应环境的变化。

②组织本身也是由密切联系着的组织内部的各个子系统组合而成的更高一级的系统。组织的优化并不仅仅是针对组织内的各子系统开展的单独的优化,而是在全局观、系统观指导下的整体的优化。

(3)权变理论学派的组织理论。这一学派的主要观点和贡献在于:

①世界上并不存在一成不变的、最优的组织结构,不同的企业、处在不同的发展阶段的同一企业,都应根据其所面临的具体的内部环境和外部环境设计和实施与环境相适应的组织结构。

②他们强调组织的外部环境会对组织结构产生重大的影响。劳伦斯指出企业的市场条件的变化、相关领域的科学技术的发展以及所在国家经济形势的变化等都会对企业的目标和战略产生极大的影响。因此,他们认为组织设计应当具有一定的开放性和弹性。企业的组织机构既要有相对稳定性又要具备灵活性和适应性,只有这样企业才能在日益复杂的环境变化中生存、发展。

(4)新组织结构学派的组织理论。作为这一学派的主要代表人物之一,明茨伯格的《“五”字组织结构》充分体现了该学派全面吸收以往的各学派在组织结构领域的学说和主要成果的特点。明茨伯格在其《“五”字组织结构》中主要阐述了以下观点:

①明茨伯格指出组织结构的实质是人们在组织内进行劳动分工与协调的方式的总和。不论一个企业使用的是哪一种具体的协调方法,它都在以下五种机制范围内:相互调整、直接监督、工作过程标准化、成果标准化、技能标准化。

②明茨伯格指出组织结构的五个基本构成部分是工作核心层、战略高层、直线中层、技术专家结构和支持人员。其中,工作核心层由该组织的基层部门组成,处在这一层级的员工直接从事产品或服务的生产;战略高层则主要指企业的高管团队,他们对组织的运作全面负责;直线中层则由组织各部分、各部门的中层经理构成,他们是联结战略高层与工作核心层的纽带;技术专家结构由组织中的职能人员组成,虽然他们并不直接参与组织的生产或服务,但他们运用自己的专门知识和技能来辅助上述三类人员的工作,促进组织效率和效益的提高;组织内部的支持人员虽不在该组织的生产或工作流程中,但他们负责为组织的生产或工作流程中的部门和人员提供各种必要的支持和帮助,如法律顾问等,他们也是组织中不可或缺的基本构成部分。

③明茨伯格还指出了组织结构的五种流程系统,即正式的权力系统、规章制度流程系统、非正式沟通的流程系统、工作群体流程系统和特殊决策流程系统。其

中,正式的权力系统就是组织内部的行政指挥系统,它体现着组织内部的指挥链;组织的规章制度流程系统则体现在企业的生产工艺流程和管理工作流程之中;非正式沟通的流程系统作为组织成员之间进行灵活的交流和联系的系统,它不仅包括组织成员间信息的交流,更包括组织成员之间情感方面的交流,无疑,它是对组织的规章制度的必不可少的补充;明兹伯格将组织内因组织成员的兴趣等形成的小集团或沟通网称为工作群体流程;最后,特殊决策流程系统指的是由于进行特殊的非程序决策而引起的工作上的联系或人际交往的流程系统。

11.2　影响组织结构设计的因素

组织设计是组织按照某种特定的方法将工作划分成不同的任务,并将这些任务协调起来的方式的总和。简而言之,它是设计组织成员的系统。当任务被专家分解成各个子任务后,管理者必须考虑应用何种方式将这些子任务整合起来以实现组织目标。

从上述定义不难看出,组织设计是一件相当复杂且充满困难的工作。如果将组织比作大森林,那么组织的生存、发展等必然会受到其自身的特性和环境的限制。组织由不同的生命个体组合而成,他们在组织的不同层次工作以求生存。为了适应环境的变化,组织必须适时地进行相应的变革,有时组织的管理者必须改进组织设计以便在变化了的环境中更好地实现组织目标。但管理者在进行组织设计的过程中应考虑和关注哪些因素才能更好地利用组织所拥有的人力、财力、物力、社会关系等资源呢?前人的研究表明影响组织结构的主要因素包括环境的不确定性、组织战略、文化的认同、技术水平、组织规模等。

11.2.1　环境与结构

影响组织设计的第一个情境变量是环境,简单地讲,组织环境就是组织边界之外的、可能会对组织产生影响的一切因素。环境的不确定性增加了组织对环境反应失败的风险。环境的复杂性和稳定性决定了环境的不确定性程度。将环境的简单—复杂维度和稳定—变化维度结合起来,得到环境的不确定性的四种类型:稳定的环境、中低度不确定环境、中高度不确定环境和高度不确定环境。组织结构和组织管理的方式应该随着环境的不确定性的变化而进行相应的改变。为了更好地适应环境的不确定性的变化,组织设计者可以参考如下建议对组织结构进行相应的调整:

1.增加职位或部门

当外部环境的复杂性大幅度增加时,组织面临的风险也会大幅度上升,为了更好地应对组织环境的变化,组织就要根据自己对环境的分析增加相应的职位或部门。

2.建立缓冲和边界跨越

环境的变化对某一个特定的组织而言,总是难以准确预知的,为了能够更有效地识别和应对环境的变化,组织有必要建立、完善并充分发挥缓冲部门的作用。边界跨越涉及的主要内容在于信息交换,组织的联络者、监听者将组织环境的信息,尤其是环境的变化的信息引入组织,通过传播者将信息传递给组织中的其他成员,与此同时,组织的发言人也向环境发送组织状态、政策、行动、结果等方面的信息。

3.部门分化与整合

当组织面临的是复杂而且充满变化的环境时,组织对环境的不确定性的处理就应该成为高度专业化的工作。为顺利完成这项高度专业化的工作需要专门的人才,他们必须具备专业的知识、技能以及相应的态度和行为模式。劳伦斯和洛希的研究表明,组织分支单位的结构和他们面对的环境的不确定性程度有着很强的关联性。例如,生产部门面对的是相对稳定的环境,其组织结构可以具有较强的机械化的特征;而面对不确定的环境和市场需求的研究部门,它们采用有机式结构更佳。

4.机械型组织和有机型组织

在对英国的 20 家工厂进行了详细的研究后,伯恩斯和斯托克发现了外部环境与组织内部结构之间的关联。当外部环境较为稳定时,组织规范化程度高,组织的内部结构有更多的规章制度,有明确的权力等级并且高度集权等,他们将这种类型的组织称为机械型组织。当组织处在存在着很大的不确定性的环境中时,组织的规章制度等对员工的约束相对较少,组织内部的权力等级不明确,员工拥有较大的自主权,组织出现决策分权化的现象,他们将这种类型的组织称为有机型组织。表11-3 清晰地反映了这两种组织形式的特征。

表 11-3　机械型组织和有机型组织

基本维度	机械型组织	有机型组织
正规化	高	低
集权化	高	低
专业化	高	低
标准化	高	低
复杂性	低	高
权利的等级	强而高陡	弱而扁平

面对不同的环境,组织应具备不同的特点,具体如表 11 - 4 所示。

表 11 - 4 环境不确定性与组织结构特征

低度不确定性 (简单、稳定)	中低度不确定性 (复杂、稳定)	中高度不确定性 (简单、变化)	高度不确定性 (复杂、变化)
机械型组织,规范集权,部门较少,无整合作用	机械型组织,规范集权,部门很多,有些边界跨越,整合作用较弱	有机型组织,下属参与、分权、团队合作,部门较少,边界跨度较大,整合作用较强	有机型组织,下属参与、分权、团队合作,部门较多,广泛的边界跨越,很强的整合作用

11. 2. 2 技术与结构

技术因素也是影响组织结构的一个重要的情境变量。我们将技术定义为组织借之以实现将输入转换为输出的各种工具、手法和活动的总和,它也可以被组织设计者用来协调和整合组织。

1. 组织技术与结构

(1)传统生产型企业。琼·伍德沃德在研究了 100 家制造企业后发现:机械型组织适用于进行大批量生产的制造企业,而有机型组织则较为适合单件或小批量生产的企业及进行连续生产的企业。原因主要在于,单件、小批量生产的企业经常面临市场需求的巨大变化,即这种类型企业面临的顾客需求是多种多样的;连续生产的企业较多地依赖于流水生产设备和系统无间隙的生产流程,一旦发生流水线中的某一环节发生故障,它将会给企业带来严重的损失,有机型的结构设计有利于避免和应对可能出现的突发情况。但是,一般而言,大批量生产的企业不需要过多地考虑生产过程中可能发生的意外情况,故而机械型组织结构设计较为适合这种类型的企业。

(2)计算机一体化生产企业。随着科技的不断进步与发展,采用计算机一体化生产的企业越来越多,它们在生产过程充分利用机器人、数控机床及各种计算机软件的特长和优势以弥补人工的不足。计算机一体化生产采用计算机辅助设计、计算机辅助制造和管理自动化,使得企业可以快速精确地完成由一个产品的生产转向另一个产品的生产,也使得大量定制化生产成为可能。与传统的大批量生产技术相比,计算机一体化生产的管理幅度较大、管理层级较少、分权程度较高,它具有较多的有机型组织结构的特征和优势。

2.技术相依与结构

汤普森在技术相依和组织中工作流的方式的基础上提出了技术相依与组织结构的关系。他将部门之间的技术相依关系分为集合性、序列性和相互性这三大类。如果部门之间的工作是相互独立的,各部门都可以独自完成其工作,这两个部门之间的关系就是集合性关系。如果部门 A 的产出是部门 B 的投入,即部门 B 的工作严重依赖于部门 A 的产出的质量和数量,那么部门 A 和部门 B 之间的关系就是序列性关系。此外,在技术密集型的组织中,部门 A 的产出是部门 B 的投入,但同时部门 B 的产出又是部门 A 的投入,我们将这两个部门的关系称为存在相互依存关系。对于存在集合性依存关系的部门,管理者要利用规则和程序标准化要求各部门的工作,以减少部门之间冲突和相应的协调工作;对于存在序列性依存关系的部门,管理者需要通过计划、安排等增强和改善部门之间的沟通,促进部门之间的协作;至于存在相互依存性关系的部门,管理者除了要做大量的计划安排之外,还要促进部门之间协调机制的建立和完善,加强部门之间的横向沟通与合作。

3.高级信息技术

信息技术的快速发展及其在企业的广泛应用引起了组织结构的巨大变化,具体表现如下:

(1)组织结构扁平化。一般而言,传统的组织结构中的组织层级较多,中间管理者的最主要的任务和功能便实现信息的上传下达。随着信息技术在组织中的广泛应用,更精简的中间管理层将会以高效的方式完成其职能。

(2)新式的集权化和分权化。一方面,高层管理者可以通过高级信息技术更高效地获得决策所需的信息,做出更科学的决策,在这种情况下组织内部的集权可以获得一定程度上的发展。但是,希望施行分权化管理的管理者在信息技术的辅助下也可以授予下属更多的权力和自主性,甚至组织内的普通员工也可以利用信息技术跟踪产品的生产、运输、安排自己的工作等。

(3)日益增强的协作性。高级信息技术在组织当中的应用有助于强化组织内部的纵向沟通、横向沟通和斜向沟通,可以使处在不同地区的企业机构或组织成员因即时沟通工具而展开密切的沟通。

11.2.3 组织规模与结构

尽管学术界中存在着组织规模对组织结构的影响程度的争议,但组织规模会对组织结构产生影响却为管理学者们所公认。那么组织规模会在哪些方面对组织结构产生影响呢?

1. 规范化

一般而言,大型组织的规范化程度更高,因为大型组织必须依靠文件、规则、程序和详细的工作说明等实现公司管理的标准化、规范化,以保证公司管理的稳定性和连续性。事实上,组织结构中涉及的关系越多,组织对正规化和标准化的管理程序的需求就越大。与大型组织不同,小型组织中涉及的关系较少,也相对简单,故而小型组织可以依赖管理者的个人观察、个人经验等进行管理和控制。

2. 分权化

正规化和专业化也有助于大型组织进行分权化管理。组织规模越大,其中涉及的关系、事件、决策也就越多,组织也就越需要通过分权让低层按照组织的程序对那些高度规范化的问题进行自主的决策。否则,组织高层将会被数量庞大的可以应用程序化手段解决的问题所淹没,他们将缺乏足够的时间、精力关注和思考会对组织产生重大影响的非程序化的问题。自然地,组织决策的质量和速度都会受到极大的伤害,这会严重阻碍组织的发展。

3. 复杂性

随着组织规模的扩大,组织所面临的复杂性也不断增大,与此同时,为了避免管理幅度过大及由此引发的管理失灵等问题,组织中的管理层级也会相应增多。然而,组织的正规化、标准化、专业化的程度越高,组织的管理幅度也就越宽。

11.2.4 战略与结构

影响组织结构的第四个情境变量是组织的战略。组织的战略不仅为组织发展指明了方向,提供了决策指导和绩效标准,它还可以帮助组织适应环境。钱德勒在对美国的 70 多家大型企业进行了研究之后指出,组织结构必须服从组织的发展战略,组织结构必须随着组织发展战略的变化改变。丹尼·米勒在其文章(1987)中提出了影响组织结构的战略维度的定义,如表 11-5 所示。

表 11-5 战略维度与组织结构的综合框架

战略维度	预期的组织结构的特点
创新——理解并管理新的程序和技术	正规化程度低 分权化 权力层次扁平化

战略维度	预期的组织结构的特点
市场差异化——专注于细分市场的顾客偏好	中度到高度的复杂性 中度到高度的正规化 中度的集权化
成本控制——高效地生产标准化的产品	高度正规化 高度集权化 高度标准化 低度复杂性

11.2.5　文化与结构

除了上述四个情境变量之外，企业文化作为自动地维系及凝聚各组织成员，被组织成员广泛认可、共同分享的价值观和信念体系，它也会对组织结构产生一定的影响。如果组织文化是非常强调企业对外部环境的应变能力的"适应型文化"，该企业的组织结构很可能会是较为宽松且富有弹性的结构，其标准化、集权的程度会较低。与之相反，如果企业文化是重视组织内部的稳定性的"贯彻型文化"，则组织结构的标准化、集权程度会较高，因为管理者必须依赖它们才能更好地实现对组织的控制，保持组织内部的稳定性。

11.3　组织结构类型及演变

组织结构是组织赖以生存、运作和发展的框架，符合组织的实际情况的良好的组织结构是提高组织绩效、实现组织目标和组织使命的坚实基础。德鲁克先生认为，良好的组织结构本身并不能必然地带来优异的工作绩效，但无论组织的管理者个人或其所拥有的员工多么出色，在糟糕的组织结构上组织绝对不可能获得好的成绩。不言而喻，符合组织的实际需要的组织结构是实现优异的组织绩效的必要条件，下面我们将对一些重要的组织结构进行简要的介绍。

11.3.1　传统的组织结构

1. 直线结构

直线结构又称"军队式结构"，其结构形式如图 11 - 1 所示。在直线结构的组织形式下，组织成员严格按照指挥链进行各种作业，每个人只能向自己归属的直接上级负责,而且必须绝对地服从直接上级的指令。直线结构适用于规模较小、生产技术较为简单的企业。此外,它的组织管理者的要求较高,管理者必须具备生产经营所涉及的各个方面的全方位的知识、经验和能力,也就是说组织的管理者必须是"全能式"的英雄人物。它的优势在于简单、灵活,维持费用低且职责明确。当然这种结构的风险性非常高,因为所有的一切都取决于一个人,一次意外可能就足以毁掉整个组织。此外,这种组织结构并不适用于小型组织以外的其他组织结构。

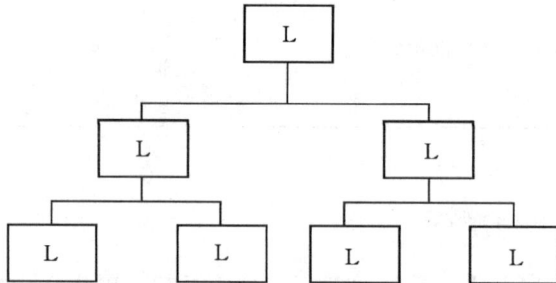

图 11-1 直线结构

2.职能结构

泰勒首先提出职能结构,他指出"在整个管理领域里,必须废除军队式的组织而代之以'职能式'的组织"。职能结构的特点是按组织的各职能进行专业化的分工,通过各职能部门的相互配合实现组织的整体运作。在职能结构中,下级可能既要服从直接上级的指挥和命令,又要听从上级各职能部门负责人的调度,这很容易使得组织中出现多头领导的现象,容易使得必须接受多头领导的员工感到无所适从,这样不仅会损害员工的工作绩效,也会损害员工的工作积极性和从工作中获得的成就感。尽管这一结构能够较好地适应管理活动复杂化的需要,但它也很容易造成多头领导并引起管理上的混乱,故而,职能结构在企业中并不常见。职能结构的典型形式如图 11-2 所示。

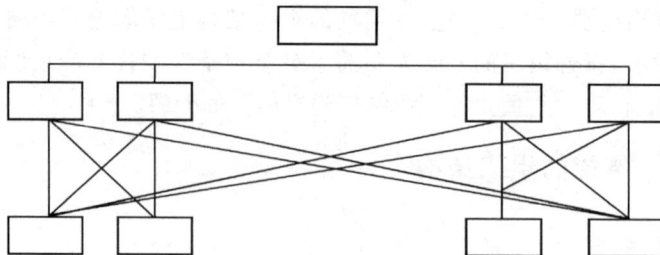

图 11-2 职能结构

3.直线职能制

直线职能制是直线结构与职能结构的综合,它在保证直线结构统一指挥的基础上,又能较好地发挥专业职能机构的作用。其结构形式如图 11-3 所示,其中 L 代表直线机构——直线职权,S 代表参谋机构——职能职权。

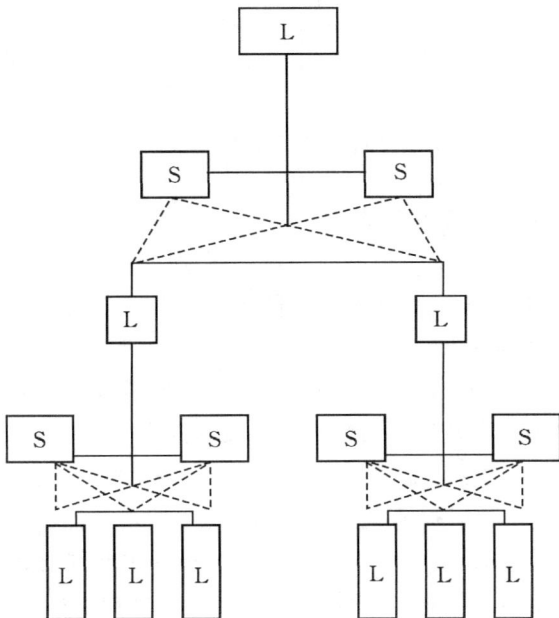

图 11-3　直线职能制

4.事业部结构

事业部结构是一种由相对独立的单位或事业部组成的组织结构。钱德勒将事业部结构称为“多分支公司结构”,其典型形态如图 11-4 所示。在事业部结构中,各事业部拥有较多的自主权,它们通常是半自主的利润中心。事业部经理拥有对其所领导的事业部的战略和运营进行决策的权力,相应地,他们也必须对该事业部的绩效负责。而公司总部常充当外部监管者的角色,它们也为事业部提供一定的财务和法律事务方面的支援。我们可以按照职能机构的设置层次和事业部取得职能部门支持性服务的方式将实行事业部制的企业划分为两种类型——产品事业部结构和区域事业部结构。

(1)产品事业部结构。总公司设置研究与开发、设计、采购、销售等职能部门,各个事业部则主要从事生产,各事业部在运营过程中所需要的各项支持性服务均

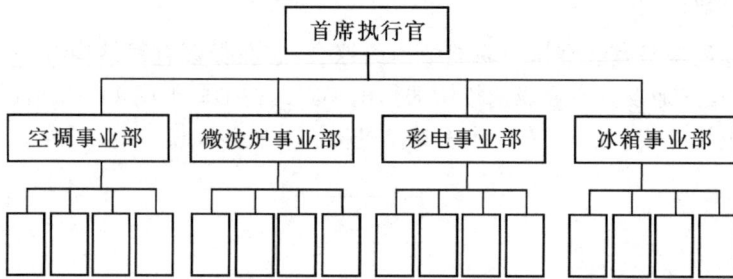

图 11-4　事业部结构

由总公司的有关职能部门负责提供。

（2）区域事业部结构。为了更好地满足不同地区的顾客或用户的差异化的需求，公司可能会采用区域事业部结构。不同国家的顾客或同一国家不同地区的顾客可能会受其所在地的区域文化的影响而对同一产品产生不同的偏好和需求，品种单一的、标准化的产品则很难满足顾客的差异化的需求。而区域事业部结构则有利于组织对各区域市场进行更为细致的开发与经营，以差异化的产品和服务满足顾客的需求，在激烈的市场竞争中取得有利的竞争地位。

作为组织结构的一种形态，事业部结构也有着自己的优点和缺点（见表 11-6）。与职能结构相比，事业部结构能够更加有效地实现各职能部门之间的协调。当传统的直线结构无法实现对组织的有效控制时，事业部结构是一种较好的备选方案。

表 11-6　事业部结构的优点和缺点

优点	缺点
1.适用于不稳定的、快速变化的环境 2.事业部内跨职能的高度协调 3.使各分部适应小范围的地区和顾客 4.分权决策、分权管理	1.失去了职能部门内部的规模经济 2.各事业部的产品线之间难以协调 3.产品线的整合与标准化变得异常艰难 4.容易形成各事业部之间的内部竞争

5.矩阵结构

矩阵结构是指从组织内的各个职能部门抽调相关的专家，并将他们分配到一个或多个由项目经理领导的项目小组中工作的组织设计。当高度专业化的技术知识和产品研发等对组织目标的实现均至关重要时，矩阵结构可以是一个较好的选择。矩阵结构能够较好地将纵向设计和横向设计结合起来，使职能结构和产品事业部结构实现较好的融合,如图 11-5 所示。

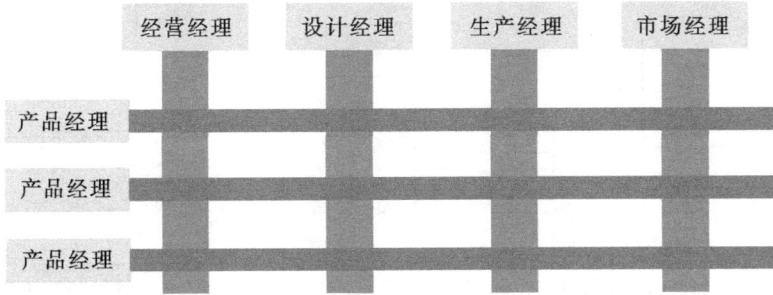

图 11-5　矩阵组织结构

与前面提到的几种组织结构相比,矩阵结构的优点和缺点如表 11-7 所示。

表 11-7　矩阵结构的优点和缺点

优点	缺点
1.获得适应顾客双方要求所必需的协作	1.容易使员工面临多头领导,使之困惑和
2.实现产品间人力资源的灵活共享	沮丧
3.适应不确定环境下复杂的决策和经常性	2.员工必须具备良好的人际关系技能
的变革	3.时间成本较大,冲突解决会议召开的频
4.为职能和生产技能改进提供了有利的	率较高
条件	4.需要很多经理来维持这种权力平衡

6.超事业部结构

超事业部结构又称执行部结构,它的原型是 M 形的组织结构,它在总办事处和事业部之间增加一个管理层级——执行事业部或超事业部。由于企业规模越来越超大型化,如果总公司直接领导各事业部,公司高层的管理跨度太大,很难实现有效的管理,因此,有必要在各事业部之上增设一个组织层级,对相互关联的事业部进行统一的领导,使组织内部的管理在充分分权的基础上又进行适当的再集中,以便对相互关联的事业部进行协调,以充分发挥各事业部的力量,提升各事业部和整个公司的运营效率,避免各事业部相互竞争所带来的低效率的问题。美国通用电气公司 1978 年的组织结构是典型的超事业部结构,如图 11-6 所示。

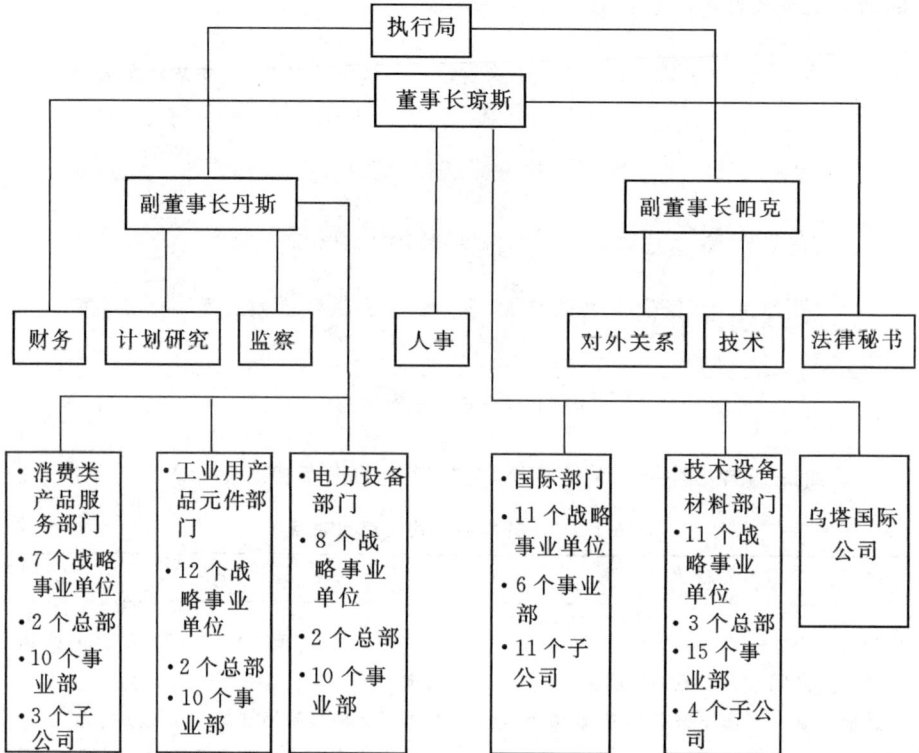

图 11-6 美国通用电气公司组织结构

11.3.2 新型组织结构

1.无边界组织

通用电气公司前任董事会主席杰克·韦尔奇首先使用了"无边界组织"这个术语,他用"无边界组织"来描述他理想的通用电气公司。所谓的"无边界组织"是指其横向的、纵向的或外部的边界不由某种预先设定的结构所限定或定义的一种组织设计。在空前激烈的市场竞争中,具有很强的竞争力的组织往往都是那些具有灵活性和非结构化的特点的组织。无边界组织的主要特点包括:

(1)在逐步取消组织内部的垂直界限的过程中实现组织结构的扁平化,使等级秩序在组织中发挥的作用降到最低。扁平化后的组织更像一个粮仓筒而非原先的金字塔。常见的取消组织内部的垂直界限的策略如下:引进和推广跨等级团队,实施分权化管理,让员工参与决策,在绩效考核中应用360度绩效评估法等。

(2)为了更好地消除组织内部各职能部门之间的水平界限,组织可以提倡和推广多功能团队并围绕公司的工作流程来组织活动。施乐公司以多专业交叉的团队参与开发新产品的整个工作流程取代原先的围绕狭窄的职能任务展开的工作。这较好地促进组织内部的横向沟通和斜向沟通，较好地消除了组织内部各职能部门之间的水平界限。

（3）为了充分发挥无边界组织的作用，组织还要积极、主动地打破组织与客户、供应商、其他利益团体等利益相关者之间的界限。常见的取消组织的外在界限的方法有：与上下游的公司建立战略联盟、实现经营的全球化、建立顾客与组织的固定联系并实行顾客关系管理等。

无边界组织力图取消组织内的指挥链，保持合适的管理跨度，以授权的团队取代部门。计算机网络化为无边界组织的推广和发展提供了一定的便利，因为计算机网络化使人们能超越传统意义上的组织的内部边界和外部边界进行自由的信息交流。即时通讯，如 QQ、微信等工具使组织内部的员工可以通过同一个半开放的平台同时分享信息，也使得公司的普通员工有机会与公司的高级主管进行直接的交流。此外，计算机网络也使顾客可以快速地反馈自己对公司的产品的体验感受，为公司的未来决策提供信息。

2. 虚拟组织

虚拟组织是通过计算机、视频会议、即时通信工具等将员工与组织的核心数据库联系在一起的组织。典型的虚拟组织是一种小型的核心组织，它是高度集权化的组织，其部门化的程度很低。虚拟组织从外部市场中寻找合适的代理商，并将组织的一般职能，如加工、组装等外包给具有相应资质的企业，而把自己的精力集中在自己最擅长的核心业务上，以实现最大程度的灵活性。图 11 - 7 是一幅虚拟组织形态示意图，从图中可以看出，该虚拟组织的核心是一小群管理人员，管理人员把公司的常规职能都分包给了市场中具备较好的资质的外部组织，他们自己则负责对公司内部的经营活动进行监督，并协调为本公司进行研发、生产、宣传推广和销售等活动的各个组织。图中由管理群体发散出去的箭头所表示的关系通常是组织之间的契约关系。实际上，虚拟组织的管理人员的主要工作是通过计算机网络协调和控制好组织与任务承包商之间的外部关系。

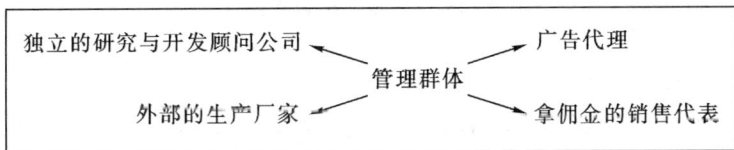

图 11 - 7　虚拟组织形态

3.横向组织结构

横向组织结构是一种较新的组织结构形式,它使组织的高层管理者能够较好地摆脱因琐事过多而面临的负担过重、无法专注地处理组织的核心问题的管理困境,此外它也有利于打破组织中的部门界限。横向组织结构的设计围绕工作流程而非职能展开,在实施横向组织结构的组织中,营销部门根据顾客需求、市场调研的结果等组织产品的开发、设计、生产、推广、销售等,采购部门则根据组织的采购需求和采购流程来建立采购团队以进行采购。横向组织结构的一大优势在于它可以较大幅度地减少组织的层级,推动组织结构的扁平化,增强组织的运作效率。典型的横向组织结构如图 11-8 所示。

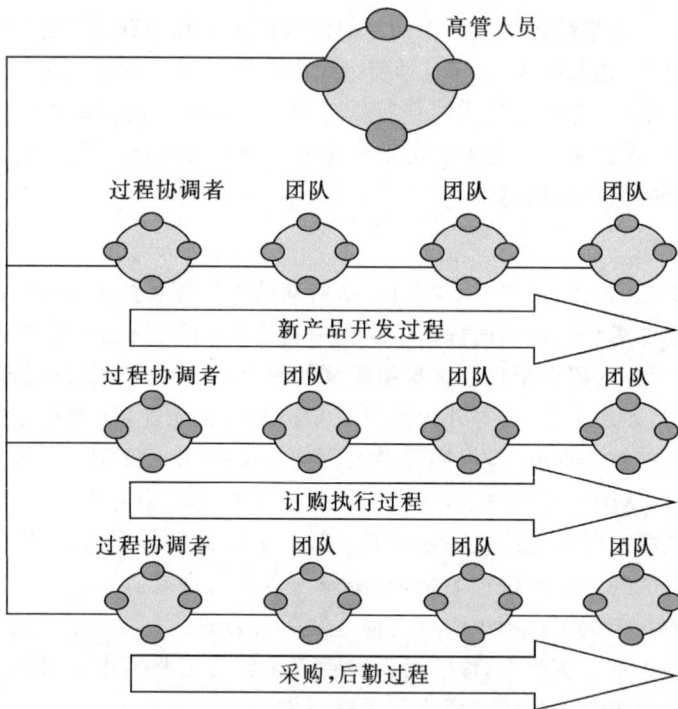

图 11-8 横向组织结构

4.混合型组织

在当今复杂多变的市场环境中,只纯粹地使用某种单一的组织结构的企业非常罕见。事实上,大型组织,尤其是超大型跨国公司常采用混合型结构,通过对适宜的组织结构形式的组合可以避免纯粹的某种组织结构的缺陷,扬长避短以适应特定的环境和组织发展战略的需要。作为事业部结构和矩阵结构的混合的多维结构实质上就是将矩阵结构引入到事业部结构中来,以形成立体的组织结构。

课堂讨论

1. 对于一个纯粹的无边界组织中的员工,你会对他做出怎样的行为预测?

2. 联想并购了 IBM 的 PC 业务,吉利并购了沃尔沃,微软买下了诺基亚,这些都是大型企业并购的例子,这是否意味着一个简单的道理"小的就是不够好"? 组织行为中这种合并浪潮有什么意义?

思考题

1. 简述职能结构、事业部结构和矩阵结构的含义和优缺点。

2. 组织文化与组织结构之间有什么关系?

3. 组织战略与组织结构之间有什么关系?

4. 无边界组织的含义是什么? 以通用电气为例,谈谈无边界组织的优势。

5. 简述组织结构的扁平化。

章末案例

废黜九位副总,波司登快刀扁平化

波司登旗下的几个品牌连续 12 年销量全国第一,在短短的十几年的时间中,高德康把一个以贴牌为生的小作坊做成了中国第一的羽绒服品牌。现在的波司登已经成为有八个子品牌、年销售过百亿的大企业。波司登的发展中经历过营销制胜、技术为王的时期,但后来组织与管理渐渐成了企业发展的瓶颈。随着企业规模的扩大,20 多个部门职权交错,多个高管职权不分,久议不决,效率低下。

波司登原来有九位副总分管销售、采购、技术研发等具体业务。这些元老级的副总在企业中拥有很大的权力,也承担着很大的责任,但管理层出现了一些创业元老居功自傲、逃避责任等问题,这样就必须对管理层进行换血,明确责权利关系。实行扁平化管理无非就两个方向:或者使权力下移,或者使权力集中到塔尖。

2004 年上半年,通过"杯酒释兵权"的方式,这九位副总全部换成了相应部门的经理。这不仅仅是称呼上的变化,他们原有的权力上移,集中到了总经理高德康的手中。对此,高德康再三强调:撤销副总、实现扁平化管理,在整个波司登的发展过程中,是"顺理成章"的行为。

管理层发生剧变之后,波司登果然按照高德康的构想,不但继续占据着全国销量第一的宝座,而且旗下的其他品牌也开始崭露头角,销量年年攀升,俨然一副企业航母的架势。

资料来源:http://finance.sina.com.cn/leadership/case/20070413/06523498709.shtml.

思考题

1.波司登为什么要进行扁平化的管理?

2.波司登进行扁平化管理有什么利弊?

3.假如你是波司登的总经理,除了进行扁平化管理,你认为还有什么样的管理措施可以促进波司登的快速发展?

测　试

官僚化倾向测试

对于每一个小题,在"非常同意"和"非常反对"中选出最能反映你观念的答案。

1.我认为工作中的稳定性很重要。

2.我喜欢可预测性强的组织。

3.对我来说,最好的工作是未来不确定的工作。

4.在政府工作是件美差。

5.规则、政策和程序使我有挫折感。

6.我愿意在一个员工超过85000人的跨国企业工作。

7.做自己的老板对我来说风险太大,我不愿意这样做。

8.在接受一份工作之前,我希望能见到准确的工作说明书。

9.我更愿意做一个自由的销售人员,而不是坐在办公室的员工。

10.决定薪资和晋升时,资历同绩效一样重要。

11.如果在一家处于同行业最成功的公司中工作,我会感到很自豪。

12.如果让我选择,我宁愿去做一个年薪40000美元的小公司副总裁,而不是年薪45000美元的大公司职员。

13.我认为戴上标有号码的员工工卡有降低身份的感觉。

14.公司中的停车位置应基于个人在公司中的职位来分配。

15.如果一个会计为大型组织工作,他就不可能成为一个真正的专业人员。

16.在接受一份工作前,我希望知道公司的员工福利待遇是不是特别优厚。

17.如果一个公司不制定清晰明了的规章制度,它可能就无法取得成功。

18.对我来说,工作时间、假期安排按部就班比工作刺激更为重要。

19.对不同职位的人应予以不同的尊敬程度。

20.规章制度早晚要被抛弃。

请根据下面的答案给你对每一项陈述的选择打分,相符的得1分。

1.非常同意　　　　11.非常同意

2.非常同意　　　　12.非常反对

3.非常反对　　　　13.非常反对

4. 非常同意	14. 非常同意
5. 非常反对	15. 非常反对
6. 非常反对	16. 非常同意
7. 非常同意	17. 非常反对
8. 非常同意	18. 非常同意
9. 非常反对	19. 非常同意
10. 非常同意	20. 非常反对

说明：官僚结构的特点是：通过职务专门化，制定非常正规的制度和规则；以职能部门划分工作任务；实行集权式决策，控制跨度狭窄；通过命令链进行经营决策，来维持日常的组织运营顺利进行。

得分在 15 分以上表明你喜欢在官僚机构中做事；5 分以下则表明你在官僚机构，尤其是在大型官僚机构中会受到挫折。

第 12 章　组织变革与发展

学习目标

- 掌握组织变革的内涵和模式
- 了解组织变革的阻力
- 了解组织发展的条件和过程
- 掌握学习型组织的含义及建设学习型组织的内容

开篇案例

　　大家熟知的旭日升冰茶,在短短几年中经历了井喷式的迅猛发展之后,受到来自国内外竞争对手的围追堵截,其自身的一些弱点也逐步暴露出来。为了应对新环境,旭日升冰茶高层决定进行一场"大破大立"的管理变革。一是将原来粗放、经验主义的管理转变为量化、标准化管理。为此,集团引进了 30 多位博士和高级管理人员,其中集团的营销副总经理就是可口可乐(中国)公司的原销售主管。二是进行人员大调动,把 1000 多名一线的销售人员重新安排到生产部门,试图从平面管理向垂直管理转变。集团总部建立了物流、财务、技术三个垂直管理系统,直接对大区公司进行调控,各大区公司再对所属省公司垂直管理。三是把集团的架构重新划分为五大事业部,包括饮料事业部、冰茶红酒事业部、茶叶事业部、资本经营事业部、纺织及其他事业部,实现多元化经营。然而,这些变革措施不仅没有使原来的问题得到解决,反而导致公司内部矛盾激化,使公司陷入一片混乱。最后,一系列"内忧外患"使旭日升冰茶在人们的视线中消失。

12.1　组织变革的内涵和模式

　　组织变革是组织根据自身所面对的内外部环境的变化,对组织战略、人员、结构、技术、制度等进行改变,以提高组织运行的效果和效率的一系列行动的总称。任何企业要想成功地应对市场上的变化和挑战,它必须具有很强的灵活性、适应性和响应性。只有具备这样一些特点的组织才能在瞬息万变的市场中进行有效的变革,度过危机,抓住潜在的机会,实现自身的不断发展。

　　组织变革大体上可以分为五类:组织人员的变革、组织结构的变革、技术变革、组织管理制度的变革以及组织物理环境的变革。其中,组织人员变革指组织成员的价值观、态度、能力或行为等方面的改变;组织结构的变革则涉及组织内部对职权、协调机制、分配机制等结构变量的变革;技术变革主要指组织生产流程、生产设备和生产方法等方面的变革;组织管理制度的变革则是指组织的管理理念、管理方法方面发生的变革;最后,组织工作场所的变迁、工作场所内布局的变动等均是组织物理环境的变革。

12.1.1　组织变革的类型

组织变革是多种多样的,依据不同的标准,可以将组织变革划分为多种不同的类型。按照组织变革的强度的不同,可将变革分为渐进式变革和突变式变革;按照组织变革执行的层面可将变革划分为高层变革和基层变革。

1.渐进式变革和突变式变革

渐进式变革包括对组织流程或结构的渐近的调整,但不包括对组织战略、组织文化的根本性改变。在变革的过程中,组织的一切努力都以当前的工作为基础,逐步展开较小的增量的改变,在维持组织的稳定之中进行变革和发展。渐进式变革多是组织有目的进行设计的,旨在维持组织的连续性和稳定性的过程中以变革的方式改善组织效益。极具代表性的渐进式变革是全面质量管理。

突变式的改革是组织核心部位,如组织战略、公司文化等领域的革命性变革,它是一种快速的、深刻的和涉及范围广泛的变革,它要求在很短的时间内找到并实施有效的变革,在变革的过程中,组织的各个层面均会受到巨大影响。常见的突变式的改革有流程再造、重组等。

2.高层变革和基层变革

高层变革指由公司的管理高层或其他一些重要人物根据企业的内外部环境分析做出进行变革的决策,他们的决策和行动计划将对组织产生广泛而深刻的影响。高层变革多在组织的高层管理者对组织的使命、远景、企业宗旨等进行深入考虑的过程中形成,高层管理者通过变革推动组织向超预期的方向发展。

基层变革则发生在组织的基层,当然,组织中的中层管理者和基层管理者会与一线的组织成员一道参与、落实和推动变革。在一定的情况下,基层变革也会引起高层变革,但更为常见的是,组织的基层变革是为了支持和落实高层变革。

12.1.2　组织变革的动力

正如管理者会受到来自组织内部和外部两种力量的制约一般,组织变革同样会受到组织内部的因素和组织外部的因素的共同影响。故而,大体上我们可以将组织变革的驱动力分为两类:其一,组织内部的动力;其二,组织外部的动力。

1. 组织变革的内部动力

组织内部环境因素主要包括组织的内部的目标、人员、技术、管理以及组织文化等因素,这些因素的变化均为组织变革提供了内部动力。其中,对组织变革产生较大影响的组织内部因素主要包括以下几个方面。

(1)组织成员的变化。组织成员的结构、成员的素质以及员工流动率等的变化都对现行的组织管理提出挑战。随着越来越多 80 后员工和越来越多的知识工作者进入组织,原有的组织文化必然会因他们的加入而发生变化,动态性更强的、灵活性更高的组织结构和管理方式可能更适合新生代员工的特点,带来更好的效果。

(2)组织战略的变化。著名学者钱德勒提出了"组织结构必须随组织战略的变化而变化"的观点。组织自身的发展与细分市场的变化,必然要求组织对发展战略做出改变以适应市场的需求,相应地,组织结构也必然随之而变。

(3)组织生产技术的变化。如果组织为了更好地满足市场需求引进新设备或对旧设备进行技术改造,这就必然要求技术、生产、营销等部门随之做出相应的调整,以辅助和落实组织生产技术的变化。

此外,先进的管理理念的引进和推广,辅助组织管理的自动化、信息化设备的采用等也会引起组织的变革。

2. 组织变革的外部动力

一般而言,组织的外部环境包括政治、经济、社会文化和科技等因素,这些外部环境中的因素的变化则是组织变革的外部动力。

(1)政治。政治的变化会对组织的变革与发展产生非常深刻的影响。稳定的政局和政策都会给组织提供给一个相对稳定的外部环境,与之相反,如果一国或地区的政局动荡、政策频变,组织将面临极大的生存威胁。此外,任何组织的活动,都必须符合该组织所在国家或地区的法律或政策,否则,它将无法在当地立足和开展业务。在该国或地区的法律、政策等发生了较大的改变之后,组织也必须做出相应的变革,否则,其生存和发展将举步维艰。

(2)经济。经济的波动,尤其是组织瞄准的细分市场的变动会给组织带来巨大的冲击和挑战。经济萧条时期组织的发展一般比较困难,严重时组织甚至面临生存的威胁,为了最大化降低经济萧条、市场低迷带来的不良影响,组织必须及时采取适当的变革措施以更好地适应经济环境。与之相反,在经济繁荣的时期,组织一般会拥有较多发展良机,但如果此时组织不能对自己进行及时的调整,不能充分利用这些机会,组织的发展必然会滞后于时代和竞争对手的发展,在此消彼长的情形下,组织可能还会因此而陷入发展困境,甚至被市场淘汰。

(3)社会文化。社会的伦理道德、行为规范及风俗习惯等都会对组织的变革和发展产生一定的影响。在一个社会成员普遍求稳的社会中,组织成员的求稳心态可能会很常见也很严重,这种求稳的心态必然会给组织的变革带来很大的阻力。相反,如果组织的成员都谋新求变,对新的事物有着强烈的渴望和追求,那么组织内部会比较容易接受变革。

(4)科技。科技对组织的生存和发展都有着不可估量的影响,跟不上技术革新步伐的组织很快就会落伍,被市场淘汰。组织外部发生重大的技术变化要求组织对其做出快速且积极的回应,组织必须尽快实现以新兴的、先进的技术对正在使用的、相对陈旧的技术的替换。采用新的技术的过程必然会导致组织内部生产、管理,甚至沟通方式的变化,这就引发了组织的变革。

此外,随着人们对全球变暖、极端性天气、荒漠化等威胁人类生存和生活质量的问题的进一步认识,使人们越来越关注生态环境的变化和组织的行为可能会对生态环境产生的影响等,这也就使得生态环境也会对组织的生存、变革和发展产生巨大的影响。

12.2　组织变革的阻力

对个体和组织行为的研究发现,尽管组织的内外部充满了推动组织进行变革的动力,组织和组织成员也会抵制变革。从维护组织的稳定性和可预见性的角度来看,组织及其成员对变革的抵制具有一定的积极意义。可以想见,若组织的变革没有任何阻力,组织的行为一定会是随意和混乱的,组织的目标是很难达成的。此外,组织变革的阻力也有可能成为组织内部建设性冲突的源泉。例如,一线员工对生产线改进方案的抵制会激发组织内部,尤其是生产线改进项目负责人、参与人与一线员工等对生产线改进方案的优缺点的讨论,组织可能因此而获得更好的生产线改进方案。

尽管组织变革的阻力可能为企业带来上述好处,但变革的阻力的缺点也是显而易见的,它很有可能阻碍组织对瞬息万变的环境的适应,阻碍组织的进步与发展。组织及其成员对抵制变革的形式多种多样。明显而又常见的有怨声载道、消极怠工、罢工,甚至破坏生产等形式,相对而言,这种形式的阻力比较容易处理。此外组织中还可能存在着隐蔽的抵制行为,如员工经常迟到、要求调转等,这种阻力一般都是潜在的、不易被识别的,但其对组织发展的危害却不小,它可能使员工逐步丧失对组织的归属感和忠诚感,也可能降低了员工工作的积极性,此类变革的阻力处理起来比明显的阻力更难一些。

12.2.1　组织变革的阻力的来源

一般而言,变革的阻力主要来源于组织和组织成员,尽管在现实中这两个阻力源可能存在交叉,但为了对其进行简便、明了的分析,我们将分别对来源于组织成员的阻力和来源于组织的阻力进行分析。

1. 组织成员对变革的抵制

组织成员对变革抵制的原因如图 12-1 所示。

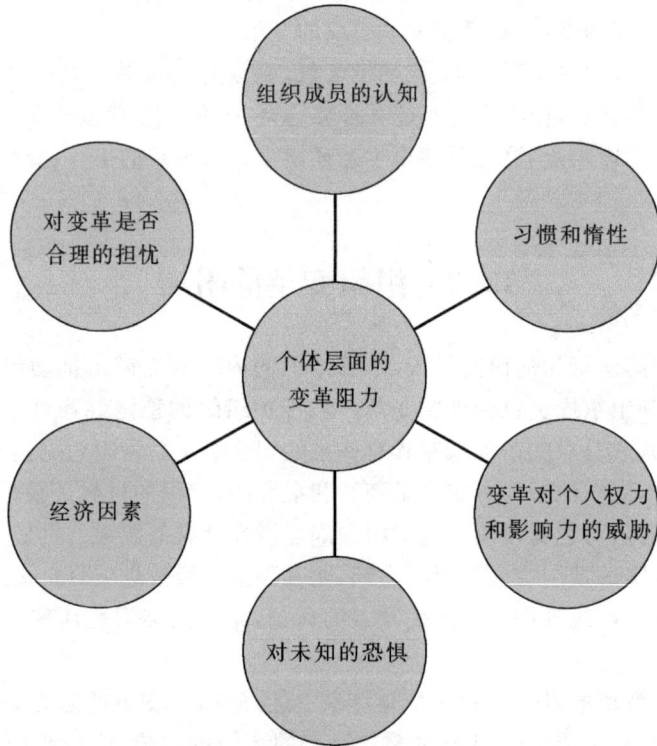

图 12-1　组织成员抵制变革的原因

（1）组织成员的认知。个体在自己的直觉的基础上了解和认识世界,并因此而形成他自己的独特的世界。在现实当中,组织成员往往会根据自己已有的认知选择性地接受与组织有关的信息,他们重视那些与其认知一致性较高的信息,而自觉或不自觉地忽视那些与自己的认知有偏离的信息。故而,当变革将要发生或正在进行的时候,组织成员倾向于只关注与自己或自己所在的部门密切相关的信息,如果他们认为组织的变革可能对自己或是自己所在的部门不利,他们很可能对变革进行抵制。

（2）习惯和惰性。习惯是之人们惯常或固有的行为方式，人们一般习惯于某种固定的行为模式，安于现状，天然地对变革抱有一种抵触情绪，这也是人类惰性的一种表现。在组织中，员工在一段时间的学习和实践之后，可能已经习惯于组织中现行的工作方式、行为规范和管理制度等，变革必然会打破他们原有的习惯和心理平衡，使他们不得不适应和接受一种全新的行为方式，这将使他们感到不自在、不习惯，也容易使他们感受到压力。所以，他们可能会抱残守缺，而不愿尝试和接受变革。

（3）变革对个人权力和影响力的威胁。一般情况下，变革同时也意味着组织中权力和利益的重新分配，组织中的一些人，尤其是变革中涉及的在现有格局下掌握权力的人，可能将组织的变革看成是对他们的权力和影响的威胁，他们可能为了维护自己当下拥有的权力和影响而对变革进行强力的抵制。事实上，权力和地位一旦确定，掌握权力的个人或群体便会抵制那些他们认为可能削弱他们的权力和影响的组织变革。

（4）对未知的恐惧。组织变革会给组织即组织成员带来许多不确定性因素，这些不确定性因素可能会增加组织成员的风险，会使组织成员必须面对不确定的变革结果。然而，人们常常会对未知和不确定性感到茫然无助，甚至感到恐慌，这种心理状态的作用下，人们往往会抵制变革。

（5）经济因素。组织成员对组织的变革进行抵制，也可能是出于对变革会影响自己的收入的担心。例如，组织成员可能会担心自己无法适应技术革新，在技术革新后被解雇；组织成员也可能担心自己职务的改变会降低自己的工资，使自己无法获得现有的收入等等。

（6）对变革是否合理的担忧。组织成员抵制变革的最后一个原因在于，他们从自己的角度出发可能认为变革并不符合公司的目标和利益。例如，一线员工可能因他们认为的生产线改进方案不仅无法提高生产率，反而会降低产品质量而抵制该改进方案的实施。如果一线员工能和生产线改进项目的负责人、参与人等对生产线改进方案的优缺点进行建设性的讨论，组织可能会因此而获得更好的生产线改进方案，组织变革可能会得以顺利进行并获得较好的成果。

2. 组织层面的变革阻力

组织，就其本质而言，是较为保守的，它会对变革做出抵制，常见的组织层面的阻力包括结构惯性、有限的变革点、群体惯性、对专业知识的威胁、对已有的权力关系的威胁和对已有的资源分配的威胁等，具体内容见图 12-2。

（1）结构惯性。一般组织都有其固定的某种机制以保证其日常运营的连续性和稳定性。例如，甄选标准系统地选择一定的应聘人员流入组织，也确定是否让某

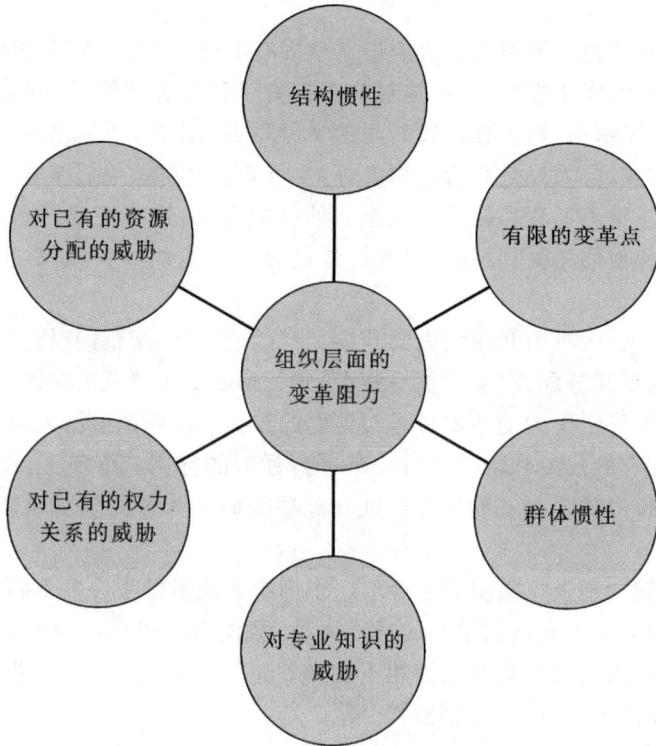

图 12 - 2　组织层面的变革阻力

一部分员工流出组织。培训和其他社会化技术强化了不同岗位的具体角色的要求和相应员工的专业技能。只有经过层层审核,符合组织要求的人员才会进入和留在组织当中,而组织又会以某种方式,如组织文化等塑造和引导员工的技能和行为。但当组织需要进行变革时,结构惯性转而充当维持组织稳定、限制变革的反作用力,在一定程度、一定范围内阻碍组织的变革。

(2)有限的变革点。组织由一系列相互依赖的子系统组成。任何组织都不可能只对这一系列系统中的某一特定子系统进行变革而不影响其他的子系统。故而,组织对某个特定的子系统中的有限变革很可能因为更大系统的制约或抵触而变得低效,甚至无效。

(3)群体惯性。任何组织都是由个体和群体组成,即使作为个体的组织成员想要改变他自己的行为,群体规范也会成为制约他的约束力。在中国,忠、义历来被人们广泛认同,如果公司的某个高层领导在组织变革的过程中离开组织,那么经由他一手提拔上来的人员,往往会随他一同离去,即使这些人员本身可能并不想离开组织,但他所属的群体不断地给他施加压力,迫使他离开。事实上,这种集体离职就是群体惯性的一种表现。

(4)对专业知识的威胁。组织变革可能会威胁到组织内的某专业群体的专业技术知识。20 世纪 80 年代初,分散式个人计算机的引进和推广就是一个很好的例子,这种计算机使管理者可以通过网络链接直接从公司的主机中获取他们想要的信息,本应可以很好地促进公司管理的水平,尤其是管理决策的效率和正确性,但它却遭到许多信息系统部门的强烈反对。为什么呢? 因为若分散式个人计算机被广泛推广,那么集中化的信息系统部门所掌握的专门技术的重要性便会受到极大的冲击,分散式个人计算机因其对相关部门构成威胁而被抵制。

(5)对已有的权力关系的威胁。如前所述,组织中的变革也意味着组织中权力和利益的重新分配,而任何决策权力的重新分配都会威胁到组织长期以来形成的稳定的权力关系。在组织中引入员工参与决策就常常被车间主管和中层管理人员视作威胁,他们为了避免这种威胁可能会带给自己的伤害便会尽力抵制让员工参与决策的变革。

(6)对已有的资源分配的威胁。在组织中,与权力相对应的便是对组织的一定数量的资源的控制,变革影响权力分配的实质在于其对组织中的资源的控制者及其所控制的比例的改变。那些在现行资源分配模式中获利的群体常对可能影响未来资源分配的变革感到不安,进而抵制组织变革。

12.2.2　克服组织变革阻力的策略

组织的任何变革都不可能一蹴而就,组织的变革推动者作为在组织的变革过程中起催化剂作用并承担变革过程管理责任的人应该努力寻找和实践可以有效减少组织成员对变革抵制的策略,从而成为有效的变革者,实施有效的变革,保证和推动组织的良性发展。著名学者科特和施莱辛格于 1979 年在《哈佛商业评论》上提出了六种管理变革阻力的策略。

(1)教育与沟通。对任何组织变革而言,在变革前和变革中与员工进行高效的沟通,都是变革推动者的首选策略。通过与员工进行交流和沟通,帮助他们了解变革的缘由,不仅能够消除信息失真和沟通不良带来的负面效果,而且有助于宣传变革的必要性和紧迫性,推动组织的变革。教育和沟通的方式既可以是个别会谈、备忘录,也可以是小组讨论或报告会等。当组织成员是因为信息不足而对变革持有疑虑且劳资双方相互信任时,教育和沟通的效果较好,否则,教育与沟通在改变组织成员对变革的抵制态度的过程中所发挥的作用甚微。

(2)参与。在变革决策前,应让抱疑虑态度、持反对意见的员工直接参与到变革中来,有利于减少变革的阻力。如果参与者具有一定的专业知识,能为组织变革做出有意义的贡献,那么参与就能增强他们对变革的认可和承诺,减少源于他们的阻力,并提高决策的质量。但是,这种策略也存在一些不足之处,比如,它可能会降低决策的质量,也可能在争论和协调中浪费很多宝贵的时间。

(3)促进与支持。变革推动者可以提供一系列支持性措施来减少组织内变革的阻力。如果组织成员对将要展开的变革怀有恐惧和忧虑的心理,变革推动者可以为他们提供一些心理咨询;此外,变革推动者还可以给技术上难以适应变革的员工提供相应的技术指导和技术培训,增强他们的技术能力,减少其顾虑。这种策略的缺点在于它可能需要花费较长的时间,较多的财力、物力等才能见效。

(4)谈判。变革推动者降低组织内潜在的变革阻力的另一个方法是与持反对意见的组织成员或群体进行谈判。通过谈判和给予相应的组织成员或利益群体一定补偿可以换取他们对变革的支持,至少是不反对的承诺。这种策略在变革阻力集中于少数有影响力的人物时较佳,当变革的阻力非常大时,谈判的潜在成本可能会非常高昂,变革推动者也可能因此而不得不面对其他变革反对者的勒索,这样变革的预期目的就很难达到。

(5)操纵和收买。操纵指暗地里对变革反对者施加的影响力,如歪曲事实使变革显得有必要性和吸引力,封锁不利于变革的信息或制造和传播谣言使员工接受变革等。收买是一种包含了操纵和参与两种方式的形式。变革推动者可以通过承诺让某个是变革阻力的群体领导者在变革决策中担任重要角色来收买他们。之所以征求他们对变革的看法和意见,并不是为了聆听他们的看法或寻求更科学的决策,而是为了获得他们的支持和承诺。这种策略的成本相对较低,但该策略一旦被识破,变革推动者可能会因此而信誉扫地,变革的阻力可能会反弹式地增强。

(6)强制。如果上述策略都没能达到预期的效果,变革推动者可以选择的最后一项策略便是通过强制力来推行组织变革,即利用自身的职权直接威胁变革抵制者或向其施加压力,逼迫对方接受组织变革。例如,管理者威胁员工,如果他们不接受变革,就辞退他们,诸如此类的变革策略的强制色彩都十分浓厚。

12.2.3　组织变革的模型

组织变革是一个有其自身的规律和模式的过程,如果变革推动者在实施变革的过程中违背了特定的规律和模式,不仅变革的目标难以实现,还将导致组织的混乱。故而,成功的组织变革必须按照一定的程序,有步骤、有计划地展开。下面我们一起来看看几种常见的组织的变革模式,它们是卢因的三步模型和科特的八步模型。

1.卢因的三步模型

科特·卢因认为成功的组织变革必须遵循以下三个步骤,即解冻、变革、再冻结。卢因根据自己的模型断言,任何组织的变革都可以被想象成推动当前的平衡向新的平衡状态(人们所期望的状态)转变的过程。这套模型是一种针对企业变革阻力的动态分析技术,其目标是对阻碍组织变革的阻力进行有效的管理,及时化解变革阻力,并将其转化为组织的发展动力,促进企业成长。具体过程如下:

(1)解冻。组织的现状就是组织的一种平衡状态。要打破这种平衡状态就要克服个体阻力和群体的从众压力,因此,组织必须从当前状态"解冻"出来。解冻的目的在于鼓励人们认识到变革的紧迫性和必要性,降低那些致力于维持现状的力量,使组织成员接受和实施变革。常见的解冻方式有以下三种:其一,加强推动力,即增加组织内部脱离现状的引导力量,如变革推动者可以把奖励与接受和实施变革联系起来,通过外部强化的力量增强变革动力;其二,减弱抑制力,即限制和减少阻碍组织偏离现有平衡状态的活动,消除变革的障碍,如通过有效沟通,消除员工疑虑,减少变革阻力;此外,这两种方法并不是相互排斥的,它们可以进行很好的配合,故而,第三种方法是将前两种方法结合起来使用,当阻碍组织变革的阻力非常大时,变革推动者可以使用第三种方法,推进变革的开展和实施。

(2)变革。变革的目标在于转变目标部门或群体中的个人行为、态度和价值观。变革是一个学习的过程,变革推动者在变革过程中需要给员工提供新的信息、新的行为模式和新的视角,指明变革的方向,实施变革,进而使员工形成新的行为和态度,使组织形成新的组织文化。卢因认为变革是一个认知过程,它由于获得新的概念和信息而得以完成。

(3)再冻结。卢因认为组织变革后如果不能及时有效地将变革日常化,组织成员很容易恢复到变革前的态度、行为方式,这也就宣告了组织变革的失败。因此,成功的变革必须使变革后的结构和行为方式固化。通过再冻结,组织达到新的均衡状态并得以强化。在重新冻结阶段,变革推动者要利用必要的强化手段刺激组织成员,使新的态度和行为固定下来,使组织变革保持在新的稳定状态。

正是因为卢因的三阶段理论十分简练而又恰当地将组织变革的过程描述了出来,他的变革理论在管理培训和管理实践中十分流行,也曾经在管理实践中产生了非常深刻的影响。

2.科特的八步计划模型

约翰·科特在卢因的三步模型基础上发展而来一个更详细的八步计划模型,堪称组织变革管理的经典。该模型的前四步对应卢因三步模型中的"解冻"阶段,第五步至第七步则相当于卢因三步模型中的"变革"阶段,第八步对应"再冻结"阶段。科特对组织变革的基本信念在于"变革的最根本问题就是改变人们的行为",组织成员之所以改变原先的行为的原因在于他们所看到的、所经历的事实影响了他们对组织变革的认识,在此基础上,科特的变革基调和变革过程是"目睹—感受—变革",也就是说,他认为行为而非逻辑才是变革的关键。因此,科特为管理者和变革者提供了成功推行变革的详尽指导,具体内容和步骤如下:

(1)通过创造组织需要迫切变革的理由,建立紧迫感。成功变革的第一步就是要确保组织的成员有足够的紧迫感,及时、谨慎地观察组织当前面临的问题、机遇,培养和形成"立即行动"的氛围。科特指出过于自满是组织变革的丧钟,"如果没有紧迫感,人们不会对基本问题的解决做额外的努力"。

(2)建立指导团队。在建立起紧迫感之外,变革推动者还要着力于组建适当的变革指导、推广团队,以指导变革的流程。这支团队的成员不但需要获取组织成员的信任,通过自身的影响力减少组织其他成员对变革的抵制,他们还必须具有很强的责任感,否则,组织变革将无法在重重的困难中突出重围,变革的预期目标也就难以实现了。

(3)以新的组织愿景指导变革。指导团队必须在变革实施之前确立崭新、合理、明确且振奋人心的新的组织愿景和相关战略,以指导和激励组织成员团结一心向着既定方向努力。不成功的组织变革,要么是缺乏符合实际的新的组织愿景,要么是该组织的领导者所制定的愿景和战略因过于谨慎而与时代发展脱节,导致组织变革的失败。

(4)在整个组织中进行愿景沟通。在制定好新的愿景之后,指导团队必须将愿景和战略传达给组织中的相关人员。这一步骤的目的在于组织内部形成关于变革的共识,使组织成员对变革作出承诺,最大程度地调动组织成员的积极性和创造性,为组织变革的开展和落实奠定基础。

(5)授权行动。在这个阶段,变革推动者应该扫除变革过程中的障碍,向员工授权,并鼓励组织成员在符合变革的领域进行冒险和以创造性的方式解决问题,让他们为组织的新愿景的实现而自主地采取合适的行动。

(6)创造和奖励短期成果。在授权组织成员开展和落实变革后,变革的推动者应该想方设法使实践变革的组织成员取得一些富有成效和鼓舞人心的短期成果,并及时地对其进行奖励。这些短期的成果和奖励不仅是对变革实践者的认可和精神鼓励,也有利于使其他组织成员对变革产生认可和信念,吸引更多的组织成员为推动组织迈向新的愿景而努力。

(7)不要放松。尽管组织经过前一阶段的努力可能取得了一些阶段性的成果,但变革推动者切忌骄傲放松。此时,组织成员目睹和感受了组织的第一阶段的变革,整个组织的信心都被调动和激发了出来,变革也越来越深入人心。变革推动者应该做的是引导更多的组织成员参与组织的变革,鼓舞和提高整个组织的士气,不断地推动和落实变革,直至实现组织的新愿景。

(8)巩固变革成果。在人类社会中,传统的力量非常强大,在整个变革过程中的任何疏忽都可能使人们一下子就退回到了变革前的原始状态。故而,成功的组织变革需要变革推动者努力培育新的、支持变革的企业文化以巩固既有的变革成果。如果缺乏这样的努力,组织的变革往往易于流于表面,只要一遇到较大的变革阻力,之前的变革努力和已经取得的成果便会成为过往云烟,变革终将归于失败。

12.3　组织发展

在 20 世纪 60 年代,行为学家和组织管理心理学家首次提出了组织发展的思想,组织发展的理论基础是行为科学方面的研究和理论。它是有计划地进行组织变革的一种长期的、系统的、约定俗成的方法,是组织为了适应内外环境的变化,改进和更新组织,以改善组织效能和提高组织成员的主观幸福感的具有深远的意义的重大工程。

组织发展的概念具有以下几个突出的特征:

(1)组织发展应用于一个完整的战略、结构和过程中,它是一个动态变化的过程。组织发展更加强调组织整体的转变,它是组织进行有计划的长期变革的过程。

(2)组织发展建立在行为科学领域的知识和实践的基础上。

(3)组织发展囊括了对组织计划的变革的管理。

(4)组织发展既包括对变革的创造又包括了对变革成果的巩固。

培养组织的自我更新能力是组织发展的重要目标之一,它也是把组织发展和进行有计划的组织变革的其他方法区别开来的重要标志之一,正是自我更新能力将组织发展诠释为组织自觉的、长期的变革行为。

组织发展这一术语包含了建立在人文与民主价值观基础上的、有计划的变革干预的总和,其目标在于创造具有较强的适应能力的组织,这种组织可保持高效率不断的变革和创新,以增进组织的有效性和组织成员的幸福感。我国社会主义经济发展的实践就是这种人本主义的民主价值观的具体体现,我国的经济发展模式从单纯追求又快又好的 GDP 的增长到提倡国民经济的可持续发展,再到后来的建设和谐社会、坚持以人为本、深入贯彻和落实科学发展观,尤其是党的十八人以来提出的生态文明的建设,充分体现了组织发展增进组织的有效性和组织成员的幸福感的本质要求。

12.3.1　组织发展的条件

组织发展应该是有计划、有目标、准备充分的系统性的组织活动,因此,组织发展应该满足下列条件:

1.明确的发展要求

当组织在其发展过程中,确实迫切需要变革时,才能对组织实行变革和发展,但由于人们普遍存在求稳和消极避世的心理,往往更容易忽视组织发展的需求,即当已经出现组织发展的明确需求的时候,求稳心态和消极避世的心理可能会延误组织通过变革实现进一步的发展的大好时机。

2.明确的目标和规划

有了明确的目标和规划,才能避免组织发展迷失方向或偏离预定的轨道。明确的目标和规划能够较好地保证组织发展在合理、有序的情况下进行。"凡事预则立,不预则废",组织发展涉及的不确定因素众多,因此,明确的目标、充分的准备、良好的规划对于成功的组织发展而言尤为重要。也只有这样才能减少组织发展过程中的阻力,降低组织变革失败的可能性。

3.素质良好的组织发展专业团队

组织要想获得组织发展的成功,必须拥有敢于对组织发展承担责任且充满信心的领导层和其他各类专业人员组成的团队。专业的组织发展人员在组织发展过程中担当具体规划和实施者的角色。有些企业在和咨询机构合作了一段时间后才发现组织内部没有相应的专业人员可以与咨询机构实现对接,因而,组织不得不投入大大超出预期的人力、财力、物力以完成项目或忍痛终止此次组织发展的项目,由此可见,素质良好的组织发展专业团队是成功地实现组织发展的基础。

4.良好的信息沟通渠道

运作良好的信息沟通渠道是实现信息快速准确的传递和反馈的基本保障,而信息的高效传递和反馈又是组织发展成功的先决条件之一。制度化、规范化的信息沟通渠道,不仅可以减少信息的误传、失真与丢失,也可以在一定程度上降低信息延误这类问题出现的可能性。

5.健全的激励机制

健全的激励机制可以充分调动组织成员的工作积极性和主动性,引导他们以端正的工作态度看待组织发展。此外,健全、有效的激励机制还有利于减少组织变革过程中的阻力,为组织发展创造一个良好的组织氛围。

6.价值观基础

组织发展重视组织成员和组织的成长、合作与参与过程及探索精神。虽然变革推动者可能是指令型的领导者,但总体而言组织发展中组织成员之间的协作十分重要,故而组织发展需以下价值观为基础。

(1)对人尊重。即认为组织中的成员都是负责任的、关心他人的,他们有着自己的尊严,也应当受到组织的其他成员的尊重。

(2)信任和支持。健康、高效的组织内的组织成员间一般都充满信任和支持的氛围,组织成员都是真诚、开放的。

(3)权力均等。有效的组织不强调权威层级和控制,组织成员之间的权力是均等的。

(4)正视问题。有效的组织不会将组织中存在的问题掩盖起来,相反,它们会公开问题、正视问题,并进行认真的讨论以妥善地解决问题。

(5)参与。在变革实施后可能会出现受到变革影响的人参与到与变革相关的决策中的程度提高的情况,这源于他们遇到的变革阻力下降,他们也可能会更加愿意将这些决策付诸实践。

12.3.2 组织发展的过程

如图 12-3 所示,组织发展是以不断向前的姿态逐步展开的。

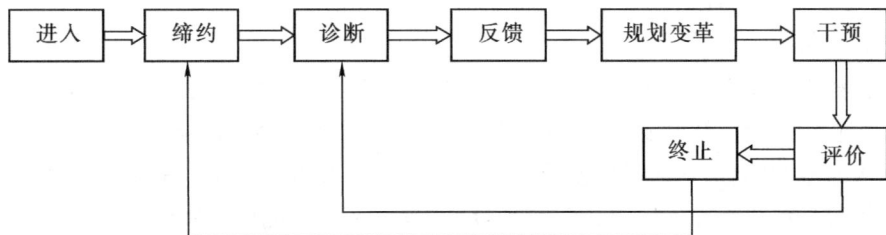

图 12-3 组织发展的过程

1. 进入

托马斯·明斯认为,组织发展的过程一般始于组织中的某一位重要人物请求组织发展专家解决组织当前面临的问题,组织发展专家既可以是组织范围内的内部人员,也可以是来自组织之外的权威机构的外部专家。在进入阶段,组织发展的活动主要围绕着建立组织—专家之间关系而展开。这个阶段的主要工作包括明晰组织中存在的问题、确定与这些问题相关的当事人、选择合适的组织发展专家并与之建立相应的联系,在各项工作中最关键的一项便是组织和组织发展专家双方的相互评价以及他们在此基础上形成的对未来工作关系的预期。

2. 缔约

缔约的重点旨在明确组织内部的组织发展推动者与组织发展专家各自对即将展开的组织发展的期望,并在此基础上进行沟通、协商、谈判和缔约。双方的组织发展合同既可以是双方都认可的口头协定,也可以是具有法律约束力的正式文件。此外,双方之间的合同应该是动态的,即随着组织发展计划的逐步展开、环境的变化和各种特殊情况的出现,缔约双方都应对合同进行重新检查或展开新一轮的谈判,甚至签订新的合约等。

3.诊断

在组织发展的过程中,专家们必须先将组织视为一个开放的复杂系统,并在三个层次上对其进行相应的诊断:①组织层次上的诊断,包括对公司使命、愿景、战略、结构和程序等多方面的反思和设计;②群体层次上的诊断,包括为团队成员之间结构性的相互作用而进行的网络设计;③个体层次的诊断,包括用来设计岗位以得出必需的作业行为的各种方式。诊断可能被限定在某一特定层次上就特定的问题而展开,它也可能在所有层次上依次进行。此外,在诊断初期,有关人员可能只需要对组织的行为、反应以及组织系统的实物特征等进行直观的观察,随着诊断的深入,专家们可能还要运用访谈、问卷调查等多种方法对组织中的数据进行系统化收集。

4.反馈

在整个组织发展的过程中,反馈是非常重要的一个环节,反馈所提供的信息能够及时有效的前提和基础在于沟通渠道的畅通。如果反馈足以唤起组织行动并为其注入相应的能量,那么反馈就是成功的;否则,反馈就失败了。失败的反馈自然无法解决组织中存在的问题,但成功的反馈也并不一定能够解决组织所面临的问题。这是因为解决问题能力的大小不仅在于反馈是否能够为组织注入能量以激发进一步的行动,它还取决于反馈信息本身的内容以及把信息反馈到组织成员中所经历的过程,这个过程非常强调组织成员的参与和支持。一般而言,专家在反馈时要对诊断中所收集的众多数据的分析结果以简洁明了、通俗易懂的方式陈述出来,并在接下来的讨论中对参与组织发展项目的其他成员所提出的问题进行说明,然后再得出其对组织系统的初步诊断。在这个互动的过程中,组织的配合与协作会对专家的诊断结果产生重大的影响,有时组织的积极参与可能会改变组织发展专家最初的诊断结果。

5.规划变革

经过上述流程,组织的管理人员与组织发展专家就组织当前存在的问题和此次项目所要解决的问题达成了一致,接下来组织便要与专家进行深度合作,制定变革的预期目标、开发各种备选方案并对各备选方案的效果进行预估。在选出满意方案后,则进入了落实组织发展方案的阶段,此阶段的一个重要特征便是由组织而非组织发展专家来确定变革发展计划的性质。

6.干预

干预包括工作设计或组织设计的变化、管理培训等活动。在这个阶段,组织发展专家的主要作用在于帮助组织贯彻、落实变革方案并预测可能会发生的不利影响。组织的干预可能会受到来自组织成员的抵制,提高他们的参与度和增强他们在变革过程中所发挥的作用可能会在一定程度上减少他们的阻力。

7.评价

在评价阶段,工作的重心在于衡量组织发展的努力是否产生预期的发展效果。评价既包括对变革的实际执行过程的评价——过程反馈,也包括对变革结果的评价——结果反馈(见图 12-4)。评价也为组织系统提供了展开下一步行动所需的信息。

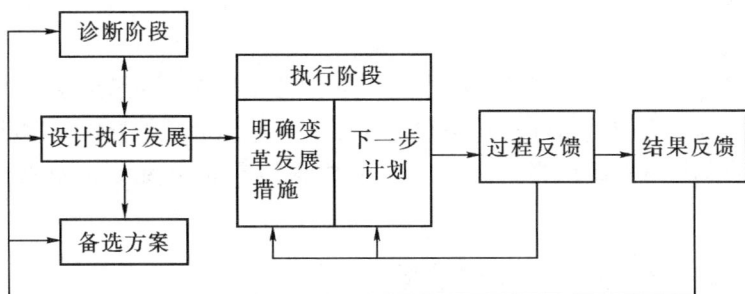

图 12-4　过程和结果反馈

8.终止

组织发展专家有意将自己的工作转移到其他组织中去,常见的组织发展专家的工作路径为"进入—展开—摆脱"。无论是组织外部的专家还是组织内部的专家,他们都希望自己能够独立于组织系统,不被某一个固定的系统所束缚,但这种独立的倾向并不意味着他们只能和某一组织进行一次合作。恰与之相反,高明的组织发展专家会充分利用项目中可能的机会与组织建立长期合作的关系,以便为在该组织内推动一个新的组织发展项目打下坚实的人际关系基础。

12.4　学习型组织

在知识经济时代,我们应用各种工具所能获得的各种知识也越来越丰富,但知识也和许多其他产品一样,其生命周期越来越短,更新速度越来越快。全球化带来的空前激烈的竞争则使组织的管理者日益认识到组织所面临的环境正在以前所未有的速度发生着广泛而深刻的变革,过去的许多管理指南都已经不再适用于当今的组织发展了。21世纪的组织必须持续不断地学习才能较好地适应快速变化的外部环境。也就是说,当代的众多组织都应该成为学习型组织。

12.4.1　学习型组织的概念

1968年西方学者赫钦斯在其著作《学习社会》中首次提出了学习型组织这一概念,但是直到1990年彼德·圣吉的著作《第五项修炼——学习型组织的艺术与实践》出版,学习型组织才真正地被管理学者理论化、系统化表述出来。

彼德·圣吉认为,学习型组织是指由于所有组织成员都积极参与到与工作有关的问题的识别与解决的过程中,从而使组织形成了持续适应和变革能力的组织。在学习型组织中,所有的组织成员都通过不断获取和共享新的知识,参与到管理组织的知识的工作当中来,他们愿意将自己的知识与人共享,也乐意这些知识被用于制定决策或做好日常的工作。

学习型组织具有以下五种基本特征:①组织成员摒弃旧的思维模式;②组织成员必须学会与他人坦诚相待;③组织成员都能理解组织的运作方式;④组织拥有每个组织成员都认可的组织愿景;⑤为了实现组织的愿景,各组织成员展开深入的合作。

12.4.2　学习型组织建构模型

在众多的学习型组织建构模型中,具有较强的代表性的是彼得·圣吉的学习型组织模型、约翰·瑞定的"第四种"模型及鲍尔·沃尔纳的五阶段模型,在本书中我们将主要介绍由彼得·圣吉所构建的学习型组织模型。在对大量的企业组织进行了深入的研究之后,彼得·圣吉在《第五项修炼——学习型组织的艺术与实践》提出了建构学习型组织的五项修炼(见图12-5)。

(1)自我超越。作为学习型组织的精神,自我超越的修炼旨在发现并努力实现自己心灵深处最真实、最想实现的愿望或渴望。它是必须通过实践产生有用结果的一项修炼,在持续不断的自我超越的修炼中,个体必须明确自己的个人愿景、保持必要的张力、应对结构性的冲突、维持对真相的承诺并运用潜意识等,这样修炼者才能较好地实现理性与直觉的融合,不断深入地看清我们与世界的联系,才能不断创造、不断超越,从容地面对自己的生活和实践自己的生命。

(2)改善心智模式。心智模式是人们展开对世界的认知的一种方式,它有着根深蒂固的惯性力量并深刻地影响我们对这个世界的了解。在心智模式的修炼中,修炼者要用开放的心态看世界,首先要做的便是尊重别人,学会聆听别人的想法,其次是学会有效地表达自己的真实想法,让他人正确地了解自己的真实面貌。

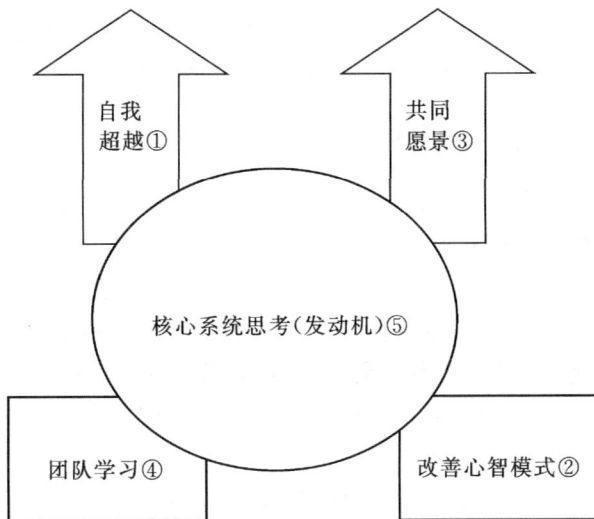

图 12-5　彼得·圣吉的五项修炼模型

（3）建立共同愿景。共同愿景不是理念而是人们内心的愿力，一种由深刻难忘的影响力所产生的愿力。学习型组织的共同愿景以组织成员都接受和认可的共同的价值观为基础，它是组织成员和组织发展共同追求的目标。

（4）团队学习。系统思考的观点和工具都是团队学习实践的中心内容，团队学习的过程同时也是发展团队成员之间的协调性与实现共同目标所需的能力的过程。团队学习的目的和作用在于充分发挥各团队成员的智慧，使团队学习转化为现实的生产力。

（5）系统思考。系统思考不仅是五项修炼的核心，它也是学习型组织的理论之基。个体在以系统思考的方式去认识、研究和处理事物的过程中，会自然地将所处理的事物看成一个系统，并从整体的上对系统中的人、物、信息等进行协调和处理。

简而言之，五项修炼相互之间的关系如下：组织通过"建立共同愿景"使组织成员提出为每一个组织成员认可和共享的奋斗的目标，但组织成员对组织目标的认同并不是一蹴而就的，它需要借助"团队学习"的手段，以实现各组织成员之间的充分沟通，并在互动合作中建立起充分的信任。为了达到这个目的，组织的所有成员，尤其是组织的管理者都必须改善自己的"心智模式"，即改变他们根深蒂固的不良习惯和固有的思维模式，并在此基础上改善整个组织的"心智模式"。"自我超越"作为学习型组织的精神基础，能够强力地激发组织成员对不断创新、不断进取的追求，同样，也只有学习型组织能够为每个组织成员提供最有利的成长和发展的环境。在"系统思考"的指导下,组织成员从系统的角度出发,来看待和认识组织内部各要素之间的复杂关系以及组织与外部世界之间的丰富多彩的联系,这使得管理者和组织的其他成员可能获得对组织的运作方式的深刻理解。

12.4.3 学习型组织的建设

学习型组织的建设主要包括以下内容:团队建设、共同愿景的构建、建立以基层为主的组织架构和知识管理。

(1)团队建设。学习型组织建设的基础是团队建设。团队作为学习型组织的基本单位,是实现学习型组织的共同愿景的实体,它是从组织中的工作群体逐步发展起来的。团队建设的内容包括共同的愿景、团队的氛围、有效率的学习、面对挫折的复原力等,本书的第8章对团队建设和团队管理进行了详细的介绍,在此我们也就不再重复了。

(2)共同愿景的构建。共同愿景的构建是学习型组织建设的核心。共同的组织愿景包括组织的使命、核心价值、组织目标与组织战略等重要的组织发展内容,它是组织哲学最核心的部分,它也是指导组织实践、激励组织成员的努力和付出以实现组织发展的蓝图。共同愿景是组织的灵魂,它指导并制约着组织的产品技术、薪酬体系等。

(3)以基层为主的组织架构。学习型组织架构最突出的一个特点便是以"基层为主"。所谓以"基层为主"是指组织中的决策权从组织的高层流向组织的低层,尽最大可能让"基层人员"面对所有的管理问题,激发他们的积极性和创造性,提升组织的应变能力和凝聚力。

(4)知识管理。作为学习型组织的支撑的知识管理包括在组织中培育一种学习文化,在这种文化的影响下组织成员能够系统地收集知识并乐意将之与组织的其他成员共享,以取得更好的组织绩效。当代的学习型组织既没有必要也不能离开发达的信息技术,要真正实现组织内部知识的高效率的共享,学习型组织必须充分利用现代信息技术,如电脑、互联网、即时通讯工具等,只有这样它们才能更好地实现组织知识的整合、系统存取和高效运用,也只有这样它们才能真正获得发展持续学习和适应变革的能力。

课堂讨论

1. 假设你所在的院系正在进行一场变革,以求更好地适应其所在环境。讨论驱动变革的外部力量,内部还存在哪些驱动因素?

2. 你认为变革和创新有什么区别和联系吗?

3. 假如你是一位管理者,你认为在什么情况下公司不得不进行变革?

4."要么变革,要么死亡",你是否同意这种观点? 请解释。

思考题

1.结合企业实践,谈谈组织变革的目的。

2.组织在什么情况下需要变革?

3.简述组织变革的八个主要步骤,每个步骤的重点是什么?

4.如何增强变革的动力、减少变革的阻力?

5.简述卢因的组织变革模型。

6.说明组织发展的概念和条件。

7.举例说明你所接触到的学习型组织。

章末案例

微软公司的组织变革

用外人的眼光来看,微软公司似乎是在以闪电般的速度发展着。然而,从内部来看,对发展太缓慢的指责与日俱增。微软公司有 3000 名员工,生产 180 多种不同的产品,至少有 5 个管理层。公司的员工开始抱怨文案主义和决策迟缓的问题。日益明显的官僚化倾向甚至使公司失去了几个重要的人才。此外,微软公司还面临着一些新的挑战,如美国司法部对这个软件巨人的裁决,以及美国在线公司和时代华纳合并所形成的互联网竞争强敌。

在这种情况下,高层管理人员开始重建微软公司。为使公司能对软件行业中的快速变化做出更好的反应,他们建立了 8 个新事业部。其中,商用和企业事业部侧重向企业用户提供诸如 Windows2000 这样的软件;家用和零售事业部处理游戏软件、家庭应用软件、儿童软件及相关业务;商界生产率事业部以知识型工人为其目标市场,为他们开发诸如文字处理方面的应用软件;销售和客户支持事业部则主要集中于会计律师事务所、互联网服务提供商和小企业这样的顾客群。其他的事业部还包括开发者事业部(研制供企业编程人员使用的工具);消费者和商务事业部(使商家与企业的 MSN 网络门户相联);消费者视窗事业部,其目标是使个人电脑更易于消费者使用;最后一个是微软研究事业部,开展各方面的基础研究,包括语音识别和先进的网络技术。

真正使这一新结构对微软公司具有革命性意义的是,这 8 个事业部的领导被授予了充分的自由和职权,只要能够实现销售收入和利润目标,他们就可以按照自己认为适当的方式经营其业务并支配各自的预算。而在以前,盖茨和鲍梅尔都卷入到每个大大小小的决策中,包括 Windows2000 的主要性能,以及评价用户支持热线得来的反馈记录等。现在,事业部经理被授予了以前所没有的职权和责任。一个事业部经理这样说,他感觉"就像在经营自己的小企业"。

"互联网使一切都发生了改变",盖茨这样认为。正因为如此,他认识到了微软公司也必须改革。他希望新的结构式这一正确方向上的一个起点。

资料来源:孙元欣,许学国,林英晖.管理学——原理·方法·案例[M].北京:科学出版社,2006.

思考题

1.微软公司现在面临的是怎样的环境?

2.微软公司进行组织机构变革的具体原因是什么?

3.微软公司变革成功的主要因素有哪些?

测 试

你能容忍变革吗?

这个练习旨在帮助你理解人们对于变革的不同容忍度。阅读下面的每一条陈述,请回答你在多大程度上同意下列每一种说法。在"非常同意、有些同意、略微同意、中立、略微不同意、有些不同意、非常不同意"七个项目中选出最符合你观点的答案。

1.一个不能给出明确答案的专家可能是因为他自己知道的不多。

2.我情愿在外国居住一段时间。

3.没有不能被解决的问题。

4.按设计好的时间表来生活的人会丧失掉许多生活乐趣。

5.那种总是清楚地知道要做什么以及如何去做的工作是一份好工作。

6.解决一个复杂的问题比解决一个简单的问题更有乐趣。

7.长远来说,通过解决小而简单的问题,而不是大而复杂的问题,将完成更多的工作。

8.通常最有趣和乐于刺激的人是那些不介意与众不同和具有原创性的人。

9.我们习惯于总是喜欢不熟悉的东西。

10.坚持得到"是"或"否"答案的人不知道事情实际上有多复杂。

11.一个拥有规律生活,且生活中很少有惊喜或意料之外的事的人,实际上他应该心存感激。

12.我们的很多重要决定都是建立在信息不充分的基础上。

13.我更喜欢熟人的聚会而不是和陌生人的聚会。

14.布置模糊任务的老师或上司给予学生或下属展示创新和原创的机会。

15.越快得到相似的价值观和理想越好。

16.好的老师会让你检讨你看问题的方式。

　　评分说明：使用下表对全部 16 项描述计分后，把这些数字加总以估计你对变革的忍耐度。

对于描述项 2,4,6,8,10,12,14,16	对于描述项 1,3,5,7,9,11,13,15
非常同意＝7 有些同意＝6 略微同意＝5 中立＝4 略微不同意＝3 有些不同意＝2 非常不同意＝1	非常同意＝1 有些同意＝2 略微同意＝3 中立＝4 略微不同意＝5 有些不同意＝6 非常不同意＝7

　　解读你的分数：这一度量工具的正式名称是模糊性容忍度量表。尽管它开发于 40 年前，但这一工具在今天的研究中仍然被使用。当今的许多组织都存在过快的变革，有着高度模糊性容忍度的人对于不确定性、突然的变化和新的情况感到舒适。

　　81～112 分，你看起来有着较高的变革容忍度；63～80 分，你看起来有着中等的变革容忍度；小于 63 分，你看起来有着较低的变革容忍度，相对地，你倾向于稳定的工作环境。

第 13 章　组织文化与跨文化管理

学习目标

- 掌握组织文化的内涵与作用
- 了解组织文化理论
- 了解组织文化的建设与变革
- 了解跨文化管理的内容

开篇案例

李锦记的成功秘诀

广东南方李锦记保健品有限公司是李锦记食品公司的分公司,它有一个使其成为亚洲最佳工作场所之一的秘诀。公司人力资源副总裁罗蒙德说:"一个词可以解释我们是最佳雇主的原因:企业文化。我们独特的文化是我们的竞争优势。它在推动公司成功方面扮演着主要角色。"李锦记的核心价值观包括实用主义、诚信、始终如一的创业精神和共享利益。罗蒙德解释说文化价值观非常重要,领导者必须相信并践行它。他说:"企业文化必须有灵魂。许多公司努力朝着成功发展,但除非 CEO 和管理层真正相信它,否则不能奏效。"罗蒙德又称他的公司努力确保公司中的每个人都能理解和信服公司的文化。"为了弘扬我们的文化,我们也花大量的时间在团队建设上。"

资料来源:史蒂文·L·麦克沙恩.组织行为学[M].5 版.北京:机械工业出版社,2012.

13.1　组织文化的内涵与作用

13.1.1　组织文化的内涵

组织指为实现某些特定的目的而以某种结构建构起来的社会成员的集合体。每个组织都在其特殊的历史、传统和内外部环境的基础上形成了自己独特的价值取向、行为方式乃至哲学信仰等,可以说每一个组织都拥有某种特定的、足以体现它与其他组织的区别的组织文化。例如,日本松下公司的组织文化的精髓在于"松下电器公司是制造人才的地方,兼而制造电器器具",这也是松下公司区别与其他公司的本质特征之一。

几乎每个管理学家都有自己对组织文化的独特定义。埃德加·沙因认为,企业文化是企业成员在相互作用的过程中形成的,为大多数成员所认同的,并用来教育新成员的一套价值体系,它包括共同意识、价值观念、职业道德、行为规范等诸多内容。彼得·德鲁克则认为,组织文化是组织的一系列经营原理,包括做什么与不做什么以及如何认识顾客等价值观,这种价值观决定了组织的成长空间。霍夫斯泰德认为,组织文化是一种"组织心理"及组织的潜意识,一方面它产生于组织成员的行为和互动之中,另一方面它又作为组织成员间"共同的心理程序"引导着组织成员的行为。科特和赫斯克特则认为组织文化是指一个企业中各个部门,至少是企业高层管理者们所共同拥有的那些企业价值观念和经营实践,是指企业中一个分部的各个职能部门或地处不同地理环境的部门所拥有的那种共同的文化现象。

综上所述,我们认为组织文化是在组织的长期实践中形成的,组织成员共有的价值和信念体系。组织文化有以下一些特点:第一,组织文化与组织的成员密不可分,组织文化不仅来源于组织成员的日常交往与互动,组织文化也体现在全体组织成员的行为当中;第二,组织文化是动态发展的,而非静态不变的,组织文化是组织成员为了更好地在环境中生存而做出的行为的集结和抽象,随着组织所面临的环境的变化,组织文化也会做出与之相应的改变;第三,组织文化需要囊括具有竞争力的价值观,这种价值观是组织成员的行为和组织的竞争力的重要基础;第四,组织文化需要得到组织成员的普遍认同,否则它就形同虚设而无法发挥作用;第五,组织文化代表着组织内的社会秩序,即组织成员的沟通环境,组织文化在组织成员之间的沟通、互动的过程中形成并不断变化、发展。

13.1.2　组织文化的层次

埃德加·沙因指出,组织文化可以分为三个层次,从可以感觉到的具体实物,到组织成员的共有价值观,最后再到属于潜意识的、只能感觉的组织内的一系列基本假设,如图 13-1 所示。

1. 人工饰物

人工饰物包括自然和社会工作环境中的众多文化象征,它们最为常见也最易为组织成员所接近,它们是组织文化的表层。人工饰物可以是一个人进入到组织中所听到、看到、感受到的任何现象,即组织中的任何"可视产品"。如建筑结构、组织布局、礼仪、仪式、术语、技术、产品、有组织传奇和故事体现的组织风格等。通过人工饰物理解组织文化的关键在于理解人工饰物的内涵对于组织及其成员的意义,因为它们具有较强的易接近性,人工饰物也是最重要的研究组织文化的形式之一。

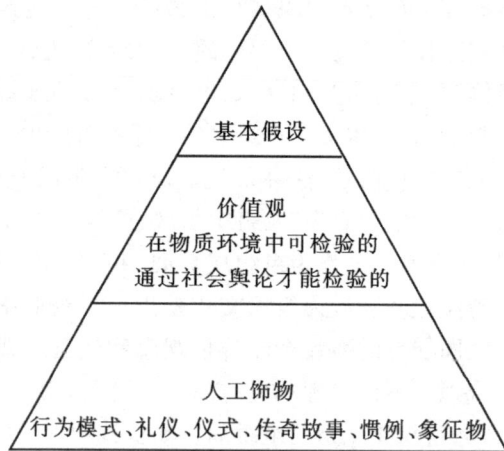

图 13-1 组织文化的层次

2.价值观

价值观反映了一个人对应该是什么、不应该是什么,应该干什么、不应该干什么以及如何干的潜在信仰。组织的价值观经常被组织的领导者在公司使命或年度报告中有意识地、清晰地表达出来。然而,组织的认同价值观(组织或组织成员宣称的价值观)和执行价值观(组织成员的实际行为中反映出的价值观)之间可能存在着不一致的情况。

3.基本假设

基本假设是组织当中的一种深层次的信仰,它不仅引导组织成员怎样观察和思考事物,还可以指导组织成员的行为。埃德加·沙因认为,基本假设是组织文化中最根本,也是最深的一个层次,它是组织文化的精髓所在。组织成员对它坚信不疑,任何形式的违背和冒犯在组织成员看来都是不可想象的。此外,基本假设的另一个特点就是无意识性,组织成员可能根本意识不到他们持有的基本假设,而且不愿意、不能讨论它们,更遑论更改基本假设。

13.1.3 组织文化的类型

根据不同的研究视角和标准,学者们将组织文化分成了不同的类型,下面我们将重点介绍桑南菲尔德的组织文化分类理论和 Cameron&Quinn 的文化四维度理论。

1.桑南菲尔德的组织文化分类理论

埃默里大学的杰弗里·桑南菲尔德根据组织文化的内在特征将组织文化分为四类。

(1)学院型组织文化。学院型组织是为那些想全面掌握每一种新工作的人而准备的地方。在这里他们能不断地学习、成长和进步。学院型组织喜欢雇用年轻的大学毕业生,为他们提供大量的专门培训,然后指导他们在特定的职能领域从事各种专业化的工作。桑南菲尔德认为 IBM、可口可乐和宝洁等是学院型组织文化的突出代表。

(2)俱乐部型组织文化。俱乐部型的公司非常重视员工的适应性、忠诚感和承诺。在俱乐部型组织中,资历、年龄和经验都至关重要。不同于学院型组织,俱乐部型的组织倾向于把管理人员培养成通才,联合包裹服务公司、贝尔公司、军队等都属这一文化类型。

(3)棒球队型组织文化。棒球队型组织鼓励组织成员进行冒险和革新。在招聘新员工时,棒球队型组织会从不同年龄和经验层次的人中寻找真正具有才能的人,在棒球队型组织中员工的薪酬依赖于员工的绩效水平。由于棒球队型组织乐于给予拥有出色业绩的员工巨额奖酬和较大的工作自由,该组织的员工一般都会自发地拼命工作。棒球队型组织在会计、法律、投资银行、咨询公司等领域较为常见。

(4)堡垒型组织文化。不同于棒球队型组织对创造发明的重视,堡垒型组织则着眼于组织的生存。这类组织的工作安全保障不足,但对于喜欢流动性、挑战性的年轻人来说,它具有较强的吸引力。堡垒型组织包括大型零售店、天然气探测公司等。

组织文化的划分并不是绝对的,我们并不能将某公司或组织绝对地归入某一类型,而只能考察其主要特征与哪一类型更为接近。此外,处在不同的发展阶段同一企业的组织文化也不尽相同。如苹果公司初创时其组织文化为棒球队型的组织文化,但经过这些年的发展,其组织文化已经转变成学院型的组织文化。

2.Cameron&Quinn 的文化四维度理论

Cameron&Quinn 根据灵活性和适应性、稳定和控制的对立关系,注重内部管理和整合,关注外部竞争和差异性的对立关系,从描述组织价值和表现的著作中提炼出了组织文化的四种类型。

(1)等级森严式文化。在这种文化背景下,清晰的决策构架、标准化的制度和工作流程以及严格的控制、责任和义务是成功的关键。政府部门和大型组织通常都属于这种文化类型。

(2)市场导向式文化。在市场导向式文化主导的组织中,成功被定义为市场份额和渗透率的扩大和提高。超越对手和成为市场的主宰是组织发展和成功最重要的指标。该类型的组织对外部竞争非常重视。

(3)部落式文化。部落式的文化主导的组织中充满了团结与互助、共享价值观和目标的氛围。它们极为关注团队精神、员工的参与度和员工对组织价值观的认可程度,它们突出团队而非个体的成功。部落式文化的组织是一个友善的工作场所,在那里人们可以互相分享经验,员工的奉献精神高涨,而且组织也非常重视员工的长期目标和自我提升。

(4)临时体制式文化。临时体制式文化最适用于那些必须面对非常频繁的外部环境的变化的组织。这种类型的文化是动态的、创业式的和充满创意的。这种类型的组织的长期目标在于迅速成长和获得新的资源。成功源于组织能够为市场提供独一无二的原创性产品和服务。

此外,也有学者以流程为标准将组织文化分为功能型文化、流程型文化、基于时间型文化和网络型文化。

13.1.4　组织文化的功能

组织文化对于组织,尤其是组织成员的日常行为的影响是无形而持久的。事实上,组织文化对组织成员的行为的影响之大,甚至可能超过组织内正式的职权等对员工的影响。但组织也面临着组织文化是否与组织战略相匹配问题。当组织文化与组织战略匹配时,二者相得益彰,组织文化对组织绩效和组织成员的行为可以产生积极影响;当组织文化与组织战略不匹配时,尤其是当二者相互冲突,甚至对立时,组织文化会阻碍组织目标的实现,对组织运行产生消极的影响。

1.组织文化的积极作用

(1)认同功能。组织文化是在组织的长期实践中形成的,组织成员共有的价值和信念体系。组织成员在适应组织环境的过程中,会逐步接受组织的价值和信念体系,并不断将其融入自己的价值观之中,达到自己与组织及其他组织成员的和谐相处。组织文化为组织成员提供了一种归属感和身份感,并强化了他们对组织的认同和承诺。有研究结果表明,在员工真正接受和认可组织的文化之后,工作给员工带来的内在满足感比以前更为强烈,他们工作的积极性也有所增长,同时,他们对组织的忠诚度和满意度也有所提升。

(2)导向功能和解释功能。作为组织成员共有的价值和信念体系,组织文化一旦形成,将产生一种定势,这种定势会把员工引导到组织目标上。组织文化有利于加深员工对组织的目标和价值取向的了解,在一定程度上有利于实现员工目标与组织目标间的一致。

（3）凝聚功能和强化功能。组织文化有助于增强组织内部的社会系统的稳定性，它就像黏合剂一样，通过为每一个组织成员提供行为规范和行为标准，把所有的组织成员凝聚起来。同时，组织文化还有助于强化和落实组织的价值观，使组织的价值观能够很好地落实到组织日常运营过程的各项活动中。在强大的组织文化氛围中，组织成员目标一致，行动协调，组织效率因组织文化而得到提升。

（4）塑造员工的行为。组织文化作为价值和信念体系，能够引导和塑造员工的态度和行为，尤其是和组织相关的态度和行为。组织文化中包含着组织的基本假设，这些假设、理念可以起到规范处在组织中的员工的行为的作用，因为只有符合组织要求的员工才能被组织接纳，组织成员也只有在遵守组织规则的基础上才能得到组织的奖励。

（5）区别功能。组织文化在本质上将一组织与其他组织区别开来。鲜明的组织文化特征，可以让社会更多地、更深刻地认识组织，进而增加社会对组织的认可，增强组织处理社会事务的能力，帮助组织在社会中实现更好的发展。

（6）适应功能。从系统论的角度看，任何组织都处在开放的系统当中，组织与其所面对的环境无时无刻不在进行互动。充满活力的组织文化能有利于组织适应不断变化的内外部环境，僵硬、教条的组织文化则可能阻碍组织对变化着的环境的适应。研究表明，能帮助组织更好地适应充满变化的环境的组织文化具有这样一些特征：其一，组织关注客户、员工及股东等利益相关者的利益，为满足他们的利益诉求而积极行动；其二，组织密切关注外部环境的变化，为了适应外部环境的变化而提倡冒险、创新和变革。

2.组织文化的消极作用

文化的相对稳定性也可能成为组织变革和发展中的一种束缚，尤其当组织文化的某些维度与组织所面临的环境已经不再匹配时，为了实现组织的发展必须对组织文化进行适当的调整，使之与组织环境和组织战略等相匹配。

（1）束缚组织成员的创造性。组织文化有助于增强组织成员行为的一致性并减少其模糊性，但在既定的组织文化背景下，组织成员的个性可能会受到一定程度的抑制，从而削弱了组织成员创造性。

（2）制约组织的变革。组织文化是组织在长期运营过程中形成的，它具有历史继承性和稳定性，组织文化一旦形成，则很难在较短的时间有所改变。当组织面临动荡的、不确定的、复杂多变的环境时，为了更好地适应环境，实现更好的发展，组织必须及时地做出调整和进行变革，此时，组织文化很可能成为组织变革的阻力之一。即使组织的外部环境具有相对稳定的特点，组织文化也可能会削弱组织对环境变化的敏感性。

（3）阻碍组织合并。伴随日益激烈的市场竞争而来的是日益增多的组织间的兼并和重组。尽管长期以来,组织在进行此类决策时更加关注资金融通、产品、品牌等方面,组织文化在组织合并中所发挥的作用也日益为人们所关注。在进行组织整合之前,各组织都有其独特的组织文化,且组织文化的改变与融合是较为困难的。故而,组织文化之间的相容性在很大程度上影响着组织合并后是否能够良好运行。

13.2　组织文化理论

1970 年美国的戴维斯教授在其《比较管理:组织文化的展望》一书中率先提出组织文化这一概念。从此,组织文化成为组织领域的主流问题之一,下面我们将介绍一些经典的组织文化理论。

1.迪尔和肯尼迪的组织文化因素理论

迪尔和肯尼迪于 1981 年出版的《企业文化:现代企业的精神支柱》是组织文化理论诞生的标志性著作。他们认为企业文化由企业环境、价值观、英雄、习俗和仪式、文化网络等五个因素所组成,而且这五个因素各自的作用不尽相同。迪尔和肯尼迪所指的"企业环境"并不是企业的内部环境,而是指企业"经营所处的极为广阔的社会和业务环境",它包括市场、顾客、竞争者、政府、技术等,这个组织环境是形成组织文化唯一且最大的影响因素。

迪尔和肯尼迪把西方的组织文化分成四类,即强人文化、"拼命工作/尽情玩"文化、攻坚文化、过程文化。四种类型取决于两种因素:其一,企业经营活动的风险的大小;其二,企业及其雇员工作绩效的反馈程度。事实上,现实当中的企业或公司的组织文化不可能完全符合这四种文化类型中的某一种要求,它是四种文化类型的混合体,尽管某种类型可能占主导地位。

2.帕斯卡尔和阿索斯的 7S 框架

在帕斯卡尔和阿索斯合著的《日本管理的艺术》一书中,他们把组织文化定义为组织文化的 7S 框架,他们认为 7S 框架"是组织制定员工和顾客政策的宗旨"。在该书中他们提出了管理者在组织管理中要关注的 7 个管理要素:战略(strategy)、结构(structure)、制度(system)、人员(staff)、技能(skill)、最高目标(superordinate goal)以及作风(style)。在 7 个管理要素中,前三者是硬管理要素,后四者是软管理要素。帕斯卡尔和阿索斯认为,这 7 个要素绝不是孤立的,恰与之相反,它们是相互关联且相互影响的。任何企业的成功,都必须做好这 7 个要素方面的工作。

3. 彼得斯和沃特曼的革新性文化理论

彼得斯和沃特曼在长期的管理咨询实践中,总结出了他们的组织文化理论,他们在 1982 年出版的《追求卓越》一书中鲜明地提出了革新性文化理论。他们认为,杰出的公司有其独特的文化品质,这些品质使它们在激烈的市场竞争中脱颖而出。他们认为,杰出的公司的标准就是不断创新的大公司。这里所谓的创新,不仅是指创造新产品和新服务,也指一个公司能够灵活应对不断变化的外部环境。

彼得斯和沃特曼在 7S 管理框架的基础上,提出了杰出公司组织文化的 8 大特征:采取行动、接近顾客、发挥自主性以及创业精神、通过人来提高组织的生产率、建立并积极实行正确的价值观、做内行的事、组织单纯且人员精干、宽严并济。虽然并不是每个杰出公司都完全具备这 8 个特征,但是至少有其中的一个或几个特征。杰出的公司都是以企业文化作为动力、方向和控制的手段。

4. 柯林斯的卓越组织的文化特质理论

吉姆·柯林斯被《财富》杂志称为当今管理学界最有影响力的管理思想家。在过去几十年里,柯林斯及其团队通过对卓越组织管理实践的深入跟踪研究,完成了关于卓越组织文化特质的"三部曲":《基业长青》(1994)、《从优秀到卓越》(2001)、《选择成就卓越》(2011)。《基业长青》中作者对利润的阐述和见地对许多组织认识文化使命的真谛有着重要影响:利润就像人体所需要的氧气、食物、水和血液,尽管人体的存活依赖于氧气、食物、水和血液,但这些东西并不是生命的目的,他们都只是生命的手段,同样,利润也不应该是组织的目的和使命,卓越组织必须要有超乎利润的追求。

组织实现从平庸到卓越的飞跃,必须具备训练有素的文化,这是《从优秀到卓越》中的观点:"所有的公司都有一种文化,有些公司训练有素,但是有着训练有素的文化的公司却很少见。拥有训练有素的员工时,你不必在公司设置等级制度。拥有训练有素的思想时,你不需要在公司设置层层科室。拥有训练有素的行为时,你不需要过多的控制。把训练有素的文化和企业家的职业道德融合在一起时,你就得到了神奇的能创造卓越业绩的炼金术。"因此,尽管每个组织看起来拥有相似的文化,但只有训练有素的文化才能真正使得组织与众不同。

在最新著作《选择成就卓越》中,柯林斯研究了不确定的环境下"十倍领先者"背后的驱动力。柯林斯发现,十倍领先者拥有独特的三种文化特质,即高度自律、实证创新和转危为安。高度自律指不论环境如何改变,组织在其发展过程中都坚守自己的价值观、长期目标,并始终坚持高水平的绩效标准,而不是在乱世中随波逐流,因为随波逐流的结果很可能就是死路一条。与许多企业领导者的疯狂自信不同,十倍领先者的领导者则多了一份理智,他们坚持实证创新,他们依赖于直接观察,进行实践和实验,而非依赖于个人观点、传统思维以及未曾测试过的想法。转危为安是十倍领先者对环境高度警惕,他们居安思危,他们认为环境会突如其来对其进行攻击,更重要的是,他们会采取必要的准备和措施来解决危机,实现有效应急,最终转危为安。其他企业并不是完全不具备这三种文化特质,只是他们的坚持和实践远远比不上十倍领先者,故而,他们的绩效远不如十倍领先者。

13.3　组织文化建设与变革

13.3.1　组织文化的建设

1.创建组织文化

组织创始人对组织文化有着非常深刻的影响,他的价值观、经营理念等深刻地烙印在组织文化的基因当中。组织创始人在创业阶段提出的组织愿景、使命、宗旨和商业战略,直接塑造了组织初期的组织文化,如果随后的实践证明了组织创始人提出的愿景、使命、宗旨和战略的正确性,组织成员就会在此基础上达成一致并以此指导自己的行动,这时他们也就分享了组织的价值和信念体系,这样组织文化就形成了。因此,可以说一个组织的组织文化是组织创始人的价值观和组织成员的实践经验相互作用的结果。

沙因及其同事曾经论证:组织文化产生的必要条件在于企业成员能够在相当长的一段时间里保持密切的联系或交往,并且该企业无论从事何种经营活动均取得了一定的成就。当组织成员在处理日常工作中遇到问题时,重复使用的解决问题的方法就会逐渐转变成组织文化的一部分。有效使用的时间越长,它们就越可能融入到组织文化之中,成为组织文化的有机组成部分。这些融入组织文化的价值观念或特定问题的解决方法既可以源于个人的或群体的组织行为,也可能源于企业基层或企业最高管理者的工作实践。

然而任何组织都独立于特定的社会背景而存在,组织文化的形成是多种因素共同作用的结果,时代背景、民族传统文化,甚至组织所处的地区和所从事的行业特征也会对组织文化产生重大的影响。故而,组织创始人或者组织的领导者在创建、变革和发展组织文化的过程中,首先要找准组织文化的定位。组织的技术环境、人力资源环境、金融环境、投资环境、市场需求环境等都是组织赖以生存和发展的客观环境,它们对组织的生存和短期效益会产生直接的影响。尽管看起来法律、法规、政策、社会评价、社会信誉等社会发展软环境间接地对组织文化的发展产生影响,然而实际上它们深刻地影响着组织的长期绩效和组织的竞争力。组织文化的内涵也要反映环境的复杂性和紧迫性所带来的挑战和压力,对组织内部要保持较高的整合度,对外要有较强的适应性,通过对组织主导价值观和经营理念的改革推动组织发展战略、经营策略的转变,使组织文化成为蕴藏和不断孕育组织创新与组织发展的源泉,从而形成组织文化竞争力。

其次,组织文化发展的过程中必须充分发挥管理人员的榜样作用。组织文化的形成需要经历一个漫长的过程。在此过程中,组织的创始人或者管理者的行为对组织文化的真正建立有着不容忽视的影响。组织文化的建设中,组织的领导并非只是在办公场所挂上文化标识,张贴几句警句,发放给员工企业文化手册,而是要自觉地践行企业的核心价值观,以切身行动提高组织成员对组织文化的认同和承诺,切实推进组织文化的建设和发展。

2. 组织社会化与组织文化

组织社会化是指员工通过获得必要的社会知识和技能来适应在组织中的角色的过程。巴纳德的组织理论的基础是组织存在的根源在于组织成员对于组织的贡献,而组织管理的目标是实现个人与组织目标的互动与融合。因此,组织社会化是一种站在组织的角度来要求员工做出改变和适应的过程。组织文化则使这一概念更加具体化,通过组织文化的建设和员工对组织文化的学习,员工认识并践行着组织文化,进而为组织目标做出贡献,同时,也逐步适应和胜任个人在组织中所承担的角色,而个人也从组织的成长过程中获得了成长。

组织文化在组织成员间是如何进行传承和互动的呢?组织成员如何学习所在组织的文化呢?常见的几种文化传承方式有:第一,发生在组织中的可以代表组织文化的经典故事可以加深员工对组织文化的认识,如已经成为经典的海尔集团的领导人张瑞敏砸冰箱的故事本身及其在海尔集团内外部的传播都有助于海尔的员工认识和学习海尔的组织文化;第二,仪式是传递给组织成员和顾客重要的象征性标志的有效手段,它集中体现了组织的价值观,如苹果公司在推出新产品时会举行隆重的发布会,这种仪式不仅可以深化苹果公司的员工对苹果的组织文化的理解,也有利于激发顾客的自豪感、归属感和忠诚感;第三,象征物,它包括组织的 LOGO、办公环境与方式等组织内部环境的设计,物质象征是传递组织文化的强有力的工具;第四,语言,长期的共同语言或行业术语可以潜移默化地强化员工对于文化的认同;第五,培训,入职培训不仅旨在培养员工工作所涉及的技能,更重要的是,它还可以帮助新员工学习和适应组织文化,使他们更好地融入到现行的组织文化当中去。

13.3.2　组织文化的维系

为了使组织文化在其被建立起来后能够对组织的发展产生积极的作用,组织还需要通过一系列措施培养与组织使命、战略等相匹配的组织文化,最基本的维系组织文化的方法便是通过招聘和甄选引进合适的应聘者并对不符合组织要求的员工进行解聘。组织文化的维系不仅仅是组织管理者的符号和形象设计,而是应该将相互关联的组织文化的物质层面、制度层面和行为层面联系起来,全面、系统地维持组织文化中合理的部分。

1.物质层面

(1)故事。组织文化的许多基本信仰和价值观被表达在组织的传奇或经典故事当中,这些故事成了组织文化从老员工传承至新员工,故事是维系组织文化的重要途径。故事作为组织文化的重要载体,能有效地强化组织成员对组织的价值观、基本假设的认同。耐克公司创始人菲尔·耐特的传奇式的创业故事就被耐克公司用来激励员工,传递耐克公司的"运动员精神"。

(2)仪式。组织还可以通过有计划的仪式和典礼等,以稳定的模式和集体行为使组织文化的传播活动成为一种惯例,激发和提高组织成员的认同感和组织的凝聚力。沃尔玛公司的司歌是最著名的企业仪式之一,正是在这种仪式进行的过程中,沃尔玛公司的员工被紧密地团结到一起,山姆·沃顿的"员工对于公司的成功非常重要"的信念也一次一次地强化。

2.制度层面

(1)招聘、选拔、晋升和解聘的规定和程序以及如何将相关员工配置到相应的工作岗位的制度,谁将得到职位的提升以及提升的理由,谁将被解雇以及解雇的理由等相关制度,都将证明组织文化的存在并强化其在组织中所发挥的作用,尤其是对员工进行塑造的作用。组织成员对这些制度的充分了解和接受,能够极大地促进组织文化的维护。

(2)奖励和地位的定位。组织成员会在组织的强化系统,如奖励、惩罚、忽略等的影响下学习组织中现行的组织文化。奖励和惩罚可以通过切身影响员工个人工作和生活的方式将组织的价值观和偏好顺序传达给组织成员。

3.行为层面

(1)角色训练、教学和培训。组织文化的各个方面通过管理者履行他们的角色这种方式传达给组织成员。此外,管理者和团队可以把重要的组织文化维度融入到对员工的培训当中。价值观对个体的行为的规范和约束远胜于有形的约束,组织不可能用文字将所有的价值观和对员工的要求都表达出来,组织文化的软性约束力可以很好地弥补公司规范的不足。

(2)关注事件和对危机的反应。组织处理事件时会系统地将对组织而言什么是重要的和组织期望的员工行为以强烈的信号传递给组织成员,引导组织成员按组织的期望行事。此外,组织的管理者应对组织面临的危机的方式不仅可以强化现行的组织文化,它也可能为组织带来新的价值观和行为准则,而这实际上是对现行的组织文化的损益,即对组织文化进行变革。

13.3.3　组织文化的变革

组织成长的过程也是其组织文化不断变化、损益的过程。一般而言,成熟的组织拥有较为成熟和稳定的组织文化,但它们同样也可能面临这样的问题,即组织文化是在组织及组织成员以往的成功经验的基础上建立起来的,随着环境的变化它可能已经不再适应组织当前的发展状况和发展需要了,故而组织文化也需要适当地变革使自己符合组织发展的需要,以促进组织的发展。组织的成长是由其面临的外在环境和自身拥有的能力共同决定的,外部环境的变化永不停息,组织及组织文化唯有不断地适应变化、适时进行变革和损益,才能永葆青春活力,实现组织的持续发展。

杰克琳·谢瑞顿和詹姆斯·斯特恩在其《企业文化:排除企业成功的潜在障碍》中提出了一套被称为“文化变革模式”的行为规则。该模式从文化的评估入手,细化了文化变革的操作程序,可以很好地指导组织文化变革的展开。

“文化变革模式”由六个部分组成。

1.需求评估

现实中存在大多数管理者无法描述组织现存的组织文化和他们渴望的组织文化,甚至很多时候,领导和员工对现有文化的感知完全相反。因此,在对组织文化进行变革前,需要先通过调研、数据收集,分析测定文化的现状,通过对比明确其与向往状态之间的差距,对文化需求予以评估。

2.行政指导

文化的变革需要领导者的大力倡导和行政方面的执行和落实。通过指导,企业会明确在新的文化条件下应该走向何方以及为何要作此选择。管理者必须向员工们明确说明努力的方向。

3.基础结构

基础结构由保障企业正常运转的过程和制度构成,如人事制度、薪酬体系、质量控制等。所有这一切都必须围绕新的组织文化进行调整和改变,以形成有利于组织文化变革的基础结构,这对于变革的成功至关重要。

4.变革实施机构

变革实施机构是在变革过渡时期发挥推进组织文化变革作用的临时机构。这些机构的具体任务就是通过处理那些需要特别关注的基础结构部分中的问题来促进文化变革的实施。变革实施机构中的成员还担当着企业文化变革者的重要职责。

5.培训

组织内部的培训、组织内开展的对新文化的宣传有利于形成对组织文化进行变革的舆论和氛围,有利于减少组织文化变革过程中可能遇到的阻力和增强组织内部拥护、支持组织文化变革的力量。

6.评价

变革的效果要通过测定并将之与预期的效果进行对比衡量得出,评价不仅是衡量成果的手段,也是一种反馈手段和干预手段。

在进行组织文化变革的过程中,变革推动者必须遵循以下一些组织文化变革的原则:

(1)明确组织整体变革目标和组织文化变革的关系。

只有明确了组织整体变革的目标,对现行的组织文化进行了准确的认识和评估,才能确定现行的组织文化对组织发展而言到底是推动力还是阻力,变革推动者切忌盲目地对组织文化进行变革,只有当明确认定现行的组织文化阻碍了组织的发展才可以对组织文化进行变革。

(2)提高组织成员的安全感。

组织文化变革必然会对组织成员已有的认知模式和行为模式造成冲击,这容易使得员工焦虑而缺乏安全感。故而,在对组织文化进行变革前,变革推动者应通过多渠道给予组织成员安全感,减少他们反对和抵制组织文化变革的可能性。

(3)关注集体凝聚力。

在任何组织中,组织成员都不愿意长期处在组织文化之外,故而,变革推动者可以通过组织中已形成的伙伴关系,增强和提升组织的凝聚力,为组织文化变革提供内部条件。

(4)充分授权。

组织文化的变革和重建的过程也是组织成员在工作中建立新的价值观和行为方式的过程,管理者在组织文化变革的过程中给予组织成员充分的权力和信任可以较好地推动组织文化的变革。

(5)给变革充足的时间。

一方面,组织文化的变革是组织成员逐步抛弃以往旧文化的过程;另一方面,组织文化的变革也是组织成员在工作中建立新的价值观和行为方式的过程,这都涉及组织成员的价值观的改变。毋庸置疑,这会是一个长期的过程。故而,管理者在推进组织文化变革的过程中,要明白"欲速则不达",要给变革充足的时间,切不可操之过急,否则只能适得其反。

13.4　跨文化管理

13.4.1　跨文化管理理论框架

随着全球化的不断深入,跨国公司在全球范围内的影响力越来越突出,与此同时,跨国公司中组织文化冲突的现象也越来越多,人们也愈加关注跨国公司内部的组织文化冲突。研究发现,跨国公司内部的文化冲突大多由不同国家和地区的组织成员间的价值观和行为方式的差异而起,要解决组织中的跨文化冲突,就必须进行跨文化管理。下面我们将介绍几个有助于管理者理解文化差异的经典理论框架。

1. 霍夫斯泰德的文化维度理论

20 世纪 70 年代,IBM 作为为数不多的全球公司之一,霍夫斯泰德通过对其分布在 40 个国家和地区的数万名员工进行的文化价值观调查得到的大量数据进行因素分析,发现了四个可以帮助我们区分民族文化对雇员的工作价值观和工作态度的影响因素,即四个重要的跨文化维度。

(1)个人主义与集体主义。个人主义指一种松散结合的社会结构,处在这一社会结构中的个体只关注自己和自己的直系亲属的利益。与之相反,集体主义代表的是一种紧密结合的社会结构,处在这一社会结构中的个体对团体绝对忠诚,他们希望群体中的其他人在他们遇到困难时给予他们帮助和庇护。霍夫斯泰德在研究中发现,以百分制计算的话,美国人在个人主义上得分最高,为 92 分,而受到中华文化影响的群体,如中国人和新加坡人等在个人主义上得分则很低,为 29 分。

(2)权力距离。权力距离指的是社会对组织中权力分配不平等的接受程度。权力距离大的社会对组织中权力分配不平等的接受程度高,这个社会的层级分明,人们极为尊敬权威;对组织中权力分配不平等接受程度低的国家和民族,人和人之间比较平等,权力距离就小。权力距离小的文化中的组织结构较为扁平,如美国、北欧的一些公司;但权力距离大的文化中的组织层级分明,权力金字塔比较陡峭,日韩的企业是其典型代表。

(3)不确定性规避。不确定性规避是衡量人们承受风险和非传统行为的程度。在不确定性规避的文化中,人们更能容忍与自己不同的意见和行为,也更容易接受从一个地方换到另一个地方生活,不少人甚至享受不确定性,英国、印度、美国、加拿大等属于这种文化。在不确定性规避高的文化中,人们更倾向于采取一些措施来防止不确定性,如制定非常详细的规章制度,以减少意外状况带来的压力和冲击,属于这种文化的国家有西班牙、韩国、日本、法国等。

(4)生活数量与生活质量。这个维度考察人们是强调自信、追求金钱和物质财富(生活数量导向)还是强调人际关系和对他人利益的关心(生活质量导向)。日本、墨西哥和德国等更偏重生活数量方面,而挪威、芬兰、法国则更倾向于关注生活质量。

20世纪80年代后期,霍夫斯泰德重复了10年前的研究,这次研究的结果不但支持上述四个文化维度,还发现了一个新的维度——长期导向与短期导向。这个维度考察了不同文化对传统的重视程度,长期导向的文化更重视未来,短期导向的文化则强调过去和现在,受短期导向影响的人们看重传统、注重社会责任。

2.蔡安迪斯的个人主义—集体主义理论

该理论由蔡安迪斯在对文化差异进行了近30年的研究后提出。前面介绍的霍夫斯泰德的理论时曾介绍了个体主义与集体主义这一文化维度,霍夫斯泰德把个体主义和集体主义视作是同一维度上的两极,但是蔡安迪斯不同意霍夫斯泰德的观点。他认为个体主义与集体主义不是同一个维度的两极,而是文化综合体,它们包含了许多方面。他还将这个概念降到个体层面,用它来描述个体、民族或国家的文化导向。蔡安迪斯提出了五个方面定义个体主义—集体主义的重要特征:

(1)个体对自我的定义。个人主义者将自我看成独立的个体,可以脱离他人而存在。而集体主义者则把自我看成是群体中的一员,与他人相互依存,不能脱离他人而存在。前者用别人对自己的看法验证自己对自我的定义,但他人的看法并不影响自我概念;后者认为别人对自己的看法至关重要,他们的自我评价常受到他人对自己的看法的影响。

(2)个人目标和群体目标的相对重要性。对个体主义社会中的人来说,个人利益比群体利益重要,个体对个人利益的追求是理所当然且应当被提倡的。当自己的利益与集体利益发生冲突时,他们首先考虑的是如何保全个人利益,然后才是集体利益。在集体主义社会中,追求个人利益被视为自私的表现。当个人利益与集体利益发生冲突的时候,个体应该毫不犹豫地牺牲个人利益以保全集体利益,中国的"舍小家为大家"就是其典型代表。

(3)个人态度和社会规范在决定个体行为时的相对重要性。众多的跨文化研究的结果表明,在个体主义占主导的社会中,个体的行为动因主要来自于自身对该行为的态度和兴趣,"走自己的路让别人说去吧"充分彰显了人们的个体主义信仰;与之相反,在集体主义社会中,个体行为的主要驱动力源于自己对社会规范的认知。

(4)完成任务和人际关系对个体而言的相对重要性。在个体主义社会中的个人强调自我的独立性,把能否胜任某个任务视为自身能力的体现,是自我定义中一个重要的组成部分,但个体与他人的人际关系并不直接影响个体对自我的评价,对他们而言,人际关系相对于完成工作任务而言并不是很重要。但集体主义者把完成任务视为与他人建立良好的人际关系的工具而非目的,他们认为与他人保持良好的人际关系尤为重要,良好的人际关系才是个人存在的目的。

（5）个体对内群体和外群体的区分程度。内群体是指与个体有密切关系的群体,如家人、工作中的团队、志同道合者等。外群体是指与自己毫无关系的人的总和。一般而言,个体主义社会不强调内外之分,他们对所有人都一视同仁,并不会因为自己与某人关系密切就偏向于他。但集体主义社会对内外群体有着严格的区分,人们十分讲究"内外有别"和"亲疏差等"。

3.爱德华的高情境文化和低情境文化

著名人类文化学家爱德华提出了高情境文化语言和低情境文化语言分析框架。高情境文化语言的特征是,在沟通过程中只有很少的信息是经过编码后被清晰地传递出去的。高情境文化语言社会重视的是人际交往和沟通过程中的"情境"而非"内容"本身,人们注重建立社会信任,高度评价关系和友谊。一般而言,沟通是含蓄的,但沟通双方对含蓄的信息非常敏感,也能体会它内在的含义。此外,具有权力的人对下属行为负有责任,信任是人们履行协议的基础,协议常是以口头形式而非书面形式确定的。"圈内人"和"圈外人"的区别较为明显,"圈外人"很难进入"圈内",人们在商务谈判中,不太重视时间,却又拘泥于形式。

低情境文化语言的特征恰好相反,在沟通过程中绝大部分的信息由清晰的编码表达。低情境语言文化的社会重视的是人际交往和沟通过程中的"内容"而非"情景"。低情境文化语言的社会不怎么重视个体之间的关系,人们一般认为似乎没有必要"深入了解对方",人与人之间的关系持续的时间较短,沟通也常是直接的。在低情境文化语言的社会中,权力分散于整个官僚体系当中,个人的责任被严格地确定,法律是履行协议的基础,协议必须以具有法律效力的形式来确定,"圈外人"与"圈内人"的界限并不十分清晰。人们在谈判过程中非常重视时间和效率,但不太重视谈判的形式。

该理论将文化分解成易于辨识的"坐标"要素,为人们提供了观察不同的国家文化差异性的参照标准,使人们可以从不同的文化维度出发,认识不同国家和地区的文化差异,处理由文化差异引起的冲突。

对以上一些经典的跨文化理论进行分析,可以发现在某种文化背景下提出的组织行为学的理论、概念并不能完全适用于其他文化,对那些与该文化存在很大差异的文化需要在跨文化的背景下重新考量。

13.4.2　跨文化管理策略

跨国公司要想在跨国经营中进行良好的跨文化管理,它必须重视不同国家、不同地区的法律法规、风土人情以及道德规范等,它必须对来自不同文化背景下的人进行整合式的管理。跨文化管理的目的在于创造一种既能为所在地的组织成员所接受,又有利于跨国公司业务开拓和发展的组织文化。为了取得理想的组织绩效,管理者可以从以下几方面进行跨文化管理。

(1)识别文化差异,推进组织内各文化的融合。来自不同的文化背景的员工必然会持有不尽相同的价值观和行为方式。要想充分发挥他们的积极性和创造性,管理者必须充分考虑到各文化之间的差异,了解他们的不同价值观、不同需求和不同行为模式,即对企业中存在的非一元文化分别进行深入的分析,找出各文化特质和文化之间的差异,以便在日常管理中采取具有针对性的措施,减少组织内因文化差异而产生的矛盾和冲突,推进组织内部的文化融合。

(2)人力资源本土化。在招聘员工时可以选择当地人员,这样一方面可以减少组织成员之间的文化差异,另一方面也有利于利用他们对东道国经营管理环境的熟悉,加快跨国公司的本土化进程,快速开展工作。此外,这样做还可避免母公司跨国外派员工的高成本。事实表明,人力资源本土化是解决跨文化冲突的重要方法之一,诺基亚(中国)公司拥有 4000 多名中国员工,占员工总人数的 90%,诺基亚曾经的在华成功之道就是实行人才本土化。

(3)建立合适的跨国企业文化。一个跨国企业的成功取决于该企业的集体力量,而这个集体力量来源于一个基于跨文化理解、认同的价值观体系的指导。因此,跨国公司的管理人员应建立各种正式的或非正式的、有形的或无形的文化沟通方式和渠道,建立跨文化沟通的机制。雀巢公司之所以在世界各地"遍地开花",原因在于它在不同国家的分公司建立起了以母国文化为基础、适合当地具体情境的企业文化。

(4)善用多元文化。跨国公司在进行跨国经营的过程中,必然会遇到各种不同的民族文化。每一种文化对跨国公司而言既可以是组织扩展的阻力,也可以是公司实现进一步发展的动力,关键在于管理者如何看待和利用多元文化。跨国公司要想利用员工多样性推动组织的不断发展,管理人员必须以自己的决策和行动体现自己对多样化的重视,努力创造一个支持和鼓励接纳所有不同背景的员工和观念的工作文化。

(5)跨文化管理的核心是人。组织文化的核心是人,人既是组织文化的创建者,同时也是执行者。认识到人是跨文化管理的核心这一点,就抓住了跨文化管理的要害。人是企业中最重要的资源,企业应该把员工看做资源而非成本,应对其进行合理的规划、培训和激励,使组织的人力资源不断增值,使他们适应跨文化的工作环境。

13.4.3　跨文化沟通

1.文化对沟通的作用

文化是沟通的背景和基础,人际间的沟通行为在很大程度上取决于沟通双方所处的文化环境以及他们持有的观念、看法和态度等。跨文化沟通与同一文化内部的沟通的区别在于沟通过程中的几个重要的要素都受到沟通者背后文化的深刻影响,双方之间的沟通也由此被打上了文化的烙印。信息的发出者是某种文化的成员,按照该种文化的特性将意愿编码,并选择该种文化下最恰当的途径传送。而信息的接受者是另一种文化的成员,他接受了某一渠道传来的信息,这一传送渠道在他的文化背景中也许已经包含了特定的意义,他会在自己的文化环境中对接收到的信息进行解码,从而获得在该种文化下这些信息所代表的含义。文化对沟通的作用如图 13-2 所示。

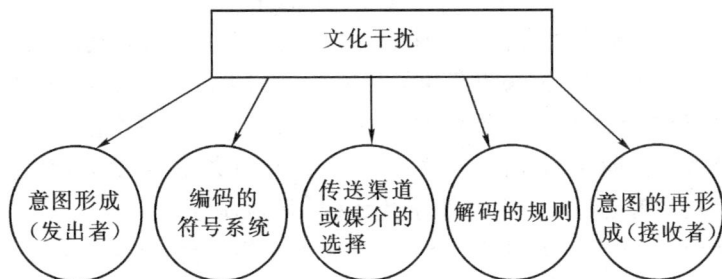

图 13-2　文化对沟通的影响

2.跨文化沟通的模型

跨文化沟通是发生在有着不同文化背景的人们之间的沟通。随着全球化,尤其是跨国公司的发展,跨文化沟通正变得越来越频繁,跨文化交流也变得日益重要。"跨文化沟通学"作为一门新兴的学科在语言学和语言教学界受到越来越多的关注。美国学者萨姆瓦等人曾提出一个比较权威的跨文化沟通模型,如图 13-3 所示。

在图 13-3 中,三种不同文化模式由三种不同的几何图形表示,它们之间的距离和它们所具有的不同形态代表了各文化模式之间的差异,其中文化 A 与文化 B 属于较为接近的文化,文化 C 与文化 A、文化 B 之间的差异则较大,在每一个文化图形的内部,有另一个图形代表该文化中的个人。跨文化沟通中的编码和解码由连接几个图形的箭头代表,箭头代表文化之间的信息传递,当一个信息被编码时,它带有对信息进行编码者所属文化的特点,当编码后的信息经过某种渠道到达另

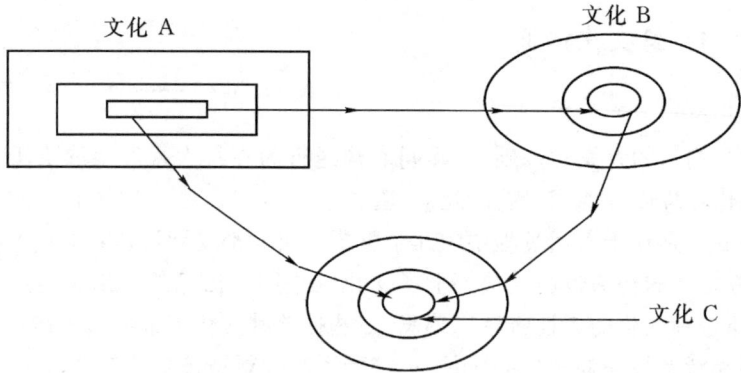

图 13-3　跨文化沟通模型

一文化单元时,该文化单元对信息的解码受到其所属文化的影响,与原信息相比,被解码出来的信息与信息发送者的原意之间已经有了意义上的变化。

图 13-3 中还显示了信息在三种不同的文化背景下进行传递的过程。文化 A 向文化 B 发出一条信息,箭头内蕴涵了文化 A 的相关信息。当箭头进入文化 B 的环境中时,由于文化因素对受讯者解码的影响,发讯者压缩在信息中的原始的内涵和意义被修改了。同样,文化 A 与文化 C、文化 B 与文化 C 之间的信息沟通亦是如此。当然这三者之间又存在着某种程度上的区别,因为文化 A 与文化 B 之间具有更多的相似性,所以两者的信息传递在概念和内容上更加相近,他们之间的信息的损失较少;而文化 A、文化 B 与文化 C 的沟通则存在较大的差异性,这是由它们在文化上存在的较大差异性所决定的。

3.跨文化沟通的主要影响因素

要理解跨文化条件下的沟通,必须了解跨文化沟通的主要影响因素。

(1)不同的民族文化价值观对跨文化沟通的影响。

文化价值观通常是从作为文化背景的主要部分的重大哲学问题中派生出来的,长期以来的中外文化史表明,不同的民族或国家的价值观不尽相同。

①年龄观念差异。不同文化背景的管理者对员工年龄的看法是不同的。大多数亚洲国家的管理者都是尊重长者,他们一般将年长者视为知识、经验、权威等各方面的代表,故而,在用人制度上施行"论资排辈"模式,而西方国家更鼓励年轻人的创造力,他们不大重视资历和年龄。

②时间观念差异。东西方文化对时间及其价值的重视程度存在很大差异。美国人就非常注重和计较人们对待时间的态度,正因为如此,美国首先提出了"时间就是金钱"的思想,并将"时间"视为相对于其他企业资源而言具有短缺性和无可替

代性的特点的一项重要资源。然而,亚洲某些国家的员工的时间观念比较薄弱,平时开会和约会迟到,工作拖拉,甚至不打招呼失约,而且无论主事方还是受事方都习以为常。

③自我观念差异。西方文化倡导竞争,其心理动因在于强烈的自我意识,如"自我实现""自尊""自决"等。对美国文化的任何一个侧面进行考察,其自我概念非常明显,美国人"自我"含义的外部特征可以用美国人的"'自我'＝自主＋责任＋自尊"来表达。其与之相反,东方的文化、传统主张在"无我"中实现自我,东方传统的"'无我'＝依赖＋顺从＋克己"。在这种"无我"观念的长期影响下,人们易于遵循、施行"循例以众,拘谨自制"的社会行为模式,它要求人们要克制自己个性的表现,一切行为都以"合众"为判断的标准。在组织中,组织成员常小心翼翼,言谈谨慎,虚多实少,瞻前顾后,力求四平八稳等。

(2)不同的民族文化的行为取向对跨文化沟通的影响。

行为取向指人类行为的方式,或人类在行为中的自我表现。行为取向有以下三种表现方式:其一,现状取向,指人类现实存在的自发性表达的行为类型;其二,发展取向,强调发展和增长观念,强调对自身作为整体的各个侧面的发展价值;其三,行动取向,指由行为者个人的外在标准对行为结果进行衡量的行为类型。

行为和工作、效率和实用性、进步和变化三方面是与行为取向有着密切关系的核心问题。

①行为和工作。工作是人类赖以谋生的手段。各国的经济、社会的发展程度存在较大的差异,各国人民的工作与成就观同样存在或大或小的差异。例如,日本人对企业的忠诚与他们勤奋工作密切地联系在一起,而多数印度人却知足自满地过着温饱的生活。

②效率和实用性。与守时一样,高效率也被西方国家所推崇。在美国,人们长期以来都非常关注高适应性、技术革新大批量生产、标准化等。相比之下,拉美国家和中东人在时间和效率上则更随意一些。

③进步和变化。总体而言,西方文化更信仰进步,他们也更容易接受变化和革新。实际上,跨国公司在将新技术、新产品、新管理方式等带到东道国的同时也将变革观和风险观带入了东道国。但文化传统越悠久的国家也越趋保守,这就使得跨国公司中容易发生沟通障碍。

(3)风俗习惯。

风俗习惯对人们的交际礼仪、思维方式、工作习惯等的影响可谓根深蒂固,当不同文化的风俗习惯存在很大差异时,跨文化沟通就容易产生问题。礼仪就是一种典型的文化,各国都有自己默认的标准礼仪,这些礼仪不尽相同,有时候甚至可能完全相反。最简单的礼仪莫过于人际之间日常的招呼,中国人大多使用"吃了吗?",以体现了人与人之间的亲切感,但对西方人而言,这种招呼方式会令他们感到尴尬,甚至不快,因为西方人会把这种问话理解成为一种"盘问",他们可能认为对方在探询他们的私生活。在西方,日常打招呼只说一声"Hello"就可以了,而英国人见面时常说"今天天气不错啊"等。这些都是交际礼仪上典型的区别,如果处理不当,就会引起较大的误解。

(4)其他影响跨文化沟通的因素。

①语言障碍。跨文化交流的语言障碍是指影响沟通的语义障碍或由语调差异造成的障碍等。

②感知差异。感知是指个体对外部世界的刺激进行选择、评价和组织的过程,如感知上的差异会对跨文化沟通产生重要的影响。

③民族优越感。事实上,世界上所有的国家都会通过他们的历史、价值观、民族精神等鼓励国民的自豪感和民族优越感。有时个体会因为自身的民族优越感而难以站在他人的角度理解对方的文化背景,跨文化沟通的障碍随之而生。

13.4.4　跨文化管理实践

在市场竞争当中,竞争对手最难复制的就是组织文化,它会受到国家或地区的文化背景的影响。国家文化是组织文化社会生长的土壤,而组织文化则是国家文化的具体体现,国家文化会对组织成员在组织中表现出来的行为产生深刻的影响,下面将要介绍的跨文化管理实践主要是指在尊重各个不同国家文化的基础上发展出支持多样性和包容性的、充满生机和活力的组织文化。

首先,要承认和认识国家文化之间存在的差异。各国由于其所处的地理位置、所经历的社会历史等的差异,在几百甚至上千年的发展中形成了各不相同的国家文化。国家文化之间的差异是根深蒂固且影响深远的。对于某一个组织而言,其力量是难以改变一国的国家文化的,而且它也没有必要改变一国的国家文化。孔子曾经说过"君子和而不同,小人同而不和",若管理者强制性地在组织内部推行一元文化,只会导致组织内部各成员之间的"不和",反而可能会阻碍组织的发展。因此,组织的管理者,尤其是跨国公司的管理者应该充分认识和正视不同国家的国家文化之间存在的差异。

其次,做好跨文化培训和文化适应工作。一般而言,在跨国公司的海外分公司中都存在一定比例的总部派遣员工,在总部派遣员工与本土员工共同工作的初期,他们之间很容易产生产生大量的文化震荡。安妮·哈尔津搜集到的数据表明,跨国公司外派人员失败的比例,在发达国家处于 25%～40% 之间,在发展中国家则高达 70%。在另一文化环境下工作的人们通常会经历新奇期、文化震荡期、文化适应期和心理稳定期。为了减少文化震荡带来的冲击和破坏,组织在派遣员工进入另一文化环境工作之前应做好对该员工的跨文化培训,让员工在进入新的文化环境工作前对新的文化环境的文化特征做一些了解,做好适应新文化环境的思想准备与心理准备,多学习一些适应新文化的方法,尽可能地使其能够包容和接受多元文化的价值体系,促进不同文化背景员工的友好相处。

最后,要认识和深研不同国家文化的优势和劣势,通过文化碰撞和文化融合实现组织文化的创新。来自不同国家文化的员工之间的相互尊重、相互包容等有利于形成一种充满创造力的组织文化。当今世界,不同的文化各具特色,每一种国家文化都有其独特的竞争优势。在多元化的组织中,不同的价值观、思维方式和行为模式之间可以互补互惠,互勉共进,关键在于组织能否根据组织环境,因时、因地、因人而制宜。如果组织能够因时、因地、因人而制宜培育出具有坦诚、友好、合作、互惠等特点的组织文化,那么组织和组织文化便能够真正获得文化"杂交"的优势,而这将成为组织的一大核心竞争力和实现组织的可持续发展的坚实的基础。

课堂讨论

1.中国的不少企业都有体现企业文化的口号,比如"求实""敬业""以人为本",请问口号与文化是不是一回事? 二者之间有何联系?

2.你能识别出一些特征来描述你的家庭文化吗? 比较你的看法与你同学的看法,你们的观点有多少相似之处?

3.选择你熟知的两家企业,比较他们企业文化的异同点。

思 考 题

1.组织文化对组织行为有哪些影响?

2.如何维系组织文化?

3.简述文化对沟通的作用。

4.简述跨文化沟通的主要影响因素。

5.如何进行跨文化管理?

章末案例

2010 年 3 月 28 日,吉利控股集团有限公司与美国福特汽车公司在瑞典哥德堡正式签署收购沃尔沃汽车公司的协议。2010 年 8 月 2 日,完成对沃尔沃及相关资产的收购。至此,吉利实现了对沃尔沃"成功的并购"。如果你以为到此万事大吉,那就大错特错,因为"成功的并购"不等于"并购的成功",如果把"并购的成功"这件事情比喻为飘在海面的冰山的话,那前期完成成功并购的手续仅是露在海面上的那 1/8,真正促成并购成功的是海面下的那 7/8,能左右并购成功与否的恰恰是并购后的那些事儿。

(1)文化整合有方。并购重组的案例中有一个著名的"七七定律",70%的并购案以失败告终,失败的案例中有70%是由于文化整合不到位,可见文化整合对跨国并购是多么重要。吉利在文化整合方面也是可圈可点。吉利深刻认识到文化融合对并购带来的风险,倡导建立全球性的企业文化,包容不同的信仰和理念。其管理层中,既有德国人,又有瑞典人、英国人、法国人等,即使吉利不是股东,也需要有跨文化的交流与融合。为了建立全球企业文化,吉利在其拥有的海南大学三亚学院专门设立了全球型企业文化研究中心,聘请了将近20位来自美国、英国、加拿大、瑞典、中国香港和北京等著名大学和研究机构的教授任研究员,去探讨和研究全球型企业文化理念。

为了促进双方的有效沟通,李书福创新设立了一个全新的职位——"企业联络官",选取富有亲和力、工作经验、经历适合且丰富的人员担任,这个职务没有多大的权限,也并不在企业的管理层之中,主要用以传播吉利的基因,主要职责就是沟通。通过策划活动、组织调研,吉利的理念与被并购企业的需求会进行充分的交流。通过这样的方式,有效化解并购带来的文化冲突。

(2)品牌整合有招。品牌是沃尔沃最核心的资产,也是吉利与沃尔沃差距较大的地方。在低端品牌与高端品牌的对接中,吉利采取了双方独立运作,最大限度降低互相干扰。沃尔沃品牌定位一直非常清晰,安全环保的价值内涵深入人心,精致工艺带来的品牌体验有口皆碑。基于这样的基础,吉利对沃尔沃怀揣梦想和敬意,希望在新的市场上,运营好沃尔沃品牌。"安全、环保"是百年沃尔沃的品牌核心价值,在多年的传承中不能轻易撼动,而且坚信随着中国汽车消费者慢慢回归理性,坚信沃尔沃的"低调、奢华、环保"理念定会赢得中国市场的青睐。同时,针对市场的消费特点,在原来基础上,加入了"人本"的因子,奠定了中高端豪车的价值基础,与时俱进,基本实现了平稳过渡。

到今天,吉利依然在为并购沃尔沃后的经营而努力,我们期待智慧、创新的吉利继续谱写汽车行业海外并购的"神话"。

资料来源:http://www.cndangdai.com/a/auto/2014/1209/5509.html.

思考题

1.吉利要实现对"沃尔沃"并购的成功,最关键的因素是什么?

2.并购后的文化整合方式有哪些?结合课本相关知识进行分析。

测　试

哪种组织文化最适合于你

阅读以下问题,根据个人感觉,在"很同意、同意、不确定、不同意、很不同意"五个项目中选出最符合你观点的答案:

1．我愿意成为工作团队中的一员,希望组织以我对团队的贡献来衡量我的绩效。

2．为了实现组织目标,任何个人的利益都可以有所牺牲。

3．我喜欢从冒险中找到刺激和乐趣。

4．如果一个人工作绩效不符合标准,他做了多大努力都白费。

5．我喜欢稳定和可以预见的事情。

6．我喜欢能对决策提供详细合理解释的管理人员。

7．我希望工作压力不大、同事易于相处的环境。

资料来源:斯蒂芬·P·罗宾斯.组织行为学[M].7 版.北京:中国人民大学出版社,2002.

说明:第 1、2、3、4、7 项得分标准如下:很同意＝－2,同意＝－1,不确定＝0,不同意＝＋1,很不同意＝＋2;第 5、6 项得分标准如下:很同意＝＋2,同意＝＋1,不确定＝0,不同意＝－1,很不同意＝－2。

累计所得,你的总分会在－14 与＋14 之间。得分越高(正数),则表明你在一种正式的、机械的、规则导向的、有结构的组织文化中越舒服,这通常与大型公司及政府机构相联系;负数则表示你喜欢非正式的、人本主义的、灵活的、创新的组织文化,这种文化在研究机构、广告公司、高科技公司以及一些小型企业中更为常见。

参考文献

[1] 袁凌. 组织行为学[M]. 北京:中国人民大学出版社,2011.

[2] 斯蒂芬·P·罗宾斯. 组织行为学[M]. 7 版. 北京:中国人民大学出版社,2002.

[3] 黄忠东. 组织行为学[M]. 北京:化学工业出版社,2011.

[4] 陈春华. 组织行为学[M]. 2 版. 北京:机械工业出版社,2013.

[5] 肖余春. 组织行为学[M]. 北京:机械工业出版社,2009.

[6] 李爱梅,凌文辁. 组织行为学[M]. 北京:机械工业出版社,2011.

[7] 史蒂文·L·麦克沙恩. 组织行为学[M]. 5 版. 北京:机械工业出版社,2012.

[8] 赵恩超,燕波涛. 组织行为学[M]. 北京:机械工业出版社,2012.

[9] 徐世勇. 组织行为学[M]. 北京:中国人民大学出版社,2012.

[10] 张德. 组织行为学[M]. 3 版. 北京:高等教育出版社,2009.

[11] 安杰洛·金尼奇. 组织行为学[M]. 北京:电子工业出版社,2009.

[12] 弗雷德·鲁森斯. 组织行为学[M]. 11 版. 北京:人民邮电出版社,2009.

[13] 徐全忠. 组织行为学——理论、工具、测评、案例[M]. 北京:化学工业出版社,2014.

[14] 孙元欣,许学国,林英晖. 管理学——原理·方法·案例[M]. 北京:科学出版社,2006.